JAN KONST
Der Wintergarten

W0057665

GOLDMANN
Lesen erleben

Buch

Fast hundert Jahre alt wird Hilde Grunewald. 1902 im sächsischen Meißen geboren, wächst sie unter Kaiser Wilhelm II. auf. Sie heiratet in der Weimarer Republik, ihre Kinder kommen in der Zeit des Nationalsozialismus zur Welt. Hilde erlebt den Aufstieg, aber auch den Zusammenbruch der DDR – und schließlich die friedliche Revolution von 1989, durch die sie Bürgerin der Bundesrepublik wird.

Ihr Leben ist von Umbrüchen gezeichnet. Sie überlebt zwei Weltkriege und hat mit den Folgen wirtschaftlicher Krisen zu kämpfen. Aus eigener Erfahrung weiß sie, wie es in höheren Kreisen zugeht – aber auch, was es bedeutet, auf finanzielle Unterstützung angewiesen zu sein. Die russische Besatzung prägt ihr Leben ebenso wie der Kalte Krieg, der Bau der Berliner Mauer und die Wende.

Mit historischer Präzision und erzählerischem Geschick blickt Literaturwissenschaftler Jan Konst in »Der Wintergarten« auf das bewegte Leben seiner Schwiegerfamilie. Hildes Geschichte, aber auch die ihrer Eltern, Kinder und Enkel gerät dabei für den Leser zu einer faszinierenden Zeitreise durch das lange 20. Jahrhundert vom Kaiserreich bis zur Wiedervereinigung.

Autor

Jan Konst ist Literaturwissenschaftler und Niederlandist. Seit 2000 ist er Inhaber des Lehrstuhls für Niederländische Philologie (Literaturwissenschaft) an der Freien Universität Berlin. Seine Publikationen widmen sich der frühmodernen Literatur, den niederländisch-deutschen Literaturbeziehungen und der Gegenwartsliteratur in den Niederlanden und Flandern. In seinem gefeierten Buch »Der Wintergarten« beleuchtet Jan Konst die Geschichte seiner Schwiegerfamilie aus einer reflektierenden und zugleich von Empathie geprägten Position.

Jan Konst

Der Wintergarten

Eine deutsche Familie
im langen 20. Jahrhundert

Aus dem Niederländischen von
Marlene Müller-Haas

GOLDMANN

Die niederländische Originalausgabe erschien 2018 unter dem Titel
»De Wintertuin – Een Duitse familie in de lange twintigste eeuw«
bei Uitgeverij Balans, Amsterdam.

Die Übersetzung folgt der vierten Auflage vom Mai 2018.
Die Übersetzung dieses Buches wurde durch finanzielle Unterstützung
der Niederländischen Stiftung für Literatur ermöglicht.

Verlagsgruppe Random House FSC® N001967

1. Auflage
Vollständige Taschenbuchausgabe Dezember 2020
Copyright © 2018 der Originalausgabe: Jan Konst
Copyright © 2019 der deutschsprachigen Erstausgabe:
Europa Verlag GmbH & Co. KG, München
Copyright © 2020 dieser Ausgabe: Wilhelm Goldmann Verlag,
München, in der Verlagsgruppe Random House GmbH,
Neumarkter Str. 28, 81673 München
Abbildungen im Innenteil und auf dem Cover stammen aus dem Familienbesitz
Umschlaggestaltung: UNO Werbeagentur GmbH unter Verwendung
eines Designs von © Nico Richter und der Gestaltung von
Hauptmann & Kompanie Werbeagentur, Zürich
Umschlagmotiv: Gartenfest der Familien Grunewald und Grellig (1904)
Redaktion: Silwen Randebrock
Layout & Satz: Danai Afrati und Robert Gigler, München
Druck und Bindung: GGP Media GmbH, Pößneck
Printed in Germany
KF · cb
ISBN 978-3-442-14262-0

Besuchen Sie den Goldmann Verlag im Netz

Für Katrin

Inhalt

Vorwort

Am Ortsrand des dörflichen Weinböhla steht ein Wohnhaus, das zwischen den bescheidenen DDR-Behausungen aus der Reihe tanzt. Es liegt auf einem künstlich angelegten Hügel und wurde nach der Wende erbaut. Das außerhalb der eigenen Region unbekannte Winzerdorf Weinböhla liegt im Herzen des ehemaligen Königreichs Sachsen. In nächster Nähe befindet sich das Jagdschloss Moritzburg des legendären Monarchen August des Starken. Auch nach Dresden, der früheren Residenzstadt an der Elbe, oder nach Meißen, wo das erste europäische Porzellan hergestellt wurde, ist es nicht weit.

In den Kellern des Hauses in Weinböhla lagert ein umfangreiches Familienarchiv. In den Anfangsjahren sind die Bestände unvollständig, aber seit der Mitte des neunzehnten Jahrhunderts wurde immer mehr aufgehoben: Briefwechsel, Tagebücher, allerlei Foto- und Bildmaterial, offizielle Dokumente, Geschäftsunterlagen und so weiter. In diesem Archiv – vielleicht besser: in den vier Schränken voll ungeordnetem Papier – stieß ich auf vieles, was ich nicht gleich deuten konnte. Darunter lang vergessene Dokumente, die alle möglichen Fragen aufwarfen.

Wer ist der Mann, der kurz vor 1900 diese schmachtenden Liebesbriefe (»Mein liebes Herzglöckchen!«) schreibt? Was hat die Bauzeichnung eines achtundzwanzig Meter hohen Fabrikschlots zu bedeuten? Und woher stammt die Urkunde von Friedrich August III. aus dem Jahr 1917: »Wir, Friedrich August, von Gottes Gnaden König von Sachsen, haben Uns bewogen gefunden ...«?

Wie lässt es sich erklären, dass das Tagebuch eines Wehrmachtssoldaten Fotos von der vergessenen Bombardierung Middelburgs enthält? Nicht weniger überraschend ist der Zeugenbericht eines italienischen Zwangsarbeiters: »Mein Arbeitgeber Jungblut sowie unser Meister Lenz waren sehr gut zu uns Ausländern.« Und warum erwähnt jemand in einem Bericht für die Stasi, den Geheimdienst der DDR, antike Möbel?

Den Kopf über Wasser

Ein Archiv in den Kellerräumen eines Privathauses. Zweifellos gibt es davon in Deutschland Zehntausende. Und eines ist allen gemeinsam: Sie sind nicht frei zugänglich. So auch in diesem Fall. Aber meine Schwiegermutter Brigitte erlaubte mir, den papiernen Nachlass ihrer Vorfahren zu sichten. Sie bewohnt das weiß verputzte Haus in Weinböhla, das einen Wintergarten und große Sonnenterrassen hat.

Brigitte ist inzwischen 85 Jahre alt und hat oft mit mir über ihre Familie gesprochen. Es ist eine Familie, wie es viele gibt. Jedoch keine von denen, deren Mitglieder man in den Geschichtsbüchern findet. Unter ihren Angehörigen sucht man vergeblich nach Politikern, Schriftstellern oder Künstlern. Eine durchschnittliche Familie.

Aber gerade das ist faszinierend. Das Archiv in den Kellerräumen dokumentiert, wie Menschen aus der Mitte der Gesellschaft in unruhigen Zeiten versuchen, den Kopf über Wasser zu halten. Von Generation zu Generation. Leicht ist es nicht. Nach der Gründung des Deutschen Kaiserreichs 1871 sind in der europäischen Geschichte eine Reihe entscheidender Entwicklungen zu beobachten. Nicht selten gehen sie von Deutschland aus, und wenn nicht, sind deren Auswirkungen dort doch unübersehbar. Deutschland ist eine Art Seismograf, nicht allein der Ort, wo Geschichte gemacht wird, sondern auch der Ort, wo sie zuschlägt.

Man nehme nur Hilde, Brigittes Mutter. Sie wird 1902 geboren und stirbt fast hundert Jahre später im Jahr 2001. Hilde wächst unter Kaiser Wilhelm II. heran, heiratet in der Weimarer Republik und bekommt ihre Kinder während der Nazidiktatur. Sie erlebt den Auf- und Untergang der DDR, und kurz vor ihrem Tod feiert die neue Berliner Republik ihr zehnjähriges Bestehen. Einem Vierteljahrhundert Demokratie, das den Zwanziger- und den Neunzigerjahren zu verdanken ist, stehen sieben lange Jahrzehnte gegenüber, in denen Hilde unter grundverschiedenen, zum Teil ausgesprochen totalitären Regimen lebte.

Hildes Leben wird vom Ersten Weltkrieg bestimmt, von der Hyperinflation im Jahr 1923 und dem Börsenkrach 1929. Sie erlebt die Machtergreifung Hitlers und die Schrecken des Zweiten Weltkriegs. Dem folgen die sowjetrussische Besatzung, der Kalte Krieg, der Bau der Berliner Mauer und als Schlussstein der Mauerfall und die Wende. Auch dieses Familienmitglied wird nicht in die Geschichtsbücher eingehen, aber man kann behaupten, dass sich Hildes kleines Leben vor der Kulisse der ganz großen Geschichte abgespielt hat.

Ein Blind-Booking-Ticket

Im Lauf der Gespräche mit Brigitte entsteht der Plan, eine Geschichte ihrer Familie zu schreiben. Vielleicht nicht vom allerersten Anfang an, aber auf jeden Fall seit 1871, als mit dem neuen Kaiserreich das »lange« zwanzigste Jahrhundert anbricht. Im selben Jahr wird auch der Gärtnersohn Emil Grunewald geboren. Er ist der Stammvater eines Familienzweigs, der in Meißen und später in Weinböhla sein Zuhause hat.

Lange ist eine Wohnung in der Meißener Brauhausstraße der Mittelpunkt des Familienlebens. Seit den 1960er-Jahren verlagert sich der Schwerpunkt nach Weinböhla. Die vorläufige Endstation dieser Bewegung ist das weiß verputzte Haus, die Zuflucht einer Familie, die inzwischen über ganz Deutschland verstreut lebt.

Außer der Grunewald-Linie, die auf Emil zurückgeht, sind drei andere Linien von Bedeutung: Reinhard, Oehmigen und Otto. Sie sind in der genealogischen Übersicht verzeichnet, die auf Seite 13 abgedruckt ist. Die horizontale und die vertikale Achse markieren, dass es in dieser Geschichte nicht allein um die Schicksale von vier Familienzweigen geht, sondern auch um die Geschichte von vier Generationen. Deren Mitglieder erblickten gegen 1870, 1900, 1930 und 1960 das Licht der Welt. Immer wieder ist zu beobachten, wie der Geburtszeitpunkt die Möglichkeiten eines Menschen beeinflusst. Es ist ein bisschen wie mit einem Blind-Booking-Ticket: Wohin einen die Lebensreise führt, weiß man nicht, aber der Zeitpunkt des Aufbruchs erweist sich als entscheidend dafür, wo es einen hin verschlägt.

Im Scheinwerferlicht stehen vor allem acht Personen. Sie gehören – über die weibliche Abstammungslinie – zum Grunewald-Zweig. Dabei handelt es sich um vier Ehepaare: Emil & Hedwig, Hanna & Hanns, Hilde & Hellmuth und Brigitte & Gerd. Vier Familienzweige, vier Generationen, vier Ehen: Sie machen es möglich, 130 Jahre deutsche Geschichte vor Augen zu führen. Nicht aus der Vogelperspektive, sondern von unten, aus dem Blickwinkel der Menschen, die deren Auswirkungen täglich am eigenen Leib erlebten.

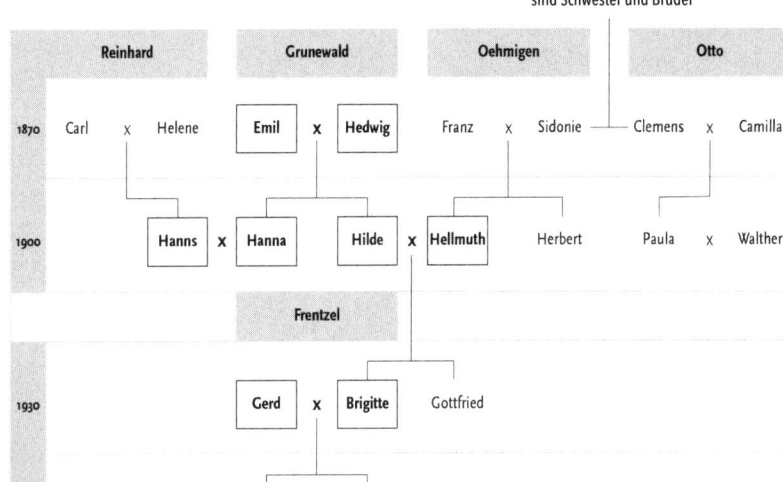

Stammbaum: vier Familienzweige, vier Generationen, vier Ehen

Um 1900: Emil mit seinem Vater
vor dem Geburtshaus in Seifhennersdorf

KAPITEL 1

Auf einen Dampfzug, um genau zu sein

18. März 1871 – Otto von Bismarck, der *eiserne* Reichsgründer, wird erster deutscher Reichskanzler.

1. November 1874 – Das abgelegene Seifhennersdorf bekommt einen eigenen Anschluss ans Eisenbahnnetz.

1. Dezember 1884 – Für Arbeiter wird eine verpflichtende Krankenversicherung eingeführt.

5. Dezember 1894 – Kaiser Wilhelm II. weiht in Berlin das neue Reichstagsgebäude ein.

7. Mai 1896 – In Meißen-Cölln wird der *Hamburger Hof* eröffnet, das größte Hotel-Restaurant der Stadt.

Ein Herrenzimmer, das klingt wenig emanzipiert – ein Zimmer, in dem Frauen offenbar unerwünscht sind. Wenn man alte Möbelkataloge aufschlägt, ist alles zu sehen, was man zur Einrichtung eines solchen Herrenzimmers braucht. Offenbar ziemlich viel: einen Schreibtisch mit dazu passendem Stuhl, einen hohen Spieltisch für Kartenspiele und einen großen Bücherschrank. Weiter sind ein paar Clubsessel Standard, ebenso ein bequemes Sofa, meist mit einem kleinen drum herum gebauten Kabinett, in dem sich Rauchutensilien befinden.

Diese Möbelstücke werden als Ensemble gekauft. Daher hat eine Berliner Handelsfirma um 1910 Herrenzimmer in verschiedenen historisierenden Stilen im Angebot, darunter das romanisch inspirierte Ameublement »Erich« oder das barocke »Wolfgang«, typisch deutsche Vornamen, die an die Marketingstrategie einer schwedischen Möbelhauskette erinnern. Billig ist die Einrichtung dieses dem männlichen Bevölkerungsteil vorbehaltenen Zimmers nicht. Nach dem Katalog des in der deutschen Hauptstadt ansässigen Möbelhauses ist man schnell bei 800 Mark, einem Betrag, für den ein Facharbeiter damals ein halbes Jahr arbeiten musste.

In meinem Arbeitszimmer steht ein Teil von Emil Grunewalds Herrenzimmer. Ich habe mich lange mit Emil und seiner Lebensgeschichte beschäftigt. Er wird 1871, knapp fünf Monate nach der Gründung des Deutschen Kaiserreichs, als ältester Sohn von Christian und Johanna Grunewald geboren. Sein Vater ist Gemüsebauer im sächsischen Seifhennersdorf, einem kleinen Ort an der Grenze zu Böhmen, das damals zu Österreich-Ungarn gehörte. Die Familie lebt vom Ertrag eines Ackers, auf dem Kartoffeln, Kohl und Mohrrüben angebaut werden. Es gibt auch einen kleinen Obstgarten. Hunger muss Emil nicht leiden, aber die Lebensbedingungen, unter denen er aufwächst, sind bescheiden.

Eine fast durchgängige Diagonale

Mit meiner Schwiegermutter Brigitte besuche ich sein Heimatdorf. Wir haben eine historische Aufnahme des Elternhauses mitgenommen und möchten wissen, ob es heute noch steht. Es handelt sich um ein für die Gegend typisches *Umgebindehaus*, ein teilweise in Fachwerk ausgeführtes Bauernhaus mit der Besonderheit, dass sich das tragende hölzerne Stützensystem außen an der Fassade befindet. Brigitte ist schlecht zu Fuß, deshalb kommen wir in den Straßen des kleinen Orts nur langsam voran. Irgendwann meinen wir, das Haus gefunden zu haben, und vergleichen die Fassade auf dem Foto aufmerksam mit der Fassade vor uns.

Recht rasch öffnet sich die Haustür, und wir werden misstrauisch beäugt. Das Eis bricht, als Brigitte erklärt, weshalb wir hier stehen geblieben sind. Wir kommen mit einem etwa vierzigjährigen Paar ins Gespräch, einem barfüßigen Mann, der sein Haar zu einem Zopf gebunden hat, und einer kleinen, zierlichen Frau in Freizeitkleidung. Sie hätten, erzählen sie uns, das geldversessene München nicht mehr ertragen und für wenig Geld das Haus in dem entlegenen Seifhennersdorf gekauft. Typische Aussteiger, die nicht mehr in der Tretmühle der globalisierten Konsumgesellschaft mitlaufen wollen.

Wir bekommen handgebrühten Filterkaffee und beugen uns gemeinsam über das Foto. Bei näherer Betrachtung erweist sich, dass wir das Haus, in dem Emil aufwuchs, doch nicht gefunden haben. Der Gastgeber spürt unsere Enttäuschung und bietet einen Rundgang durch sein abgelegenes Reich an. Wir sehen mit Kartons und allerlei Hausrat vollgestopfte Zimmer, ein baufälliges Treppenhaus und feuchte Keller. Obwohl das Haus nicht klein ist, macht es mit seinen niedrigen Decken und den kahlen Holztüren doch einen ärmlichen Eindruck. Beim Verlassen der Räume muss ich mich jedes Mal bücken. Ob das in dem Haus wohl auch so war, in dem der Mann, an dessen Schreibtisch ich arbeite, seine ersten Lebensjahre verbrachte?

Mit neunzehn Jahren beschreibt Emil seine Kindheit in einem blauen, unlinierten Schulheft. Es war in den Kellern von Weinböhla gelandet. Was die Schönschreibkunst des neunzehnten Jahrhunderts nicht alles vermag: Die Handschrift des jungen Mannes, der die damals gängige Kurrentschrift schreibt, ist von einer peinlichen Regelmäßigkeit. Alle Buchstaben wurden im 45-Grad-Winkel zu Papier gebracht (Abb. 1). Dadurch bilden die Ober- und Unterlängen, also die Buchstaben, die über oder unter der Zeile hervorragen, eine fast durchgängige Diagonale. Aus einem gewissen Abstand scheint es, als ob auf der Seite Linien von links unten nach rechts oben verlaufen.

Mit jugendlichem Übermut

Emil berichtet von einer glücklichen Kindheit. Von seinem sechsten bis zum vierzehnten Lebensjahr besucht er die Dorfschule, wo er als eifriger und lernwilliger Schüler auffällt. Seine Eltern unterstützen ihn, wo sie nur können. Während der letzten Schuljahre bekommt er sogar zusätzlichen Unterricht. Zur Deckung der Kosten versagen sich die Eltern das bisschen Luxus, das sie sich vom Gemüse- und Obstverkauf leisten könnten. Mit kaum verhohlenem Stolz schreibt der Gärtnersohn, dass sich der Wunsch, Lehrer zu werden, schon früh in ihm zeigt. »In der ersten Klasse«, heißt es, »ereignete sich ein Vorfall mit einer prophetischen Bedeutung. Auf die an uns Jungen gerichtete Frage: ›Was wollt ihr später werden?‹, antwortete ich mit jugendlichem Übermut: ›Lehrer!‹«

Emil beschreibt sich als »Schulbub vom Lande«, als echtes Landkind, das sich auf den Feldern und in den Wäldern um Seifhennersdorf zu Hause fühlt. Bei der Beschreibung des Flüsschens, wie es am Ende eines langen Winters anschwillt, spürt man die Ehrfurcht, mit der Emil alles in sich aufnimmt: »Es war ein Schauspiel von einer wilden, romantischen Schönheit. Als der Frühling kam, brach das Eis der Mandau. Das ansteigende Wasser des sonst so ruhigen Bächleins trieb mächtige Eisschollen vor sich her.« Auch die Überschwemmungen vom Juni 1880 im deutsch-böhmischen Grenzgebiet prägen sich dem Schüler unauslöschlich ein.

Im Februar 1885 besteht Emil die Aufnahmeprüfung am Königlichen Lehrerseminar in Löbau, einer fünfundzwanzig Kilometer entfernten, mittelgroßen Provinzstadt. Im Lauf des neunzehnten Jahrhunderts entstehen überall in Deutschland Lehrerbildungsanstalten. Sie sollen das Niveau der Volksschule heben, der achtjährigen Grundschule, die für alle Kinder Pflicht ist. Um Lehrer zu werden, braucht man kein Abitur. Deshalb kann Emil mit vierzehn Jahren eine weiterführende pädagogische Ausbildung beginnen. Einschneidend sind die Veränderungen (»eine neue Lebensweise«)

in seinem persönlichen Leben. Sie werden von dem neuen Schulgebäude symbolisiert.

An die Stelle der vertrauten kleinen Dorfschule tritt ein protziges, neobarockes Gebäude mit großen, lichtdurchfluteten Klassenzimmern. Von nah und fern kommen im April 1885 mehr als hundert neue Schüler hierher, voll gespannter Erwartung, was die vor ihnen liegenden Jahre bringen werden. Sie werden von ihren Eltern begleitet, manchmal nur vom Vater oder von der Mutter. Wie ihre Söhne haben auch diese ihre besten Kleider angezogen. Emil trägt halbhohe Lederschuhe mit Kniestrümpfen. Die Wollhose reicht bis knapp übers Knie. Er hat ein weißes Hemd an, mit Fliege, und darüber ein hochgeschlossenes, schwarzes Jackett. Vom Vater bekam er eine neue Mütze.

Kleine und große Risse

Emil, der ungewöhnlich schlank gebaut ist, verlässt als Jugendlicher sein Elternhaus. Er kommt aufs Internat des Lehrerseminars und teilt sich das Zimmer mit fünf anderen Jungen. Neben seinem Bett steht ein kleiner Tisch, und er hat einen eigenen Schrank für Kleidung und Bücher. In der Mitte des geräumigen Zimmers stehen sechs kleine Schreibtische, an denen die Jungen ihre Hausaufgaben machen. Sie bilden eine kleine, vertraute Gruppe und übernehmen ab und zu, wenn es nötig ist, füreinander die Vater- oder Mutterrolle.

»In sozialer Hinsicht«, schreibt Emil, »war das Leben im Seminar in einer ganz eigenen Weise abwechslungsreich. Man war Teil einer großen Gemeinschaft, lauter Kameraden, die im Prinzip gleich dachten und dasselbe Streben nach selbst gesetzten Zielen an den Tag legten. Gleichzeitig war es eine Gruppe von Altersgenossen, unter denen sich immer ein paar gute Freunde finden ließen.« Nüchtern, ohne große Gefühle, so sieht der Neunzehnjährige im Nachhinein seine Situation. Aus nichts geht hervor, dass ihm die Trennung von den Eltern schwergefallen ist.

Ob der Gärtnersohn sich keine Blöße geben will? Es gibt ein Doppelporträt seiner Eltern Christian und Johanna Grunewald, das eine andere Geschichte erzählt, gedruckt auf einer typischen *Carte de Visite*, einem Foto auf dickem Karton mit einem standardisierten Format. Dafür waren in den letzten Jahrzehnten des neunzehnten Jahrhunderts die schönsten Alben mit Buchschloss auf den Markt gekommen. Während seiner Internatszeit trägt Emil dieses Bild seiner Eltern immer bei sich. Er nimmt den *Visitkarton* regelmäßig zur Hand: Die Ecken sind verbogen, die Karte ist schlaff geworden, und über den Abdruck verlaufen zahllose kleine und große Risse. Das ramponierte Foto zeugt so von einem Heimweh, über das sich Emil in dem blauen Heft offenbar nicht aussprechen will.

Seine Jugendjahre charakterisiert er nicht nur als eine Zeit der »mühevollen Arbeit«, sondern auch als eine Zeit, in der sich sein Horizont weitet. Die Schulausflüge stehen ihm noch klar vor Augen. Vor allem eine »großartige« Ausstellung in Görlitz, der nächstgelegenen großen Stadt, ist ihm im Gedächtnis geblieben. Dabei handelt es sich um die *Industrie- und Gewerbeausstellung*, die in den Sommermonaten des Jahres 1885 Hunderttausende Besucher aus dem In- und Ausland in die Stadt an der Neiße zieht.

Totenglocken

Die Ausstellung bietet eine Momentaufnahme der Errungenschaften der industriellen Revolution. Dass Sachsen als Ausstellungsort gewählt wurde, muss nicht verwundern. Denn das Königreich, das ein mehr oder weniger souveräner Teil des Kaiserreichs ist, gilt zusammen mit beispielsweise dem Ruhrgebiet und der Metropolenregion Berlin als eines der Kerngebiete der deutschen Industrialisierung. In Görlitz präsentieren Fabrikanten die neuesten technischen Entwicklungen. Der angehende Volksschullehrer bestaunt schwere Dampfmaschinen, frühe Verbrennungsmotoren und sogar einen hydraulisch angetriebenen Güter- und Personenlift.

Um die Wirkung dieses Hebegeräts zu illustrieren, hatte der Fabrikbesitzer Theodor Lissmann aus Berlin einen Aussichtsturm bauen lassen, der einen fantastischen Blick über das Ausstellungsgelände bietet. Als Emil nach einer guten Minute mit einigen seiner Mitschüler aus der Liftkabine steigt, der sie zu der kleinen Aussichtsplattform gebracht hat, fühlen sich seine Beine wie Gummi an. Plötzlich steht er im Himmel und schreit wie die anderen Jungen seinen Schreck heraus. Aufgeregt rufen sie zu ihren Klassenkameraden dreißig Meter tiefer hinunter. Die hatten nicht mehr in die Kabine gepasst und warten noch auf ihren Ausflug nach oben. An der brusthohen Balustrade späht Emil nach Osten, wo er die blau schimmernden Gipfel des Riesengebirges vermutet.

In seinem Heft gräbt er auch Erinnerungen an eine mehrtägige Reise durch die Böhmische Schweiz im heutigen Tschechien aus. Die Geschichten seiner Lehrer über die Entstehung der imposanten Sandsteinformationen und die Auswirkungen der Erosionsprozesse wecken sein bleibendes Interesse an Geologie. Urmeere, tektonische Verschiebungen und Sedimentgestein – als Lehrer wird Emil seinen Schülern später voller Begeisterung davon erzählen.

Dass er an der Schwelle zum Erwachsensein beginnt, sich für Politik zu interessieren, merkt man an den Sorgen, die ihm der Zustand des Deutschen Reichs 1888 bereitet. In dem Jahr, das schon bald als *Dreikaiserjahr* bezeichnet werden sollte, läuten die Totenglocken zweimal für einen deutschen Kaiser. Hundert Tage nach dem Tod Wilhelms I. stirbt dessen Nachfolger Friedrich III. Schon bei der Thronbesteigung ist er unheilbar krank:

Noch immer höre ich das schrille Läuten, mit dem die Seminarschüler zusammengerufen wurden, um sie über den Tod des ersten Kaisers von Deutschland zu informieren. Kurz darauf ertönten sie noch einmal und verkündeten, dass der zweite Kaiser des deutschen Reichs dem greisen Heldenvater in den Tod gefolgt war.

Am Ende des Winters von 1891 verlässt Emil das Löbauer Lehrer-seminar als diplomierter Pädagoge. Die Prüfungen legt er mit über-durchschnittlichen Ergebnissen ab. Bereits in den letzten Wochen seiner Schulzeit wird dem jungen Mann eine Stelle als Hilfslehrer in Aussicht gestellt. Die Examensfeier, die am 28. Februar 1891 statt-findet, muss also ein Erfolg werden. Umso mehr, weil Emil von dem Mädchen begleitet wird, dem er – doch darüber später mehr – ins-geheim sein Herz verpfändet hat.

Körperliche Züchtigung

Am 1. September 1899 wird Emil an das angesehene Meißener Gymnasium berufen. Hoch auf dem Ratsweinberg gelegen, ragt das Franziskaneum über die Stadt empor. In dem gedruckten Jahres-bericht für das Schuljahr 1899/1900 führt sich Emil mit einer kurzen Lebensbeschreibung ein. Daraus geht hervor, dass er in dem knap-pen Jahrzehnt zwischen der Abreise aus Löbau und der Ankunft in Meißen Erfahrungen an drei verschiedenen Volksschulen sammelte. Daneben hatte er in Leipzig den Militärdienst absolviert.

In Leipzig studierte Emil außerdem drei Jahre an der Universi-tät (Abb. 2). Den Studienplatz verdankte er einem Sonderprogramm für vielversprechende Volksschullehrer. Der Sohn eines Gemüse-gärtners, der als Erster in seiner Familie eine akademische Ausbil-dung absolviert, besucht ab April 1896 das Curriculum Pädagogik.

In seinem Studienbuch kann man nachlesen, welche Lehrveran-staltungen er belegt hat. Bei etwa der Hälfte handelt es sich um Se-minare zur Schulpädagogik und Unterrichtslehre. Daneben wurde Emil auch in Philosophie (»Allgemeine Einführung in die Philoso-phie«), Theologie (»Das Christentum in der heutigen Gesellschaft«), Geisteswissenschaften (»Kulturgeschichte des neunzehnten Jahr-hunderts«) und Deutscher Geschichte (vier aufeinander aufbauen-de Seminare zu historischen Entwicklungen vom Mittelalter bis ins späte neunzehnte Jahrhundert) unterrichtet.

Emils Reifezeugnis:
»Sein sittliches Verhalten war völlig befriedigend (1)«

Ein guter Teil von Emils Lehrbüchern landete im Kellerarchiv in Weinböhla. Sie zeigen Spuren intensiven Lernens – seines Lernens, denn darüber lässt die regelmäßige Handschrift an den Seitenrändern keinen Zweifel. Wenn man die Unterstreichungen von Seite zu Seite verfolgt, studiert man über dessen Schulter hinweg mit einem jungen Mann, der vor hundertzwanzig Jahren alles über Schule und Didaktik wissen wollte.

Emils Interesse galt besonders den klassischen Schriften zur geistigen und sittlichen Bildung von Kindern, etwa den Texten von Johann Heinrich Pestalozzi und Christian Gotthilf Salzmann. Aber er las auch – in einer deutschen Übersetzung – *Émile, ou De l'éducation*, Jean-Jacques Rousseaus berühmten Erziehungsroman. Darin wird das Kind als Tabula rasa dargestellt, als unbeschriebenes Blatt. Nicht nur die Eltern, auch die Schulpädagogen müssen die Inhalte zur Verfügung stellen, die nun dieses Blatt füllen sollen. Auf einer der ersten Seiten des Romans markierte Emil, der spätere Vater zweier Töchter: »Wer die Pflichten eines Vaters nicht erfüllen kann, hat kein Recht, es zu werden.«

Emils wichtigster Gewährsmann war Johann Friedrich Herbart, dessen Einfluss auf das Denken des neunzehnten Jahrhunderts in Sachen Erziehung und Unterricht kaum überschätzt werden kann. Im Bücherschrank des lernbegierigen jungen Mannes aus Seifhennersdorf stand eine zweibändige Luxusausgabe seiner *Pädagogischen Schriften*. Herbarts Regeln sind mitunter bemerkenswert praktischer Natur, und vor allem dort blieb Emil gern mit dem Bleistift hängen. In der Nachfolge des Göttinger Hochschullehrers ließ auch er seinen Gedanken über die körperliche Züchtigung von Schulkindern freien Lauf: »Körperstrafen, die üblich sind, wenn Ermahnungen nichts fruchten, brauchen nicht abgeschafft zu werden. Sie müssen allerdings so selten sein, dass Schüler sie eher als Bedrohung fürchten, denn dass sie tatsächlich vollzogen werden.«

Ein Sohn in seinem Alter

Später wird Emil erzählen, wie schwer seine Studienjahre waren. Im Gegensatz zu den meisten seiner Mitstudenten, die oft aus wohlhabenden Elternhäusern stammten, konnte er sich kaum über Wasser halten. Er aß schlecht, schlief wenig und musste allerlei Nebentätigkeiten annehmen. In einem der Winter erkrankte er ernsthaft, und eine Weile lang sah es so aus, als würde ihm eine Lungenentzündung zum Verhängnis werden. Doch im Sommer 1899 ist alles Ungemach vergessen. Er hat einen universitären Titel in der Tasche, und die Welt steht ihm offen.

Als Emil an einem Montagmorgen eine knappe halbe Stunde vor seiner allerersten Unterrichtsstunde in Meißen das Lehrerzimmer betritt, spürt er, wie ihn seine neuen Schuhe drücken. Er fühlt, dass alle Augen auf ihn gerichtet sind. Um das Gesicht zu wahren, öffnet er seine Büchertasche und legt ein Heft auf den Tisch. Von dem leeren Papier aus lässt er seinen Blick durch den Raum schweifen. Er zählt mindestens fünfundzwanzig Kollegen, von denen sich einige leise unterhalten, andere in einem Buch blättern oder in einen Aufsatz letzte Korrekturen eintragen. Ein älterer Lehrer, der kurz vor der Pensionierung steht, erzählt seinem neuen Fachkollegen an diesem ersten Morgen, dass er einen Sohn in dessen Alter habe.

Vom Schuljahr 1903–1904 an darf sich Emil Oberlehrer nennen. Der ehemalige »Schulbub vom Lande« hat seinen Weg nach oben gemacht und kann mit dreißig Jahren zum gesellschaftlich arrivierten Teil der Bevölkerung gezählt werden. Um 1900 ist das Gymnasium eine Schulform für höhere Kreise, eine Zufluchtsstätte für die Oberschicht. Von den fast sechs Millionen Schülern, die im Kaiserreich jährlich die Schulbank drücken, gehen keine drei Prozent aufs Gymnasium. Emils Status drückt sich in seiner Bezahlung aus. Als Gymnasiallehrer gehört er plötzlich zu den zehn Prozent der bestbezahlten Beamten in Deutschland.

Drachen- und Blumenmotive

Emils Schreibtisch ist von vornehmer Schlichtheit. Weder mit ge-
drechselten Beinen noch mit opulenten Holzschnitzereien, sondern
von einer relativen Schmucklosigkeit, die auch das restliche Herrenzimmer prägt. Das runde Tischblatt ist aus Walnussfurnier,
glänzend mit Schellack poliert. Und der geschlossene Bücherschrank hat in der Mitte eine Tür aus geschliffenem Glas. Die
schweren Möbel machen Emil zu einer Persönlichkeit, die Gewicht
hat, auch zu jemandem, der sich seiner gesellschaftlichen Verantwortung bewusst ist.

Seine Generation – junge Männer zwischen zwanzig und dreißig, die in den Jahren um die Reichsgründung geboren wurden –
bekommt Chancen, von denen ihre Väter nur träumen konnten. Die
Industrialisierung ist nicht ihr Verdienst, aber sie profitieren voll
und ganz vom wirtschaftlichen Erfolg, den diese mit sich bringt.
Emil und seine Altersgenossen springen auf einen fahrenden Zug
auf – auf einen Dampfzug, um genau zu sein.

Auch in Meißen kündigt sich die industrielle Revolution an. Bis
zur Mitte des neunzehnten Jahrhunderts ist das Städtchen ein ver-
schlafener Ort, der seine Bedeutung der Vergangenheit verdankt.
Denn einst lag dort eines der großen Machtzentren Deutschlands.
Das war nicht allein den Markgrafen aus dem Hause Wettin zu verdanken, sondern auch dem hier ansässigen Bistum. Steinerne Zeugen dieser längst vergangenen Zeit sind die spätgotische Albrechtsburg und der Dom mit seinem reich geschmückten Interieur. Sie
stehen hoch auf dem Burgberg nebeneinander und ziehen vom
Stadtzentrum den Blick ganz automatisch nach oben.

Ruhm erwirbt sich Meißen am Anfang des achtzehnten Jahrhunderts bis weit über die Grenzen des deutschen Sprachgebiets
hinaus, als im Schloss der Wettiner die erste europäische Porzellanmanufaktur gegründet wird. Das handgemalte *Zwiebelmuster* in
Kobaltblau und die typischen Drachen- und Blumenmotive erobern

die Festtafeln des internationalen Hochadels. Kurz nach 1800 leidet die Königlich-Sächsische Porzellan-Manufaktur trotzdem auch unter dem allgemeinen Niedergang. Neue Käuferschichten bleiben aus, und nach hundert Jahren Unternehmensgeschichte droht sogar die Schließung.

Die große Wende bringen um die Mitte des neunzehnten Jahrhunderts tief greifende technische Entwicklungen. Rohstoffe – vor allem Eisenerz und Steinkohle – werden in scheinbar unbegrenzten Mengen abgebaut, Maschinen steigern die Effizienz der Produktionsprozesse, und neue Transportmittel ermöglichen eine Verteilung der Güter in großem Stil. Die Folgen sind überall zu sehen: moderne Fabriken, neue Wohnviertel und wachsender Wohlstand.

Nähmaschinen aus Meißen

1860 bekommt Meißen mit einem repräsentativen Bahnhof im Renaissancestil einen eigenen Anschluss an das Eisenbahnnetz. Er liegt am östlichen Elbufer, auf dem Gebiet des kleinen Dörfchens Cölln, das schon bald als Meißen-Cölln in der Kreisstadt aufgeht. Neue Fabriken werden gebaut, wie beispielsweise die Zuckerfabrik der Gebrüder Langelütje oder die Sächsische Schuhfabrik Hermann Möbius. Auch die Maschinenfabrik von Maximilian Biesolt und Hermann Locke hat einen guten Ruf. Sie produzieren Nähmaschinen der Marke Afrana, die in ganz Europa Absatz finden. Die Ernst Teichert GmbH entwickelt sich zum größten Arbeitgeber der Stadt. Das Unternehmen hat neben Wandfliesen aus Porzellan vor allem Kachelöfen im Angebot, mannshoch und mit glasierten Tonplatten verkleidet.

In der zweiten Hälfte des neunzehnten Jahrhunderts verdreifacht sich die Einwohnerzahl Meißens. Die Stadt bildet in dieser Hinsicht keine Ausnahme, denn überall herrscht Landflucht. Emil ist einer von vielen aus der Provinz, die versuchen, hier ihr Glück zu machen. Seine Schwester Minna bleibt in Seifhennersdorf und heiratet einen einfachen Postbeamten. Doch der ehrgeizige Pädagoge wird ein Repräsentant der fortschrittlichen Kleinstadt, einer Stadt der Dampflokomotiven, der Eisengießereien und der Drehbänke.

Emil steht für das Bürgertum, eine wohlhabende Bevölkerungsgruppe, die mehr als andere von der industriellen Revolution profitiert. Nach 1830, als grob geschätzt die erste Phase der Industrialisierung beginnt, bildet sich eine neue gesellschaftliche Oberschicht heraus. Fabrikbesitzer und Fabrikanten, aber auch Leute aus dem Mittelstand, Beamte und Arbeitnehmer mit abgeschlossenem Universitätsstudium bilden das wirtschaftliche und gesellschaftliche Rückgrat der Industrienation, zu der sich das Deutsche Kaiserreich entwickelt. Emils Biografie, die Geschichte dieses jungen Mannes, der auf den Wellen der industriellen Revolution nach oben getragen wird, ist ein Spiegel dieser Entwicklung.

Auch die Porzellanmanufaktur entdeckt das neue Bürgertum. Das Unternehmen verlässt 1863 die dunklen Räume der Albrechtsburg und zieht in ein eigens für die Porzellanproduktion entworfenes Fabrikgebäude. Der Umzug ist zugleich ein symbolischer, denn der Auszug aus der mittelalterlichen Burg markiert den Zeitpunkt, an dem der Adel als wichtigste Käuferschicht abgedankt hat. Die Fabrik hat jetzt die städtische Oberschicht im Blick und sucht ihre Käufer in Emils Kreisen. Emil liebt das Weinlaub-Service, ein einfaches, weißes Geschirr, das am Rand mit stilisierten Weinblättern in einem tiefen, sommerlichen Grün dekoriert ist. Manchmal fährt der Lehrer mit den Fingerspitzen über das makellos glatte, kühle Material und ist fasziniert von so viel Perfektion.

Elegante Stadtschuhe

Ein paar Jahre nach seiner Anstellung wird Emil am Meißener Gymnasium zum Professor ernannt. Wie weit er es gebracht hat, erkennt man, wenn man ihn mit seinem Vater vor dem Umgebindehaus in Seifhennersdorf stehen sieht. Der »Gartengrundstückbesitzer« trägt noch immer die traditionelle Landkleidung: eine kurze Joppe, eine hochschließende Weste und schwere Lederstiefel; in der Hand hält er eine Mütze. Mit dem sorgfältig modellierten Bart, dem halblangen Gehrock, dem weißen Kragen mit Fliege und den eleganten Stadtschuhen verkörpert sein Sohn eine andere Welt. Aber für seine gesellschaftliche Emanzipation zahlt Emil auch einen Preis. Die Nähe zur Natur, die Überschaubarkeit des Lebens und die Vertrautheit der dörflichen Gemeinschaft – auf all das muss er verzichten.

Emils Aufstieg beruht auf zwei Jahrzehnten Unterricht. Es sind Jahre, die seinen Charakter formen. Schon auf der Volksschule bekommt er gute Kopfnoten für »Ordnungsliebe« und »Betragen«. Am Lehrerseminar geht es weiter. Dort wird er nach »Sitten«, »Aufmerksamkeit« und »Ordnungssinn« beurteilt. Sogar in seinem Universitätsdiplom von 1898 steht, dass »an seinem Betragen nichts zu bemängeln ist«.

Emil ist also in der Dorfschule ein braver Schüler, im Lehrerseminar ein braver Eleve und an der Universität ein braver Student. Vielleicht machen ihn auch die Ausbildungsstätten zu einer Person, die im Gehorsam gewissermaßen die Vollendung ihres Charakters findet. Als Oberlehrer und Gymnasialprofessor wird er später seinen Schülern dieselbe Fügsamkeit abverlangen.

Zwischen Boden und Decke schwebend

Vor fünfzehn Jahren brachte ich Emils Herrenzimmer mit einem Kleintransporter nach Berlin. Über zehn Treppen mit jeweils zehn Stufen tragen wir die Möbel nach oben, in den obersten Stock eines typischen Altbaus mit Innenhof, wie es in Prenzlauer Berg viele gibt. Es ist heiß. Mein Amsterdamer Freund und ich schwitzen, weil es unerwartete Komplikationen gibt. Vor allem der drei Meter breite, untere Teil des Bücherschranks macht uns Probleme. Um ihn von den Zwischenpodesten eine Treppe höher zu tragen, müssen wir ihn jedes Mal auf einer Seite fast bis zur Decke hieven. Auf diese Weise, diagonal zwischen Fußboden und Decke schwebend, lässt sich der Unterschrank dann so drehen, dass einer von uns um die Kurve gehen kann, um dann vorsichtig auf die ersten Stufen der nächsten Treppe zu treten – eine ermüdende Choreografie, die wir auf jedem Podest erneut zur Aufführung bringen.

Schließlich bekommen wir das sperrige Möbelstück, vor dessen Transport wir uns bis zuletzt gedrückt hatten, unbeschädigt in die Wohnung mit Aussicht über die Dächer Berlins. Als alles aufgebaut ist, erblickt meine Frau die Möbel, an denen ihr Urgroßvater Emil einst die Schularbeiten seiner Schüler korrigierte, erstmals in einer neuen Umgebung.

Wenige Monate vorher, im Juni 2001, war die jüngere von Emils beiden Töchtern gestorben. Hilde verschied mit achtundneunzig Jahren in einem Pflegeheim. Nur allzu gern wäre sie hundert geworden. Am Ende fehlten ihr achtzehn Monate. Einen schlimmen Sturz, bei dem sie sich zum zweiten Mal die Hüfte brach, überstand sie nicht. Als ihr Ende nahte, wurden die nächsten Verwandten an ihr Bett gerufen.

Hilde war die Großmutter meiner Frau, die ihr bei ihrem Tod die Hand hielt. Hilde war schon ohne Bewusstsein. Der letzte Atem verließ ihren Mund mit einem Seufzer, der mit einem leisen, unwillkürlichen Ertönen ihrer Stimme einherging. Man konnte fast meinen, dass sie die Menschen, mit denen sie ihr Leben geteilt hatte, ein allerletztes Mal grüßte.

Nahezu ihr ganzes Leben hatte Hilde in der Stadtwohnung gelebt, die ihr Vater einst mit seiner Ehefrau und den beiden – damals sehr kleinen – Töchtern bezogen hatte. Sie wollte, dass ihre jüngste Enkelin das Herrenzimmer des Urgroßvaters bekommt. Damit würde der Schreibtisch, an dem Gymnasialprofessor Grunewald sich auf seinen Unterricht vorbereitet hatte, in würdige Hände übergehen, in die Hände eines um drei Generationen jüngeren Hochschullehrers.

Vielleicht war dieser Übergang für Hilde sogar ein Zeichen, dass das Leben weitergeht. Dass jemand den Faden dort aufnimmt, wo ihn Emil fallen lassen musste. Wenn ich am Schreibtisch sitze, bin ich mir all dieser Überlegungen bewusst. Das gravitätische Möbel verdankt seine Bedeutung nicht der simplen Tatsache, dass ich dort meine Seminare vorbereite. Es ist der Träger von Erinnerungen, das materielle Vermächtnis einer Familie, die mit dem fleißigen Landbuben Emil begann.

Um 1895: Hedwig (sitzend rechts) und ihre
Schwester Anna (stehend rechts) inszenieren mit Freundinnen
ein Damenkränzchen

KAPITEL 2

Vielleicht ist es sogar
eine Afrana-Nähmaschine

17. Januar 1903 – In Peking wird ein Denkmal für den ermordeten Diplomaten Clemens von Ketteler eingeweiht.

27. März 1907 – In Berlin öffnet das riesige KaDeWe, das Kaufhaus des Westens, seine Pforten.

12. Januar 1912 – Die SPD wird mit 35 Prozent bei den Reichstagswahlen stärkste Fraktion.

28. Juni 1914 – Franz Ferdinand von Österreich wird in Sarajevo von Gavrilo Princip ermordet.

27. September 1917 – Der Unternehmer Alwin Bauer erwirbt für 1,9 Millionen Mark Schloss Weesenstein.

Am 5. Mai des Jahres 1900 ist es so weit: Emil Grunewald heiratet Hedwig Paul. Sie wird 1872 als Tochter des Fabrikantenehepaars Ernst und Johanna Paul geboren (Abb. 3). Emil kennt das Mädchen schon seit der Grundschule, aber er scheut sich lange, ihr seine Liebe zu gestehen. Das liegt sicher auch am Standesunterschied. Emils Vater, der kleine Gemüsegärtner, steht für den Bauernstand. Als Besitzer einer Firma, die sich auf die Fabrikation von Stoffen verlegt hat, ist Hedwigs Vater jedoch ein Angehöriger des Bürgertums.

Um die Mitte des neunzehnten Jahrhunderts erkennt auch Familie Paul die Möglichkeiten, die ihr die industrielle Revolution bietet. Hedwigs Großvater investiert in moderne Webstühle und kauft eine Dampfmaschine. Es entsteht eine kleine Fabrik, in der fünfzehn Menschen Arbeit finden. Die Familie kann sich einen gewissen Wohlstand erlauben und bewohnt ein Haus an einem ruhigen Plätzchen am Ortsrand von Seifhennersdorf. Emil weiß nicht, ob er Hedwig denselben Lebensstandard wird bieten können. Doch nachdem er sein Abschlusszeugnis vom Lehrerseminar Löbau schon einige Zeit in der Tasche hat, fasst er sich ein Herz. Er ist überrascht, dass Hedwig seine Zuneigung gleich erwidert. Sie werden ein Paar und beginnen Pläne für eine gemeinsame Zukunft zu schmieden.

Bevor diese Zukunft aber mit einer Hochzeit besiegelt wird, vergehen noch gut acht Jahre. Für ein Leben als Familienvater muss Emil auf eigenen Beinen stehen. Deshalb ist es kein Zufall, dass er gleich nach dem Ende seines ersten Schuljahrs in Meißen heiratet. Die feste Stelle am Franziskaneum sichert ihm nicht nur beruflichen Erfolg und Sozialprestige, sondern legt auch die materielle Basis für eine eigene Familie. Emil feiert Hochzeit, als er schon fast dreißig ist. Das mag spät erscheinen, war allerdings in dieser Zeit nicht ungewöhnlich. Weil Männer erst einen Hausstand gründen, nachdem sie eine gewisse finanzielle Sicherheit erreicht haben, sind sie in der Regel dreißig Jahre oder gar noch älter.

Emil ist ein Selfmademan: Seine Stellung hat er sich selbst und seinen eigenen Anstrengungen zu verdanken. Damit unterscheidet er sich von Männern im vorindustriellen Deutschland. Als Fabrik und Eisenbahn das Leben noch nicht im Griff hatten, beruhte eine Ehe oft auf einem Erbe (dem Familienbauernhof oder der väterlichen Firma). Die Generation 1870 hatte dagegen Möglichkeiten, auf eigenen Füßen zu stehen und finanziell unabhängig zu werden. Das Wissen, dass er sich seine Stellung erkämpft hat, erklärt das Selbstbewusstsein, mit dem Emil durchs Leben geht. Der Junglehrer weiß, was er kann.

Das will gelernt sein

Schon als junges Mädchen hat Hedwig die etwas breiten Backenknochen, die sie ihren zwei Töchtern vererben wird. Manchmal meine ich sie noch im Gesicht meiner Schwiegermutter, ihrer einzigen Enkeltochter Brigitte, zu erkennen. Hedwig trägt nie die Tracht ihrer Heimatregion, der Oberlausitz, weil das nicht mehr zu ihrem sozialen Status zu passen scheint. Mit ungefähr fünfzehn Jahren kleidet sie sich schon wie eine Frau mittleren Alters. Ihr Lieblingsschmuck ist eine Goldkette mit einem großen Kreuz (Abb. 4). Hedwig ist religiös und bleibt ihr Leben lang Mitglied der evangelisch-lutherischen Gemeinde, anfangs im Kirchspiel der Kreuzkirche in Seifhennersdorf, danach der Johanneskirche in Meißen.

Hedwig wird als typisches Mädchen aus besseren Kreisen erzogen. Die höheren Töchter wachsen wohlbehütet auf, bekommen aber nur wenig Unterricht. Hedwig geht auf die achtjährige Grundschule, die auch Emil besucht hat. Danach ist Schluss mit dem Schulbesuch. Sie wird zu Hause auf ein Leben an der Seite eines Mannes vorbereitet und hilft ihrer Mutter, den großen Haushalt zu führen.

Und das will gelernt sein: der Umgang mit den Lieferanten, die Führung des Hauspersonals und die Verwaltung der zur Verfügung stehenden Gelder. Die höheren Töchter – und Hedwigs familiärer Hintergrund ist im Vergleich zu dem anderer Mädchen aus gutem Hause noch relativ bescheiden – lernen keinen Beruf und müssen nicht im Familienunternehmen mitarbeiten. Für sie steht an erster Stelle, sich mit hauswirtschaftlichen Tätigkeiten wie Nähen und Sticken, Backen und Kochen vertraut zu machen.

Leg deinen Kummer in ein Lächeln

Einen Eindruck von Hedwigs intellektuellem Horizont bietet ihr *Freundschaftsbuch*: ein schön gebundenes kleines Poesiealbum mit unlinierten Seiten und Goldschnitt. Zwischen den Seiten liegen getrocknete Blumen. Verwandte und Freunde schreiben ihr Verse hinein. Meist mit einer Lebenslehre. »Tugend und Unschuld«, gibt einer Hedwig mit auf den Lebensweg, »wappnen sich mit Anspruchslosigkeit und Umsicht«. Ein anderer: »Leg deinen Kummer in ein Lächeln und all dein Sehnen in ein Lied!«. Und ein Dritter rät, nie den Kopf hängen zu lassen: »Dein Glück kannst du dir selbst erschaffen, wenn du nur die Hände regst!«

Die meisten Sprüche haben sich nicht die Personen ausgedacht, die sie in zierlichen Buchstaben kalligrafiert haben, sondern sie stammen aus Zitat- und Textsammlungen, die in gedruckter Form im Umlauf waren – typischer Ausdruck der Moral eines wohlhabenden Bürgertums, das seine Ideale in Reimen und Sprüchen verankert. In dem optimistischen Unterton schwingt der wirtschaftliche Erfolg der industriellen Revolution mit. Der zentrale Gedanke ist einfach: Wenn du dein Leben selbst in die Hand nimmst, kannst du was draus machen, also – sich regen, bringt Segen.

Das erste Gedicht in Hedwigs Poesiealbum ist mit 1885 datiert (»Zur Erinnerung an Deinen Vater«). Das letzte Gedicht wird 1898 dem Papier anvertraut, das Album hatte also die Fabrikantentochter von ihrem zwölften bis zu ihrem fünfundzwanzigsten Lebensjahr begleitet. Fast alle Texte sind in Seifhennersdorf geschrieben – mit Ausnahme von einem Dutzend Beiträgen, die in der ersten Hälfte des Jahres 1889 in Dresden dazukommen.

In diesem Jahr lebt die siebzehnjährige Hedwig in der sächsischen Hauptstadt, weil sie lernen soll, wie man sich in städtischen Kreisen bewegt. Sie wohnt bei Verwandten und besucht die Salons und Soireen der Stadt. Hedwig fühlt sich unter all den eleganten Damen und wohlerzogenen Herren unwohl. Ob sie die Kunst der dahinplätschernden Konversation jemals hinreichend beherrschen wird? Nach sechs Monaten kommt die Tochter des fleißigen Textilfabrikanten wieder nach Hause zurück und beginnt, inzwischen heimisch im großstädtischen Leben, nun ihrerseits, Verwandte zu kritisieren, die sich ihrer Meinung nach allzu bäurisch benehmen.

Ist das der Hund des Fotografen?

Zwischen Schulabschluss und späterer Heirat liegen nicht selten etwa zehn Jahre, sodass eine recht lange Zeit überbrückt werden muss. Mädchen wie Hedwig sind Teil informeller kleiner Gruppen von Bürgertöchtern, die alle in derselben Lage sind: Gleichaltrige in einer Übergangsphase, junge Frauen, die darauf warten, dass die eigentliche Lebensreise beginnt. Hierauf werden sie spielerisch vorbereitet. In einem Fotoatelier dürfen Hedwig und ihre Freundinnen zeigen, dass sie wissen, wie es bei einem Damenkränzchen zugeht. So ein Kaffeeklatsch ist ein beliebter Zeitvertreib für Frauen aus besseren Kreisen, der zusätzlich noch eine wichtige soziale Funktion hat. Es sind Treffen mit festen Ritualen und eigenen Verhaltensregeln.

Das begreifen die Mädchen. Sie setzen sich um einen Tisch. Offenbar fordert der Fotograf eine von ihnen auf – hier Hedwigs jüngere Schwester Anna –, direkt in die Linse zu sehen, damit sich der künftige Betrachter in die Szene einbezogen fühlt. Sie schenkt Kaffee aus einer Porzellankanne ein und hält dabei vorsichtig den Deckel mit der linken Hand fest. Ein anderes Mädchen führt gleichzeitig ihre Tasse an die Lippen – und hält sie, wie es sich gehört, am Henkel.

Aufmerksam blättern zwei weitere Mädchen, die wie alle anderen modische Puffärmel tragen, in einem Buch. Eine fünfte hat eine Handarbeit auf dem Schoß. Hedwig, im weit fallenden Kleid, scheint dem Familienhund (der vielleicht einfach dem Fotografen gehört und nur mitspielt) etwas zustecken zu wollen. Alles wirkt sehr diszipliniert, sehr wohlerzogen. Ein Damenkränzchen wie aus dem Bilderbuch.

Stich für Stich

Die Aussteuer spielt für junge Mädchen eine wichtige Rolle. Was im Haushalt benötigt wird, bringt die Braut mit. Es ist ihr Beitrag zu einer Ehe, die der Mann nach dem Jawort finanzieren wird. Deshalb macht sie sich, lange bevor ein Bräutigam in Sicht ist, auf die Suche nach Tafelgeschirr und Besteck, nach Küchengeräten und Glaswaren. Auch Tisch- und Bettzeug muss angeschafft werden: Geschirr- und Handtücher, Bettbezüge und Leintücher. Oft werden diese Textilien zu Hause hergestellt, denn eine höhere Tochter lernt schließlich Weißnäherei. Außerdem konnte sie Leib- oder Unterwäsche nähen, Blusen, Hemden und Kragen.

Hedwig ist froh, dass ihr Vater im Textilsektor tätig ist, denn er besorgt ihr das beste Leinen. Mit drei Freundinnen arbeitet sie im Sommer 1894 monatelang an ihrer Aussteuer. Sie hofft, dass diese in Qualität und Quantität den Erwartungen des Bräutigams in spe entsprechen wird (Abb. 5). Weil schon eine Weile gutes Wetter ist, wird die Tretnähmaschine (vielleicht ist es sogar eine Afrana aus Meißen) ins Freie getragen. Dann sitzen sie im Garten hinter dem Haus: vier junge Frauen, die sich Stich für Stich Richtung Ehe sticken.

Ein Schiffchen, Maiglöckchen und ein Erzählband

Nachdem sie sich kurz vor der Mitte der Neunzigerjahre Herz und Hand versprochen haben, beginnt für Emil und Hedwig eine Zeit des Wartens. Eine Zeit, in der sie sich wenig sehen, denn Emil unterrichtet an Volksschulen in verschiedenen sächsischen Orten. Kontakt halten sie schriftlich, mit Briefen. Hedwigs Korrespondenz ist verloren gegangen, aber von Emils Wunsch, wenigstens auf dem Papier Kontakt zu halten, zeugen noch immer zwanzig Schreiben.

Die Briefe, die auffallend formell klingen (»Ich überbringe Dir meine Glück- und Segenswünsche!«), haben Anreden, die beweisen, dass der Autor originell sein wollte. »Meine herzensgute Hedi«, schreibt Emil beispielsweise, »Mein liebes Herzglöckchen«, oder: »Mein allerliebstes Herzelchen«. Kurz vor Hedwigs Geburtstag im Jahr 1898 richtet er sich sogar mit dem schmachtenden »Herziges

Geburtstagsschätzchen« an sie, dem eine sorgfältig formulierte Epistel voller Begehren und Sehnsucht folgt. Das Schreiben legt den langen Weg von Leipzig nach Seifhennersdorf zurück.

»Mit ganz besonderer Freude«, liest man in Emils regelmäßiger Handschrift, »übergebe ich heute meinen Brief und meine Sendung der Post, um Dich zu Deinem Freudenfeste mein Fernbleiben wenigstens durch einige Äußerlichkeiten vergessen zu lassen«. Mit »Deinem Freudenfeste« meint Emil den 16. Januar, denn er geht davon aus, dass seine Postsendung am Tag von Hedwigs sechsundzwanzigstem Geburtstag in der Oberlausitz zugestellt wird. Was er an kleinen Aufmerksamkeiten (»Äußerlichkeiten«) beilegte und warum er gerade diese Geschenke ausgesucht hat, erklärt der Student umständlich.

Er schickt Hedwig – erstens – ein Schiffchen, auf dessen Segel ein paar Gedichtzeilen aus einem französischen Volkslied stehen. Das kleine Schiff entpuppt sich als Hochzeitskahn: »Die Liebe zieht ihr Segel auf, Sehnsucht das Ruder sicher führt.« Emil zitiert den Schluss des anonymen *Schifferlieds:* »Liebchen, mein Arm ist dir bereit!«

Ein zweites Geschenk spielt ebenfalls auf die Liebe an. Hedwig bekommt ein Sträußchen mit Maiglöckchen aus Seide. Es unterstreicht, dass Emil und sie sich – unter Anspielung auf einen Titel des Biedermeierdichters Friedrich Rückert – noch immer in ihrem *Liebesfrühling* befinden.

In welche Richtung die Gedanken des Briefschreibers gehen, zeigt sich ein weiteres Mal, als er einen kleinen Band von Carl Crome-Schwiening, *Allerhand humoristische Kleinigkeiten*, einführt. Keine große Literatur, aber Emil ist auf drei Geschichten gestoßen, »Das Eheprotokoll«, »Auf der Hochzeitsreise« und »Die Chemie in der Küche«, die er Hedwig sehr ans Herz legt. Dass sie auf die Ehe und die Aufgaben der Frau verweisen, ist sicherlich kein Zufall.

Entsprechend den Konventionen der Zeit macht Emil einen Umweg, wenn er seine Gefühle für Hedwig ausdrückt. Er nimmt passende Texte in Anspruch oder verweist auf Autoren, von denen er annimmt, dass sie diese ebenfalls kennt. Paradoxerweise offenbart er sich auf diese Weise mit den Worten eines anderen. Aber auch hier gilt: Wes das Herz voll ist, des geht der Mund über.

Hedwig bekommt also außer dem Schiffchen, den Maiglöckchen und dem Buch noch drei weitere kleine Überraschungen, die im Begleitbrief mit dem gleichen Feingefühl kommentiert werden. Emil schickt ein selbst geschnitztes Fotorähmchen, ein Leporello mit Ansichtskarten von Leipzig – in der Hoffnung, dass sie die Universitätsstadt bald mit eigenen Augen sehen wird – und eine Dose Schnupftabak.

Als Genussmittel ist Schnupftabak bei Frauen wenig üblich, aber der verliebte Student verweist auf eine medizinische Verwendung. Denn er will Hedwig vor einer möglichen Erkältung behüten: »Schön schnupfen, damit du nicht verschnupfen sollst!« Der Wunsch, sein Leben mit ihr zu teilen, wird am Ende in ein hübsches Versprechen verpackt: »Es liegt in meinem Bestreben Dir, liebes Herzchen, soviel angenehme Tage als möglich zu verschaffen. Freilich jetzt sind wir noch zu selten beieinander.«

Mädchenknospen vor dem Altar

Ein Jahr nach der offiziellen Verlobung im Jahr 1899 (Abb. 6) heiraten Emil und Hedwig an einem Samstag in der Kreuzkirche von Seifhennersdorf. Die kirchliche Trauung wird von dem alten Pfarrer vorgenommen, den sie seit Kinderjahren kennen. Um zwei Uhr mittags läuten die Glocken, und das Paar tritt aufgeregt vor den Altar.

Die Braut trägt, wie um 1900 üblich, ein langes, schwarzes Kleid. Ein weißer Schleier fällt ihr vom Scheitel bis unter die Kniekehlen. Emil trägt einen schwarzen Anzug und darunter ein Leinenhemd, das traditionelle Brauthemd, das Hedwig für ihn genäht hat. Nach dem Jawort sieht er Tränen in ihren Augen. Sie zeugen nicht nur von Glück, sondern auch von einem schmerzlich empfundenen

Verlust. Drei Jahre vorher war Hedwigs Vater ganz unerwartet an einem Herzanfall gestorben.

Nach der kirchlichen Trauung wird gefeiert. Weil fast alle Mitglieder der Familien Grunewald und Paul in Seifhennersdorf wohnen, umfasst die Hochzeitsgesellschaft siebzig Personen. Getafelt wird an diesem warmen Maitag im Garten des Geburtshauses der Braut. Einen Höhepunkt bildet die Präsentation eines Tafellieds. Es hat dreißig Strophen und wurde von einem Jugendfreund Emils verfasst. Er hat dem Lied ein doppeltes Motto mitgegeben: »Eine wirkliche und wahrhaftige Liebesgeschichte«. Und: »Wie sie sich fanden«. Ein Buchdrucker hat den Text vervielfältigt. So können die Hochzeitsgäste mitsingen und außerdem den Abzug mit nach Hause nehmen.

Das Lied erzählt, wie Emil Hedwig bereits lieb gewann, als er noch am Löbauer Lehrerseminar war. 1886 ist er bei seinen Eltern zu Besuch und nimmt an der diesjährigen Konfirmationsfeier teil. In der Kirche – derselben, in der sie später heiraten werden – fällt sein Blick auf die vierzehnjährige Hedwig: »Von den vielen Mädchenknospen, / Die dort standen am Altar, / Schaut er immer nur die Eine, / Die für ihn die Schönste war.« Es ist der Beginn einer stillen Liebe, die dazu führt, dass der Internatszögling Emil die freien Tage im Elternhaus herbeisehnt. Jeden Umweg nimmt er in Kauf, um einen Blick auf Hedwig werfen zu können: »In der Ferienzeit / Promenierte er vorm Fenster, / War der Umweg noch so weit.«

Erst am Ende seiner Schulzeit geht der künftige Lehrer einen Schritt weiter: Er bittet Hedwig, bei der Abschlussfeier seine Balldame zu sein. Das Lied berichtet, wie sie den ganzen Abend miteinander tanzen. Auch den *Katerbummel*, den Spaziergang am Morgen nach dem Ball, machen sie zusammen – übrigens in Begleitung einer von Hedwigs Freundinnen, die das Paar im Auge behalten soll.

Und Emil? Der fast zwanzigjährige Emil macht überhaupt nichts. Er bringt das Mädchen, das sein Herz gestohlen hat, zu ihrer

Logieradresse in Löbau zurück und schweigt über seine Gefühle. Ein vielversprechender Schüler, das steht außer Zweifel, doch auf dem Pfad der Liebe fehlt ihm noch das Selbstbewusstsein, das in seinem späteren Leben für ihn geradezu typisch werden wird. Es folgt eine Zeit, in der die beiden viel gemeinsam musizieren. Hedwig beginnt etwas zu ahnen, hält sich aber, so berichtet das Lied, als »kluges Mädchen« zurück.

Stille Wasser

Es wird noch viel Zeit vergehen. Erst als Emil merkt, dass sich auch andere um Hedwigs Hand bemühen, kommt er endlich, endlich in Gang. »Hand und Herz /«, singt die lachende Hochzeitsgesellschaft, »Er Hedwig bietet, / Ängstlich dann auf Antwort harrt.« Hedwigs Reaktion hätte ihn nicht glücklicher machen können. »Mein Sehnen bist nur Du!« – sagt sie: »Du allein bist's, / Nach dem ich verlang!«

Das Paar beschließt, seine Liebe niemandem zu verraten: »Was kann es Schön'res geben / Als der Liebe Heimlichkeit?« So kommt es also an einem Tag, an dem Hedwig eine Tante nach Leipzig begleitet, zu einer »zufälligen« Begegnung mit Emil. Der gibt den Stadtführer und zeigt den – für ihn nicht so ganz unerwarteten – Gästen seinen momentanen Wohnort. Hedwigs Tante ist von dem charmanten Studenten begeistert und meint sogar, dass er eine gute Partie für ihre Nichte sein könnte.

All das sind Geschichten von einem höchst schüchternen jungen Mann und einem Mädchen, das sehr viel Gelassenheit an den Tag legt. Wie groß sind die dichterischen Freiheiten, die sich Emils Jugendfreund erlaubt? Wenn man ihm aufs Wort glaubt und bedenkt, dass der Brief mit den Leipziger Ansichtskarten besagt, dass Hedwig bis zu ihrem sechsundzwanzigsten Lebensjahr nie in der Universitätsstadt gewesen ist, drängt sich der Schluss auf, dass die beiden ihre Liaison zumindest bis Anfang 1898 für sich behalten haben.

Das ist eine lange Zeit, aber irgendwie auch sehr romantisch. Falls stille Wasser auf tiefe Gründe hindeuten, dann sind sie bei Emil unermesslich tief. Jedenfalls ist es aus mit seiner Geduld, sobald er seine Anstellung als Lehrer an einem Gymnasium bekommen hat: »Aber nun die Hochzeit schnell!« Kurz nach der Vermählung ziehen Emil und Hedwig in ihre erste gemeinsame Wohnung am Hahnemannsplatz westlich der Elbe direkt in Meißens historischer Altstadt.

Sandstein aus der Sächsischen Schweiz

Jetzt nimmt Emils und Hedwigs Leben Fahrt auf. Es ist, als ob das junge Ehepaar die lange Wartezeit möglichst schnell ungeschehen machen möchte. Wenig mehr als ein Jahr nach dem Vollzug der Ehe wird im Juni 1901 Hanna geboren. Anderthalb Jahre darauf erblickt im November 1902 eine zweite Tochter, Hilde, das Licht der Welt. Beide Male entbindet Hedwig, wie es damals üblich ist, zu Hause, mithilfe einer Hebamme. Die jungen Eltern sind froh, dass alles gut geht, denn die Säuglingssterblichkeit liegt mit zwanzig Prozent recht hoch.

Im Winter 1904 suchen sie zum ersten Mal mit ihren Töchtern Max Freitags Fotoatelier auf, wo im Lauf der Jahre mehrere Familienporträts gemacht werden. Sie lassen Hanna und Hilde, die dann zweieinhalb und etwas älter als ein Jahr sind, in ihren Sonntagskleidchen fotografieren (Abb. 7). Ein paar Monate später zieht die Familie nach Meißen-Cölln, einem Stadtteil, der mit großen Fabrikgeländen und neuen Wohnvierteln wie kein zweiter die städtebauliche Auswirkung der industriellen Revolution symbolisiert. Emil und Hedwig beziehen eine großzügige Wohnung, die das gesamte zweite Stockwerk eines repräsentativen Gebäudes im Stil der Neorenaissance einnimmt.

Das Haus liegt in der Brauhausstraße und hat eine für diesen Teil Deutschlands ungewöhnliche gelbe Backsteinfassade. Die

Fassadendekorationen sind in Sandstein ausgeführt, der in der Sächsischen Schweiz gewonnen wird. Von einem der Wohnzimmerfenster aus blickt man auf den *Hamburger Hof*, das neue Hotel, in dessen Fest- und Ballsälen sich ein wichtiger Teil des gesellschaftlichen Lebens der Stadt abspielt. Emil wohnt nun in einer vornehmen Gegend. Seine Wohnung liegt strategisch günstig am Fuß des Ratsweinbergs, sodass er jeden Morgen zu Fuß zum Franziskaneum gehen kann. An manchen Stellen führt der schmale Weg steil nach oben. Vor allem in den Wintermonaten ist es nützlich, dass an den Fassaden und Gartenmauern Handläufe angebracht sind, die Halt bieten können.

Lautmalerei

Die Wohnung der Familie Grunewald ist in Sachen Küchentechnik und Sanitäranlagen vorbildlich modern ausgestattet. Es gibt eine *Kochmaschine*, einen riesigen, mit Holz zu beheizenden Herd, und man hat fließend Wasser, wohlgemerkt, fließend kaltes Wasser. In den Zimmern hängen Gaslampen, und im Badezimmer steht sogar ein Badeofen, ein gusseiserner Wasserspeicher mit Mischbatterie, in dem man das Badewasser erhitzen kann.

Auch die Wohn- und Schlafzimmer werden mit Kohlen geheizt. In einer Ecke stehen schwere Steinöfen mit glasierten Kacheln der Firma Teichert. Die sogenannten Berliner Öfen haben das Format eines eintürigen Kleiderschranks und sind im Speise- und Wohnzimmer en suite kunstvoll dekoriert. Im Treppenhaus, außerhalb der Wohnung, befindet sich die Toilette, die mit den Nachbarn geteilt wird. Keine Toilette mit Wasserspülung, sondern ein sogenanntes Plumpsklo. Alles, was dort hineinfällt, landet direkt unten in der Sickergrube. Dass »plumpsen« hier lautmalerisch gemeint ist, muss vermutlich nicht erläutert werden.

Das neue Heim erfüllt Emil und Hedwig mit Stolz. 1910 wird das Haus von einem Fotografen in voller Größe verewigt, mit drei

Stockwerken und einer Mansarde (Abb. 10). Wenn man genau hinschaut, sieht man Hedwig aus dem Wohnzimmerfenster lehnen. Auf dem Gehsteig posieren ein paar Kinder, darunter Hanna und Hilde. Hinter dem Haus, das nach der Wende auf die Denkmalschutzliste kam, gibt es ein verhältnismäßig großes Gelände, das die Bewohner gemeinsam nutzen. Emil und Hedwig trocknen dort nicht nur ihre Wäsche, sondern legen auch einen Gemüse- und Blumengarten an.

Industrialisierung und Urbanisierung haben binnen weniger Jahrzehnte dazu geführt, dass viele Menschen, die selbst in einem ländlichen Umfeld aufwuchsen, sich plötzlich in einer städtischen Steinwüste wiederfinden. Sie sehnen sich nach Natur. Das manifestiert sich in den zahllosen Stadtgärten und Kleingartenanlagen, die überall aus dem Boden sprießen. In dieser Hinsicht sind Emil und Hedwig keine Ausnahme. In dem großen Garten hinter dem Haus haben sie ein paar Obstbäume gepflanzt und bauen dort Kopfsalat und Frühlingszwiebeln, Möhren und Bohnen an. Zwischen den Gemüsebeeten und den Blumenrabatten steht ein Holztisch mit gusseisernen Stühlen, wo sie im Sommer die eigenen Erdbeeren und Himbeeren genießen.

Acht Fräcke

Es gibt ein Dokument, das nicht nur einen guten Eindruck vom evidenten Wohlstand der jungen Familie Grunewald vermittelt, sondern auch von der Wohnkultur im ersten Jahrzehnt des vergangenen Jahrhunderts. Emil, der sein Leben lang gern Listen und Übersichten anlegte, erstellt 1912 ein vollständiges Verzeichnis ihrer Besitztümer. Er unterscheidet vierzehn Kategorien: Möbel – Küchengeräte – Kleidung – Wäsche – Schlafzimmer – Spiegel – Uhren – Porzellan – Glas – Silberzeug – Gemälde sowie Grafiken – Bücher – Musikinstrumente – und schließlich: Schmuck.

Immer wieder notiert Emil Zahlen, über die man sich wundert. Hedwig und er besitzen beispielsweise hundertzwanzig Handtücher, zweiundzwanzig Lakensets und vierundvierzig Kopfkissenbezüge. Sie haben zwei Stand- und vier Wanduhren. An den Wänden hängen vier große Ölgemälde und ein Dutzend Fotodrucke. Vor den Fenstern befinden sich sechzehn Stores und Übergardinen.

In der Wohnung stehen außerdem zwei Esstische mit insgesamt sechzehn Stühlen. Es gibt elf Betten, zwei Sofas und fünf Leinentruhen. Den Grunewalds gehören zehn Zudecken und zwölf Kopfkissen. Kristallgläser für Rot- und für Weißwein sind vierundzwanzigfach vorhanden, und es gibt eine Kassette mit Silberbesteck für zwölf Personen. Emil hat acht Fräcke und zwei Wintermäntel im Schrank. Hedwig besitzt drei Seiden- und sieben Wollkleider, einen Pelzmantel und vier Hüte.

Ihre wertvollsten Besitztümer sind das Klavier und ein Vitrinenschrank für das Meißener Porzellan, die der Oberlehrer auf 600 beziehungsweise 350 Mark schätzt. Für Hedwigs Schmuck veranschlagt er 600 Mark. Emil beziffert das gesamte Inventar mit 8833,90 Mark. Für einen Facharbeiter waren das damals etwa achtzig Monatslöhne. Emil hat also – das demonstriert seine Liste eindrucksvoll – die Möglichkeiten, die den Geburtsjahrgängen um 1870 geboten wurden, optimal genutzt. Er ist weit aufgestiegen und denkt nur gelegentlich, wenn er morgens den Ratsweinberg hinaufspaziert, an den Ort seiner Herkunft zurück. Meist aber liegen Seifhennersdorf und das Gemüsefeld seines Vaters weit außerhalb des Horizonts seines neuen Lebens.

Bombastische Worte

Für das angesehene Bürgertum ist das späte Kaiserreich eine Zeit der Prosperität. Freilich muss man vor den verfallenden Mietskasernen des Industrieproletariats, vor der Armut, den Bettlern und Obdachlosen die Augen verschließen. Wer jedoch gekonnt wegschaut, sieht ein dynamisches Deutschland, das zwischen 1895 und 1913 eine fast ununterbrochene Periode der Hochkonjunktur erlebt. Die Fabriken werden größer, um Muttergesellschaften wie Thyssen, BASF oder Siemens blühen ganze Konzerne auf, und in den Städten öffnen Warenhäuser mit schwindelerregendem Angebot ihre Pforten.

Und die Bevölkerung wächst und wächst – allein in den beiden Jahrzehnten vor und nach 1900 um etwa fünfzehn Millionen Menschen, sodass die Einwohnerzahl des Kaiserreichs auf fünfundsechzig Millionen steigt. International beginnt Deutschland selbstbewusster in Erscheinung zu treten. Wie die alten Kolonialmächte Frankreich und England will es einen »Platz an der Sonne« erringen. Deutsch-Südwestafrika (heute Namibia) und Deutsch-Südostafrika (heute Burundi, Ruanda und Tansania) sind der Beweis für dieses Streben.

Ambitionen, die über die eigenen Landesgrenzen hinausgehen, regen sich auch während des sogenannten Boxeraufstands. In einem geschwächten China, das sich für Handelskontakte mit westlichen Ländern geöffnet hatte, war eine militante Bürgerbewegung entstanden, die *Yihequan*, übersetzt: Fäuste der Gerechtigkeit und Harmonie, deren Mitglieder »Boxer« genannt werden. Sie wenden sich gegen ausländische Einflüsse und begehen seit dem Herbst 1899 eine Reihe von Anschlägen. Als am 20. Juni 1900 der deutsche Diplomat Clemens von Ketteler ermordet und das Pekinger Diplomatenviertel belagert wird, beschließt ein Bund von acht internationalen Staaten, darunter England, Amerika und Russland, dass es Zeit für eine Intervention sei.

Deutschland schließt sich der Initiative an und schickt das 20 000 Mann starke Ostasiatische Infanterie-Regiment. Unter den zahlreichen Dokumenten, die in Weinböhla aufbewahrt werden, befindet sich eine Militärkarte von Peking. Auf der Vorderseite ist vermerkt, dass sie von »Feldtopographen des Deutschen Ostasiatischen Expeditions-Korps« gezeichnet wurde. Die Karte stammt aus dem Besitz des Berufssoldaten Max Paul, einem der älteren Brüder von Hedwig (Abb. 9).

Mit seinen Kameraden vernimmt er die Worte Wilhelms II. vom 27. Juli 1900. Auf den Kais von Bremerhaven verabschiedet sich der deutsche Kaiser mit einer bombastischen Rede von den Männern, die in seinem Auftrag nach China aufbrechen. Der dreißigjährige Max fühlt sich persönlich angesprochen, und einen Moment ist es so, als sei die Weltgeschichte auch seine Geschichte.

Ein leidenschaftlicher Hobbymaler

Die Bremerhavener Rede ist als *Hunnenrede* bekannt. Und zwar wegen eines unangebrachten Vergleichs, der das zentralasiatische Reitervolk in eine Linie mit dem Armeekorps stellt, das nach Peking entsandt wird. »Wie vor tausend Jahren die Hunnen unter ihrem König Etzel sich einen Namen gemacht«, schärft der Redner den lauschenden Soldaten ein, »so möge der Name Deutscher in China auf 1000 Jahre durch euch in einer Weise bestätigt werden, dass es niemals wieder ein Chinese wagt, einen Deutschen scheel anzusehen!« Die Deutschen als Hunnen: Es ist Wilhelm II. zu verdanken, dass dieses Bild während der beiden Weltkriege die antideutsche Propaganda beherrscht. Max und seine Kameraden erzwingen tatsächlich Respekt, vor allem aber durch Grausamkeit, die der vermeintlichen Barbarei der Hunnen in nichts nachsteht. Welche Rolle Hedwigs Bruder dabei spielte, weiß niemand zu sagen, aber Augenzeugen berichten von Misshandlungen, Vergewaltigungen und Massakern.

Max übersteht die Kampfhandlungen unversehrt, und dennoch wird ihm der Boxeraufstand zum Verhängnis. Im August 1901 kehrt er mit einer Syphilisinfektion nach Hause zurück. Im Militärkrankenhaus Sonnenstein im sächsischen Pirna – die Nazis werden dort später für Psychiatriepatienten und geistig behinderte Menschen eine Gaskammer einrichten – gelingt es den Ärzten nicht, ihn zu retten. Außer einer kleinen Sammlung selbst gemalter Landschaftsbilder hinterlässt der leidenschaftliche Hobbymaler Max eine Kiste mit Asiatika: Lackdosen, Kupferschalen und kunstvoll geschnitzte Jadefiguren. Allesamt Kriegssouvenirs.

Obwohl viel erhalten blieb, ging das vielleicht schönste Stück verloren. Ein Fächer, den Hedwig ihrer ältesten Tochter hinterlassen hatte. Hanna ihrerseits schenkte ihn der jüngsten Tochter ihrer Schwester, der Abiturientin Karoline. Diese verkauft schließlich das Geschenk. Wie es dazu kommt, wird aber noch an späterer Stelle erklärt.

Emil und Hedwig betrauern Max' Tod, der ihnen die Vergänglichkeit ihrer eigenen jungen Generation bewusst macht. Aber schon bald lassen sie sich wieder auf dem ruhigen Wellengang des bürgerlichen Lebens treiben. Fortschreitende technische Entwicklungen, immer bessere hygienische Anlagen und im Prinzip grenzenlos zur Verfügung stehende Lebensmittel machen das Leben von Jahr zu Jahr angenehmer.

Die Badewanne von Berlin

Emil und Hedwig verbringen die alljährlichen Sommerferien zu Hause. Gemeinsame Ferienfahrten sind noch nicht an der Tagesordnung; erst in den Zwanzigerjahren, als Hanna und Hilde schon erwachsen sind, liegen größere Reisen, auch finanziell, im Bereich des Möglichen. Wohl ist Emil alljährlich etwa zehn Tage mit seinen Schülern im Erzgebirge unterwegs. Das Gymnasium hat in der Nähe von Altenberg ein Ferienheim, ein Schülerlandheim, wo alle gemeinsam übernachten können.

Mit den Jungen besteigt Emil den Kahleberg, mit neunhundert Metern einer der höchsten Berge der Umgebung. Er erzählt ihnen viel über die waldreiche Landschaft und die Geologie des Mittelgebirges. Nie kommt Hedwigs Ehemann mit leeren Händen zurück, sodass in der Brauhausstraße von Jahr zu Jahr mehr Mitbringsel aus dem Erzgebirge stehen: regionaltypische Räuchermännchen und Nussknacker sowie Körbe aus Birken- oder Lärchenzweigen.

Um 1910 fährt Hedwig mit Hanna und Hilde während einer von Emils Klassenreisen in eine Pension an der Ostsee. Von dem seit Ende des neunzehnten Jahrhunderts aufblühenden Strandtourismus profitierten vor allem die Badeorte der Insel Usedom, die als »Berlins Badewanne« bekannt ist. Emil hat für diese Art von Sommerfrische wenig übrig und wird bis an sein Lebensende das Meer nicht einmal sehen. Aber er macht mit Hedwig regelmäßig Ausflüge in die Umgebung von Meißen. Ein fester Bestandteil des Wochenprogramms ist außerdem ein Familienspaziergang am Sonntagnachmittag an den Ufern der Elbe.

Schmiedeeiserne Schnörkel

Gäste werden von Emil und Hedwig am liebsten in den warmen Monaten eingeladen. Der Grund ist simpel: der schöne Garten. Anderthalb Jahre nach Hildes Geburt empfangen Emil und Hedwig das Ehepaar Grellig aus Niederschlesien. Karl Grellig, der mit Hedwigs Schwester Anna verheiratet ist, wohnt in Lähn (Wleń), einer Stadt, die seit 1741 unter deutscher Verwaltung gestanden hatte und 1945 Polen zugeteilt wird (Abb. 8). Karl hat dort eine Apotheke.

Die beiden Ehepaare sind ungefähr gleich alt und haben beide zwei Kinder. Hanna und Hilde verstehen sich gut mit Herbert und seiner älteren Schwester Hildegard. Ihre Cousine wird mit etwa zwanzig Jahren sterben, mit dem Cousin halten die Schwestern Grunewald lebenslang Kontakt. Hanna und Herbert besichtigen sogar gemeinsam das Amsterdamer Rijksmuseum, mehr als sechzig Jahre nach dem Gartenfest, das Emil und Hedwig 1904 organisieren.

Für diesen besonderen Anlass wird ein Porträtfotograf engagiert. Er bringt eine schwere Kamera auf einem Holzstativ und einen Stapel gut verpackter Glasplatten mit einer lichtempfindlichen Schicht mit. Während der Mann fotografiert, steckt er mit dem Kopf unter einem schwarzen Tuch. Die Aufnahme beweist einmal mehr, dass

Freizeitkleidung eine Erfindung späterer Zeiten ist. Hinten im Garten stehen Emil und Karl, beide knapp über dreißig, in vollem Ornat und mit geschlossenem Hemdkragen. Hedwig und Anna tragen knöchellange Röcke aus einem schwer fallenden Stoff.

Auch die Kinder wirken herausgeputzt, obwohl die drei jüngsten nackte Arme haben. Hilde sitzt mit Herbert in einer weiß gestrichenen, hochrädrigen Zierschubkarre aus Metall. Die schmiedeeisernen Schnörkel machen das Gerät zu einer Art Bühnendekor, was in gewissem Sinn zu diesem inszenierten – denn das ist es natürlich – doppelten Familienbildnis passt. Man bekommt das Gefühl, dass es Professor Grunewald und Apotheker Grellig auch an diesem freien Tag nicht gelingt, ihre gesellschaftliche Stellung zu vergessen. Oder haben sie nach dem Aufbruch des Fotografen doch das oberste Kragenknöpfchen geöffnet und die Ärmel hochgerollt?

Bei Apfelkuchen und Eierschecke

Das soziale Leben spielt sich für Hedwig und Emil teilweise in getrennten Kreisen ab. Hedwig schließt sich einem Damenkränzchen an, wie sie es schon in Seifhennersdorf mit ihren Freundinnen geübt hat. Einmal monatlich kommt sie mit den fünf Frauen zusammen. Sie treffen sich zu Hause. Immer reihum bei einer anderen, sodass jede zweimal pro Jahr Gastgeberin ist.

An diesem Sonntagnachmittag ist Hedwig an der Reihe. Kurz vor der vereinbarten Zeit ist sie mit den Vorbereitungen fertig und betrachtet zufrieden die gedeckte Tafel. Feiner Damast und Meißener Porzellan, natürlich mit Blumenmotiv, wie es auch bei ihren Freundinnen immer der Fall ist. Mitten auf dem Tisch prangt ein frischer Strauß mit Blumen aus dem eigenen Garten: Rosen, Rittersporn und Phlox. Der Kaffee steht in zwei großen, zum Service gehörenden Kannen bereit. Für lauwarme Milch ist ebenfalls gesorgt, denn die Kränzchendamen trinken ihren Kaffee gern herzschonend dünn. Hedwig hat einen Apfel- und einen Pflaumenkuchen gebacken.

Ebenso wenig fehlt die *Eierschecke,* eine sächsische Kuchenspeziali-
tät mit Quark und Eigelb. Um halb sechs will Hedwig ein Gläschen
ihres selbst gemachten Eierlikörs servieren. Sie ist als Einzige mit
einem Lehrer verheiratet, die anderen sind Ehefrauen von Unternehmern und Geschäftsleuten.

Einmal jährlich macht die Gruppe einen Ausflug. Im Juni 1914
steht sogar eine zweitägige Reise auf dem Programm. Mit dem Zug
geht es nach Pillnitz, ungefähr fünfzig Kilometer die Elbe strom-
aufwärts. Wegen des besonderen Charakters der Fahrt lassen sich
drei der Damen von einer Tochter begleiten (Abb. 11). Die Gruppe
besichtigt das *Wasserpalais,* erbaut von August dem Starken, Kur-
fürst von Sachsen und König von Polen.

Das Abendbrot nehmen die Frauen auf einer Terrasse ein. Sie
übernachten in einer einfachen Pension. Und sie fühlen sich frei,
denn ihnen bleiben an diesem Tag die Haushaltspflichten erspart.
Über Dresden geht es am nächsten Morgen mit einem Ausflugs-
dampfer auf der Elbe nach Meißen zurück.

Trockenschwimmen

Was das Damenkränzchen für Hedwig, ist für Emil, der im Lehrerseminar Klavier und Violine spielen lernte, seine Musikgruppe. Er
hat sie um 1910 gegründet. Mit drei Lehrerkollegen, die wie er während ihrer Ausbildung Musikunterricht hatten und ebenfalls ein
Instrument spielen lernten, bildet er ein Quartett. Ab und zu tritt es
in der Schule auf. Fast zwanzig Jahre lang treffen sich die Männer in
den Abendstunden zum Proben (Abb. 12). Diese Treffen stehen im
Zeichen einer immer engeren Freundschaft.

Sein Leben lang macht Emil Musik. Sein Musikgeschmack – und
vermutlich auch der seiner Kollegen – ist konservativ; zeitgenössi-
sche Komponisten haben bei ihm nur wenig Chancen. Sein Herz
gehört Bach, Beethoven und Mozart; von den Komponisten des
neunzehnten Jahrhunderts spielt er Schubert und Schumann.

Emils Verhältnis zur Musik ist von der Tradition der Hausmusik geprägt, dem gemeinsamen Musizieren in geschlossenem, informellem Kreis. Damit ist Musik in erster Linie eine soziale Erfahrung. Musik nur zu hören ist wie Trockenschwimmen. Deshalb besitzt Emil auch nie ein Grammophon, den Vorläufer des späteren Plattenspielers, nicht einmal, als die Geräte in den Zwanzigerjahren für Menschen seiner Einkommensklasse bezahlbar werden.

Ein in die Tischplatte eingelassenes Tintenfass

Mit sechs Jahren kommen Hanna und Hilde in die Johannesschule, eine Grundschule nur ein paar Straßen weiter. Am Tag der Einschulung erhalten sie – wie alle Kinder – eine siebzig Zentimeter hohe, mit bunten Bändern geschmückte Schultüte. Diese randvoll mit Zuckerzeug gefüllte Tüte ist für die Mädchen der absolute Höhepunkt ihres ersten Schultags (Abb. 13).

Zur Feier der Einschulung reist 1907 und 1909 eine kleine Familiendelegation aus Seifhennersdorf an. Von den Großeltern kommt nur noch Hedwigs Mutter, der Vater ist seit mehr als zehn Jahren tot. Emils Eltern sind inzwischen beide verstorben. Seine Mutter hat ihre beiden Enkelinnen Hanna und Hilde nicht mehr kennengelernt; Emils Vater starb kurz vor Hildes Geburt.

In der Schule kommen die Mädchen gut mit. Aber die kleinere Hilde muss sich an die große Klasse gewöhnen, in der vierzig Mädchen jeweils zu dritt in einer Schulbank sitzen. Sie lernt, mit einer Stahlfeder, die in einen Federhalter gesteckt wird, zu schreiben. Die Feder wird in ein Tintenfass getaucht, das in die Tischplatte eingelassen ist. Hilde lebt in ihrer eigenen Welt und lässt sich leicht ablenken. Das sieht man ihren Schreibübungen an. Manchmal sacken die Zeilen auf dem unlinierten Papier am Ende plötzlich nach unten weg. Und die überragenden Teile der Buchstaben stehen nur selten parallel zueinander.

Hanna, Emils und Hedwigs ältere Tochter, ist ein soziales Kind, das leicht Kontakte knüpft. Sie ist der Mittelpunkt einer Gruppe von Freundinnen. Manchmal streiten sie mit ihr, weil sie sehr dominant sein kann. Sie drückt ihren Willen durch, und die anderen Mädchen müssen oft einen Schritt zurücktreten. Auf dem Schulhof setzt sie sich oft für Hilde ein, denn ihre jüngere Schwester ist weniger wehrhaft als sie.

Hanna und Hilde wachsen beschützt in einer heilen Welt auf. Sie durchlaufen die üblichen Stadien einer Mädchenjugend. Wochentags drücken sie die Schulbank, am Samstagmorgen ist Konfirmandenunterricht, und der Sonntag steht im Zeichen des Gottesdienstes, den sie zusammen mit ihren Eltern in der Johanneskirche besuchen. Die Schwestern teilen sich nicht nur ein Kinderzimmer, sondern auch das Spielzeug, die Bücher und manchmal sogar die Kleidung. Nach vier Jahren Volksschule wechseln sie auf die Höhere Mädchenschule am Neumarkt.

Seidene Fächerblätter zwischen Hornstäben

Vielleicht wurde das Schulbuch von 1906, das in einem der Bücherschränke mit dem Nachlass der Familie Grunewald steht, verwendet. Es heißt *Das Vaterland – Lesebuch zur Pflege nationaler Bildung.* Es verrät eine für das frühe zwanzigste Jahrhundert typische nationale Gesinnung und zugleich Liebe zur deutschen Kultur. Die Höhere Mädchenschule legt Wert auf Turnunterricht (Abb. 14). Bei gutem Wetter geht Hildes Lehrer mit der Klasse ins Freie und lässt die Kinder auf dem Schulhof Übungen machen.

Obwohl Hanna wie Hilde noch zwei Jahre bleiben könnten, verlassen sie – denn in diesem Alter sind sie nicht mehr schulpflichtig – die Schule am Ende ihres vierzehnten Lebensjahrs. Im selben Jahr werden sie auch konfirmiert, wie einst ihre Eltern in Seifhennersdorf. »Der junge Christ«, lesen die Schwestern in der Broschüre der Johannespfarrei, »bestätigt seinen christlichen Glauben, auf den er getauft und in dem er unterrichtet worden ist, und wird daraufhin als Glied der Kirche bestätigt.«

Hanna legt dieses öffentliche Versprechen 1915 ab, Hilde zwei Jahre später. Beide bleiben zwar bis an ihr Lebensende Kirchenmitglieder, finden aber in Glaubensdingen allmählich zu einer gewissen Distanz, die ihre Eltern im Gegensatz zu ihnen niemals gesucht hatten.

Am Ende der Schulzeit besuchen Emils und Hedwigs Töchter den Tanzunterricht. Das Kränzchen hilft bei der Suche nach passenden Partnern. Hilde wird mit Karl August Härtel verkuppelt, dem Sohn einer der Kaffeefreundinnen. Sein Vater ist der größte Weinhändler von Meißen. Karl August empfindet für Hilde mehr als sie für ihn. Beim offiziellen Gruppenbild für den Abschlussball rückt Hilde auf ihrem Stuhl heimlich ein Stück nach links (Abb. 15). Bis zu ihrem Tod hebt sie den Fächer auf, den sie an diesem Tag bei sich trug. Beim Aufklappen sieht man, dass die Ballbesucher – also auch der Sohn des Weinhändlers – ihre Namen auf eines der seidenen Fächerblätter zwischen den Hornstäben schrieben, um sich für eine Tanzrunde anzumelden.

Mit einer gewissen Unerschütterlichkeit

Emil und Hedwig sind mit ihren materiellen Lebensbedingungen zufrieden. Aber mit zwei heranwachsenden Töchtern ist es nicht leicht, den erreichten Status zu wahren. Die Familie verkörpert das Bildungsbürgertum, den Teil des Bürgertums, der seine Identität in Bildung, geistiger Entwicklung sowie Kunst und Kultur sucht. Bildungsbürger konkurrieren mit den Vertretern des Wirtschaftsbürgertums, für die intellektuelle Entfaltung weniger bedeutet als der finanzielle Status der Familie. Deren Vertreter findet man unter Fabrikantenfamilien und der Handel treibenden Elite. Sie können sich ein Leben erlauben, das auch für gut verdienende Beamte und leitende Funktionäre unerreichbar ist.

In dem Versuch, mit diesem Geldadel der industriellen Revolution Schritt zu halten, suchen die Vertreter des Bildungsbürgertums, die in ihrem Lebensstil zum Ausdruck bringen wollen, dass sie ebenfalls zur gesellschaftlichen Oberschicht gehören, nach Nebeneinkünften. Für Gymnasialprofessoren ist es nicht unüblich, auswärtige Schüler als Kostgänger bei sich aufzunehmen – ein Schritt, für den sich auch Emil und Hedwig nach ihrem Einzug in die Etagenwohnung an der Brauhausstraße entscheiden. Sie bieten einer Handvoll Gymnasiasten ein Dach über dem Kopf, manchmal bis zu drei oder vier gleichzeitig, deren gut situierte Eltern zu weit entfernt leben, um ihre Söhne täglich in die Schule nach Meißen fahren zu lassen. Oft handelt es sich dabei um Sprösslinge von Fabrikanten, manchmal auch um Söhne aus dem niedrigen Landadel. In seiner Wohnung reserviert das Ehepaar drei Zimmer für diesen Zweck: zwei Schlafräume und ein geräumiges Zimmer, wo nachmittags die Hausaufgaben gemacht werden.

Für die Betreuung der Jungen ist Hedwig zuständig. Mit einem Dienstmädchen, das ebenfalls im Haus wohnt, leitet sie so einen acht- bis neunköpfigen Haushalt. Das ist kein Zuckerschlecken, denn es gibt erst wenige Haushaltsgeräte. Bei der großen Wäsche hat sie kräftig mit anzupacken; und für die Hausmannskost, die jeden Tag mittags um zwölf auf den Tisch kommt, wird schon am Vortag eine Bouillon gezogen oder die Kohlrouladen wollen vorgegart werden. Hedwig zeigt sich ihren Aufgaben gewachsen. Mit einer gewissen Unerschütterlichkeit geht sie ihren Weg.

Seine linke Hand ruht auf dem Griff des Dolches

Die Jungen sind Teil der Familie. Viktor Torack beispielsweise, der Sohn eines Fabrikbesitzers aus Bautzen, einer Stadt in Ostsachsen, wird 1913 von den Grunewalds aufgenommen. An einem Novembersonntag desselben Jahres darf er die Familie beim Spaziergang an der Elbe begleiten. Hedwig trägt dabei eine kurze Jacke, und über ihren Schultern liegt ein Fuchspelz. Viktor hat eine Riesenmütze auf und ist mit der ungefähr gleichaltrigen Hanna in ein Gespräch vertieft. Mitunter fragt sich Emil, wie es wäre, einen eigenen Sohn zu haben.

Der Umgang mit den im Haushalt wohnenden Schülern bringt Kontakte mit sich, die bis lange nach der Schulzeit andauern. Zwei ehemalige Schüler schicken ihrem Lehrer Emil im Ersten Weltkrieg Visitkartons, die sie in der Uniform des deutschen Heeres zeigen. Der eine ist Rudolf Hänske, dessen Vater bei Planitz-Deila, ungefähr dreißig Kilometer von Meißen entfernt, einen großen Gutshof besitzt. Der andere ist Walter Röder, der Sohn eines Hoteliers, der am Fuß des Erzgebirges in Nossen das *Bergschlösschen* betreibt, ein großes Hotel-Restaurant, das viel später als Auffanglager für Asylbewerber genutzt werden wird.

In den Dreißigerjahren wird derselbe Walter Röder ein zweites Bild schicken. Dieses Mal trägt er die Uniform der Waffen-SS und dient bei einer Luftverteidigungskompanie in Dresden. In der rechten Hand hält er nonchalant seinen Lederhandschuh; die linke ruht auf dem Griff des Dolches, den die Mitglieder der Elitetruppe als Ehrenzeichen bei sich tragen. »Meine Ehre heißt Treue«, ist darauf eingraviert.

Emils ehemaliger Schüler ist bedeutend schwerer geworden und trägt einen Hitlerbart. Auf der Rückseite des Bildes grüßt er seinen Lehrer mit Worten, die nicht länger rein freundschaftlich klingen: »In aller Treue und Anhänglichkeit« – darin lässt sich auch der nationalsozialistische *Treue*-Kult heraushören.

Die Treppen hinaufeilen

Einen ungewöhnlich engen Kontakt haben Emil und Hedwig mit Martin Ritter, einem der ersten Pensionsgäste. Der Sohn eines Bauunternehmers aus dem historischen Städtchen Kötzschenbroda wird 1892 geboren. Unter Emils Papieren liegt ein Foto des Hauses, in dem Martin aufwuchs, eine prächtige Jugendstilvilla, vor der Mutter Ritter selbstbewusst posiert. Ab und zu schreibt Martin Ritter dem Ehepaar Grunewald, unter anderem 1916 als Soldat von den Schlachtfeldern in Frankreich. Anfang der Zwanzigerjahre wandert er nach Amerika aus und wird, wie er schreibt, ein »Dollarmensch«. Auf einem kleinen Blatt, das sie in einen der Umschläge steckte, notierte Hedwig voller Bewunderung, dass er eine amerikanische Baronin geheiratet habe. Bis heute ist Martin Ritter ein Begriff in der Familie. Wenn das Gespräch auf die damaligen Gastschüler kommt, fällt immer sein Name, als würde von seiner Internationalität auch ein wenig Glanz auf Emil und Hedwig abstrahlen.

Wiederholt dankt der frühere Schüler seinem Lehrer und dessen Frau für die Unterstützung seiner Mutter. Denn aus dem fernen Amerika kann er nur wenig für sie tun. In einem Brief aus der Mitte der Zwanzigerjahre kramt er Erinnerungen an seine Zeit (»unvergesslich«) als junger Kostgänger heraus. Er erweist sich erkenntlich für den genossenen Unterricht und erzählt, wie gern er bei der Professorenfamilie wohnte: »Ich sehe mich immer noch die Treppen hinaufeilen. Langsam sind wir nie gegangen, immer zwei Stufen auf einmal.«

Sein Zimmer, das er mit einem anderen Schüler teilte, lag an der Rückseite des Hauses. Den Blick aus dem Fenster hatte er immer noch vor Augen: die Obstbäume, die gepflegten Gemüsegärten und die Pferdeställe des Mietkutschers, der ein Stück weiter in einem Hinterhaus wohnte. Emil und Hedwig legen den Briefen an Martin Ritter wiederholt Fotos von Hanna und Hilde bei. Er wiederum lässt keine Gelegenheit aus, um dem Ehepaar zu den Töchtern zu gratulieren: »Zwei entzückende junge Damen!«

Die Söhne von Fabrikanten und Unternehmern und Landbesitzern – durch diese kommt Emil mit Kreisen in Berührung, die ihm in seiner Jugend fremd waren. Und die Zusammenstellung der

Kostgängergruppe verrät noch etwas anderes: Das Gymnasium ist eine exklusiv männliche Gemeinschaft. Nur an den Volksschulen am Anfang seiner Schullaufbahn unterrichtete Emil gelegentlich Mädchen, aber als Gymnasialprofessor trifft er nur auf Jungen. Ein Spiegel dessen ist das Lehrerkollegium: Kolleginnen gibt es am Franziskaneum nicht (Abb. 16).

Emil lebt in zwei Welten. Die Schule ist eine Männerdomäne, während er zu Hause, wo Hedwig, Hanna und Hilde ihn erwarten, mit einer weiblich dominierten Lebenswelt konfrontiert wird. Diese Aufteilung ist typisch für die gesellschaftliche Wirklichkeit zu Beginn des zwanzigsten Jahrhunderts. Außer Haus ist das Revier der Männer, während Frauen sich in der häuslichen Umgebung zu entfalten haben.

Nicht anders als mit Waffengewalt

Der Erste Weltkrieg macht den friedlichen Jahren relativen Wohlstands ein Ende. Am 28. Juli 1914 ergreift die österreichisch-ungarische Monarchie die Waffen gegen Serbien, was zu einer Kettenreaktion von Kriegserklärungen führt. Kurz danach bekämpfen sich mehr als vierzig Staaten, und durch Europa ziehen schätzungsweise siebzig Millionen Soldaten.

Das Bild vom Krieg wird nach dem Ende der Kampfhandlungen bleibend vom aussichtslosen Kampf in den Schützengräben Flanderns und Nordfrankreichs bestimmt werden. Jahrelang belagern sich deutsche Soldaten und Truppen der Entente, ohne dass es zu einem wesentlichen Terraingewinn kommt. Viele Hunderttausend Soldaten fallen durch Kugeln aus den noch nicht so lange zuvor entwickelten Maschinengewehren, durch herumfliegende Granatsplitter und unsichtbare Giftgaswolken. Viele spätere politische Entwicklungen gehen in irgendeiner Weise auf die Geschehnisse der Jahre zwischen 1914 und 1918 zurück. Als ob hier ein Wechsel auf die Zukunft ausgestellt würde.

Anfangs begrüßen weite Kreise in Deutschland den Krieg. Gesteigerter Patriotismus und überschwängliche Kriegsbegeisterung beherrschen die Gemüter. Bilder von Soldaten, die euphorisch (»Mir juckt die Säbelspitze!«) in den Kampf ziehen, brennen sich ins kollektive Gedächtnis ein. Viele Menschen glauben, Vaterland und deutsche Kultur könnten nicht anders als mit Waffengewalt verteidigt werden.

Dass sich auch in Meißen der Krieg ankündigt, lässt sich an einem unbedeutenden, sechs mal drei Zentimeter großen Stückchen Stoff ablesen. Es ist aus grob gewebter weißer Baumwolle und mit schwarzen Buchstaben bedruckt: GEFREITER GRUNEWALD 1. KOMP. LANDST. INF.-BAT. MEISSEN – Gefreiter Grunewald. Erste Kompanie Landsturm Infanteriebataillon Meißen. Von diesen Namensschildern hatte Hedwig fünf Exemplare erhalten, um sie auf die Uniformjacken ihres Mannes zu nähen. Eines der Stoffstückchen blieb unbenutzt. Es lag hundert Jahre unbemerkt zwischen allerlei Papieren und persönlichen Dokumenten.

Ist es in Russland sehr kalt?

Der dreiundvierzigjährige Emil wird noch vor Kriegsbeginn zu den Waffen gerufen. Seine sichere berufliche Existenz und die Idylle des Familienlebens werden von den Machtansprüchen europäischer Staatenlenker brutal gestört. Am Gymnasium ist Hedwigs Mann einer von fünf Lehrern, die dem »Rufe des obersten Kriegsherrn« nachkommen. Im Jahresbericht von 1914 spricht der Rektor die Hoffnung aus, sie wieder unversehrt in Meißen begrüßen zu dürfen: »Möge Gott es geben, dass sie, nachdem unserem Vaterland erneut der teure Frieden geschenkt sein wird, unversehrt und mit der Siegeskrone in unsere Mitte zurückkehren.«

Vom Lesepult zum MG-Nest, statt Hedwigs Hausmannskost jetzt also Soldatenproviant. In der ersten Septemberwoche bekommt Emil drei Tage lang *Dauerfleisch* – haltbar gemachtes Fleisch –

mit jeweils Reis, Erbsen und Makkaroni. Dienstags, donnerstags und samstags steht Rindfleisch auf dem Speiseplan, serviert mit Linsen, Grießbrei und Backpflaumen. Freitags gibt es Grützbrei aus geschälter Gerste, Buchweizen und Hafer. Daneben bekommen Emil und die anderen Soldaten täglich Bohnenkaffee (fünfzehn Gramm) und den aus einer Pflanzenwurzel gewonnenen Zichorienkaffee (fünf Gramm).

Nicht nur für den Gymnasialprofessor ändert sich vieles. Auch für Hedwig brechen schwere Zeiten an. Zu Hause liegt jetzt die Verantwortung ganz allein auf ihren Schultern. Im Haushalt bleibt alles beim Alten, aber Emils Hausaufgabenklasse kommt noch dazu. Das bedeutet, Hedwig muss sich noch viel mehr sputen. Ungemütlich sind die langen Nachmittage übrigens nicht, denn Hanna und Hilde setzen sich oft zu den Jungen, die sogar noch zu Hause den dreiteiligen Anzug, das weiße Hemd und die Krawatte tragen. Gemeinsam wird dann für die Schule gearbeitet (Abb. 17).

Emil bricht mit seiner Kompanie Richtung Russland auf. In den Briefen seiner Töchter liest er beruhigende Worte: »In Meißen gibt es wenig Neuigkeiten!« Sie bitten ihren Vater vor allem, von seinen Erlebnissen zu berichten. »Wir möchten«, schreibt Hanna, »sehr viel von Dir hören, auch, wie es um den Krieg in Russland steht.« Hilde erzählt ihrem Vater von einem Ausflug in die Wälder bei Moritzburg: »Wir haben einen ordentlichen Marsch gemacht.« Sie ist gerade zwölf geworden und hat ihren Geburtstag zum ersten Mal ohne ihn feiern müssen. Sie dankt Emil für seine Glückwünsche und stellt dann die Frage, die ihr offenbar auf der Seele brennt: »Ist es in Russland sehr kalt?«

Das blutgetränkte Intermezzo

Emils Feldpost ging verloren. Es gibt nur ein paar Fotos aus den Wochen des Fronturlaubs. Sie zeigen den Lehrer mit Pickelhaube, dem Helm mit einer Stahlspitze, die ihn noch länger macht, als er schon ist. Und man sieht Hedwig mit besorgter Miene (Abb. 18). Emil muss sich der militärischen Hierarchie unterwerfen. Nichts deutet darauf hin, dass ihn das frustriert hätte. In seinem Militärpass stehen nur positive Beurteilungen. »Strafen: keine«, liest man, oder »Führung: sehr gut«.

Der Wehrpass gibt Aufschluss über die Schlachten, an denen Hannas und Hildes Vater teilnimmt. Alles zusammengenommen handelt es sich um achtzehn Monate Kriegs- und Gefechtserfahrung. Es ist das blutgetränkte Intermezzo eines ansonsten halbwegs friedlich verlaufenen Lebens. Sogar der Zweite Weltkrieg, den Emil als alter Mann miterlebt, ändert wenig daran. Zwischen 1939 und 1945 ist er zu Hause und darf sich glücklich schätzen, dass Meißen zum großen Teil von Bombardierungen und Kampfhandlungen verschont bleibt.

In den Monaten zwischen November 1914 und Juli 1915 dient Emil beim Neunten Heereskorps unter General August von Mackensen. Er ist an den Gefechten um die polnische Stadt Lodz (Łódź) beteiligt. Die Deutschen nehmen die Stadt zwar ein, aber die Frontlinien erstarren. Die gegnerischen Parteien igeln sich in ihren Stellungen ein und hoffen lange Zeit vergeblich auf einen Durchbruch.

Emil ist zum Etappendienst eingeteilt, wie es für ältere Soldaten nicht unüblich ist. Im Grunde operiert er hinter der Front und unterstützt die Logistik des Kriegs. Im Juli 1915 wird er vorübergehend im Stellungskrieg – als Soldat in den Schützengräben – in der Nähe des kleinen Orts Ziemiary eingesetzt. Am Flüsschen Rawka wird bereits seit mehr als sechs Monaten erbittert gekämpft. Hier setzen die Deutschen im Frühjahr 1915 zum ersten Mal Giftgas ein.

Die Situation lässt einen unwillkürlich an Westflandern denken. Die Yser (IJzer) ist ein kleiner Fluss mit oft nicht einmal zwei Metern Tiefe. An den gegenüberliegenden Ufern gruben sich die kämpfenden Parteien ein, um sich dann über den Fluss hinweg mit Feuer zu bestreichen.

Nicht viel anders sieht es an der Rawka aus. Die Deutschen halten das linke Ufer besetzt, und auf dem rechten – manchmal in weniger als fünfzig Metern Entfernung – halten die Russen die Stellung. Nachts beleuchten große Scheinwerfer das Gelände, und ständig muss man mit *Schrapnellen* – mit kleinen Bleikugeln gefüllten Artilleriegranaten – rechnen.

Als Emil nach einigen Wochen wieder in den Etappendienst zurückdarf, ist die Erleichterung groß. Für den Kampf Mann gegen Mann ist er zu alt. Schließlich wird er am 22. Mai 1916 ehrenvoll aus dem Militärdienst entlassen. Er kehrt nach Meißen zurück und steht, noch mit den Bildern von sterbenden Soldaten vor Augen, wenige Monate darauf wieder vor der Klasse.

1926: Hanna (zweite von links) mit Freundinnen an der Ostsee

KAPITEL 3

Ja, dieser junge Unternehmer macht Eindruck auf Hilde

1. Oktober 1920 – Berlin ist mit fast 4 Millionen Einwohnern die drittgrößte Stadt der Welt.

5. Mai 1922 – Nach der Zerstörung von 14 000 Flugzeugen beendet die alliierte Luftfahrt-Überwachungskommission ihre Tätigkeit.

9. November 1923 – Nach einem gescheiterten Putschversuch wird Adolf Hitler in München festgenommen.

8. September 1926 – Deutschland wird in den Völkerbund, den Vorläufer der Vereinten Nationen, aufgenommen.

15. Dezember 1928 – Neues Bauen in Meißen: Einweihung des modernen Bahnhofsgebäudes im Stil der Neuen Sachlichkeit.

Jahrelang lag zwischen unserer Wäsche ein kleines Bündel mit sechs nie verwendeten blau-weiß karierten Geschirrtüchern. Sie stammen aus Hildes Aussteuer. Nach ihrem Tod brachten es meine Frau und ich nicht übers Herz, das Band, mit dem die Oma es einst zusammengebunden hatte, zu lösen. Das kleine Bündel kam im Sommer 2001 zum Vorschein, als die Angehörigen ihre Wohnung ausräumten. Achtzig Jahre lang hatte Hilde es immer wieder in den Schrank zurückgelegt, bei den zwei Umzügen, beim Frühjahrsputz oder einfach, wenn sie das Fach mit Küchenhandtüchern und Topf-lappen neu sortierte.

Die frühen Jahre der Weimarer Republik, die 1918 auf das Deutsche Kaiserreich folgte, stehen für Hilde und ihre Schwester Hanna im Zeichen der Aussteuer (Abb. 19). Sogar etwas so Profanem wie Geschirrtüchern widmen die jungen Frauen viel Zeit. Mit kleinen Kreuzstichen bestickt Hilde jedes Exemplar (sie hatte bestimmt zwei Dutzend davon) mit ihrem Monogramm: die elegante Ligatur eines H in Hellblau, verflochten mit einem roten G. Wir haben ihre Abtrockentücher bestimmt zehn Jahre lang pietätvoll aufgehoben – Museumsstücke unserer eigenen Familiensammlung.

Dass das Bündel bei Hilde unbenutzt blieb, entsprang jedoch nicht dem Wunsch, die Vergangenheit zu konservieren. Nach dem Ersten Weltkrieg hat die Unbekümmertheit der Jugend ein Ende. Die fetten Jahre des Kaiserreichs sind vorbei. Und obwohl es noch eine Weile dauern wird, bis die wirklich mageren Jahre beginnen, werden Sparen und Sparsamkeit wichtiger. Die leinenen Geschirrtücher markieren eine Überlebensstrategie: Spare in der Zeit, so hast du in der Not. Und sie zeigen, wie gern Hilde etwas aufhebt, aber auch, wie sehr sie mit schlechteren Zeiten rechnet. Das ist typisch für die Vertreter der Generation 1900. Sie erblicken das Licht der Welt kurz vor einem Höhepunkt der Prosperität und geraten dann auf eine Bahn, die unaufhaltsam nach unten führt. Inzwischen verwenden meine Frau und ich die Geschirrtücher dafür, wofür sie einst, vor fast hundert Jahren, gedacht waren: zum Abtrocknen.

Stille Gärten

Hildes Zeichenmappen gehören zu den eindrucksvollsten Bestandteilen des Familienarchivs. Seit ihrem fünfzehnten Lebensjahr verlegt sich Emils und Hedwigs jüngste Tochter auf die Kunst. Zeit hat sie genug, denn der Vater hat das Mädchen von der Höheren Mädchenschule abgemeldet. Zwei Jahre nach ihrer Schwester Hanna landet also auch Hilde im Niemandsland zwischen Klassenzimmer und ehelicher Wohnung.

Ihre Aufgaben im Haushalt schludert sie hin. Lieber geht sie mit ihren Malsachen in die freie Natur. Wie ihre Schwester bekommt Hilde zum sechzehnten Geburtstag ein Fahrrad. In einem kleinen Skizzenbuch – in Leinen gebunden und mit einem Bändchen zum Zubinden – fängt sie ihre Heimatstadt in Bildern ein (Abb. 20). Einen Teil der Skizzen arbeitet sie anschließend in einem größeren Format mit Tusche aus. Die erste Zeichnung in dem Büchlein ist mit 6. September 1917 datiert; die letzte macht sie am 29. Juni 1922. Impressionen des ländlichen Meißen dominieren: einsame Bauernhöfe, mit wildem Wein bewachsene Fachwerkhäuser, stille Gärten und verfallene Kapellen.

Ungefähr in der Mitte des Skizzenbuchs stößt man auf das erste Stillleben, weiße Margeriten in einer Alabastervase. Es entstand im Juni 1920. Dieses neue Motiv ist ein direktes Ergebnis der Privatstunden, die Hilde bei Hans Rudolf Hentschel nimmt, einem Kunst- und Porzellanmaler aus der Stadt. Er bringt ihr das Aquarellieren bei und lässt sie mit Blumen- und Früchtestillleben üben. Seine Schülerin perfektioniert sich mit Kompositionen, die genauso oder in vergleichbarer Form das Meißener Porzellan schmücken.

Nicht nur die reichlich gefüllten Mappen, sondern auch zahlreiche Werke aus ihrer Hand, die noch immer bei verschiedenen Verwandten in den Zimmern hängen, beweisen, dass die große Liebe der jungen Hilde dem Zeichnen und Malen gilt. Im Lauf der Jahre macht sie große Fortschritte. Hentschel, der auch an der Porzellanmanufaktur unterrichtet, lässt Emils und Hedwigs Tochter mit feinem Pinsel ausgemustertes Geschirr bemalen. Damit eignet sie sich sogar die Grundkenntnisse der Porzellanmalerei an, und das eine oder andere bemalte Porzellanstück in den Buffetschränken in Weinböhla ist dieser Phase zu verdanken.

Ihre eigene Hilde

Das Skizzenbuch begleitet Hilde auf allen Reisen. Als sie sich im Sommer 1920 mit ihren Eltern in Seifhennersdorf aufhält, bringt sie beispielsweise das Umgebindehaus ihrer Tante Minna, der Ehefrau des Postbeamten, zu Papier. Die letzten Zeichnungen entstehen im Sommer 1922 in Niederschlesien und im Riesengebirge. Dass es die letzten sind, ist bezeichnend. Emil und Hedwig sehen Hildes künstlerische Ambitionen ohnehin mit gemischten Gefühlen. Sie bewundern ihr Können, aber vor allem Emil ist der Ansicht, dass sie ihren Zeichnungen zu viel Zeit widmet.

Die Eltern beschließen, ihre nun zwanzigjährige Tochter zu Anna und Karl Grellig nach Lähn zu schicken. Die Tante soll das Mädchen unter ihre Fittiche nehmen. Diesem fehle es nämlich, außer beim Malen, an Antriebskraft. »Die Hilde muss ja«, murrt Emil, »geschoben werden!« – und das ärgert ihn.

Anna ist bereit, zur letzten Phase von Hildes Erziehung beizutragen. Aber leicht fällt es ihr nicht. Zwei Jahre davor ist ihre einzige Tochter mit knapp zwanzig Jahren an Hirnhautentzündung gestorben. Sie hatte denselben Namen, den auch die jüngste Grunewald-Tochter voll ausgeschrieben trägt: Hildegard. Wenn Anna ihre Nichte sieht, muss sie immer an ihre eigene Hilde denken.

Das Mädchen aus Meißen kommt im März 1922 nach Lähn und bleibt dort bis Ende Oktober. Anna hat für sie einen Platz in einem *Töchterheim* am Fuß des Riesengebirges gefunden. Von Montag bis Freitag lebt Hilde dort, die Wochenenden verbringt sie bei Onkel und Tante. Töchterheime gibt es in der Zeit zwischen den beiden Weltkriegen in ganz Deutschland. Diese kleinen, nicht staatlich betriebenen Mädcheninternate sind für höhere Töchter im Alter von sechzehn bis zweiundzwanzig Jahren gedacht.

Eine gewisse geistige Bildung

Aus der Broschüre einer vergleichbaren Einrichtung im Rheinland geht hervor, dass man es dort als Aufgabe sieht, aus den jungen Bewohnerinnen »pflichtgetreue und christliche Hausfrauen« zu machen. Das Unterrichtsprogramm ruht auf zwei Pfeilern: Haushaltskunde und Wissenschaften. Unter den ersten Pfeiler fallen Kochen, Backen, Einmachen, Tischdecken, die Wohn- und Schlafräume sauber und in Ordnung halten und schließlich das Bügeln und Stärken der Wäsche. Zu den sogenannten Wissenschaften werden Gesundheitslehre, Literatur, Kunstgeschichte, Höflichkeits- und Benimmregeln wie auch die Kunst des Briefschreibens gerechnet. Tüchtig hat die Hausfrau zu sein, aber auch auf Manieren und eine gewisse geistige Bildung wird Wert gelegt. Das Kursjahr beginnt immer kurz nach Ostern, das heißt, Annas und Karls Nichte kommt mehr als rechtzeitig in Niederschlesien an.

»Alles bestens!« – schreibt eine muntere Hilde kurz darauf ihren Eltern. Sie macht Ausflüge ins Riesengebirge, wo zu ihrer Verwunderung Anfang Juni noch Schnee liegt. Oft ist sie auch mit dem ein Jahr jüngeren Cousin Herbert unterwegs. Doch nachdem der Pharmaziestudent einen Ausbildungsplatz in einer Apotheke in Görlitz bekommen hat, ist sie viel mit ihrer Tante allein.

Hilde hat das Gefühl, dass ihre Anwesenheit der Schwester ihrer Mutter guttut. Sie sprechen über die Verwandten, und es ist schön, dass Anna ihre Nichte nicht mehr als Kind behandelt. Der Aufenthalt in Lähn macht Hilde selbstständig, ganz wie damals die Monate in Dresden ihre Mutter geprägt hatten. Als sie nach Meißen zurückkehrt, sehen die Eltern kein Mädchen mehr, sondern eine junge Erwachsene. Eine Entwicklung, über die sie sich freuen.

Aber ihr Erstaunen ist groß, dass plötzlich die Liebe zur Kunst auf der Strecke geblieben ist. Hilde zeichnet und aquarelliert nicht mehr. Auch in ihrem späteren Leben weigert sie sich, Bleistift und Pinsel in die Hand zu nehmen. Ein Talent, das rätselhaft und

unbegreiflich im Keim erstickt wurde. Sogar die Kunst des Scheren-
schnitts, die sie ausgezeichnet beherrschte, wie ihre filigranen, gut
getroffenen Porträtsilhouetten verraten, gibt sie auf (Abb. 21).

Deutsche Väter

Hanna lässt sich ein wenig besser lenken und hilft bei der Versorgung der Kostgänger-Schüler mit. Ihre Unterstützung ist wichtig,
weil sich die Grunewalds in den Jahren nach dem Ersten Weltkrieg
kein Dienstmädchen mehr leisten können und die gesamte Haus-
arbeit nun allein auf Hedwigs Schultern ruht. Hinzu kommt, dass
diese ihre hochbetagte Mutter nach Meißen geholt hat, die bis zu
ihrem Tod 1924 in einer Seitenstraße der Brauhausstraße in ihrer
eigenen kleinen Wohnung lebt. Zweimal täglich bringt Hedwig ihr
das Essen und sorgt auch sonst dafür, dass es der alten Frau an
nichts fehlt. »Zu Pfingsten«, schreibt sie 1922 an Hilde in Lähn, »unternehmen wir nichts Besonderes; ich werde froh sein, wenn die
Arbeit etwas weniger wird.«

Inzwischen macht ein gewisser Max Liebig Hanna den Hof. Er
ist ein netter junger Mann, ein Jahr älter als sie. Er hat das Franziskaneum besucht und wurde dort von ihrem Vater unterrichtet. Inzwischen studiert er an der Universität Leipzig Jura. Hanna und
Max gehören zu einer Gruppe lediger Heranwachsender; diese jungen Männer und Frauen kennen sich aus der Tanzschule, aus dem
Verein oder über ihre Eltern. Gemeinsam unternehmen sie alles
Mögliche, etwa einen Rundgang über den Jahrmarkt, Wanderungen
oder Radausflüge. In dieser Gruppe sieht man Hanna und Max immer öfter zusammen, aber wirklich zu zweit, also ohne die Gruppe,
sind sie nie. Das lässt die strikte bürgerliche Moral nicht zu.

Max' Vater besitzt eine Mehlfabrik und ist ein wichtiger Arbeitgeber in Meißen. Ihre Produkte verkauft die Fabrik in ganz Sachsen, dafür hat sie eine eigene Bahnverbindung zum Binnenhafen an
der Elbe. Max erzählt Hanna, dass es bei ihm zu Hause wiederholt

zu heftigen Auseinandersetzungen mit seinem Vater käme. Für diesen ist Emils Tochter keine gute Partie. Sie mag ja freundlich sein und eine ordentliche Erziehung genossen haben, doch als Lehrertochter hat sie, selbst wenn ihr Vater ein richtiger Gymnasialprofessor ist, in seinen Augen eine zu unbedeutende – oder genauer gesagt, eine ungenügend kapitalkräftige – Herkunft. Max' Vater wird energisch und verbietet seinem Sohn den weiteren Umgang mit Hanna.

Als der Student dennoch Kontakt mit ihr hält, ist der Fabrikbesitzer unerbittlich. Er lässt seinen Sohn in Leipzig exmatrikulieren und zwingt ihn, sein Studium an der Albertus-Universität in Königsberg fortzusetzen. Heute heißt diese Stadt Kaliningrad und liegt in der gleichnamigen russischen Ostsee-Enklave südlich von Litauen. Damals war Königsberg die Hauptstadt der Provinz Ostpreußen und vor allem: weit, sehr weit weg. Max bekommt zu spüren, wie mächtig deutsche Väter sind, und gibt nach. Ein halbes Menschenleben – so lange wird es dauern, bis Hanna und Max doch noch zueinander finden.

Sich von den Rollenklischees befreien

Auch Hanna lernt das väterliche Machtwort kennen. Dass Emil ihrem Schulbesuch ein frühzeitiges Ende bereitet hat, kann sie ihm nur schwer verzeihen. Sie findet ihren Vater knausrig. Waren die Schulgebühren und das Büchergeld für ihn denn wirklich so unerschwinglich? Vielleicht hat Hanna recht und Emil ist ein Pfennigfuchser. Doch bei der Entscheidung spielt noch etwas anderes eine Rolle.

Der fünfzigjährige Pädagoge ist ein konservativer Mann, jemand, der Wert auf tradierte Konventionen und vorgegebene Strukturen legt. Das betrifft auch den Platz der Frau in der Gesellschaft. Als ihn Hanna also fragt, ob sie weiterlernen dürfe, reagiert er wenig begeistert. Sie will auf ein Lehrerinnenseminar, ein

Ausbildungsinstitut, wie es Emil selbst durchlaufen hat, aber für Frauen. Und sollte er dem nicht zustimmen, möchte Hanna gern Französisch lernen, um im frankofonen Teil der Schweiz Gouvernante zu werden.

Emil lehnt beide Bitten ab. Er erinnert seine Tochter an das »Lehrerinnenzölibat«: Lehrerinnen (die deshalb mit *Fräulein* angesprochen werden) war es damals in Deutschland untersagt zu heiraten. Er wirft ihr zudem vor, dass sie jemand anderem den Broterwerb wegnehme, der im Gegensatz zu ihr die Stelle tatsächlich brauche. Es kommt zu einem heftigen Streit. Hanna muss erkennen, dass sie mit ihrem Wunsch nicht auf die Unterstützung ihres Vaters zählen kann.

Dass ausgerechnet er ihr seine Hilfe verweigert, hat eine tragische Dimension. Emil enthält seiner Tochter die Möglichkeiten vor, die ihm selbst sehr wohl geboten wurden. Durch die Lehrerausbildung in Löbau konnte er sich von seiner bäuerlichen Herkunft emanzipieren. Aber seiner Tochter ist es nun nicht möglich, sich von den Rollenklischees zu befreien, die auf sie als Frau projiziert werden. Man hätte sich für Hanna eine größere geistige Beweglichkeit Emils gewünscht. Dass er seiner Tochter den Raum zur Entwicklung zugestanden hätte, den sie ersehnte, anstatt sie in ihre Grenzen zu verweisen.

Mit harten Bandagen

Es sind bewegte Zeiten. Berlin steht am Vorabend der Goldenen Zwanzigerjahre. Nachtleben und Kabaretts, Jazz und Charleston – das alles ist Meißen ziemlich fern, aber auch hier verändert sich das eine und andere. Sogar Emil, der sich inzwischen seit etwa fünfzehn Jahren Gymnasialprofessor nennen darf, legt seine Fräcke ab, wenn auch noch nicht den Vatermörder, den stehenden Halskragen, den viele seiner jüngeren Kollegen gegen den klassischen oder den französischen Kragen eingetauscht haben.

Hanna trägt ihr Haar um einiges kürzer als früher und ist froh über die eher lockere Damenmode, die Kleider bis kurz übers Knie und helle Stoffe mit sich bringt. Sie ist fasziniert von der »neuen Frau«, die in der Presse allgegenwärtig ist, speziell in den Frauenzeitschriften des Berliner Ullstein Verlags, wie zum Beispiel der Monatszeitschrift *UHU* oder der illustrierten Modezeitschrift *Die Dame*.

Die »neue Frau« ist nicht mehr in erster Linie Ehefrau und Mutter, sondern eine individuelle Persönlichkeit, die sich auch finanziell in die Ehe einbringen kann. Die werktätige Frau ist geboren, die Frau, die ihren eigenen – wenn auch vorläufig untergeordneten – Platz in den Institutionen der modernen Zeit einfordert: in Handelsunternehmen, im Warenhaus und im Büro. Für Frauen aus der bürgerlichen Mittelschicht eröffnen sich damit vielversprechende berufliche Perspektiven.

Diese »neue Frau« entwickelt sich zu einem der Rollenmodelle für Hannas Generation: Frauen, die um 1900 geboren wurden. Sie selbst sah sich nie in einem der neuen Berufsfelder, aber das Plädoyer für Unabhängigkeit geht auch an ihr nicht spurlos vorüber und führt zu dem schmerzhaften Konflikt mit ihrem Vater, der mit harten Bandagen ausgetragen wird.

Es sind Welten, die hier aufeinanderprallen: Tradition und Erneuerung, Autorität und Freiheit, Kaiserreich und Weimarer Republik. Zu einem echten Bruch lässt Hanna es nicht kommen. Wohl aber geht sie – anders als Hilde – ein paar Jahre lang ihrer eigenen Wege: Sie nimmt in Berlin in der Familie eines steinreichen Industriellen eine Stelle als Kindermädchen an.

Ihr Arbeitgeber zählt Hanna nicht zum Dienstpersonal im engeren Sinn des Wortes. Im Prinzip bestimmt sie selbst, wie sie ihre Funktion ausfüllen möchte. Sie versorgt drei Jahre lang den kleinen Kurt, der als Einzelkind aufwächst. Die Berliner Familie bewohnt in den Wintermonaten ein riesig großes Haus im Villenviertel Dahlem.

Zum Sommeranfang zieht dieser gesamte Haushalt dann nach Grünheide um. Der kleine Ort östlich der deutschen Hauptstadt ist sowohl auf der Straße wie auf dem Schienenweg binnen einer Stunde zu erreichen. Am Werlsee liegt das Sommerdomizil der dreiköpfigen Familie. Bei ihr lernt Hanna die Mentalität und die Umgangsformen der Bourgeoisie von innen heraus kennen, dieses großbürgerliche Leben, mit dem sie schon einmal durch Max in Berührung gekommen war. Sie ist davon fasziniert, fühlt sich aber gleichzeitig als Außenstehende. Es ist, als ob Max' Vater im Nachhinein doch noch recht bekäme: Es ist nicht ihre Welt.

Ein kleiner Goldschatz

In der Weimarer Republik finden tief greifende politische Umwälzungen statt. Die Monarchie war abgeschafft, und zum ersten Mal in der deutschen Geschichte kann man von einem wahrhaft demokratischen Staatssystem sprechen. Kaiser Wilhelm II. flieht in die Niederlande und lebt in der Nähe von Utrecht auf dem Landgut Huis Doorn in der Emigration. In der Zeitung lesen Emil und Hedwig vom Kapp-Putsch und vom Mord an dem jüdischen Außenminister Walther Rathenau, der ein Opfer der rechtsradikalen Organisation *Consul* wird. Diese Vorfälle berühren sie jedoch weniger als die Folgen der Inflation, die mit dem Ausbruch des Ersten Weltkriegs eingesetzt hat und auch in Friedenszeiten immer weiter fortschreitet. Mit Bestürzung muss das Ehepaar mit ansehen, wie sein Geldvermögen unaufhörlich an Wert verliert.

Die Inflation hat diverse Ursachen. Eine Schlüsselrolle spielen die Reparationszahlungen, die Deutschland 1919 im Friedensvertrag von Versailles auferlegt worden waren. Weil das Land nicht über die notwendigen Mittel verfügt, druckt es immer mehr Geld. Das ist der Anfang vom Ende. Die Wirtschaft fährt hoffnungslos fest, und das Bankensystem stürzt wie ein Kartenhaus zusammen. Die Geldentwertung nimmt skurrile Dimensionen an, und auch in

Meißen muss man nun für den Kauf eines Brotlaibs oder für einen Liter Milch Geldscheine mit einem Nominalwert von 500 Milliarden Mark hinblättern.

Emil und Hedwig hatten ihre Spargroschen auf die Bank gebracht und nicht in Immobilien oder sicheren Wertpapieren angelegt. Die Hyperinflation von 1923 führt dazu, dass sie alles verlieren, was sie nicht gegen Waren oder Dienstleistungen eingetauscht hatten. Emil versucht zu retten, was zu retten ist. Er verfällt in einen richtiggehenden Kaufrausch: sein Herrenzimmer, neue Speisezimmermöbel, ein mit Feldblumen dekoriertes Kaffeeservice und eine elektrische Singer-Nähmaschine für Hedwig. In einer Liste hält er fest, was er erworben hat. Am Ende des Jahres 1923 ist alles vorbei: Das Geld der Grunewalds ist futsch. Aber durch den – historisch einzigartigen – Wertverlust der deutschen Währung sind auch die nationalen Schulden wie Schnee in der Sonne geschmolzen.

Wenn man das positiv deuten möchte, kann man behaupten, dass das Land mit dem Staatsbankrott die Basis für eine wirtschaftliche Erholung legt; aus der Perspektive der Menschen jedoch bedeutete es, dass Millionen Deutsche, darunter auch Emil und Hedwig, dafür mit ihrem Ersparten herhalten mussten. Auch das Fabrikantenehepaar Walther und Paula Jungblut – über sie gleich mehr – konstatiert in den letzten Monaten von 1923, dass die finanziellen Aktiva verloren sind. Sie schwören sich, dass ihnen das kein zweites Mal passieren wird.

Vom nächsten Jahr an kaufen Walther und Paula mit einer gewissen Regelmäßigkeit eine schwere goldene Dollarmünze. Das machen sie Jahr für Jahr, sodass das Edelmetall, das in ihren Besitz kommt, schließlich ein ordentliches Gewicht hat. Emil und Hedwig werden nie etwas von diesem kleinen Goldschatz erfahren, aber in der späteren Familiengeschichte wird er eine bemerkenswerte Nebenrolle spielen.

Eintrittskarten, Broschüren und Ansichtskarten

Die zweite Hälfte der Zwanzigerjahre bringt die volkswirtschaftliche Erholung, nach der sich die Bevölkerung sehnt. Wissenschaftler haben berechnet, dass die Kaufkraft im Jahr 1928 wieder das Niveau von 1914 erreichte. In wirtschaftlicher Hinsicht führt der Erste Weltkrieg also zu vierzehn Jahren Stillstand und zu einem einkommensmäßigen Auf-der-Stelle-Treten, das die politische Stabilität in Deutschland unter Druck setzt.

Welcher Partei Emil und Hedwig – auch Frauen dürfen seit 1919 zur Wahl gehen – ihre Stimme geben, lässt sich nicht mehr herausfinden, aber man darf annehmen, dass sie eine der Parteien der politischen Mitte bevorzugen. Es gibt keine Hinweise darauf, dass sich das Paar unter dem Einfluss der Ereignisse radikalisiert hätte. Dass viele andere das in diesen Jahren wohl tun, wird sich fatal auf den Lauf der deutschen Geschichte auswirken.

Aber in einer Hinsicht ändert sich Emils und Hedwigs Verhalten. Allmählich fällt es ihnen weniger schwer, Geld auszugeben, wohl deshalb, weil sie erlebt haben, dass man es in denkbar kürzester Zeit verlieren kann. Dieser entspanntere Umgang mit den Mitteln, über die sie verfügen, drückt sich in der ersten (und einzigen) Auslandsferienreise aus, die sie sich je erlauben: vier Wochen mit dem Zug durch die Schweiz, im Sommer 1925.

Emil wagt sich – wer hätte das anders erwartet? – nicht auf dünnes Eis. In einer Mappe mit Erinnerungsstücken steckt ein (leerer) Umschlag des Schweizer Verkehrsbüros in Berlin, der beweist, dass der Gymnasialprofessor schon vor Beginn der Reise Informationen anforderte. Dass die Reise wegen der hohen Kosten etwas Außergewöhnliches ist, geht daraus hervor, dass Emil alle Hotelrechnungen aufhebt. Und nicht nur das, er sammelt auch Eintrittskarten, Broschüren und Ansichtskarten. Sogar ein Skizzenbuch hat er dabei; es enthält Architekturzeichnungen aus seiner Hand und ein paar Landschaftsimpressionen.

Ein Viertelliter Weißwein und ein Glas Milch

Die Reise beginnt im Juli in der Stadt Friedrichshafen am Bodensee. Mit der Fähre geht es ins Schweizer Romanshorn, von wo aus die Fahrt nach Interlaken und ins nahe gelegene Grindelwald mit dem Zug fortgesetzt wird. Anschließend besuchen Emil und Hedwig Lugano. Die Reise endet dann nach einigen Zwischenstationen in Luzern. Emil ist begeistert von den spektakulären Zugstrecken wie der Jungfraubahn bei Interlaken, einer Zahnradbahn, die zur höchsten Eisenbahnstation Europas am Jungfraujoch führt, oder von der Wengernalpbahn, die an Eiger, Mönch und Jungfrau entlangfährt.

Die beiden sitzen übrigens nicht nur im Zug. Zu Fuß erkunden Emil und Hedwig, die robustes Schuhwerk mitgenommen haben, den Gemmipass bei Kandersteg. Auf dem Gotthardpass macht Emil – Hildes Zeichentalent kommt nicht von ungefähr – eine Skizze vom Hotel de la Prosa. Noch Jahre später sind Hedwig und ihr Mann erfüllt von ihren Reiseerlebnissen. Durch das Erz- und Riesengebirge sind sie mit Mittelgebirgen vertraut, aber die fast fünftausend Meter hohen Berggipfel, die sie hier sehen können, sind doch ein anderes Kaliber. »Die Schweiz ist wunderschön!« – diese begeisterten Worte schreibt Hedwig an ihre Schwester Anna. Die Ferien sind für das Ehepaar eine überwältigende Erfahrung, und die Reise entpuppt sich als eine Art Wendemarke: Von da an waren Dinge entweder *vor* oder *nach* der Alpenreise passiert.

Emil und Hedwig profitieren von den relativ niedrigen Preisen. Nach dem Ersten Weltkrieg findet der Aufschwung des Schweizer Tourismus ein Ende. In den Jahrzehnten um 1900 lockte das Land mit Grandhotels wie dem Victoria-Jungfrau in Interlaken oder dem Baur au Lac in Zürich wohlhabende Gäste aus ganz Europa an. Diese und vergleichbare Luxushotels bleiben auch unter ökonomisch günstigen Voraussetzungen für die Feriengäste aus Meißen zu teuer. Sie ziehen bescheidenere Unterkünfte, kleine Familienhotels oder Mittelklassepensionen vor. Aber sogar dort erweist sich eine selbst auferlegte Genügsamkeit als notwendig.

Man sieht das an den Hotel- und Restaurantrechnungen. Sie sind jeden Tag mehr oder weniger gleich, und es gibt nichts, was darauf hindeuten würde, dass sich das Paar zu übermäßigem Luxus hinreißen lässt. Für jeden Tag wird dasselbe in Rechnung gestellt: zweimal Übernachtung, zweimal Frühstück und zweimal am Abend das Tagesmenü mit einem Viertelliter Weißwein und einem Glas Milch. Für wen der beiden wohl die Milch ist? Vielleicht für Emil, denn er klagt schon seit einigen Monaten über eine Mattheit, die er einfach nicht loswird. Nach vier Wochen machen sich die beiden auf die Heimreise.

Neue Blutzellen

Kurz nach seiner Rückkehr sucht Emil einen Arzt auf. Seine Hände beginnen zu prickeln, er hat Herzklopfen und bekommt Magenprobleme. Es dauert lange, bis die Ärzte eine Diagnose stellen. Dann hört er, dass er an einem akuten Vitamin-B12-Mangel leide, ein Defizit, vor dem Vegetarier gewarnt werden, denn der menschliche Körper kann Vitamin B12 nicht selbst produzieren. Man muss es mit der Nahrung zu sich nehmen. Emil ist zwar kein Vegetarier, aber sein Organismus kann offenbar nicht mehr genug Vitamin B12 resorbieren.

Er entwickelt eine chronische – und lebensbedrohliche – Blutarmut, eine sogenannte perniziöse Anämie. In gewisser Hinsicht hat Emil Glück, denn in der Medizinforschung ist die Blutproduktion und die Bildung neuer Blutzellen gerade ein ganz wichtiges Thema. Anfang der Dreißigerjahre geht der Nobelpreis für Medizin an drei Forscher, die eine wirksame Therapie gegen perniziöse Anämie entwickelt haben. Davon wird auch Emil profitieren, aber bis dahin heißt es sich behelfen. Mit gesunder Ernährung, viel Ruhe und einer unterstützenden Medikation tritt er in die letzte Phase seines Berufslebens ein.

Es sind schwere Jahre, und die Anstrengung ist dem fast sechzigjährigen Emil anzusehen. Selbst wenn er wollte, an eine zweite Auslandsreise ist nicht zu denken. In den ersten Wochen des Jahres 1931 meldet sich Hedwigs Mann krank und wird für zwei Monate in eine Dresdener Klinik aufgenommen. Dass damit seine Schullaufbahn beendet ist, kann niemand ahnen. Seine Krankheit läutet deren Ende ein, aber sie ist nicht die eigentliche Ursache dafür, dass er mit einundsechzig Jahren zu arbeiten aufhört.

Nach den Herbstferien

Der Gymnasiallehrer wird mit historischen Entwicklungen konfrontiert, die er nicht beeinflussen kann. Das Schulwesen hat unter einem enormen Rückgang der Schülerzahlen zu leiden. In den Kriegsjahren 1914–1918 wurden nur wenige Kinder geboren, und die Auswirkungen erlebt nun das Franziskaneum. Ganze Klassen fallen weg, und der Schulhof wirkt – weil er weniger voll ist – so groß wie nie zuvor. Der *Schwarze Donnerstag*, der amerikanische Börsenkrach von 1929, stürzt Deutschland in eine tiefe Krise. Millionen werden arbeitslos, und auch in Meißen müssen große Fabriken schließen. Zu ihnen gehört zum Beispiel die Sächsische Schuhfabrik Hermann Möbius, einst das prosperierende Symbol für die Industrialisierung der Elbestadt.

Der Staat sieht sich zum Sparen gezwungen. 1931 kürzt die Stadtverwaltung von Meißen – bis zu drei Mal – den Beamten das Gehalt, darunter auch Emil. Der gesundheitlich angeschlagene Lehrer wird unter Druck gesetzt, seine Tätigkeit am Gymnasium zu beenden. Als Emil im September 1931 ein Schreiben seines Dienstherrn erhält, ist er seit fast einem halben Jahr krankgeschrieben. Er spürt, dass er allmählich wieder zu Kräften kommt, und spielt mit dem Gedanken, nach den Herbstferien wieder einzusteigen. Aber schnell zeigt sich, dass man anderes mit ihm vorhat:

Die Notlage unserer Stadt allein zwingt uns, so ungern wir dies tun, Ihnen die Frage vorzulegen, ob Sie gewillt sind, bereits jetzt in den Ruhestand zu treten. Sie würden der Stadt in ihrer schweren Finanzlage durch Ihren Entschluss einen wesentlichen Dienst erweisen.

Emil hatte sich das Ende seiner Laufbahn anders vorgestellt. Es folgen zähe Verhandlungen über die Berücksichtigung seiner Dienstzeit als Soldat und der Jahre im Schuldienst bei der Berechnung seiner Pension. Schließlich stimmt Emil zu und ist ab 1. Februar 1932 plötzlich ein Bürger ohne Amt.

Er weiß nicht, ob er den Worten des Stadtrats Glauben schenken möchte. In dem Brief, in dem ihm die Höhe seiner Pension mitgeteilt wird, liest er: »Das Ministerium hat uns beauftragt, Ihnen bei Ihrem Ausscheiden aus dem Amte den Dank des Ministeriums für Ihre Dienste auszusprechen. Wir entledigen uns hiermit gern dieser Aufgabe und danken Ihnen bei dieser Gelegenheit selbst noch bestens für Ihre zum Wohl der Stadt und der Ihnen anvertrauten Schüler geleistete langjährige und ersprießliche Schul- und Erziehertätigkeit.« Emil steht im Abseits und fühlt sich zum alten Eisen geworfen.

Fünf Grazien

»Heute sollt Ihr uns Grazien mal am Strand sitzen sehen!« – im Juni 1926 schickt Hanna eine Ansichtskarte mit diesen Worten an ihre Eltern. Mit vier Freundinnen macht sie in Misdroy Ferien, einem Badeort, der heute in Polen liegt und Międzyzdroje heißt. Hanna macht es Emil und Hedwig nicht schwer, denn sie müssen nur die Karte umdrehen und sehen darauf ihre älteste Tochter inmitten ihrer Freundinnen. In flottem Ton schreibt sie, wie es zu dem Foto kam. Zu fünft waren sie ein paar Tage vorher in »ganz übermütiger Laune« am Strand, schreibt Hanna.

Ein hübscher Hobbyfotograf hält ein Schwätzchen, und die jungen Frauen machen sich über ihn lustig. Wir haben ihn, berichtet Hanna, »angeulkt« – ein saloppes Wort, das etwas über die Vertraulichkeit sagt, die zwischen ihr und ihren Eltern besteht. Langer Rede kurzer Sinn: Der Fotograf erklärt sich einverstanden, ein Gruppenbild von ihnen zu machen. Er lässt es umgehend als Postkarte drucken, denn welcher junge Mann wollte diesen fünf Grazien keinen Dienst erweisen? So sehen Emil und Hedwig also einer begeisterten Hanna und ihren Freundinnen ins Angesicht. Freiheit, unbeschwertes Vergnügen, junge Frauen in leichten Sommerkleidern – das Foto evoziert ein Bild der Zwanzigerjahre, das rückblickend einmal sprichwörtlich werden sollte.

Auch Hilde ist recht oft an der Ostsee. Mit ihrem Onkel Richard, einem jüngeren Bruder ihrer Mutter, hält sie sich 1924 ein paar Wochen in dem kleinen Ort Zinnowitz auf Usedom auf. Genau wie Emil hat Richard Seifhennersdorf verlassen, um andernorts sein Glück zu suchen. Er bleibt dem Milieu treu, in dem er zu Hause aufwuchs, und eröffnet in Dresden ein Geschäft für Stoffe und Kurzwaren.

Jahrelang verdient er gut. Böse Zungen in der Familie behaupten, gerade das habe seine zweite Frau, die nicht viel älter als Hilde ist, zu der Ehe mit dem Kurzwarenhändler bewogen. Für manch anderen wiederum hat er es verdient, dass sie sein Bankkonto plündert und sich heimlich, still und leise in die Vereinigten Staaten absetzt, als die Firma Anfang der Dreißigerjahre in Konkurs geht.

Ein Glockenspiel aus Porzellan

Während des Jahrzehnts nach dem Ersten Weltkrieg, in dem die beiden Schwestern nach einem passenden Lebensgefährten suchen, erleben sie wenig Aufregendes. Eine Ausnahme ist die Tausendjahrfeier von Meißen, das als Wiege Sachsens bekannt ist. Der Überlieferung zufolge erbaute der deutsche König Heinrich I. der

Vogler im Jahr 929 auf einem hohen Felsen an der Elbe die Burg Misni, aus der später Meißen entstand. Das wird tausend Jahre später in der ersten Juniwoche des Jahres 1929 groß gefeiert. Neben der Enthüllung eines weltweit einzigartigen Glockenspiels aus Porzellan am Turm der Frauenkirche bildet ein historischer Umzug den Höhepunkt der Feierlichkeiten. Mehr als siebzig Gruppen in authentischen Kostümen stellen die Stadtgeschichte bis zur eigenen Gegenwart dar.

Meißen präsentiert sich in einer Vielfalt und mit einer Toleranz, die vier Jahre später, als die Nationalsozialisten die Macht an sich reißen, nicht mehr denkbar sein wird. Im Umzug marschieren jüdische Kaufleute aus der frühen Neuzeit mit, während die Sozialdemokratie des neunzehnten Jahrhunderts von zwölf als Arbeiter verkleideten Männern, die rote Fahnen schwenken, verkörpert wird.

Auch Hanna und Hilde nehmen am Defilee teil. Sie tragen die Tracht der Sorben, der westslawischen Minderheit in Sachsen mit einer eigenen Sprache und eigener Kultur. Auf zusammengezimmerten Tribünen sehen Emil und Hedwig ihre Töchter auf dem Markt vorbeimarschieren. Sie stellen eine Bevölkerungsgruppe ins Scheinwerferlicht, die sich vor Generationen mit dem deutschstämmigen Geschlecht Paul aus Seifhennersdorf vermischt hat, der Familie ihrer Mutter Hedwig. Ihre Gesichtszüge spiegeln noch immer diese multikulturelle Vergangenheit wider.

Dunkles Dröhnen

Hilde ist sportlich. Wenn das Eis dick genug ist, kann man sie samstagnachmittags auf der Eisbahn an der Elbe antreffen (Abb. 22). Funktionelle Sportkleidung ist noch nicht verbreitet, sodass sie ihre Schlittschuhe unter normale Stadtschuhe schnallt und im Kleid über die Eisbahn gleitet. In den Sommermonaten ist sie viel mit dem Fahrrad unterwegs. Einer ihrer Ausflüge führt sie im August

1928 nach Moritzburg. Hilde ist eine Träumerin und achtet nicht immer auf die Dinge, die um sie herum passieren. So kommt es, dass sie auf einer Landstraße in einer leichten Kurve die Gewalt über den Lenker verliert und plötzlich mitsamt Rad im Straßengraben landet.

Sie ist benommen und muss erst zu sich kommen. Um sie herum ist es Sommer. Die Sonne scheint, das frische Gras duftet, und überall summen Insekten. Als ob sie Watte in den Ohren hätte, hört sie von fern das dunkle Dröhnen eines Motorrads. Sie nimmt wahr, dass es aufhört, wundert sich aber trotzdem, als sich kurz darauf ein junger Mann über sie beugt. Er hat eine gedrungene Gestalt und kurze, dunkle Haare. Knapp über dem Mützenschirm hält ein breiter Gummi eine große Motorradbrille fest. Ob denn alles in Ordnung sei, will er wissen, aber Hilde merkt, dass sie die Frage nicht wirklich beantworten kann. Wie geht es ihr eigentlich? Sie fühlt, dass er ihr behutsam aufhilft. Das ist ihre erste Begegnung mit Hellmuth Oehmigen.

Als Hellmuth hört, dass Hilde aus Meißen kommt, bietet er ihr an, sie mit seinem Motorrad, einer BMW R-62 mit einem zweiten Sattel auf dem Schutzblech des Hinterrads, nach Hause zu bringen (Abb. 23). Er wohnt ebenfalls in der Porzellanstadt und schlägt vor, dass sie das Fahrrad doch am nächsten Tag gemeinsam abholen könnten. Hilde wehrt sich ein bisschen, muss aber zugeben, dass ihr zu schwindlig zum Weiterradeln ist. Hellmuth stellt das heil gebliebene Diamant-Fahrrad an einen Baum. In gemütlichem Tempo fahren sie zusammen nach Meißen zurück. Hilde sitzt zum ersten Mal auf einem Motorrad und genießt die Fahrt: Fortbewegung ohne die geringste Anstrengung und ein warmer Wind, der ihr durch die Haare bläst.

Hellmuth setzt sie in der Brauhausstraße direkt vor ihrer Haustür ab und verabredet sich mit ihr für den nächsten Tag, nachmittags um vier Uhr. Beim Abschied drückt er Hilde eine Visitenkarte in die Hand. Sie ist groß und von außergewöhnlich schwerer

Qualität. Das Wasserzeichen weist auf handgeschöpftes Papier hin. Hilde liest: »Hellmuth Oehmigen. Mitinhaber der Firma Gebrüder Otto, Meissen. Dampfsägewerk / Kisten- und Holzwarenfabrik.« Vielleicht dreißig Jahre alt, ein blitzblankes Motorrad und zweifelsohne ein Gentleman – ja, dieser junge Unternehmer macht Eindruck auf Hilde.

Die so in den Dingen aufgeht, die sie tut

Von diesem Augustnachmittag an nimmt alles seinen unvermeidlichen Lauf. Die schöne Radlerin und der noble Motorradlenker verlieben sich. Die Initiative geht von Letzterem aus. Liegt es womöglich an den Erfahrungen, die ihn gut ein halbes Jahr vor dieser Begegnung aus der Fassung gebracht haben? Der 1899 geborene Hellmuth ist knapp vier Jahre älter als Hilde. In seinem kurzen Leben musste er schon sehr viel mehr mitmachen, als sich die beschützt aufgewachsene Professorentochter vorstellen konnte.

Im letzten Jahr des Ersten Weltkriegs hat er in deutschen Laufgräben seinen Kriegsdienst absolviert. Der Neunzehnjährige wurde bei der Frühjahrsoffensive in Nordfrankreich eingesetzt und dort mit einer grausamen Wirklichkeit konfrontiert: Jeden Moment drohte ein feindlicher Angriff, es herrschte lähmende Hitze und eisige Kälte und überall nur Schlamm, Schlamm, Schlamm. Bis ins hohe Alter verfolgen ihn Bilder von Tod und Verderben.

Als Hellmuth Hilde aus dem Straßengraben zieht, ist er seit etwa sechs Monaten Witwer. Seine Frau Martha war im Kindbett gestorben. Nach der Geburt des namenlosen Söhnchens am 14. Januar 1928 – die Sterbeurkunde spricht von einem »totgeborenen Knaben« – hatte sie das Bett nicht mehr verlassen. Gegen das Kindbettfieber sind die Ärzte in dieser Zeit vor der Entdeckung von Antibiotika noch immer machtlos.

Der junge Fabrikbesitzer hat das Gefühl, wieder am Anfang zu stehen, denn abgesehen von seinem Hund Seppel hat er nichts mehr. Seine Beziehung zu Hilde wird anfangs von den dunklen Wolken seiner kurzen Ehe mit Martha überschattet. Aber trotz allen Kummers weiß Hellmuth, was er sich wünscht: Vater zu sein und ein unbeschwertes Familienleben zu haben. Mit der schönen Hilde, die so in den Dingen aufgeht, die sie tut, hofft er, beides zu finden.

Wo der Urwald gerodet wurde

Mitte der Zwanzigerjahre hat Hellmuth die Leitung einer gut laufenden Holzwarenfabrik übernommen, die Kisten produziert für Obstzüchter und Bauern, deren Plantagen und Felder auf den fruchtbaren Böden in der weiten Umgebung von Meißen liegen. In seiner Funktion als Holzfabrikant wirkt Hellmuth schon früh alt. Mit Mitte dreißig spannt ihm die Weste mit der goldenen Uhrkette über dem Bauch, und man sieht ihn oft mit einer dicken Zigarre zwischen Zeige- und Mittelfinger.

Die Kistenfabrik hat Hellmuth der Tatkraft zweier Brüder – seiner Onkel – zu verdanken, die der Firma, deren Miteigentümer er ist, ihren Namen gaben: *die Gebrüder Otto*. Die beiden Männer stehen wie Emil für die Generation, die von der Hochkonjunktur nach 1870 profitiert hat, als das Deutsche Kaiserreich die Früchte der industriellen Revolution erntete.

Der ältere der beiden Brüder ist der 1854 geborene Karl Otto; der jüngere heißt Clemens Otto und ist Jahrgang 1856. Wie Emil wachsen Karl und Clemens in einem Ort auf, der ihnen nur wenig Perspektiven bietet. Grünhainichen liegt auf fünfhundert Metern Meereshöhe in den dunklen Wäldern des Erzgebirges. Dort, wo der frühere Urwald gerodet wurde, entstand im späten achtzehnten Jahrhundert ein typisches *Waldhufendorf*.

Längs der Hauptstraße liegen tiefe Grundstücke; vorn, direkt an der Straße, die Bauernhöfe (die sogenannten *Hufen*), dahinter die Felder zur landwirtschaftlichen Nutzung. Die Bewohner Grünhainichens leben vom Ertrag ihrer Ländereien und ihrer Wälder. Aus dem Holz werden an den Drehbänken, die die rasant fortschreitende Industrialisierung auch in dieses Dörfchen gebracht hat, die verschiedensten Dinge produziert: Gebrauchsgegenstände, Spielsachen und Zierfiguren (vor allem Weihnachtsengel). Das Dörfchen entwickelt sich zu einem Zentrum der Volkskunst – und ist es bis heute.

Ein kleines Holzimperium

Auch Karl und Clemens suchen ihr Heil außerhalb ihres Heimatorts. Sie nehmen das Material und die Produkte mit, mit denen sie sich auskennen, und eröffnen 1882 in der Meißener Gerbergasse ein Geschäft für Holzwaren. Anfangs wohnen sie über dem Laden, zusammen mit ihrer Schwester Sidonie – Hellmuths Mutter –, die tagsüber hinter dem Ladentisch steht. Die beiden Brüder haben große Pläne und gründen einen Bauhof an der nicht lange zuvor erschlossenen Fabrikstraße in Meißen-Cölln.

Der Name der Straße ist nicht zufällig, denn um den kleinen Betrieb herum entstehen nagelneue Fabriken, wie etwa das Keramikwerk Bidtelia und die Stein- und Ziegelbrennerei Richard Müller. Auch die Fundamente für die Produktionshallen der Ofenkachel- und Wandfliesenfabrik Ernst Teichert sind inzwischen gelegt. Meißen knistert vor Unternehmergeist. Da wollen Karl und Clemens mit dabei sein.

Binnen fünfundzwanzig Jahren bauen die beiden ein kleines Holzimperium auf. An der Fabrikstraße erwerben die Brüder diverse Areale. Sie gründen ein Dampfsägewerk und eine Fabrik, die sich auf Holzkisten in allen denkbaren Sorten und Größen spezialisiert. In großen Lagerhallen liegen Bretterstapel neben dicken Baumstämmen, die die Arbeiter noch durch die Sägemaschinen laufen lassen müssen.

Karl und Clemens investieren in moderne Technik, und 1897 erhebt sich auf einem ihrer Gelände ein achtundzwanzig Meter hoher Schornstein für die neue *Lokomobile*, eine Dampfmaschine der

Magdeburger Firma Buckau-Wolf. Die Originalbauzeichnung des Fabrikschlots ist ein Kunstwerk. Glänzendes Papier, dreißig mal achtzig Zentimeter groß, das hoch aufragende Bauwerk ist mit feiner Feder in schwarzer Tusche gezeichnet und in Orange und Magenta koloriert. Baumeister Hermann Mäcke aus dem sächsischen Freiberg verstand eben sein Handwerk.

Schließlich stehen auf der Personalliste der Ottos dreißig Namen. Karl und Clemens lassen an der Fabrikstraße ein Doppelhaus mit vierzehn Wohnungen zum Vermieten errichten. In die zwei größten Wohnungen, die jede ein ganzes Stockwerk umfasst, ziehen sie selbst. Die restlichen Wohnungen sind für ihre Mitarbeiter bestimmt. An der Rülingstraße entsteht ein weiterer Block mit acht Wohnungen. Auch anderswo in der Stadt erwerben die Brüder Immobilien, sodass sie nicht nur Holzproduzenten und -händler sind, sondern mit der Zeit auch einen beachtlichen Immobilienbestand verwalten.

Ein teurerer Schneider

Karl und Clemens gelingt dasselbe wie dem Gärtnersohn Emil: Sie machen ihren Weg nach oben. Um 1900 gehören die Brüder zum Establishment einer fortschrittlichen Kleinstadt. Zu Emil unterscheiden sie sich grundsätzlich in einer Sache, vielleicht sollte man sogar meinen, dass es zwei Unterschiede gibt. Sie hängen mit der unterschiedlichen Weise zusammen, in der ihre gesellschaftliche Emanzipation umgesetzt wird.

Emil entscheidet sich für den Weg der Theorie und setzt auf Bildung. Karl und Clemens ziehen den Weg der Praxis vor. Sie haben nur ein Volksschulzeugnis in der Tasche und ergreifen die Flucht nach vorn. Mit nicht nachlassender Energie gründen sie Firmen, kaufen Firmengelände auf und stellen Leute ein.

Die drei Generationsgenossen verkörpern – dies ist der erste Unterschied – die komplementär verschiedenen Ausprägungen des deutschen Bürgertums. Emil steht, wie gesagt, für das Bildungsbürgertum. Karl und Clemens dagegen verkörpern das Wirtschaftsbürgertum, den Teil des gut situierten Mittelstands, der seine Position der Bereitschaft verdankt, wirtschaftliche Risiken einzugehen. Das führt zu einem zweiten, eigentlich naheliegenden Unterschied: Verglichen mit Karl und Clemens lebt der verbeamtete Gymnasialprofessor Emil auf bescheidenem Fuß. Die beiden Unternehmer können sich mehr erlauben – zusätzliches Hauspersonal beispielsweise, einen teureren Schneider und einen großzügigeren Lebensstil. Deutlich sieht man diesen Gegensatz bei den Nebeneinnahmen, den die drei Repräsentanten der Generation 1870 generieren. Auf der Suche nach einem Zuverdienst nimmt Emil Schüler in seine Wohnung auf, während Karl und Clemens ihre Arbeiter in großen Mehrfamilienhäusern, deren Eigentümer die beiden sind, zu Mietern machen.

Die Brüder Otto müssen schon früh über die Frage nachdenken, wer ihren Betrieb übernehmen kann, denn Karl ist ledig und bleibt kinderlos; und Clemens' Gesundheit lässt zu wünschen übrig. Die Firma muss mittelfristig in die Hände der nächsten Generation übergehen, der Generation 1900, zu der Hilde und Hanna gehören.

Clemens, der seit 1890 mit Camilla Starke verheiratet ist, bekommt eine einzige Tochter, Paula. Sie wird 1896 geboren. Dann gibt es die Kinder seiner Schwester Sidonie, die 1894 Franz Oehmigen heiratet, einen selbstständigen Küfer, der im Wesentlichen für die Meißener Weinbauern produziert. Sidonie und ihr Mann haben zwei Söhne: den 1895 geborenen Herbert und den bereits erwähnten Hellmuth.

Karl und Clemens sind sich einig, dass diese drei – Paula, Herbert und Hellmuth – das Dampfsägewerk und die Kistenfabrik später übernehmen sollen. Sie setzen ihre Hoffnung auf den intelligenten Herbert, den Ältesten. Noch vor dem frühen Tod des nur fünfzigjährigen Clemens 1907 fällt die Entscheidung, dass die Firma Gebrüder Otto Herberts Ausbildung an der Dresdener Höheren Handelsschule bezahlen wird.

Fast noch Kinder

Aber alles kommt anders als geplant. Zwei Monate nachdem Herbert die Handelsschule abgeschlossen hat, bricht der Erste Weltkrieg aus. Der designierte Unternehmer wird – genau wie Emil – einer der zahllosen Figuranten im Theater der Gewalt, der Verstümmelung und des Todes. Von Europa sieht Herbert mehr, als ihm lieb ist. Er schickt sogar Ansichtskarten aus Mazedonien. Dort, ganz im Norden Griechenlands, liegen die Schützengräben der *Saloniki-Front*.

Der Sohn von Sidonie und Franz kämpft einige Monate in den vordersten Linien, nimmt jedoch durch die Kriegshandlungen keinen direkten Schaden. Aber dann folgt eine mühsame Rückführung, weil bei ihm Malaria festgestellt wird. Gegen das sogenannte Wechselfieber gibt es noch kein wirksames Heilmittel, sodass Herbert im Oktober 1917 im Meißener Krankenhaus stirbt.

Herbert ist klein von Gestalt. In Uniform wirkt er wie ein Schuljunge, der sich mit der Ausrüstung seines Vaters herausgeputzt hat (Abb. 24). Fast noch Kinder sind viele, die an die Front geschickt werden. Viel zu jung, um die Endlichkeit des Lebens schon am eigenen Leib zu erfahren.

Durch Herberts Tod verliert das Unternehmen seinen Kronprinzen, und Paula und Hellmuth müssen die Arbeit alleine meistern. Als 1923 Karl – der letzte der beiden Gebrüder – mit neunundsechzig Jahren stirbt, ist es so weit. Die Firma wird auf ihrer beider Namen überschrieben. Sie teilen die Aufgaben unter sich auf: Paula, Clemens' Tochter, übernimmt das Dampfsägewerk, die Kistenfabrik fällt unter Hellmuths Verantwortung. Seine inzwischen fast siebzigjährige Mutter Sidonie arbeitet wie gehabt im Laden weiter.

Hellmuth ist sich bewusst, dass er nach dem Tod des Bruders nur die zweite Wahl ist. Er gibt sein Bestes, aber die Betriebsführung fällt ihm sehr schwer. Regelmäßig nimmt er einen Nachmittag frei, um mit seiner R-62 auf Tour zu gehen. Ein Fluchtverhalten, das weiß er auch, aber im Nachhinein gesehen dienten diese Ausflüge mit dem Kraftrad zumindest einem Zweck. Hätte Hellmuth seinen Schreibtisch nicht während der Arbeitszeit verlassen, dann wäre er Hilde nicht begegnet. Sie bietet ihm schon bald den Halt, den ihm die Firma nicht geben kann.

Hellmuths Miteigentümerin Paula heiratet 1924 den acht Jahre älteren Walther Jungblut. Kurz nach der Hochzeit zieht Paulas seit fünfzehn Jahren verwitwete Mutter Camilla in eine kleine Wohnung in einem der Häuser an der Fabrikstraße. Damit wird die große Wohnung im ersten Stock für das junge Ehepaar frei. Walther hat zwar eine Ausbildung zum Musiklehrer absolviert, stammt aber aus einer Familie von Möbeltischlern. Er weiß also, wie man mit Holz sein Brot verdient. Kurz nach der Hochzeit übernimmt der große Mann, dessen robuste Gestalt eine natürliche Autorität ausstrahlt, die Leitung des Dampfsägewerks, während Paula sich auf die Buchhaltung konzentriert. Die beiden stehen mit beiden Beinen im Leben. Schon bald wird die erste goldene Dollarmünze gekauft, der Auftakt zu dem bescheidenen Vermögen in Edelmetall, das Walther und Paula ein Leben lang begleiten wird.

Hedwigs Interesse ist geweckt

Es ist kein Kinderspiel, für Hanna einen passenden Heiratskandidaten zu finden. Anders als ihre jüngere Schwester zeigt sie keine amourösen Ambitionen. Offenkundig ist ihr Interesse am anderen Geschlecht nach ihrer unglücklichen Liaison mit Max, dem verbannten Jurastudenten, verloren gegangen. Als vieles darauf hinweist, dass Hilde und Hellmuth den Weg zum Traualtar finden werden, hält Hedwig ihre Zeit für gekommen. Sie bespricht die delikate Situation mit ihren Freundinnen vom Kaffeekränzchen. Es dauert ein paar Wochen, doch dann kommt eine von ihnen mit einer Idee.

Wenige Häuser von ihr entfernt wohnt eine Witwe, die Zimmer an einen alleinstehenden jungen Mann vermietet, einen gewissen Hanns Reinhard. Die Freundin weiß zu berichten, dass dieser 1902 in einem richtigen Schloss geboren wurde, auf Weesenstein bei Pirna im Erzgebirge.

Er arbeitet in der Meißener Niederlassung der Sächsischen Landwirtschaftsbank. Morgens geht er vom Haus seiner Vermieterin in der Melzerstraße zur Bankfiliale am Markt. Jeden Tag Punkt Viertel vor acht überquert er die Elbbrücke, ein Mann, der auf sein Äußeres achtet: stets frisch rasiert, die Hose mit scharfen Bügelfalten und in Mänteln, denen man ansieht, dass sie in teuren Bekleidungsgeschäften angeschafft wurden. Hedwigs Interesse ist geweckt.

Schloss Weesenstein liegt auf einem hohen Felsen im Tal der Müglitz, einem Nebenflüsschen der Elbe. Mit zweihundertfünfzig Zimmern ist es eines der größten Schlösser in Sachsen. In seiner heutigen Form stammt das Gebäude aus dem achtzehnten Jahrhundert. Seine Blütezeit erlebte das Schloss zwischen 1830 und 1917, als es sich im Besitz der aufeinanderfolgenden Könige von Sachsen befand. In den Sommermonaten verbringen die Wettiner regelmäßig längere Zeit dort, sodass sich eine lebendige Hofkultur mit Empfängen, Jagdausflügen und viel Betrieb entwickelt.

In den Wintermonaten wird es ruhiger. Ein dorthin abgeordneter, etwa dreißig Personen umfassender Stab unterhält das Haus und bereitet die nächste Sommersaison vor. Die Verantwortung für diesen Stab trägt Hanns' Vater Carl Reinhard (Abb. 25). Seit 1901 ist er Kastellan, der höchste Beamte und eigentliche Schlossverwalter von Weesenstein. Carl bewohnt mit seiner dreiköpfigen Familie eine Wohnung im ersten Vorhof. Weil er gelernter Gärtner ist, überträgt ihm der Hof in Dresden auch die Verantwortung für die Pflege der weitläufigen Gärten.

Prestige mit Verfallsdatum

Vergleicht man Hanns' Vater mit Emil und den beiden Otto-Brüdern, so fällt einiges auf. Carl wurde 1866 geboren und ist damit auch wieder ein Vertreter der Generation 1870. Anders als die drei Meißener identifiziert er sich nicht mit dem Bürgertum, sondern mit dem Adel. Carl erwirbt sich ein Prestige, das dem Ansehen Emils und dem von Karl und Clemens Otto nicht nachsteht. Aber es ist ein Prestige, dessen Verfallsdatum fast erreicht ist.

Am 13. November 1918 tritt der sächsische König Friedrich August III. mit den Worten »Nu da machd doch eiern Drägg alleene!« ab. Ein Jahr zuvor – symbolischer geht es eigentlich nicht – ist Schloss Weesenstein in bürgerliche Hände übergegangen. Der Geheime Kommerzienrat Alwin Bauer, ein neureicher Großindustrieller und Direktor eines erfolgreichen Textilkonglomerats, lässt vieles, wie es war. Carl bleibt Schlossmanager, aber mit dem Glanz des königlichen Hofes, der auf ihn und seine Familie abstrahlte, ist es vorbei.

Im Gegensatz zu Emil und den Gebrüdern Otto stammt Carl Reinhard nicht aus dem agrarisch geprägten Deutschland, sondern aus einer Familie, die seit Jahr und Tag im Dienst bekannter Adelshäuser steht. Bleibenden Ruhm erwarb sich beispielsweise sein Großonkel August Reinhard, der als Komponist und Musikpädagoge tätig war. Er war am Hause Sayn-Wittgenstein angestellt.

Auch Carls Großvater bewegt sich sein Lebtag in feudalen Kreisen. Heinrich Reinhard arbeitet unter dem Hofmarschall des Herzogs von Anhalt-Bernburg als dessen persönlicher Referent. 1861 erhält er vom höchsten Vertreter der Familie Anhalt, Leopold IV. Friedrich, sogar einen Orden.

In gewissem Sinne übertrifft Carl seinen Großvater. Denn am 15. Mai 1917 bekommt auch er eine Auszeichnung, die allerdings die Unterschrift eines nationalen Fürsten trägt. »Wir, Friedrich August, von Gottes Gnaden König von Sachsen«, liest man, »haben Uns bewogen gefunden, dem Schlossverwalter in Weesenstein, Carl Reinhard, das Albrechtskreuz zu verleihen.« Paradoxerweise ist diese Ehrung zugleich ein Abschiedsgeschenk. Kein halbes Jahr später arbeitet Carl nicht mehr für den Hochadel, sondern für das Großkapital.

Eine männliche Konnotation

Carl ist mit Helene verheiratet, der Mutter von Hanns. Sie wird 1873 in Hosterwitz bei Schloss Pillnitz geboren und entstammt der Familie John, die man mit dem Geschlecht der Reinhards vergleichen kann. Mehrere Generationen lang hatten ihre Vorfahren Ämter in just jenem Wasserschloss inne, das Hedwig im Sommer 1914 mit ihrem Damenkränzchen besucht. Vielleicht wurden sie sogar von einer Cousine oder einer Tante von Helene durch das Schloss geführt.

Carls Frau trägt während ihrer frühen Ehejahre gern Krawatte (Abb. 25), ein Modeaccessoire, das man an anderen Frauen ihrer Generation nicht sieht. Bei Hedwig (der Mutter von Hanna und Hilde), Sidonie (Hellmuths Mutter), Camilla (Paulas Mutter und Ehefrau des Holzhändlers Clemens Otto) oder Anna (der Gattin von Apotheker Karl Grellig) sucht man dieses Attribut vergebens.

Helenes Damenkrawatte verrät einiges über ihren Standesdünkel. Um 1900 war der – natürlich männlich konnotierte – Binder in adligen Kreisen als Zeichen der Vornehmheit, möglicherweise sogar als ein Symbol von Emanzipation und weiblichem Selbstbewusstsein, auch unter Damen populär geworden. Aristokratinnen lassen sich gern damit porträtieren. Die nicht adelige Helene demonstriert mit ihrer Kleidung also, dass sie sich zur Welt von Schloss Weesenstein zugehörig fühlt. Schaut sie auf das Bürgertum herab? Auf Frauen wie Hedwig, Sidonie, Camilla und Anna?

Die Stunde der Hs

Hedwig hat keine Ahnung, wie sie Hanna und Hanns miteinander bekannt machen soll. Sie kann den jungen Mann kaum zu sich nach Hause einladen; und ihre Tochter bei ihm in der Bank vorbeischicken, das geht genauso wenig. Zusammen mit ihrer Kränzchenfreundin schmiedet sie einen Plan. Dabei kommt ihnen die Meißener Tausendjahrfeier zu Hilfe.

Die beiden Frauen verabreden, am Samstag, dem 1. Juni 1929, der Einweihung des neuen Glockenspiels auf dem Markt beizuwohnen. Punkt zwölf sollen die Porzellanglocken ein Lied aus Beethovens Zyklus *Sechs Lieder nach Gedichten von Gellert* spielen. Hedwig will mit Emil und den beiden Töchtern kommen. Sie bittet ihre Verbündete, Hanns' Vermieterin einzuladen und darauf zu drängen, dass diese ihren Untermieter mitbringt.

Die Verschwörung läuft wie am Schnürchen. Alle kommen, und die Kupplerinnen lassen sich nichts anmerken. Noch wichtiger: Hanna und Hanns werden mit ein paar subtilen Kunstgriffen Hedwigs zueinander manövriert. Als die kleine Gesellschaft nach Beendigung des Konzerts beschließt, an einer der Marktbuden ein Glas Weißwein zu trinken, ist das Eis gebrochen. Hanna und Hanns sind in ein angeregtes Gespräch verwickelt. Sie registrieren nicht, dass vier Frauenaugen sie unauffällig beobachten. Sind die fast Dreißigjährigen wirklich so naiv und haben nichts bemerkt? Erst Jahre später vertraut Hedwig ihrer ältesten Tochter den wahren Hergang an.

Ihre Intuition hat die Kupplerinnen nicht getrogen. Hanna und Hanns passen gut zusammen, und amouröse Gefühle lassen nicht lange auf sich warten. Hanns zeigt ein kulturelles Interesse, das Hanna bei anderen Männern vermisst. Zweifellos wurden die Wurzeln dazu in seiner Kindheit auf Weesenstein gelegt. Gemeinsam besichtigen sie die Gemäldegalerie Alte Meister in Dresden und das Berliner Bode-Museum.

Hanns' Mutter führt Emils und Hedwigs Tochter im ehemaligen Schloss der sächsischen Könige herum. Hanna ist begeistert. Nie war sie solch herrlichen Gemälden und Kunstobjekten so nah. Sie darf sie sogar beim Betrachten anfassen. Auch die reinhardsche Wohnung gefällt ihr. Einige Zimmer sind mit historischen Möbeln eingerichtet, die Carl und Helene vom Königshaus geschenkt bekommen haben. Doch neben seiner Kunstliebe gibt es etwas Weiteres, womit Hanns Hanna für sich einnimmt: Er liebt das Reisen.

Seine große Leidenschaft gilt dem *Graf Zeppelin*, dem riesigen, zigarrenförmigen Luftfahrzeug der Firma Luftschiffbau Zeppelin. Die Interkontinentalreisen, die Ferdinand Graf von Zeppelin um 1930 machte, hatten eine enorme Medienaufmerksamkeit gefunden. In sein Fotoalbum klebt Hanns Luftaufnahmen dieser Reisen, ganz als ob er selbst in New York, am Flussdelta des Jenissei oder vor den Pyramiden von Gizeh gestanden hätte, und während einer ihrer Ferienreisen in Süddeutschland besucht er mit Hanna sogar das Zeppelin-Stammhaus in Friedrichshafen.

Befriedigt sieht Hedwig, dass sich auch ihre Erstgeborene an einen Mann binden möchte. Zwei künftige Schwiegersöhne, der eine ein Fabrikbesitzer und der andere ein Bankbeamter mit viel Potenzial – sie kann sich nicht beklagen. Hedwig ist davon überzeugt, dass die Stunde der Hs geschlagen hat und hofft auf zwei baldige Hochzeiten: Hanna & Hanns und Hilde & Hellmuth.

1935: Die Arbeiter der Kistenfabrik Gebrüder Otto

KAPITEL 4

Taubenzüchter und Briefmarkensammler

1. Februar 1932 – Die Arbeitslosenquote ist auf fast 30 Prozent gestiegen.

12. Januar 1933 – Provokationen der NSDAP führen im Meißener Stadtrat zu einer Schlägerei.

1. Juli 1936 – Der Architekt Alois Degano vollendet die Erweiterung des Berghofs auf dem Obersalzberg.

8. November 1937 – Joseph Goebbels eröffnet in München die Ausstellung *Der ewige Jude*.

1.–10. Oktober 1938 – Nazi-Deutschland besetzt das Sudetenland und übernimmt dort die politische Herrschaft.

Der Anfang der Dreißigerjahre steht für Emil und Hedwig im Zeichen der Hochzeiten ihrer Töchter. Hilde, die jüngere, heiratet Hellmuth am 5. Mai 1930 in Meißen, knapp zwanzig Monate nachdem sie ihn kennengelernt hat. Hanna folgt drei Jahre später dem Beispiel ihrer Schwester und wird am 27. Mai 1933 in Weesenstein mit Hanns getraut. Auf den offiziellen Hochzeitsfotos strahlen zwei glückliche Frauen (Abb. 26 und 27). Hilde, deren Gesicht ein bisschen voller geworden ist, blickt fröhlich in die Kamera, um Hannas Lippen liegt ein fast spöttisches kleines Lächeln, das man öfter bei ihr sieht.

Die beiden Aufnahmen wirken grundverschieden: Für Hildes Hochzeitsfoto hat der Fotograf die Intimität der elterlichen Wohnung gewählt. Das Familienbildnis wurde vermutlich um fünf Uhr nachmittags aufgenommen, wie der Kaffeetisch verrät, der in Sachsen – und also auch bei Emil und Hedwig – stets pünktlich um vier gedeckt ist. Weil die Kuchenteller bereits leer und die Gläser mit Meißener Wein gefüllt sind, darf man davon ausgehen, dass die Uhr gerade fünfmal geschlagen hat.

Hanna und Hanns ziehen einen besonderen Ort vor. Sie lassen sich vor einem Portal von Schloss Weesenstein fotografieren. Eine breite Freitreppe, mit Natursteinbalustraden und gemeißelten Girlanden: Die Kulisse atmet edle Grandeur – eine Vornehmheit, die im Gegensatz zur Bescheidenheit von Hildes Wohnzimmeraufnahme steht. Hanns' Vater ist am Hochzeitstag bereits drei Jahre tot. Helene, dessen Ehefrau, hat seine Nachfolge als Schlossverwalterin angetreten. In den Jahren zwischen den beiden Weltkriegen ist sie wahrscheinlich die einzige Frau in Deutschland, die ein solches Amt innehat.

Im Dunstkreis von Hochadel und Großkapital

Natürlich schmücken sich Hanna und Hanns, wie es Brautpaare an markanten Schauplätzen nun einmal gern tun, mit fremden Federn. Gleichzeitig kann man sich fragen, ob aus ihrem aufwendigen Hochzeitsfoto – mit drei weiß gekleideten Brautjungfern – nicht auch der heimliche Wunsch spricht, wie die adligen Hochzeitspaare zu leben, die sich vor ihnen auf diesen Treppen haben verewigen lassen.

Bei dem wohlerzogenen und kultivierten Hanns, der im Dunstkreis von Hochadel und Großkapital aufgewachsen ist, liegt diese Vermutung nahe. Bei Hanna fällt die Beantwortung der Frage ein wenig schwerer. Fest steht, dass das junge Paar in den ersten Ehejahren finanzielle Gepflogenheiten entwickelt, die sich auffallend von denen Hildes und Hellmuths unterscheiden. In gewisser Hinsicht kann man von auffälligem, fast geltungssüchtigem Konsum sprechen, und dieses Muster ist bis auf den heutigen Tag erkennbar.

An Feiertagen, beispielsweise, wird in Weinböhla mit schwerem Silberbesteck gespeist, das das eingravierte Monogramm HR trägt: Hanns Reinhard und gleichzeitig Hanna Reinhard. Es ist mit dazu passendem Nussknacker, Sardinengabeln und zwei Salzlöffelchen mehr als komplett. Dieses Besteck wurde beim Uhrmachermeister Fritz Hoche in Meißen erworben. Aus der Rechnung geht hervor, dass es ein Vermögen gekostet hat.

Von reichen Zeiten zeugen auch Hanns' Rauchutensilien. Seine Liebe zu Luxustabak und teuren Zigarren veranlasste ihn zur Anschaffung eines Humidors aus Zedernholz und eines in den Dreißigerjahren sehr beliebten Rauchverzehrers aus Bernstein mit viel Silber. Anders als die Bezeichnung vermuten lässt, reinigt dieser kleine elektrische Apparat ein Zimmer nicht von Zigarren- oder Zigarettenrauch, sondern sorgt dafür, dass man ihn nicht mehr so stark riecht. Mittels der Hitze einer kleinen Glüh- lampe werden darin angenehm riechende ätherische Öle ver- dampft.

Nicht weniger auffallend ist der massive Stahlschrank für Han- nas Pelzmäntel, der noch immer in einem der Keller steht. Dieser Stahl-Pelzschrank – damals das Neueste vom Neuen – strahlt ein Standesbewusstsein aus, das Hilde und Hellmuth in dieser Form fremd war. Zweifellos wurde es Hanns von seiner Mutter Helene an- erzogen, deren Damenkrawatte in diesem Zusammenhang für sich spricht.

Auf den Spuren Goethes

Emils und Hedwigs Töchter machen beide eine Hochzeitsreise. Hil- de und Hellmuth sind eine Woche unterwegs und fahren ins südti- rolische Bozen, eine italienische Stadt, die in den Dreißigerjahren noch überwiegend deutschsprachig ist. Hanna und Hanns machen eine größere Reise. Mit dem Zug fahren sie über Österreich, wo sie in Innsbruck übernachten, nach Rom. Von dort schreibt Hanna ihren Eltern einen langen Brief, in dem sie dem Vater zum Geburtstag am 3. Juni gratuliert.

Es ist bezeichnend, dass ein Bildnis des jungen Goethe das Briefpapier ziert. Hanna und Hanns treten in die Fußspuren des Dichters und machen ihre eigene *Italienische Reise*. Dabei stehen nicht Entspannung und Vergnügen an erster Stelle, sondern – wie es auch bei dem Meister der deutschen Klassik der Fall war – Bildung und Kultur. »Viele schöne Sachen«, schreibt Hanna, »haben wir uns hier schon angesehen. Es gibt ja so viel zu betrachten, dass man nur das Wichtigste herausgreifen kann. Heute Vormittag haben wir die Museen im Vatikan besichtigt und den Nachmittag verbrachten wir zum Teil auf der Via Appia und in den Katakomben des heiligen Callixtus. Ein paar schöne Aufnahmen von Hanns aus dem Forum Romanum werd' ich euch bei unserer Rückkehr zeigen.«

Hanns ist nicht nur von der Vergangenheit Roms gefesselt, sondern auch von der Gegenwart der Stadt. Mit Hanna besucht er das Foro Mussolini, eine Sportanlage an den Ufern des Tibers. Als *Duce del Fascismo* hatte Benito Mussolini es ein halbes Jahr zuvor eingeweiht. »Duce la nostra giovinezza a voi dedichiamo«, liest man in einem der Mosaikböden: »Unsere Jugend, o Duce, weihen wir Dir«.

Ein blaugrünes Türkis

1936 werden die Nationalsozialisten mit dem Berliner Olympiagelände eine ähnliche Verschmelzung von Sport, Architektur und Ideologie anstreben. Die Leistungen der jungen Athleten und der monumentale, an der klassischen Antike orientierte Baustil sollen auch hier die Überlegenheit des eigenen Volkes und das Machtstreben der politischen Führung hervorheben. Dass das deutsche Pendant zum Foro Mussolini Hanns einige Jahre später nicht weniger beschäftigt, verrät sein Bücherschrank. Dort ist der Prachtausgabe eines voluminösen Fotobands über das Berliner Olympiastadion ein Ehrenplatz vorbehalten.

Inzwischen lassen sich Hanns (ordentlich im Anzug) und Hanna (mit Sonnenhut auf dem Kopf) in Mussolinis *Stadio dei Marmi* vor einer der heroischen, kolossalen Aktfiguren aus Carrara-Marmor fotografieren. Den beiden fällt es nicht schwer, Teil dieser Welt architektonischer Perfektion und körperlicher Vervollkommnung zu werden, die den italienischen Faschisten vorschwebt.

Nach einer knappen Woche Rom – wie viele andere Deutsche wohnen sie in der Pension Frey – setzt das junge Ehepaar seine Entdeckungsreise in Neapel fort. Die beiden besuchen Pompei, den Vesuv und die Insel Capri, wo in der *Grotta Azzurra*, der Blauen Grotte, natürlich eine romantische Bootsfahrt auf sie wartet. Sie schaffen sich auch Souvenirs an. Hanns ersteht für das eheliche Schlafzimmer zwei Nachttischlampen, die aus großen Muscheln gefertigt wurden. Außen sind die Muschelschirme mit einer für Kameen typischen Graviertechnik bearbeitet. Dadurch entstanden in Tiefrelief Darstellungen von Pompei und dem Vesuv. Sie leuchten in warmen Farben auf, sobald man die Lampen anschaltet.

Hanna erwirbt von einem Künstler vor Ort ein kleines Ölgemälde der Amalfiküste. Zu Hause erinnern sie diese Farben an das süditalienische Licht am frühen Morgen: das Meer in blaugrünem Türkis, die grellgelbe Sonne und der blendend weiße Marmor einer Säulengalerie. Hanna und Hanns greifen für die Erinnerungsstücke tief in die Tasche. Die zwei Lämpchen sind so teuer, dass ein Zwischenhändler aus Pforzheim ihre Echtheit verbürgen soll. Gegen eine entsprechende Provision lässt er nach der Rückkehr der jungen Eheleute die kleinen Kostbarkeiten nach Meißen bringen.

Mit allen erdenklichen Tricks

Die letzten italienischen Stationen sind Genua und Mailand. Im Hafen von Genua bewundert Hanns eine Dornier Do X. Die sechsmotorige Maschine mit ihren fast hundertsechzig Sitzen war eine Weile das größte Passagierflugzeug der Welt. Weil der Friedensvertrag von Versailles der nationalen Luftfahrtindustrie ein Ende gemacht hatte, wurde das Wasserflugzeug in der Schweiz zusammengebaut. Aber es ist ein offenes Geheimnis, dass deutsche Ingenieure und deutsches Geld dieses Flugzeug möglich gemacht haben.

In Mailand besichtigen Hanna und Hanns Leonardo da Vincis *Abendmahl* und erleben in der Scala eine Aufführung von Giuseppe Verdis *La Traviata*. Hanns liebt Opern, deshalb gönnen sich Hanna und er während ihrer ersten Ehejahre mindestens ein-, manchmal zweimal pro Saison eine Vorstellung in der Dresdener Semperoper – am liebsten Richard Wagner. Dann trägt Hanna das goldene Collier mit Amethysten, das Hanns ihr in der Hochzeitsnacht geschenkt hat.

Für die letzten Tage ist ein Aufenthalt im Schweizer Lugano vorgesehen, wo acht Jahre zuvor auch Emil und Hedwig Station machten. Hanna und Hanns übernachten allerdings nicht in der einfachen Pension, die ihnen empfohlen wurde. Das junge Ehepaar zieht das elegante Hotel Seegarten in direkter Uferlage vor (Abb. 28). In vollen Zügen genießen sie den Luxus, und in der mondänen Stadt vergeht die Zeit wie im Fluge. Aber als ihnen ein Mitarbeiter an der Rezeption am letzten Morgen die Rechnung präsentiert, ist es aus mit dem Glück.

Sie haben gerade noch genug Geld, um das Hotel zu bezahlen, aber für die Rückreise mit dem Zug reicht es nicht mehr. Mit abenteuerlichen Tricks und Kniffen gelingt es dem Bankmenschen Hanns, noch am selben Tag bei einem Geldinstitut vor Ort eine Auslandsüberweisung zu organisieren. Per Telegramm schickt ihm seine Mutter die benötigte Geldsumme, und so können sie am Abend in den Nachtzug nach Deutschland steigen. Hanns, der Lebemann, dem das Geld locker in der Tasche sitzt – manchmal ein bisschen zu locker.

Strom in allen Zimmern

Für Hanna und Hilde beginnt eine neue Lebensphase. Aus den höheren Töchtern sind Ehefrauen geworden, die sich auf die Mutterschaft vorbereiten. Mit Hellmuth bezieht Hilde im Frühjahr 1931 eine großzügige Neubauwohnung in der Gabelsbergerstraße. Dort verfügt das Ehepaar über einen Komfort, an den die inzwischen veraltete Wohnung von Emil und Hedwig nicht heranreicht.

Es gibt einen großen Balkon, im Badezimmer ein Klosett mit Wasserspülung, und alle Zimmer haben Strom, etwas, worauf Hildes Eltern, die noch lange Gasbeleuchtung haben, jahrelang warten müssen. Hinter der Gabelsbergerstraße, die am Ende der Zwanzigerjahre erschlossen wurde, beginnen die Weingärten von Meißen. Zu Fuß erreicht man in einer knappen halben Stunde das Stadtzentrum.

Im selben Haus wie Hilde und ihr Mann leben acht weitere Familien. Im Gegensatz zum neuen Bahnhof, mit dem der aus Dresden stammende Architekt Wilhelm Kreis das *Neue Bauen* in Meißen einführt, ist die Architektur dieses Wohnhauses konventionell. Es hat eine gewisse Ähnlichkeit mit der *Heimatschutzarchitektur*, die auf Althergebrachtes zurückgreift und die moderne Formensprache, wie die des Bauhaus in Dessau oder der Weißenhofsiedlung in Stuttgart, ablehnt.

Auch die zu diesem Zeitpunkt bereits erstarkenden Nationalsozialisten ziehen später, zumindest im Wohnungsbau, einen traditionellen Architekturstil vor. Das kann man an einem Mietshaus sehen, das in der zweiten Hälfte der Dreißigerjahre neben Hildes und Hellmuths Wohnblock für Wehrmachtsoffiziere erbaut wird. Hilde beobachtet den Einzug der Soldaten mit ihren Familien in ein Haus, das mit seinem hohen Walmdach dem ihren gleicht. Jahrelang wird die Anwesenheit dieser Männer, ihre Uniformen und das An- und Abfahren von Militärfahrzeugen das Leben in der Straße beherrschen.

Hilde und Hellmuth bekommen zwei Kinder. 1933 wird Brigitte geboren, fünf Jahre später erblickt Gottfried das Licht der Welt. In dem neuen Wohnhaus leben überwiegend junge Familien, damit verbringen Brigitte und Gottfried ihre ersten Lebensjahre unter Gleichaltrigen. Sie spielen stundenlang in dem großen Sandkasten, den ihre Väter im Garten hinter dem Haus angelegt haben. Das benötigte Holz stammt von Hellmuth: dicke Eichenbohlen, die in der Regel als Dielenbretter verkauft werden.

Zwischen Brigitte und ihrer Oma entwickelt sich eine besonders enge Bindung. Das verrät ein Doppelbildnis der beiden von 1938 (Abb. 29). Nur auf wenigen anderen Fotos ist die nüchterne Hedwig so zu sehen wie hier. Sie strahlt. Brigitte schmiegt sich an ihre Großmutter. Und zwar so überzeugend, dass man annehmen darf, dass diese Nähe auch außerhalb des Fotoateliers besteht. Die Aufnahme wurde von dem Meißener Fotografen Adolf Eugen Heckmann, einer stadtbekannten Kapazität, gemacht.

Unwillkürlich fällt einem ein Foto desselben Porträtfotografen ein, das er elf Jahre später am Tag von Brigittes Konfirmation machen wird. Von dem unbekümmerten Kind ist wenig übrig geblieben. Man sieht eine Heranwachsende mit ausgezehrtem Gesicht, das vom Zweiten Weltkrieg und den harten Nachkriegsjahren gezeichnet ist. Dieses zweite Heckmann-Foto dokumentiert eine Niedergeschlagenheit, die das Glück der ersten Aufnahme fast vergessen lässt.

Wo der vertikale und der horizontale Arm zusammentreffen

Einige Jahre nach Hilde und Hellmuth stehen auch Hanna und Hanns vor der Frage, wie sie ihr Leben einrichten wollen. Wie ihre Schwester möchte auch Hanna Kinder haben. Hanns und sie beschließen, bei ihren Eltern einzuziehen. Die Hälfte der Wohnung steht leer, denn Emil hat drei Jahre vor seiner Pensionierung aufgehört, an Schüler zu vermieten. Das Paar lässt eine zweite Küche und ein zweites Badezimmer einbauen, damit sie unabhängig von den Eltern wohnen können.

1936 spricht vieles dafür, aus Meißen wegzuziehen, denn man bietet Hanns eine Stelle in der größeren Leipziger Filiale der Sächsischen Landwirtschaftbank an. Er macht dort schnell Karriere und bekommt eine leitende Stellung mit vielversprechenden Aussichten. Aber die Eheleute beschließen doch, abzuwarten, wie ihm die neue Stelle gefallen wird. Hanns pendelt und ist von jetzt an nur noch an den Wochenenden zu Hause.

Eine Schwangerschaft will sich nicht einstellen. Hanna überlegt, einen Arzt zu konsultieren, aber Hanns ist nicht gerade unglücklich, dass ihm das Vatersein vorläufig noch versagt bleibt. Er genießt das unabhängige Leben und ist nicht taub gegenüber den Worten seiner vornehmen Mutter, die ihren Sohn daran erinnert, dass ein Kind ein finanzielles Risiko bedeutet und seinen bisherigen Lebensstandard bedrohen könnte. Hanns liebt teure Kleidung, schöne Dinge und kostspielige Urlaubsreisen. Lässt sich das alles noch finanzieren, wenn ein dritter und vielleicht später noch ein vierter Mund gestopft werden muss?

Hanns' Sichtweise ist damals ungewöhnlich. Freiwillige Kinderlosigkeit ist während der Dreißigerjahre, auf jeden Fall nachdem die Nationalsozialisten an die Macht gekommen sind, in weiten Kreisen verpönt. Als Leitbild dominieren große Familien mit lauter deutschen Soldaten in spe und vielen künftigen deutschen Müttern.

Frauen mit vier Kindern werden deshalb mit dem Bronzenen Mutterkreuz ausgezeichnet. Hat eine Mutter acht oder mehr Kinder, bekommt sie es sogar in Gold. Dieses Kreuz, das dort, wo der vertikale und der horizontale Arm zusammentreffen, mit einem Hakenkreuz geschmückt ist, wird an einem blau-weißen Band um den Hals getragen. »Das Kind adelt die Mutter«, ist auf der Rückseite ins Metall eingraviert.

Zwischen Hanna und Hanns entwickelt sich die Kinderdiskussion zum latenten Streitthema. Zum offenen Konflikt kommt es allerdings nicht, weil die politische Realität das Paar einholt. Plötzlich ist es 1939, und der Krieg steht vor der Tür. Hanns gehört – wie auch sein Schwager Hellmuth – zur ersten Gruppe Männer, die mobilisiert werden. In den Kriegsjahren kommt Hanns nicht einmal mehr an den Wochenenden nach Hause, sodass Hanna den Eindruck gewinnt, ihr Leben sei auf dem Abstellgleis gestrandet. Nach der Hochzeit hat sie rund zwei Jahre mit Hanns zusammengelebt, seitdem ist sie meist allein. Die Leere, die sie nun empfindet, erinnert sie an die Zeit, als sie ihren Mann noch nicht kannte. Sieht so eine Ehe aus?

Doch es hilft nichts

Am Abend des 1. Februar 1933, zwei Tage nachdem Adolf Hitler in Berlin zum Reichskanzler ernannt worden war, findet in Meißen eine Demonstration der *Eisernen Front* statt. Die Eiserne Front wendet sich gegen den Faschismus und die Nationalsozialistische Deutsche Arbeiterpartei (NSDAP). Die Wurzeln dieser Organisation reichen nicht nur bis in die Arbeiterbewegung, sondern vor allem tief in die sozialdemokratische Partei hinein, die bei diesem Abwehrbündnis die politische Führung hat. Dem Fackelzug schließen sich Hunderte an; die Presse spricht am Tag danach sogar von über zweitausend Teilnehmern. Außerdem stehen nach einer vorsichtigen Schätzung noch fünftausend Sympathisanten an der Strecke des Protestmarsches.

Abermals von Meißen geht am 5. März 1933 ein vergleichbar kritisches Signal aus, nämlich bei den letzten freien Parlamentswahlen. Gegen den deutschlandweiten Trend, der die NSDAP mit gut vierzig Prozent zur größten Partei des Landes macht, erhält die SPD in der Stadt an der Elbe die Mehrheit der Stimmen. Erneut bestätigt sich der Ruf der »roten« Stadt Meißen. Doch es hilft nichts. Auf Druck Berlins wird am 8. März die Hakenkreuzfahne am

Rathaus gehisst. Damit beginnt für das tausendjährige Meißen das *Tausendjährige Reich*.

Es folgen turbulente Wochen, in denen Gewalt und politische Repression die Stadt im Griff haben. Linksorientierte Politiker werden verhaftet und festgehalten. Das größte improvisierte Gefängnis entsteht im Gewerkschaftshaus in der Martinstraße, bis dahin die Heimat der Opposition gegen die Nazis. Was andernorts in Deutschland geschieht, zeigt sich auch in Meißen. Am 1. April verkündet die Führung der NSDAP einen Boykott der jüdischen Geschäftsleute (»Kauft nicht bei Juden!«); Mannschaften der Sturmabteilung (SA) besetzen die Büros der *Volkszeitung für Meißen und Umgebung*, des Sprachrohrs der Meißener SPD, und neue Gesetze beschleunigen die Gleichschaltung der örtlichen Behörden.

Die erste Phase der Machtergreifung ist am 3. Mai 1933 mit der konstituierenden Sitzung des neuen Stadtrats abgeschlossen. In seiner Antrittsrede lobt Bürgermeister Walter Busch, der kurz darauf der NSDAP beitritt, den Einsatz von SA und SS bei den »Säuberungsaktionen« gegen Kommunisten und Sozialdemokraten. Er schließt mit einem lauten »Sieg Heil!«. Gleich im Anschluss an die Rede ernennt der Stadtrat in einem seiner ersten Beschlüsse Adolf Hitler zum Ehrenbürger der Stadt.

Von nun an ändert sich vieles; Propagandaveranstaltungen bestimmen den Takt des öffentlichen Lebens: der Tag der Ernennung Hitlers zum Reichskanzler (am 30. Januar), der Heldengedenktag (am zweiten Sonntag in der Fastenzeit) und die Gedenkfeier des Hitlerputsches in München (am 9. November).

Aus großen Lautsprechern

Eine herausgehobene Rolle ist dem Tag der Arbeit bestimmt, der jetzt *Feiertag der nationalen Arbeit* heißt und an dem, seit die Nazis das einführen, grundsätzlich jeder frei hat. Gleich 1933 steht in Meißen ein Umzug von Industrie- und mittelständischen Betrieben auf dem Programm. Der Festzug startet in der Fabrikstraße, wo auch die Firma der Gebrüder Otto ihren Sitz hat. Von da aus geht es durch die Innenstadt und den Stadtteil Triebischtal, mit dem Firmensitz der Porzellanmanufaktur – in der zweiten Hälfte der Dreißigerjahre werden dort Hitler-Büsten aus Porzellan hergestellt –, zur Uferstraße.

Auf dem Festplatz am Elbufer findet eine Abschlussversammlung statt. Dank modernster Technik wird Hitlers Rede aus Berlin live aus großen Lautsprechern übertragen. Außerdem gibt es eine *Fahnenweihe*, ein ursprünglich militärisches Zeremoniell, bei dem ein Geistlicher in vollem Ornat die mit dem schwarzen Hakenkreuz versehenen roten Fahnen segnet. Damit trägt die Kirche zur Legitimierung der Nazipartei bei, die erst am Anfang ihres zerstörerischen Zuges durch die europäische Geschichte steht.

Hellmuth lässt am 1. Mai einen Wagen mit einer Kolonne Fabrikarbeiter im Umzug mitfahren (Abb. 30). Das normalerweise als Holztransporter verwendete schwere Fahrzeug ist mit Tannengrün geschmückt. Mit dem Festwagen sendet die Kistenfabrik zwei Botschaften: Einerseits macht sie Reklame für sich, und gleichzeitig signalisiert sie unmissverständlich, dass die Firma Gebrüder Otto zur Zusammenarbeit mit den Nationalsozialisten bereit ist. Genau darauf sind die neuen Herrscher aus. Sie wollen als Fürsprecher der lokalen Wirtschaft gesehen werden.

Keinerlei Lesespuren

Im Privatleben wahren die Hauptakteure dieser Familiengeschichte – mit einer Ausnahme – Abstand zur NSDAP. Von den beiden um 1870 Geborenen war wenig anderes zu erwarten. Emil und Hedwig stehen für den Status quo und das vermögende Bürgertum, das anfangs nur wenig von den Nationalsozialisten wissen will. In den Augen des ehemaligen Gymnasialprofessors und seiner Frau handelt es sich bei jenen um beschränkte, unkultivierte Menschen.

Außerdem geht es Hannas und Hildes Eltern selbst nach den vielen wirtschaftlichen Rückschlägen relativ gut. Aus Frustration über ihre eigenen Lebensbedingungen werden sie sich also nicht für eine Mitgliedschaft in der NSDAP entscheiden.

Anders sieht es für die Generation 1900 aus. Sie stehen mitten im Berufsleben und sind in höchster Sorge wegen der schweren Zeiten, in die sie geraten sind. Die Politiker und Funktionsträger der Nationalsozialisten sind wie Hilde und Hellmuth oder Hanna und Hanns um 1900 geboren. Sie gehören derselben Generation an, und das erhöht die Attraktivität der Partei. Der Einzige aus dem erwähnten Quartett, der schließlich dem Lockruf der NSDAP erliegt, ist Hanns, der einst die Baukunst des italienischen Faschismus bewunderte. Er tritt 1933 in die NSDAP ein.

Hanns ist ein *Märzgefallener*, einer, der im Monat März eingeknickt ist. Mit Hunderttausenden anderen Deutschen tritt er ausgerechnet dann in die Partei ein – kurz nach den letzten freien Wahlen –, als jedem klar ist, dass die Nationalsozialisten die Auseinandersetzung zu ihrem Vorteil entschieden haben. Die Zukunft gehört Adolf Hitler, für viele also der richtige Zeitpunkt, ihre Loyalität zu erklären. Inwieweit Hanns als Parteimitglied tatsächlich aktiv war, ist unbekannt.

Das Fehlen belastender Dokumente im Weinböhlaer Archiv sagt jedoch nicht alles. Nach dem Zweiten Weltkrieg haben viele Deutsche die Spuren ihrer Parteivergangenheit gelöscht. Bewusst ließen sie Leerstellen im Familiengedächtnis entstehen.

Es ist vielsagend, dass Hanns neben ein paar wenigen Büchern von Naziautoren zwei propagandistische Schlüsselwerke besaß: Hitlers *Mein Kampf* in der Ausgabe von 1935, die »Jubiläumsausgabe. Gesamtauflage zwei Millionen Exemplare«, und *Der Mythos des 20. Jahrhunderts* von Alfred Rosenberg, dem Chefideologen der NSDAP. Doch die beiden Bände zeigen keinerlei Lesespuren: Wenn man sie in die Hand nimmt, hat man den Eindruck, ein druckfrisches Buch zu öffnen. Darf man daraus Schlüsse ziehen?

Ein riesiges Panoramafenster

Den einzigen Hinweis auf Hanns' Parteiengagement liefern seine Fotoalben. Eine Reise durch Süddeutschland, die ihn mit Hanna in den Schwarzwald und in Städte wie Freiburg und Stuttgart führt, endet in Nürnberg. Dort nimmt Hanns 1934 in der ersten Septemberwoche mit vielen Zehntausenden Gleichgesinnter am Parteitag der NSDAP teil. Später wird man ihn als »Reichsparteitag des Willens« bezeichnen, weil Leni Riefenstahl dort ihren berühmt-berüchtigten Film *Triumph des Willens* drehte.

Ferienreisen kombiniert Hanns öfter mit Zielen, die im nationalsozialistischen Kontext eine besondere Bedeutung haben. So besucht das Ehepaar Reinhard 1938 die *Reichsmusiktage* in Düsseldorf. Hanna und Hanns flanieren über den von Nazifahnen flankierten Boulevard, der zur Rheinhalle führt. In dem ehemaligen Planetarium findet am 22. Mai eine Gedenkfeier zum 125. Geburtstag Richard Wagners statt (Abb. 31).

Besichtigen sie in der größten Industriestadt der damals preußischen Rheinprovinz auch die gleichzeitige Begleitausstellung *Entartete Musik?* Sie ist als Pendant zur Münchner Ausstellung *Entartete Kunst* konzipiert, in der die Nazis im Jahr zuvor die Kunstwerke gezeigt hatten, die ihrer Meinung nach aus den Museen verbannt werden sollten. In Düsseldorf geht es um »entartete« und »undeutsche« Musik: Jazz (»Negermusik«), Neue Musik und Werke jüdischer Komponisten wie Kurt Weill und Hanns Eisler.

Kurz vor dem Ausbruch des Zweiten Weltkriegs besichtigen Hanna und Hanns den Berghof, Hitlers repräsentatives Landgut am Obersalzberg in der Nähe von Berchtesgaden. Ihnen gleich tun das im Lauf der Jahre zahllose Touristen. Die deutschen Zeitungen beschreiben voller Bewunderung das riesige Panoramafenster in der großen Halle, dem Empfangsraum des Hauses. Das Fenster misst acht mal vier Meter und lässt sich auf Knopfdruck elektrisch im Boden versenken. Viel Glanz und Gloria also, was jedoch nicht verhindert, dass der durch alliierte Luftangriffe schwer beschädigte Berghof 1952 gesprengt wird. Der Freistaat Bayern will vermeiden, dass die Alpenresidenz bleibt, was sie vor dem Krieg war – ein Wallfahrtsort.

Ein Strandkorb mit Hakenkreuzfähnchen

Hanns ist der Einzige aus der Grunewald-Linie, von dem man im wahrsten Sinn des Wortes sagen muss, dass er ein Nazi war. Er trifft eine Entscheidung, die zusammen mit ihm mehr als acht Millionen Deutsche treffen. Am Ende des sogenannten Dritten Reichs hat fast jeder fünfte Erwachsene das Parteibuch in der Tasche. Es ist nicht leicht herauszufinden, warum sich so viele Deutsche für die nationalsozialistische Bewegung entscheiden. Aus politisch-ideologischer oder weltanschaulicher Überzeugung? Oder spielen Opportunismus und Karrieresucht die Hauptrolle?

In der Familie wird Hanns auch als Parteimitglied nicht geschnitten. Hanna begleitet ihn nach Nürnberg, Düsseldorf und Berchtesgaden. Ebenso wenig wehrt sie sich, als er 1935 im ostpreußischen Rauschen (Svetlogorsk), unweit von Königsberg, ihren Strandkorb mit Hakenkreuzfähnchen dekoriert (Abb. 32).

Auch Emil und Hedwig dulden ihren Schwiegersohn noch immer unter ihrem Dach. Sie zwingen die beiden nicht, sich eine eigene Wohnung zu suchen. Und Hilde und Hellmuth verbringen ebenfalls wie gehabt Geburts- und andere Festtage mit dem Ehepaar. Mit anderen Worten, Hanns gehört weiterhin zum Familienverband, nicht anders, als wenn er Taubenzüchter oder Briefmarkensammler geworden wäre.

In kleinem Maßstab stößt man hier auf ein in den Dreißigerjahren weitverbreitetes Phänomen. Zwar weigern sich viele, die Nationalsozialisten aktiv zu unterstützen, aber das heißt noch lange nicht, dass sie sich auch gegen die Nazis und deren Politik stellen. Warum ist das so? Ein erster Grund ist naheliegend: Deutschland entwickelt sich binnen kurzer Zeit zu einem totalitären Staat. Kritische Töne sind in der gleichgeschalteten Presse von vornherein ausgeschlossen; jede Form von Protest wird unterdrückt.

In zweiter Linie verhindern die anfänglichen Erfolge des Naziregimes eine breite Opposition. Sozial und wirtschaftlich verändert sich viel. Binnen weniger Jahre gelingt es den neuen Machthabern, die Arbeitslosigkeit drastisch zu senken. Für die Region Meißen sind die Zahlen beeindruckend – und sicherlich keine Ausnahme. 1933 liegt die Zahl der Arbeitslosen bei über dreißig Prozent, und 17 000 Menschen sind ohne Arbeitsplatz. Drei Jahre später ist die Anzahl der Arbeitslosen auf weniger als 1500 gesunken.

Vernünftige und intelligente Menschen

Soziale Projekte zeigen in der Stadt an der Elbe schnelle Erfolge. Beispielsweise erzielt das *Winterhilfswerk des Deutschen Volkes*, eine Organisation, die sich für hilfsbedürftige Bürger einsetzt, recht große Wirkung. Außerdem werden für Kinderbetreuung und Sportunterricht zusätzliche Steuergelder zur Verfügung gestellt. Die Jugendarbeit bekommt durch die Gründung von Ortsabteilungen der Hitlerjugend (HJ) und des Bunds Deutscher Mädel (BDM) einen starken Auftrieb. Sogar für Kultur – für Theater, Stadtmuseum und Bücherei – gibt es zusätzliche Mittel. Meißen blüht auf.

Dabei darf man jedoch eines nicht vergessen. Die plötzlich vorhandenen finanziellen Mittel dienen zuerst und vor allem ideologischen Zielen. Hilfsbedürftige? Ja schon, aber es müssen wohl *Volksgenossen* sein, Mitglieder der deutschen »Volksgemeinschaft«, zu der beispielsweise jüdische Deutsche nicht zählen. Nicht allein das Ideal vom deutschen *Übermenschen* führt zum vermehrten Sportunterricht, er wird auch vor dem Hintergrund einer zunehmenden Militarisierung der Gesellschaft wichtig. Und natürlich darf die Meißener Bibliothek ausschließlich Bücher anschaffen, die dem nationalsozialistischen Gedankengut entsprechen. Wenn man jedoch dies alles außer Betracht lässt, kann man sagen: Das Land prosperiert.

Eine der Paradoxien der deutschen Geschichte ist, dass viele Bürger die negativen Dimensionen der neuen Politik nicht sehen wollen. Durch ihr Schweigen stimmen sie zu. Es gibt kaum Widerstand oder bürgerlichen Ungehorsam, bereitwillig lässt man sich am faschistischen Gängelband führen. Anfangs findet übrigens das nationalsozialistische Gedankengut auch in den Niederlanden reichlich Nachfrage. Bei den landesweiten Wahlen von 1935 wird in einer zersplitterten politischen Landschaft die Schwesterpartei der NSDAP, die knapp drei Jahre vorher gegründete Nationaal-Socialistische Bewegung (NSB), mit fast acht Prozent der Stimmen überraschend die fünftgrößte Partei des Landes.

In Deutschland geben die Bürger Freiheiten auf, die noch in der Weimarer Republik selbstverständlich waren. Wie erschreckend leicht das vonstattengeht, sieht man an den Verwandten aus Meißen. Einer wie der andere sind das vernünftige und intelligente Menschen. Menschen, die das Herz der Gesellschaft ausmachen, nicht die Ränder oder die Extreme, sondern das Mittelfeld. Für keinen von ihnen ist Widerstand oder Protest eine Option; alle ducken sich.

Hanns geht dabei am weitesten, aber auch die anderen – Emil und Hedwig, Hanna, Hilde und Hellmuth – passen sich an. In gewissem Sinne wird ihnen das leicht gemacht, denn sie gehören weder der Gruppe politischer Gegner, der jüdischen Bevölkerung oder einer anderen von Hitler verfolgten Minderheit an.

Judenrein

Auch in Meißen treffen Repression und Terror immer eindeutiger die jüdische Gemeinschaft. Diese ist dort klein, zählt nicht einmal fünfzig Mitglieder. Weil die Stadt keine Synagoge hat, ist sie als Gruppe faktisch unsichtbar. Dennoch müssen diese Menschen den Kopf hinhalten.

1933 beginnt der Boykott der jüdischen Geschäfte. Dem folgt eine Reihe von Schikanen und Gesetzesinitiativen, die in eine landesweite Pogromnacht münden. Die Nazipropaganda bezeichnet die Nacht vom 9. auf den 10. November 1938, als in ganz Deutschland Juden umgebracht werden und jüdischer Besitz in Flammen aufgeht, als *Reichskristallnacht.*

In Meißen verwüstet eine Horde junger Männer drei Geschäftshäuser der letzten jüdischen mittelständischen Unternehmen. Sie bleiben nach dieser Nacht für immer geschlossen. Im Frühsommer 1939 erklärt die örtliche NSDAP-Führung die Stadt für *judenrein.* Es ist eine Metapher, die unterstreicht, wie der verhasste Bevölkerungsteil gesehen wird: als Dreck und Parasiten.

Jüdische Meißener, die jung und flexibel genug sind, emigrieren in den Jahren nach der Machtergreifung. Juden, denen das nicht gelang, müssen dagegen kurz vor dem Ausbruch des Zweiten Weltkriegs in eines der »Judenhäuser« nach Dresden umziehen. Diese vom Regime zugewiesenen, meist überfüllten Wohnhäuser – in der Regel aus ursprünglich jüdischem Besitz – dienten der Gettoisierung von Juden. Deren ursprüngliche Wohnungen wurden damit für die sogenannte deutschblütige Bevölkerung frei gemacht.

Emil und Hedwig, Hanna und Hanns, Hilde und Hellmuth – sie alle sehen, was ihren Mitbürgern widerfährt. Natürlich sind sie für deren Los nicht persönlich verantwortlich, obwohl man von Hanns sagen kann, dass er mit seiner Parteimitgliedschaft die Politik der NSDAP mehr als nur billigt. Die sechs halten sich nach der Pogromnacht zurück und hüten sich vor politischen Äußerungen. In einer Diktatur ist das eine naheliegende Überlebensstrategie. Hätten sie Stellung beziehen müssen? Das Unrecht an den Pranger stellen? Wenn man diese Fragen bejaht, projiziert man auf diese sechs Menschen Erwartungen, die nur wenige einlösten. Im November 1938 bleibt es überall im Land still – beklemmend still.

Genealogische Exerzierübungen

In einem Ordner, den Emil kurz vor 1940 anlegte, befinden sich zwei Blätter mit jeweils einem mit der Hand geschriebenen Stammbaum. Die Handschrift ist – obwohl sie ein wenig an Regelmäßigkeit eingebüßt hat – unverkennbar die des Mannes, der seine Jugendjahre einst in einem blauen Schulheft beschrieb. Bei einer ersten Inventarisierung der Archivdokumente in den Kellern von Weinböhla scheinen die Stammbäume von geringer Bedeutung. Typisch Emil, ist man geneigt zu denken, der Mann der Tabellen, Verzeichnisse und Listen.

Die eine genealogische Übersicht endet bei Hanna, die andere bei Hilde. Emil geht fünf Generationen zurück. Ganz unten und genau in der Mitte jedes Blatts steht der Name einer seiner beiden Töchter, dann darüber die beiden Eltern, anschließend die vier Großeltern, die acht Urgroßeltern – und so weiter bis zu den zweiunddreißig Vorfahren der fünften Generation. Die Stammbäume sind komplett, obwohl Emil bei den Menschen, die vor 1800 geboren wurden, da und dort eine Lücke lässt. Vermutlich konnte er nicht mehr alle Namen, Geburts- oder Todesdaten herausfinden.

Die beiden beschriebenen Blätter sind identisch, bis auf den letzten Namen ganz unten. Sie lassen sich ziemlich gut datieren, nämlich *nach* dem 19. Oktober 1933 (Brigittes Geburtsdatum; ihr Name wird in Hildes Dokument genannt), aber *vor* dem 4. Dezember 1938 (Gottfrieds Geburtsdatum; sein Name fehlt und wurde später auf der Rückseite des Blattes ergänzt).

Eine tiefere Bedeutung

Die beiden von Emil ausgearbeiteten Übersichten sind für seine Töchter bestimmt. Warum widmet er sich dieser Aufgabe? Die Antwort führt bis ins Herz des sogenannten Dritten Reichs, das in der Vorstellung der Nationalsozialisten auf dem Heiligen Römischen

Reich Deutscher Nation und auf dem Deutschen Kaiserreich des späten neunzehnten Jahrhunderts fußte.

Auf die eigene Familiengeschichte wird unter Adolf Hitler besonderer Wert gelegt. Nur durch eine Offenlegung seiner Abstammung kann man nachweisen, *Arier* zu sein und zur deutschen *Blutsgemeinschaft* zu gehören. Dieser letzte Begriff war mittlerweile eingeführt worden, um zwischen ethnischen Deutschen *(Reichsbürgern)* und Menschen zu unterscheiden, die zwar die deutsche Nationalität besitzen *(Staatsangehörige)*, aber – wie die Juden – angeblich nicht zur deutschen Volksgemeinschaft gehören.

Dementsprechend erlangte die Erforschung der eigenen Abstammung, die sogenannte Sippenkunde, in den Dreißigerjahren eine gewisse Popularität. In den verschiedensten Lebenssituationen wird ein Nachweis der arischen Abstammung erforderlich, beispielsweise wenn man sich auf eine Stelle als Beamter, Jurist oder Arzt bewirbt oder studieren möchte. 1935 wurden diese Anforderungen durch die Nürnberger Rassengesetze sogar noch verschärft. Auch wer heiraten will, muss seine Blutsverwandtschaft nachweisen, damit es nicht zu Verbindungen zwischen Reichsbürgern und Juden kommt.

In diesem Kontext sind nun Emils Stammbäume zu sehen. Er sammelt die Informationen, die seine Töchter für ihren Ahnenpass brauchen. Die Behörden streben an, dass jeder Bürger einen solchen Nachweis seiner Vorfahren besitzt. Sobald das örtliche Standesamt mit einem Stempel die Richtigkeit der Fakten bestätigt hat, akzeptieren öffentliche Institutionen dieses vorläufig noch freiwillige Dokument als Nachweis arischer Abstammung.

Zieht man all das in Betracht, dann fehlt Emils genealogischen Suchaktivitäten die Unverbindlichkeit, mit der heute Ruheständler nach ihren familiären Ursprüngen forschen. Vielleicht sucht er auch einfach nur nach einer Kontinuität, die dem eigenen Leben eine tiefere Bedeutung gibt, aber seine Bemühungen spiegeln zugleich einen Zeitgeist wider, der von Rassismus und sozialer Ausgrenzung geprägt ist.

In Emils Papieren finden sich neben den Stammbäumen zwei leere Ahnenpässe. Wenn man davon ausgeht, dass sie für Hanna und Hilde gedacht waren, könnte man daraus folgern, dass es den beiden nicht wichtig genug ist, den Abstammungsnachweis auszufüllen. Weil sie ihn nicht brauchen? Schließlich sind die Schwestern bereits verheiratet und werden somit auch nicht nach einer Arbeitsstelle suchen müssen.

Oder demonstrieren die leeren Ahnenpässe, dass sich Hanna und Hilde von da an weigern, dem nationalsozialistischen Rassenwahn noch länger Vorschub zu leisten? Eine Form stillen Widerstands? Vielleicht gibt es noch eine andere Erklärung. Hielt Hanns Frau und Schwägerin womöglich bewusst davon ab, diese Angaben zu machen, weil die Familiengenealogie dann vielleicht deren sorbische Wurzeln zutage bringen könnte?

Sechzig Festbesucher

In höherem Alter fühlt sich Emil noch immer seinem Herkunftsort Seifhennersdorf verbunden. Genau verfolgt er alles, was sich im Dorf tut, und ist bei offiziellen Anlässen gern vor Ort. Als das neue Rathaus eingeweiht wird, nimmt Emil an den Feierlichkeiten teil. Ebenso an der Enthüllung des Denkmals für die Gefallenen des Ersten Weltkriegs. Und als 1936 die nach einem Großbrand frisch renovierte Kreuzkirche – in der er mit Hedwig getraut wurde – eingeweiht wird, schreibt er für die *Oberlausitzer Tageszeitung* den »Festgruß eines auswärtslebenden Seifhennersdorfers«. Darin liest man unter anderem:

Das Alte ist vergangen, siehe, es ist Altes neu geworden, sagt nun unser Herz zum neuen Gewande unserer alten Kirche. Im Augenblick erscheint es uns ein wenig ungewohnt, wie jedes neue Kleid, aber es ist ohne Zweifel ein schönes, ja, ein prachtvolles Kleid, einfach zwar, aber vornehm, zeitgemäß und stilgerecht!

Ein ledernes Portefeuille mit diversen Papieren dokumentiert das Klassentreffen von Emils Volksschulklasse. Im Februar des Jahres 1935 hatten er und alle seine Klassenkameraden die Einladung erhalten, sich am Ostersonntag an den Tag zu erinnern, an dem sie vor genau fünfzig Jahren die Schule verließen. Für das um sechs Uhr abends beginnende Fest wird von jedem ein Beitrag erwartet, um die Kosten des Festmahls zu decken. »Weil unser Häuflein«, liest Emil in der Einladung, »auch schon kleiner wird, dürfte diese Wiedersehensfeier wohl die letzte unseres Lebens sein.«

Die ehemaligen Schüler sind mit Gattinnen und Gatten eingeladen, sodass sich fast sechzig Teilnehmer im Hotel Zum Kaiser begrüßen. Beim Eintreten bekommt jeder eine Ansteckblume angeheftet. Um sich herum sieht Emil lachende Gesichter. Menschen, die sich fast ein Leben lang nicht gesehen haben, beginnen aus dem Nichts von den vergangenen fünfzig Jahren zu erzählen.

Überlebenschancen

Auf der Einladungsliste werden einundvierzig Personen aufgeführt, dreiundzwanzig Männer und achtzehn Frauen. Alle kamen zwischen Juli 1870 und Juni 1871 zur Welt. Alle hatten im August 1877 ihren ersten Schultag. Die Männer auf der Liste sind die Jungen, mit denen Emil in der Klasse war, die Frauen waren in der parallelen Mädchenklasse. Beim Klassentreffen sind sie vier- beziehungsweise fünfundsechzig Jahre alt; ein repräsentativer Durchschnitt der Generation 1870, also Menschen, deren Mentalität im wohlhabenden Deutschland des frühen Kaiserreichs verwurzelt ist.

Ein paar Dinge fallen einem beim Durchsehen der Liste sofort auf. Bereits dreizehn Personen, sieben Männer und sechs Frauen, sind verstorben, das heißt, die Sterberate liegt bei ungefähr dreißig Prozent. Anscheinend sind die Überlebenschancen beider Geschlechter mehr oder weniger gleich. Es ist anzunehmen, dass die Gefahren, denen die Männer im Ersten Weltkrieg ausgesetzt waren, durch die Risiken der Frauen bei Schwangerschaft und Geburt kompensiert wurden.

Eine Berufsbezeichnung wird nur bei den Männern angegeben; bei den Frauen steht der Name ihres Ehemanns. In gewissem Sinn haben sie eine abgeleitete Identität und werden ebenso wenig wie Hedwig einen eigenen Pass besitzen. Hannas und Hildes Mutter stand seit ihrer Eheschließung mit im Pass ihres Ehemanns eingetragen (Abb. 33).

Emil fällt unter seinen dreiundzwanzig männlichen Altersgenossen auf. In erster Linie, weil er an der Universität studiert hat. Außer ihm tat das nur ein zweiter aus seiner Klasse; er ist Ingenieur geworden. Die übrigen Klassenkameraden sind Arbeiter oder Bauern, einige wenige gingen in den Handel, die übrigen wählten einen handwerklichen Beruf.

Eine zweite Besonderheit liegt darin, dass Emil aus Seifhennersdorf weggegangen ist. Bis auf eine Handvoll seiner Mitschüler bleiben alle anderen dort wohnen oder ziehen in ein Dorf in der nächsten Umgebung. Geografisch gesehen ist Emil nicht am weitesten gekommen, denn ein Klassenkamerad wurde Kellner in Hamburg. Aber seine Position im fernen Meißen zusammen mit seiner akademischen Ausbildung macht, dass sich Emil von allen unterscheidet. Er ist der eigentliche Nestflüchter und Überflieger der Gruppe.

Wehrpflicht? Luftwaffe? Wiederbewaffnung?

Emil setzt sich für das Gelingen des Klassentreffens ein. Er dichtet zwei lange Lieder auf bekannte Melodien: ein Tischlied und ein Festlied mit dem Titel »Blick ins Kinderland«. Die Anwesenden bekommen Kopien der Texte. Vielleicht begleitete Emil den Gruppengesang auch auf dem Klavier. Seine Lieder verklären die Schuljahre: »O Kinderland, du Zauberland, / Wie rasch es doch für uns entschwand!« oder: »Die Schulzeit war die schönste Zeit, / Voll Jugendlust und Heiterkeit.«

Im ersten Lied folgt Emil den Jahreszeiten: Im Sommer durch die Wälder schweifen, im Herbst Birnen pflücken und im Winter auf dem Eis Schlittschuh laufen. Er spielt auf Geschehnisse an, die ins Gruppengedächtnis eingebrannt sind und die die Teilnehmer des Ehemaligentreffens zusammenschweißen. Da gibt es Johann und Grete, die sich hinter einem Zaun das Jawort gaben; es werden Erinnerungen an ein Mädchen herausgekramt, das ohne Badekleidung im See des Müllers schwamm, und auch hinter dem Gartenhäuschen der Familie Richter ging es aufregend zu. Zum Ergebnis all dieser Erlebnisse reimt Emil die Schlussfolgerung: »Wie wunderbar hat sich's gefügt, / Dass ›Er‹ und ›Sie‹ sich noch gekriegt.«

Das zweite Lied wird von derselben Nostalgie durchzogen. »So wendet heut sich unser Blick«, singen sechzig betagte Männer und Frauen, »Zurück auf gold'ne Zeiten!« Diesmal strukturieren nicht die Jahreszeiten, sondern die diversen Stadien des Kinderlebens und der Jugend den Text. Alles beginnt mit der Taufe, darauf folgt die Schulzeit, die viel »Geduld, Sinn und Verstand« von den Lehrern fordert, mit vierzehn Jahren ist es Zeit für das öffentliche Glaubensbekenntnis, die Konfirmation, und schließlich kündigt sich »die Zeit der Liebe« an. Mit Emils typischem Optimismus gilt für jede Phase: »Wer allerwärts stellt seinen Mann, / Dem wird die Welt nicht trübe.«

Während die letzten Töne des zweiten Lieds verklingen, wird der pensionierte Gymnasialprofessor gewahr, dass es das Leben gut mit ihm gemeint hat. Da er mit den meisten seiner Klassenkameraden keinen Kontakt gepflegt hat, gibt es viel zu erzählen. Seine Biografie kristallisiert sich in einer Reihe von Stichworten: das Lehrerseminar in Löbau, die Leipziger Universität, seine Ehe mit Hedwig, die Geburten der Töchter, das Franziskaneum, die Brauhausstraße, die Reise in die Schweiz, die Hochzeiten von Hanna und Hilde. Rückblickend überwiegen die positiven Momente, und in den

Gesprächen werden schwierige Zeiten – die Soldatenjahre, die finanziellen Probleme und seine schwere Krankheit – ausgeklammert. Emils Leben ist im Gleichgewicht.

Aus heutiger Sicht steht das Jahr des Wiedersehens in Seifhennersdorf zuerst und vor allem für die Veränderungen, die sich im nationalsozialistischen Deutschland vollziehen. 1935 begibt sich das Regime auf den Weg, der in den Zweiten Weltkrieg führen wird. Im März – einen Monat vor dem Klassentreffen – wird die Wiedereinführung der Wehrpflicht angekündigt, gibt Hermann Göring die Gründung der Luftwaffe bekannt, und das *Gesetz über den Aufbau der Wehrmacht* öffnet den Weg zu einer Wiederbewaffnung großen Maßstabs.

Zweifellos hat Emil all das in der Zeitung gelesen. Für ihn war es vermutlich von geringerer Bedeutung als für uns in der späteren Betrachtung. Wir wissen, wie es weiterging, und wir erkennen die fatalen Prozesse, die angestoßen wurden. Bei dem pensionierten Professor ist das anders. Er lebt sein eigenes, bescheidenes Leben, während irgendwo im Hintergrund die politischen Machtverhältnisse neu definiert werden. Wehrpflicht? Luftwaffe? Wiederbewaffnung? Stimmt alles. Aber am Sonntag, dem 21. April 1935, zählt für Emil allein, dass er glücklich ist.

Ein kleines Gefährt auf drei Rädern

Während der späten Dreißiger- und frühen Vierzigerjahre neigen sich die Zeiten des Wohlstands von Emil und Hedwig, Hanna und Hanns und Hilde und Hellmuth dem Ende zu. Die drei Ernährer – der Ruheständler, der Bankkaufmann und der Fabrikbesitzer –, sie alle werden kurz nach dem Zweiten Weltkrieg mit leeren Händen dastehen. Was das bedeutet, erleben Hilde und Hellmuth als Erste.

Bis ungefähr zwei Jahre vor dem Krieg sieht alles gut aus. Die vierköpfige Familie Oehmigen lebt komfortabel von den Einkünften aus der Kistenfabrik. Noch im Frühjahr 1938 machen Hilde und

Hellmuth eine dreiwöchige Reise durch die Schweiz. In fast denselben Worten wie ihre Mutter dreizehn Jahre zuvor berichtet Hilde von ihren Erfahrungen: »Es ist überall wunderschön!«

Hellmuth erlaubt sich im Privatleben den Luxus eines motorisierten Transportmittels. 1931 kauft er einen Personenwagen der Marke *Tempo*, ein kleines Gefährt auf drei Rädern, das mit Überdachung und verbreiterter Hinterachse eigentlich eher einem Motorrad als einem richtigen Auto gleicht (Abb. 34). Verglichen mit Hellmuths Kraftrad ist das Dreirad eine große Verbesserung. Hilde und er sind damit oft zusammen unterwegs. Manchmal reisen sie für ein langes Wochenende nach Berlin, von Meißen aus eine Strecke von gut zweihundert Kilometern.

Seinen stolzesten Moment erlebt Hellmuth 1935. Im Frühling schafft er einen kleinen Personenwagen an. Das Fahrzeug aus zweiter Hand ist drei Jahre alt, sieht aber noch wie neu aus. Ein eigener Wagen ist nicht ganz ohne. Während heutzutage jeder zweite Einwohner Deutschlands ein Auto besitzt, hat in den Dreißigerjahren weniger als ein Prozent der Bevölkerung einen Pkw. Hellmuth jedoch wird Besitzer eines BMW 3/15 PS DA-2.

Während der Zeit zwischen den beiden Weltkriegen ist das der meistverkaufte und außerdem der erste von den Bayerischen Motorenwerken in Eisenach produzierte Kompaktwagen. Das Auto hat einen 15-PS-Motor und geht auf ein Modell der englischen Marke Austin zurück, daher die Buchstabenkombination *DA, Deutsche Ausführung*. Wenn er die Hände auf das Holzlenkrad legt, fühlt sich Hellmuth frei.

Regelmäßig geht der Holzunternehmer mit dem Auto auf Dienstreise. Ins Erzgebirge, um Baumstämme zu kaufen, oder zu den Abnehmern seiner Kisten, die inzwischen überall in Sachsen zu finden sind. Immer mit Hilde an seiner Seite. Nicht nur, weil es zu zweit unterhaltsamer ist, sondern auch, weil Hellmuth in der kuriosen Überzeugung lebt, ihre Anwesenheit würde sich positiv auf seine Geschäfte auswirken. Angeblich wickelt seine schöne Frau die

Geschäftspartner um den kleinen Finger und sorgt damit dafür, dass sie höhere Preise zahlen oder im Gegenteil niedrigere akzeptieren. Damit Hilde ihn begleiten kann, wird ganztags ein Kindermädchen eingestellt. Dieses soll auf Brigitte und später auch auf den kleinen Bruder Gottfried aufpassen.

Ein bisschen zu viel des Guten

Es war nie geplant, dass Hellmuth die Kistenfabrik übernimmt. Deshalb wurde nur wenig in seine Ausbildung investiert. Eigentlich muss man sagen, dass der zweite Oehmigen-Sohn mit seiner einfachen Buchhalterausbildung für die Führung eines mittelständischen Unternehmens zu wenig Fachwissen hat. Nicht nur tritt er seine Aufgabe in wirtschaftlich schweren Zeiten an, sondern wird auch noch vom Pech verfolgt. 1932 legt ein großer Brand die Produktion für geraume Zeit still (Abb. 35). Das *Meißner Tageblatt* schreibt, dass vier schwere Wasserpumpen nötig waren, um den Brand unter Kontrolle zu bekommen.

Der unerfahrene Fabrikbesitzer hat mit drei Problemen zu kämpfen: Erstens geht die Nachfrage nach Kisten stetig zurück. Traditionelle Abnehmer – die Landwirtschaft und die Umzugsunternehmen – fallen zum Teil weg, denn nach dem Ersten Weltkrieg setzt sich der Pappkarton schnell durch. Dieses neue Produkt der Papierindustrie bietet zwar nicht die Stabilität einer Holzkiste, ist stattdessen aber leicht und billig in der Anschaffung.

Ein weiteres Problem sind die aufgeschobenen Investitionen. Bis kurz vor dem Zweiten Weltkrieg wird für die Kistenproduktion eine Dampfmaschine eingesetzt, die bereits Ende des neunzehnten Jahrhunderts von den Otto-Brüdern angeschafft worden war. Hellmuth weiß, dass er auf Strom umsteigen sollte, wie viele seiner Konkurrenten ihm bereits vorgemacht haben. Aber es fehlen die Mittel für eine Modernisierung. Irgendwann steht die Fabrik kurz vor dem Konkurs, und sogar Emil muss zubuttern. Er kauft dem Schwiegersohn eine neue Nagelmaschine, damit die Produktion weitergehen kann. Der ehemalige Professor als Investor und Finanzier – für den sparsamen Emil ist das eine Rolle, die ihm nur wenig gefällt.

Hellmuths drittes Problem ist die Bank. Die will ihm, nachdem er schon mehrfach Geld aufgenommen hat, keine weitere Hypothek gewähren. Man kann den Bankdirektor verstehen. Er wirft Hellmuth vor, zu viel Geld für private Zwecke aus der Firma herauszuziehen. Das gute Leben mit Hilde, das Auto, die teure Wohnung, das Dienstmädchen und die Urlaubsreisen: Angesichts der wenig üppigen Einkünfte, die von der Kistenfabrik generiert werden, ist das alles ein bisschen zu viel des Guten. Hellmuth beginnt an dem unsicheren Unternehmerdasein zu zweifeln.

Hilde gegenüber verschweigt er, wie bedrückend die Situation tatsächlich ist. Signale bekommt sie durchaus, denn ihrem Mann sitzt das Geld immer weniger locker in der Tasche. Sie muss lange Überzeugungsarbeit leisten, bis ein neuer Kinderwagen für Gottfried oder zu Brigittes Geburtstag ein Puppenhaus gekauft wird. Sie wirft ihrem Mann vor, dass er von Monat zu Monat geiziger werde. Dass es für seine Zurückhaltung andere Gründe geben könnte, will sie nicht sehen. Hilde lebt in einem Kokon, und dort ist die Wirklichkeit so, wie sie ihr gefällt. Wenn Hellmuth Geldsorgen hat, wird er bestimmt einen Ausweg finden. Hatte ihr Vater nicht auch immer Lösungen parat?

Ein blaues Auge

Hellmuths Schwierigkeiten nehmen Ende 1938 überhand, als ein Holzhändler aus Pirna – der Stadt, in der Max Paul, der Berufssoldat, an einer Syphilisinfektion gestorben ist – eine astronomisch hohe Rechnung präsentiert. Offenbar ist Hellmuth seinen Zahlungsverpflichtungen seit geraumer Zeit nicht nachgekommen. Er muss einen Betrag auf den Tisch legen, der drei seiner Jahreseinkommen entspricht.

Es ist schwer, zu einem Vergleich zu kommen, doch dank der Hilfe seiner Cousine Paula und deren Mann Walther Jungblut, den Mitbesitzern der Firma Gebrüder Otto, gelingt es trotzdem. Sechs Jahre zuvor hatte das Ehepaar an der kleinen Festgesellschaft zu Hildes und Hellmuths Hochzeitstag teilgenommen (Abb. 26). Finanziell stehen Paula und Walther, die das Sägewerk verwalten, gut da. Noch immer ist mit einer gewissen Regelmäßigkeit Geld für den Ankauf einer goldenen Dollarmünze vorhanden.

Hellmuth erklärt sich bereit, als Eigentümer abzudanken und seinen Anteil – die Kistenfabrik und zwei der Wohnhäuser – Paula und Walther abzutreten. Im Gegenzug bürgen sie für die Schulden, geben das Versprechen, ihn als Betriebsleiter einzustellen und seinen Eltern und Hilde eine monatliche Zuwendung zu zahlen. Die Jungbluts nehmen bei der Bank eine Hypothek auf und planen, die Schulden binnen zehn Jahren abzulösen.

Paula und Walther leben – das muss man zugeben – auf größerem Fuß als Hilde und Hellmuth. Sie haben festangestelltes Hauspersonal und eine teuer eingerichtete Wohnung in der Fabrikstraße. Der diplomierte Musiklehrer Walther hat sogar ein Klavier mit Elfenbeintasten der weltbekannten Julius Blüthner Pianofortefabrik, und er fährt einen Opel Olympia, ein Auto, das anderthalbmal so groß ist wie der BMW 3/15 PS DA-2. Aber Paula und er leben nicht über ihre Verhältnisse. Anders als Hilde und Hellmuth mussten sie ihr Sägewerk kein einziges Mal belasten, um ihren Lebensstil zu finanzieren.

Im Grunde kommt Hellmuth mit einem blauen Auge davon. Die Vermögensverhältnisse sind geklärt, es gibt eine feste Stelle für ihn und eine gesicherte Alimentation für Eltern und Ehefrau. Doch Hellmuth sieht das anders. Er meint, dass Paula und Walther den Bogen überspannen. In einem Augenblick, in dem er nicht in der Lage ist, sich zu wehren, nehmen sie ihm alles. Er ficht die bereits unterschriebenen Verträge an. Ein Vermittler wird hinzugezogen in der Hoffnung, dass er Hellmuth mit dessen Cousine Paula und ihrem Mann aussöhnen kann.

Das ist alles andere als leicht, und der Berater bezieht schon bald gegen Hellmuth Stellung: »Wenn Sie trotz ausdrücklicher Besprechung der textlichen Änderungen keine Bedenken erheben und sie durch Ihre Unterschriftsleistung anerkennen, ist es grotesk, wenn Sie dann nachträglich die von Ihnen unterschriebenen Verträge anfechten wollen.« Der gefallene Unternehmer soll sich an sein Wort halten: »Wenn Sie noch weitere Schwierigkeiten machen, müsste ich meine weitere Tätigkeit als vorgesehener Schlichter schon jetzt niederlegen.« Aber Hellmuth will nicht hören. Es ist, als ob er unter einer schweren Bronzeglocke stünde, wo er nur den Klang seiner eigenen Stimme hört. Für Kritik von außen bleibt er taub.

In hündischer Unterwürfigkeit

Bei anderen Gelegenheiten erweist sich Hellmuth ebenso wenig als fähiger Unterhändler oder geborener Diplomat. Er regt sich beispielsweise schrecklich über den Geschäftsführer auf, den Paula und Walther für die Kistenfabrik einstellen. Der Mann versucht die Verfilzung von privaten und geschäftlichen Ausgaben abzustellen. Die Familie Oehmigen bekommt jetzt Rechnungen präsentiert, die bis dahin von der Fabrik bezahlt wurden. Hellmuth fühlt sich vor den Kopf gestoßen:

> Meine Frau beklagt sich, dass sie von dem bisschen Geld, das wir haben, noch Steuern, Krankenkasse und andere Sachen bezahlen muss. Das mache ich auf keinen Fall mit! Was bisher vom Geschäft bezahlt worden ist, wird auch in Zukunft vom Geschäft bezahlt.

Vermutlich würde ein Betriebswirt Hellmuths Sichtweise der Dinge bemängeln. Er steckt den Kopf jedoch in den Sand und bleibt bei seiner Meinung: »Wenn die Sparmaßnahmen in der Fabrik nur darin bestehen, meine Familie darben zu lassen, dann haben Sie eben den richtigen Fehler noch nicht gefunden oder wollen ihn nicht finden.«

Die Reaktion darauf bleibt nicht aus. Postwendend meldet sich der Geschäftsführer: »Ihr Schreiben ist in einem derartigen Ton gehalten, dass ich schon sagen muss, dass es mich in Staunen versetzt.« Und dann platzt ihm der Kragen: »Sie haben Ihr Geschäft in einem Zustand übergeben, der jeder Beschreibung spottet. Die Bücher waren in einer Verfassung, wie es einem Kaufmann unwürdig ist. Uneigennützig hat sich Frau Jungblut daran gemacht, diese Unordnung zu beseitigen. Sie können nur froh sein, dass Sie nicht eine Revision vom Finanzamt bekommen haben!«

Hellmuth wehrt sich mit aller Kraft: »Ich habe absolut keine Veranlassung, mit meiner Meinung hinter dem Berg zu halten und in einer dauernden hündischen Unterwürfigkeit zu leben und nur Vorwürfe einzustecken.« Dass es aus taktischen Erwägungen sinnvoller wäre, einen Kompromiss zu suchen, kommt ihm nicht in den Sinn. Ein weiteres Mal holt er aus: »Es tut mir leid, meinen Standpunkt nicht ändern zu können, und ich glaube bestimmt, bei allen Stellen damit durchzukommen.«

Paradieskinder

Es gehen noch ziemlich viele Briefe hin und her, die jedoch nichts an der Pattstellung ändern. Walthers hitziges Gemüt macht die Situation keineswegs einfacher. In gewisser Hinsicht haben beide Parteien recht. Tatsächlich gibt es stichhaltige Hinweise, dass Hellmuth als Fabrikdirektor nicht gerade brilliert hat. Es wäre besser gewesen, Geschäftliches und Privates auseinanderzuhalten. Und ob die Dienstreisen mit Hilde eine so gute Idee waren, auch darüber kann man diskutieren. Hellmuth ist für das Ehepaar Jungblut kein echter Gegner. Wild schlägt er um sich, aber seine großen Worte ändern nichts an der Machtlosigkeit des Gescheiterten.

Ihrerseits scheinen Paula und Walther ihre Chance zu wittern. Sie wollen ihn los sein. Nun sind sie die alleinigen Eigentümer der Firma Gebrüder Otto und können dadurch frei über das Sägewerk, die Kistenfabrik und die Häuser aus dem Nachlass von Karl und Clemens verfügen. Man kann sich sogar fragen, ob Paula beim Konflikt mit ihrem Cousin nicht bereits auf einen sich ankündigenden Krieg spekulierte und das Potenzial der Kistenfabrik erkannt hat. Denn unter den neuen Eigentümern verlegt sich die Fabrik auf die Produktion von Munitionskisten. In wirtschaftlicher Hinsicht entwickeln sich die Kriegsjahre für sie dadurch zu guten Jahren. Es gibt nur einen, der davon nicht mehr profitiert: Paulas und Walthers ausgemusterter Kompagnon.

Die Stelle in der Firma gibt Hellmuth auf. Er bricht auch den Kontakt zu seiner Cousine ab. Obwohl sie nur wenige Straßen voneinander entfernt wohnen, spricht Paula bis zum Tod ihres Mannes Walther mit Hellmuth kein Wort mehr. Dieser beantragt, weil die Grundfesten seines Lebens weggebrochen sind, im Frühsommer 1939 bei der Stadt Meißen finanzielle Unterstützung. In seinem Antrag legt der zu Fall gekommene Unternehmer dar, warum seine Frau und er sich nicht mehr über Wasser halten können. »Meine Fabrikation hat nur mit sehr kleinem Gewinn gearbeitet, und demzufolge konnte in den letzten Jahren an irgendwelche Rücklagen nicht gedacht werden.«

Hellmuth rechnet den Mitarbeitern der Abteilung Familienhilfe vor, wie hoch seine monatlichen Belastungen sind, und schließt mit den bemerkenswerten Worten: »Alles zusammengefasst, würde ich mit einer monatlichen Beihilfe von 300 R-Mark vorläufig zufriedengestellt sein.« Ob er das Geld je erhalten hat, ist nicht dokumentiert, aber es ist doch recht unwahrscheinlich, dass jemand, der auf Unterstützung angewiesen ist, auch selbst bestimmen kann, welche Summe man ihm zugesteht.

Leben Hellmuth und Hilde in einer anderen Welt? Mitunter haben sie etwas von Paradieskindern. Als ob sie noch entdecken müssten, dass in der harten Wirklichkeit Mechanismen funktionieren, die in ihrem selbst gebauten Garten Eden undenkbar sind. Der Fall der beiden ist tief. Zu Beginn der schweren Jahre, die nun bevorstehen, haben Hilde und Hellmuth die Verantwortung für zwei kleine Kinder, aber keine eigenen Einkünfte mehr. Dass es so weit kommen würde, konnte im Sommer 1928 niemand ahnen. Die elegante Visitenkarte, die Hellmuth Hilde damals selbstbewusst in die Hand drückte – »Mitinhaber der Firma Gebrüder Otto« –, hatte ganz andere Erwartungen geweckt.

Dezember 1939: Gefreiter Oehmigen mit
Hilde, Brigitte und Gottfried

KAPITEL 5

Der nackte Hintern
der Wehrmacht

1. September 1939 – Das Schlachtschiff Schleswig-Holstein eröffnet bei Danzig (Gdańsk) das Feuer.

5. August 1940 – Ein Zug bringt 1200 französische Kriegsgefangene nach Meißen.

4. Juni 1941 – Im Alter von 82 Jahren stirbt der abgedankte Kaiser Wilhelm II. in Huis Doorn bei Utrecht.

20. April 1942 – Eine Verordnung verpflichtet Frauen und Mütter zum Arbeitseinsatz in der Waffenproduktion.

31. Januar 1943 – Generalfeldmarschall Friedrich Paulus wird bei Stalingrad gefangen genommen.

Einen Tag vor dem deutschen Überfall auf Polen fährt Hilde mit ihrer kleinen Tochter Brigitte zur Wehrmachtskaserne im sächsischen Riesa. Es ist der 31. August 1939, ein warmer, sonniger Spätsommertag. Ihr Mann Hellmuth war eingezogen worden, und sein Bataillon wird in Kürze aufbrechen. Wohin kann keiner sagen. Die Einführung der Wehrpflicht vor vier Jahren hatte dazu geführt, dass Hunderttausende von Bürgern auf einen Krieg vorbereitet wurden: junge Leute zwischen zwanzig und dreißig, ältere, noch im Kaiserreich militärisch ausgebildete Männer sowie Vertreter der *weißen Jahrgänge*, also jene, die zwischen 1919 und 1935 vom Kriegsdienst befreit waren.

Weil Hellmuth bereits im letzten Jahr des Ersten Weltkriegs Kampf-erfahrung gesammelt hat, reicht in seinem Fall eine verkürzte Aus-bildung. Er absolviert sie 1936 in einer Dresdener Kaserne. Ältere Männer wie er – Männer der Jahrgänge um 1900 – müssen zunächst nicht an die Front. Aber als der Zweite Weltkrieg länger dauert als der von den Nazis geplante *Blitzkrieg*, finden viele von ihnen doch noch den Tod auf dem Schlachtfeld.

Ein Meister des Understatements

Von Hellmuth, der, wie fünfundzwanzig Jahre zuvor sein Schwie-gervater Emil, den Rang eines Gefreiten hat, ist ein Kriegstagebuch überliefert. Dreißig eng beschriebene Seiten mit einem chronologi-schen Bericht, den er nach seiner Entlassung auf der Grundlage sei-ner Notizen in Meißen ausgearbeitet hat. Offenbar war der Krieg noch nicht vorbei, denn Hitler heißt bei Hellmuth wie eh und je »der Führer«.

Tag für Tag lässt der ehemalige Kompagnon der Firma Gebrüder Otto den Leser an seinen Irrfahrten durch Europa teilhaben. Man spürt die Kälte des polnischen Winters und die Sommerhitze in Frankreich, mit ihm fühlt man die Erschöpfung bei den langen Zug-fahrten und sieht die Kriegsgräuel mit seinen Augen. Der Ton ist sachlich, um korrekte Wiedergabe der Fakten bemüht: die Orte, an denen Hellmuth stationiert ist, die Art seiner Tätigkeiten und die Personen, denen er auf seinen Wegen begegnet.

Der Abschied im Sommer 1939 kommt unerwartet. Zum Zeit-punkt der Einberufung hält sich Hellmuth auf Anraten seines Haus-arztes in Bad Lausick auf, einem Kurort bei Leipzig. Sein Konkurs und der Konflikt mit seiner Cousine Paula haben ihm ziemlich zu-gesetzt. Eigentlich hatte er vor, den ganzen August in Bad Lausick zu verbringen, um dort im Quellwasser des aus dem neunzehnten Jahrhundert stammenden Hermannsbads Bäder zu nehmen. Doch nach etwa zwei Wochen ist es aus mit der Ruhe.

Plötzlich gehen dunkle Gerüchte um, werden Kurgäste per Telegramm nach Hause zurückgerufen, und die Züge fahren nicht mehr pünktlich. Auch Hellmuth wird einberufen. Er meldet sich in Riesa und muss sich von seiner Zivilkleidung trennen. In Uniform, mit Gewehr und Strohsack ausgerüstet, erhält er eine neue, militärische Identität. »Ein anderer Mensch«, schreibt er, »war geschaffen.« Der Vater der sechsjährigen Brigitte und des zweijährigen Gottfried wird Teil historischer Entwicklungen, die ihn zum Rädchen im Getriebe machen, zum Spielball in den Händen eines rücksichtslosen Despoten. Wie fühlt er sich dabei?

In Hellmuths Soldatentagebuch wird wenig über Emotionales gesprochen. Und wenn es einmal geschieht, nicht offen. Über den Abschied von Hilde bekennt er: »Nun, ich schäme mich nicht zu schreiben, dass es ein schwerer innerer Kampf war.« Und als im Herbst 1940 die englischen Bomben im flämischen Aalter immer näher bei der Kaserne einschlagen, liest man: »Ein schönes Gefühl ist es nicht, wenn man im Bett liegt und die Dinger kommen hört und nicht weiß, wohin sie fallen.«

Hier spricht ein Meister des Understatements, zweifellos, doch was Hellmuth wirklich empfindet, bleibt offen. Hat er Angst? Ist er frustriert, weil gerade ihn dieses Schicksal trifft? Oder findet er es im Gegenteil gut, dass er seine finanziellen Probleme hinter sich lassen kann? Was sich in seinem Tagebuch überdeutlich abzeichnet, ist die Bedeutung, die der Korpsgeist für ihn hat, jenes Bewusstsein, Teil einer Schicksalsgemeinschaft von Männern zu sein, die damit rechnen mussen, nie mehr nach Hause zurückzukehren.

Eine sehr, sehr kleine Minderheit

Beim ersten Lesen des Tagebuchs ertappe ich mich dabei, dass ich vor allem eines wissen möchte: War der Großvater meiner Frau ein Kriegsverbrecher? Ich weiß nicht recht, wie ich reagieren würde, wenn sich herausstellte, dass er, wie so viele andere deutsche

Soldaten auch, das Kriegsrecht verletzt hat. Hastig arbeite ich mich durch das Manuskript. Hellmuth dient etwas mehr als zwei Jahre. Im Sommer 1941 ist er noch an der *Operation Barbarossa* beteiligt, dem deutschen Angriff auf die Sowjetunion. Er gehört zu den Fronttruppen, die Ende Juni die sowjetrussische Grenze überschreiten. Der Soldat aus Meißen berichtet von langen Tagesmärschen und einem strukturellen Mangel an Proviant. Zur Feindberührung kommt es nicht. Wohl aber wird er überall mit den Folgen der Kämpfe konfrontiert: toten Soldaten, explodierten Panzern, zerstörten Häusern.

Zwei Wochen lang marschiert Hellmuth mit der Truppe, jeden Tag tiefer in die Grenzprovinz Galizien in der heutigen Westukraine hinein. Dann bekommt er gesundheitliche Probleme. Sein Körper ist mit Furunkeln übersät, und es zeigen sich erste Anzeichen einer Blutvergiftung. Hellmuth wird ins Hinterland verlegt und landet in einem Lazarett in Lemberg (Lviv).

Sein Bataillon, Teil der 385. Infanteriedivision, der berühmten *Rheingold-Division*, marschiert nach Odessa weiter. Anderthalb Jahre später wird dieses Heer bei der Schlacht um Stalingrad (heute Wolgograd) so vernichtend geschlagen, dass von den Zehntausenden Mannschaften nur eine sehr, sehr kleine Minderheit nach Hause zurückkehrt. Unter den gegebenen Umständen darf sich Hellmuth also glücklich schätzen. Drei Monate wird er in Lazaretts gesund gepflegt und kehrt, nach einem mehrwöchigen Urlaub, im Oktober 1941 »zurück in die Heimat und ins Privatleben!«.

Generalprobe

Zwischen September 1939 und Juli 1941 schießt Hellmuth kein einziges Mal. Er dient in Rheinland-Pfalz, im Sauerland und in Sachsen. In Polen verbringt er ein halbes Jahr, in Frankreich einige Monate, im Protektorat Böhmen und Mähren etwa drei Wochen und knapp sechs Monate in Belgien. In der Regel erledigt er Verwaltungsarbeiten. Er ist für die Feldpost verantwortlich oder muss als Maschinenschreiber Texte abtippen.

Ein schwerer körperlicher Einsatz erwartet ihn nur im Dezember 1940 in Hamburg. Dort ist der Soldat am Bau von Schutzkellern für die Zivilbevölkerung beteiligt. Nach den englischen Luftangriffen wird er auch zum Trümmerräumen eingesetzt. »Es sah sehr böse aus«, schreibt Hellmuth, »über 200 Tote und allerhand Gebäude waren die Opfer.«

In Polen wird er Zeuge von Kriegsverbrechen. Ende 1939 beobachtet er, wie Spezialeinheiten Massenexekutionen organisieren. Dabei handelt es sich um die Einsatzgruppen der Sicherheitspolizei und des – ebenfalls von ihm erwähnten – paramilitärischen *Volksdeutschen Selbstschutzes*. Diese Organisation bestand aus Angehörigen der Volksdeutschen und sollte hinter der Front, im »befreiten« Teil Polens, für Ordnung sorgen. Zehntausende fielen den Vernichtungsaktionen zum Opfer: die politische Elite, Intellektuelle, Kommunisten und viele Juden.

Die Vorbereitungen finden direkt vor Hellmuths Augen statt. Er ist in einem Gymnasium in Nakel (Nakło nad Notecią) einquartiert. Die Keller des Gebäudes dienen, wie an vielen anderen Orten auch, als Gefängnis:

Da war jeden Abend Betrieb. Unablässig wurden Elemente eingeliefert, die in 2–3 Tagen erschossen wurden, aber erst bekamen sie noch allerhand Prügel. Früh um sechs wurden sie auf Lastautos geladen und fort ging es. Sie mussten ihre Löcher schaufeln, sich hineinstellen und wurden der Reihe nach erschossen. Wir konnten es in der Stadt hören; wer es mit ansehen wollte, konnte mitfahren. An einem Sonntagmorgen waren es 62 Nonnen und Mönche, ein anderes Mal Frauen und Kinder.

Die hier heraufbeschworene Realität stimmt mit dem Bild überein, das Historiker für die Monate unmittelbar nach dem Sieg über Polen zeichnen, eine Generalprobe für die spätere Vernichtungspolitik in noch viel größerem Maßstab. Hellmuth verwendet Worte – »Elemente« statt politische Gefangene, »Prügel« statt Misshandlungen –, die verbrämen, was dort vor sich geht: Wehrlose Bürger sind Gewalt und militärischer Willkür ausgeliefert.

Ein langer Tagesmarsch

Greift er auf solche Formulierungen zurück, weil sie eine gewisse Distanz schaffen? Fällt es ihm dadurch leichter zu beschreiben, was geschieht? Fest steht, dass diese Geschehnisse Hellmuth nahegehen. Als einfacher Soldat, der einer strikten Befehlsstruktur unterworfen ist, kann er wenig ausrichten. Aber er bezieht in seinem Tagebuch durchaus Stellung, auch wenn er sich nicht festlegt: »Ob alles so in Ordnung ging, nun, darüber lässt sich streiten, jedenfalls ein dunkles Kapitel.«

Anders als sein Schwager Hanns ist Hellmuth kein Nationalsozialist. Vielleicht stößt man deshalb nirgendwo in seinem Kriegstagebuch auf typische Nazislogans. Kein *Blut und Boden*, kein *Lebensraum* und kein *Herrenvolk*. Antisemitische Äußerungen sucht man ebenfalls vergeblich, obwohl er gelegentlich Begriffe verwendet, die typisch für den Jargon der Judenhasser sind. Eine Synagoge wird dann als »Judentempel« bezeichnet, und im Rotlichtviertel der französischen Stadt Lille entdeckt der vierzigjährige Gefreite eine Menge »Judengeschäfte«. Wie viel Bedeutung soll man diesen Ausrutschern zuerkennen, zwei Wörtern auf dreißig Seiten?

Vielleicht darf man tatsächlich sagen, dass Hellmuth Glück hatte. Nicht nur, weil ihm die Belagerung von Stalingrad erspart bleibt, sondern auch, weil er zwei Jahre lang durch ein in Blut watendes Europa geschickt wird, über Schlachtfelder und durch besetzte

Länder, ohne selbst zum Täter zu werden. Gleichzeitig ist nicht zu übersehen, wie beängstigend klein sein Abstand zu jenen ist. Hellmuth weiß sehr wohl, was die Einsatzgruppen und der Selbstschutz in Nakel vorhaben. Und ohne die aktive Unterstützung der Wehrmacht hätten diese ihre Pläne wahrscheinlich gar nicht in die Tat umsetzen können.

Trägt auch Hellmuths Einheit zur Logistik der Massenmorde in Polen bei? In seinem Tagebuch findet man nichts darüber. Aber es gibt eine Passage, die man in diese Richtung deuten könnte. Hellmuth beschreibt, wie er mit seinen Kameraden einen großen Gefangenentransport begleiten muss. Alles weist darauf hin, dass es sich nicht um kriegsgefangene polnische Soldaten handelt:

Es waren rechte Jammergestalten dabei, sogar Zuchthäusler. Jeder Maiskolben vom Felde, den sie erhaschen konnten, wurde gegessen. Wir durften es aber nicht erlauben. An den Füßen hatten viele nur Lappen oder selbstgemachte Strohschuhe. Sie sollten 25 km marschieren.

Wer diese Gefangenen waren, wo sie herkamen und was das Ziel des langen Tagesmarsches war, bleibt ausgespart. Aber die Möglichkeit, dass diesen offenkundig ausgehungerten und schlecht versorgten Menschen dasselbe Los wie den Verhafteten in den Kellern des Gymnasiums droht, lässt sich nicht ausschließen.

Zusammen unterwegs

»Nach dem kurzen Aufenthalt im Protektorat Böhmen und Mähren setzten wir«, so zeichnet Hellmuth es irgendwo in seinen Memoiren auf, »unsere ›KdF-Reise‹ fort.« Es ist eine der seltenen Stellen, wo er Ironie als Stilmittel einsetzt. Natürlich hatten die vielen Truppenbewegungen, die Hellmuth und seine Waffenbrüder mitmachen mussten, nichts mit den Erholungsreisen zu tun, die von der

Parteiorganisation *Kraft durch Freude* vor dem Ausbruch des Zweiten Weltkriegs angeboten wurden.

Damals, gleich nach der Machtübernahme, hatten sich die Nationalsozialisten um das Wohlwollen der Bevölkerung bemüht. Erfolgreich war dabei die Initiative einer staatlichen Reiseorganisation, die unter dem Motto »Kraft durch Freude« Millionen von Deutschen in die Lage versetzte, Ferienreisen zu machen. In gewisser Weise die Geburtsstunde des Massentourismus, allerdings unter den wachsamen Augen der NSDAP.

Als er seinen Bericht schreibt, fällt Hellmuth offenbar keine andere Reisemetapher ein als die einer Ferientour. Das ist vielsagend. Denn wenn man von den erwähnten Spuren des Kriegs – ausgebrannte Städte, gesprengte Brücken und wegbombardierte Eisenbahnlinien – absieht, scheint man ein Reisetagebuch in der Hand zu halten. Der Schwerpunkt liegt auf dem eigentlichen Reisen, auf den besuchten Orten und auf der Begegnung mit Fremden. Es ist wie beim Familienurlaub: Wir hatten eine tolle Reise zusammen und haben ziemlich viel erlebt!

Es ist also wenig überraschend, dass sich Hellmuth rühmt, viel von *Land und Leuten* mitzubekommen, eine typische Redewendung aus Reiseführern. Der vierzigjährige Soldat hat einen Blick für die Landschaft (»steile Berghänge«) und Sehenswürdigkeiten vor Ort (»schöne Parkanlagen«). Voller Bewunderung schreibt er über ein teures Villenviertel: »Ich habe viel von Hamburg gesehen, auch in Blankenese bin ich gewesen.« Und auf der Reise durch die Niederlande (»landschaftlich sehr schön«) zitiert er ein altbekanntes Klischee: »Dort ist es blitzsauber.«

Francine und Rosine

Ausführlich berichtet Hildes Mann über seine Unterkünfte. Manchmal klagt er über improvisierte Schlafsäle und deren dürftige Ausstattung. Dann wieder preist er sich glücklich über seine Unterbringung bei Privatleuten: »Es war ein kleines Dachstübchen mit einem Bett, und ich fühlte mich wie ein kleiner König.« Über das Essen lässt sich Hellmuth durchgängig positiv aus: »Es gab sehr viel Obst« oder »jeden Morgen Kaffee!«.

Er macht sich keine Gedanken darüber, dass die erzwungene Einquartierung von den »Gastgebern« vielleicht auch einmal als unangenehme Last erfahren werden könnte. Vor allem während der frühen Herbstmonate im Jahr 1939 und im Sommer 1940 vermittelt er buchstäblich so etwas wie ein Feriengefühl. Die freien Tage in Frankreich beschreibt Hellmuth beispielsweise mit den Worten: »Essen, trinken und bummeln bei schönstem Wetter.« Und irgendwo heißt es: »Man konnte denken, man sei in der Sommerfrische!«

Außer an das Land erinnert sich Hellmuth auch an die Leute. Polen und Franzosen beäugt er mit Misstrauen. Sein Bataillon kommt nicht lange nach der Kapitulation in deren Territorien. Die Franzosen reagieren »feindlich«, und das Gleiche gilt auch für die Einwohner der Nation, wo der Zweite Weltkrieg begann: »Mit der Bevölkerung mussten wir die größte Vorsicht walten lassen, wir befanden uns ja in Feindesland, das eben erst seine größte Niederlage erlitten hatte und noch voll Hass war.«

Im flämischen Aalter dagegen fühlt sich Hellmuth mehr willkommen. Er ist bei dem pensionierten Fabrikanten Vandendamme und dessen junger Frau untergebracht. »Es war«, sinniert er, »als gehörte ich mit zur Familie.« Sogar die Namen der beiden kleinen Töchter tauchen in dem Bericht auf, Francine und Rosine. Mit dem Gastgeber und dessen Frau spricht Hellmuth Deutsch. Ihr Umgang ist derart entspannt, dass er sich in ihrem Beisein Späße über die Fehler der beiden erlaubt, die sie in der ihnen ungewohnten Sprache machen.

Einen herzlichen Empfang bereiten ihm auch die Einwohner von Galizien. Wenn die deutschen Soldaten vorbeimarschieren, eilen die Leute aus ihren Häusern: »Die Bevölkerung war begeistert, sie winkte uns freundlich zu, Ehrenpforten waren errichtet.«

Wahrscheinlich durchschaut der ehemalige Holzhändler die politische Situation nicht. In ihrem gegen die Sowjets gerichteten Unabhängigkeitsstreben sehen die Ukrainer in Nazi-Deutschland anfangs einen Verbündeten. Hellmuth freut sich sehr über die freundliche Begrüßung, aber sein dortiger Aufenthalt ist zu kurz, um mitzubekommen, dass die Stimmung nicht lange danach radikal umschlagen wird.

Gute Arbeit …

Es ist heikel, aus heutiger Perspektive einen wertfreien Zugang zum Tagebuch eines Wehrmachtssoldaten zu finden. Wir sind es gewohnt, die Realität zwischen 1939 und 1945 vor dem Hintergrund einer historisch abgeschlossenen Sichtweise zu betrachten: Hitler-Deutschland stürzte sich in einen durch nichts zu rechtfertigenden Angriffskrieg, der den Tod von Dutzenden Millionen Menschen zur Folge hatte. Anders kann man es nicht sehen. Dennoch stellt sich die Frage, ob Hellmuth genauso darüber dachte. Sah er sich als unfreiwilligen Vollstrecker oder war er davon überzeugt, seinen Teil zur Durchsetzung legitimer Ziele beizutragen?

Vermutlich ist Letzteres der Fall, was sich zum Beispiel aus seinen Worten über die Anfangsphase des Kriegs schließen lässt: »Die Meuchelmorde der Polen an unseren deutschen Brüdern waren so schlimm geworden, dass der Führer den Einmarschbefehl an die Truppen erteilte.« Achtzig Jahre später steht fest, dass die Nazipropaganda die ethnischen Spannungen zwischen der polnischen Bevölkerung und der im Land lebenden deutschen Minderheit aufbauschte. Auch Grenzkonflikte, kulminierend im Überfall auf den Sender von Gleiwitz (Gliwice), waren fingiert, um eine Begründung für ein militärisches Eingreifen zu liefern. Bei Hellmuth zeigen diese Manipulationen die gewünschte Wirkung: Er scheint von der Richtigkeit der deutschen Politik überzeugt zu sein.

Das erklärt seine Freude über die Erfolge der Wehrmacht. Die Ereignisse im Frühjahr 1940 erfüllen ihn mit Stolz: »Politisch war wieder Gewaltiges geschehen. Holland, Frankreich, Belgien, Dänemark und Luxemburg waren niedergerungen oder hatten sich freiwillig ergeben, und es sollte bald aussehen, als würde Frieden.« Und als er ein Jahr später in einem Bunker die Leichen von Rotarmisten entdeckt, stellt er fest: »Unsere Kameraden haben gute Arbeit geleistet!« Gute Arbeit ... In Hellmuths Augen ist der Krieg berechtigt.

So leicht geht das

Dazu passt, dass die Gegner von Nazi-Deutschland dämonisiert werden. Hellmuth schreibt die Kriegszerstörungen ausschließlich ihnen zu. Es kann beispielsweise nicht anders sein, als dass der Vandalismus im Gymnasium von Nakel das Werk der Ortsbewohner ist: »Durch den polnischen Mob war viel Schaden verursacht worden. Die Bücherei und das Lehrmittelzimmer waren total verwüstet und alles zerschlagen, Akten und Dokumente vernichtet.«

Nicht viel anders sieht es in Nordfrankreich aus, wo die Soldaten der British Expeditionary Force gewütet haben sollen: »Auch in dem Seminar, wo wir lagen, waren sämtliche Fensterscheiben zertrümmert. Die Engländer, die dort gehaust hatten, hatten alles durchwühlt und auf den Kopf gestellt.«

Historisch gesehen hat der Wehrmachtssoldat mit seiner positiven Einschätzung der deutschen Kriegsanstrengungen unrecht. Ohne Frage. Aber muss man ihn dafür verurteilen? Eine schwierige Frage. Achtzig Jahre später können wir Gut und Böse ziemlich eindeutig benennen, weil die Vergangenheit viele ihrer Geheimnisse preisgegeben hat. Für Hellmuth ist die Realität erheblich undurchschaubarer.

Auf Basis dessen, was er weiß – also aufgrund manipulierter Informationen –, kommt er zu einer Einschätzung, die wir ablehnen. Genau wie seine Verwandten ist Hellmuth ein vernünftiger und intelligenter Mann, kein Extremist oder Radikaler. Und dennoch irrt er, entwickelt eine Sicht der Dinge, die nachweislich falsch ist. So leicht geht das.

Seine problematischen Vorstellungen bestätigen eines: die Wichtigkeit von Pressefreiheit und der Freiheit der Informationsbeschaffung. Die Parteipropaganda hat Hildes Ehemann fest im Griff. Er macht sich Ideen zu eigen, die Goebbels und Kumpane in die Welt gesetzt haben, und er lässt sich manipulieren. Von jeglicher Verantwortung ist er damit natürlich nicht entbunden. Aber trotzdem sollten wir uns hüten, vorschnell ein Urteil zu fällen. Das Einzige, wonach man ihn beurteilen darf und muss, ist sein tatsächliches Handeln. Was hat er in seiner Zeit bei der Wehrmacht getan? Und was hat er unterlassen?

Leben und überleben

Auf diese Fragen gibt das Kriegstagebuch Antwort. Wie gesagt: Hellmuth hat Glück. Er ist Soldat und befolgt Befehle. Die haben ihn, der den Großteil seiner Dienstzeit in der Schreibstube verbringt, nicht unmittelbar an Kriegsverbrechen schuldig werden lassen.

Damit ist er nicht besser und nicht schlechter als Millionen andere Deutsche, Menschen, die zwischen 1933 und 1945 die Ereignisse über sich ergehen lassen und sich irgendwie anpassen. In politischer Hinsicht halten sie sich bedeckt, aber viele von ihnen sind, wie der Gefreite Oehmigen, bereit, konkret oder indirekt zur Erreichung der politischen Ziele der Nationalsozialisten beizutragen.

Oft können sie nicht anders, denn wer den verlangten Einsatz verweigert, bringt in der Diktatur des Dritten Reichs sein eigenes Leben und das seiner Verwandten in Gefahr. Viele Menschen fügen sich, aber das heißt noch lange nicht, dass sie damit zu Vertretern, zu Anhängern der nationalsozialistischen Bewegung werden. Leben und überleben in einem totalitären Staat: ein fragiler Balanceakt zwischen einem unabhängigen, selbstbestimmten Leben und einem Leben, das von anderen verfügt wird, zwischen dem Wunsch zu tun, was die eigene Moral vorschreibt, und der Notwendigkeit, sich dem Diktat der Macht zu beugen.

Wer sich anpasst, bezahlt einen Preis. Hellmuth erlebt das im Gymnasium von Nakel, wo er Zeuge der Gräuel von Einsatzgruppen und Selbstschutz wird. Er weiß, dass es nicht richtig ist, was hier geschieht (»ein dunkles Kapitel«), und verliert einen Teil seiner moralischen Integrität, als er beschließt wegzusehen. Wie viele seiner Landsleute wendet er – auch in diesem Fall muss man das sagen – im entscheidenden Moment den Blick ab. Natürlich hätte man sich auch ganz anders verhalten können; das beweist eine bescheidene und historisch gesehen zweifellos zu geringe Zahl von Widerstandskämpfern.

Diese setzen sich aktiv gegen den nationalsozialistischen Terror ein und stellen sich auf die Seite der Opfer der Repression. Damit bewahren die Widerstandskämpfer ihre moralische Integrität, doch auch die hat ihren Preis. Um andere zu retten, setzen sie ihr Leben aufs Spiel. Und mitunter erwartet sie dafür der Tod.

Vielleicht geht es letztendlich um die Frage, welchen Preis man zu zahlen bereit ist. Eine Frage, die sich uns heute in dieser Form und mit der hier vorgeführten Dringlichkeit nicht stellt. In einer auf Freiheit und Demokratie basierenden Gesellschaft muss man seine moralische Integrität und das eigene Überleben nicht gegeneinander abwägen. Hellmuth im Nationalsozialismus musste das sehr wohl. In Nakel entscheidet er sich für sein Überleben.

Schweineblut

Der Mann, dessen Tagebuch so lange auf meinem Schreibtisch – dem Schreibtisch aus Emils Herrenzimmer – lag, ist ein passionierter Knipser. Viele Wehrmachtssoldaten sind mit einer Kleinbildkamera unterwegs, denn Leica-Apparate und Agfa-Filme sind bezahlbar geworden.

Anfangs wehrt sich die deutsche Heeresführung nicht gegen fotografierende Soldaten. Das ändert sich indes, als sich herausstellt, dass auch Aufnahmen von Hinrichtungen und anderen Kriegsverbrechen in Umlauf kommen. Das von Soldaten stammende Bildmaterial wird erst in den Neunzigerjahren dank der *Wehrmachtsausstellung* des Hamburger Instituts für Sozialforschung Teil der öffentlichen Diskussion.

Die Kuratoren dieser Wanderausstellung wollten den Mythos einer *sauberen Wehrmacht* entlarven und widerlegen die herrschende Auffassung, dass das reguläre deutsche Heer nicht an Verbrechen wider die Menschlichkeit beteiligt gewesen sei. Die Besucher der Ausstellung wurden mit Soldatenfotos konfrontiert, die unmissverständlich zeigten, dass es auch bei der Wehrmacht Kriegsverbrecher gab. Leute, die international herrschendes humanitäres Recht, das in den Genfer Konventionen und im Haager Abkommen festgelegt worden war, mit Füßen traten.

Sein Kriegstagebuch ergänzt Hellmuth um vierzig Fotoseiten. Fast hundertdreißig Bilder, meist im Format sechs mal acht Zentimeter, dokumentieren sein Leben zwischen September 1939 und Oktober 1941. Auf keiner der Aufnahmen sieht man, wie seine eigenen Truppeneinheiten der Zivilbevölkerung Gewalt antun oder physisches Leid zufügen.

Selbst heute noch, fast achtzig Jahre später, haben die Schnappschüsse große Aussagekraft. Es gibt Aufnahmen von Begegnungen in Galizien, wo die Einwohner die Wehrmachtssoldaten tatsächlich freundlich empfangen. Vor einem strohgedeckten Haus haben sich bestimmt zwanzig Dorfbewohner versammelt, überwiegend Frauen. Die meisten von ihnen lachen, während deutsche Mannschaften musizieren. Zwei Soldaten sitzen in der Mitte auf Stühlen und spielen Ziehharmonika, ein dritter steht neben ihnen mit einer Geige an der Schulter.

Ein anderes Foto zeigt, was die vorrückenden Soldaten tun, um des bitteren Proviantmangels Herr zu werden. Sie haben ein

Schwein getötet, das mit gespreizten Beinen an einer Leiter hängt. Drei Männer in Hemdsärmeln hantieren an dem toten Tier. Im Hintergrund kommt jemand mit einem Eimer herbeigelaufen, um das Schweineblut aufzufangen.

Ein Meer von Mützen

Hellmuths Tagebuch zeigt ziemlich viele Impressionen vom Leben in Nakel. Mehrfach fotografiert er das Gymnasium, ein imposantes Backsteingebäude aus dem späten neunzehnten Jahrhundert. Auf einer Aufnahme sieht man die ganze Truppe im Freien warten. Mit kleinen Blechnäpfen in der Hand stehen die Männer zum Suppefassen um eine Feldküche herum. Die Beischrift erwähnt, dass sie vor den Kellern mit den Gefängniszellen stehen, und man sieht, dass die Kellerfenster noch nicht lange zuvor provisorisch zugemauert wurden: Der tropfende Zement hat auf den Backsteinen Spuren hinterlassen.

Dann gibt es noch eine Aufnahme von dem Gefangenentransport, von dem Hellmuth berichtet. Um die mindestens hundert Männer gut aufs Foto zu bekommen, musste er die Kolonne verlassen. Durch die Kameralinse sieht Hellmuth ein Meer von Mützen und anderen Kopfbedeckungen, die sich die Männer über die Ohren gezogen haben. Auf beiden Seiten eskortiert alle drei Meter ein deutscher Soldat die Kolonne.

Die Fotos im Tagebuch vermitteln ein authentisches Bild vom Soldatendasein. Man sieht Schnappschüsse vom Leben in der Kaserne, von Mannschaften bei Freizeitaktivitäten und von Geländeübungen außerhalb der Kaserne. Auf einigen lachen Soldaten in die Kamera, beispielsweise, als sie durch die Rue de l'Abc in Lille schlendern und auf die Bordelle dort in der Straße deuten. Auf anderen wieder sieht man Soldaten bei Temperaturen weit unter dem Gefrierpunkt in einer schneeweißen polnischen Landschaft an einem Maschinengewehr liegen.

Und es gibt Porträts. Von Soldaten, mit denen Hellmuth den Schlafsaal teilt, oder von den Kollegen in der Poststelle. Auch Zivilisten hält er fest. Ein Abzug zeigt eine Frau mit ihren zwei Töchtern; die jüngere ist anscheinend genauso alt wie Brigitte. Es ist Frau Vandendamme mit Francine und Rosine.

Sogar niederländische Ansichten finden sich in dem fotografischen Tagebuch. Als Hellmuth in Aalter einquartiert ist, macht er eine kurze Reise durch die Provinz Seeland. Vielleicht hat er einen militärischen Auftrag, es kann sich aber auch um einen touristischen Ausflug handeln, wie er im Lauf seiner Dienstzeit einige macht. Der fotografierende Soldat hält die Schäden der fast vergessenen Luftangriffe auf Middelburg fest. Dessen historisches Stadtzentrum musste dafür büßen, dass sich die Provinz Seeland weigerte, die niederländische Niederlage anzuerkennen. Hellmuth macht das schwer beschädigte Rathaus (das in den Nachkriegsjahren wiederaufgebaut wurde) zum stillen Zeugen der Bomben, die am 17. Mai 1940 fielen, zwei Tage nachdem General Henri Winkelman mit seiner Unterschrift die Kapitulation besiegelt hatte.

Männer in Aktion

Nazi-Deutschland führt nicht nur einen Waffen-, sondern auch einen Propagandakrieg. Deshalb verfügt die Wehrmacht über Propagandakompanien mit Journalisten und Fotografen. Diese zeichnen ein schmeichelhaftes Bild von der Kriegswirklichkeit und berichten daher auch nicht über das massenhafte Sterben oder den Terror gegen die Zivilbevölkerung. Ihre Geschichte ist eine Geschichte von tapfer kämpfenden Soldaten, die für das Vaterland siegen.

Einige von Hellmuths Bildern könnten ohne Weiteres zu dieser Publizitätsoffensive beitragen. Etwa Aufnahmen von dem entspannten Nachmittag mit den galizischen Frauen. Auch die Schnappschüsse von einem Biwak mit kleinen Militärzelten in der unberührten Natur und von Mannschaften bei der Rast an einem idyllischen Bach illustrieren eine weichgezeichnete Realität: der Krieg, ein Abenteuerurlaub unter freiem Himmel, ein Pfadfinderlager für erwachsene Männer.

Aber man stößt auch auf Fotos, die von der Heeresleitung abgelehnt worden wären. Das pikanteste ist eines, auf dem der nackte Hintern der Wehrmacht ins Bild kommt. Diese Aufnahme hat für Hellmuth offenbar eine besondere Bedeutung. Hildes Ehemann hat dafür eine ganze Seite reserviert, als ob sich in diesem einen Abzug seine Erinnerungen kondensierten.

Das Bild zeigt drei Männer. Nebeneinander sitzen sie nach vorn geneigt auf einem etwa vier Meter langen, rund zwanzig Zentimeter starken Baumstamm. Er befindet sich fünfzig Zentimeter über der Erde und wird von drei kreuzweise aufgestellten Paaren kleinerer Stämme getragen, wie ein Stück Holz auf einem Sägebock.

Die drei Männer schweben. Außerhalb des Blickfelds ihrer Kameraden baumeln ihre Beine über einer Grube, die über die gesamte Länge unter dem Baumstamm ausgehoben wurde und fast an ihre Allerwertesten reicht. Hellmuth hatte den Fotoapparat auf den *Donnerbalken* gerichtet.

Wie viele Latrinen wohl im Zweiten Weltkrieg fotografisch festgehalten wurden? Hellmuths Aufnahme wird höchst ungewöhnlich gewesen sein, denn er fotografiert seine Kameraden von hinten. Mit den Hosen auf den Knien. Man blickt auf drei Paar nackte Pobacken und sieht die Männer gewissermaßen in Aktion. Sie merken nicht, dass der Prozess ihrer Defäkation auf immer und ewig auf Fotokarton fixiert sein wird.

Soll das Soldatenhumor sein, ein platter Scherz? Oder darf man Hellmuths Foto politisch deuten? Sein Foto hat etwas Subversives. Der deutsche Soldat wird hier nicht heroisch inszeniert, ganz im Gegenteil. Hellmuth entzaubert die siegestrunkenen nationalsozialistischen Kriegsideale in einem ernüchternden Bild: drei Soldaten, die drauf scheißen (Abb. 36).

Kann man sich auf diese Erklärung verlassen?

Ich blättere ein letztes Mal durch das Kriegstagebuch des Gefreiten Oehmigen. Was sage ich meiner Frau über ihren Großvater? Und meiner Schwiegermutter Brigitte über ihren Vater? Hellmuth war kein *Täter*, kein Kriegsverbrecher, aber er hätte es leicht sein können. Mit dieser Frage im Hinterkopf habe ich sein Tagebuch gelesen. Ein Gedanke, der ihm möglicherweise unrecht tut – weil er die Unschuldsvermutung verletzt. Muss Hellmuth nicht als unschuldig gelten – bis zum Beweis des Gegenteils? Oder ist es an ihm, zuerst seine Unschuld zu beweisen, um bei mir nicht von vornherein als Schuldiger dazustehen?

Zwischen den Seiten seines Tagebuchs steckt ein Dokument, datiert 14. August 1940, mit einem amtlichen Stempel des Dritten Reichs. Hellmuth, der dann fast ein Jahr eingezogen ist, beschreibt, wie er an diesem Tag zum ersten Mal für längere Zeit nach Hause fährt.

Drei Wochen Heimaturlaub, Sommerferien! Von Flandern aus macht er sich mit einem großen Paket auf den Weg. Sein Vorgesetzter hat ihm ein Dokument mitgegeben, auf dem steht: »Das von dem Soldaten Oehmigen Hellmuth mitgeführte und versiegelte Paket enthält weder Hamsterware noch Beutegut.« Kann man sich auf diese Erklärung verlassen? Kann man den Worten eines Leutnants Möllner Glauben schenken?

Ich beschließe, Hellmuth zu glauben. Oft wundert er sich über alles, was man an den Orten, wo es ihn hin verschlägt, noch kaufen kann. Dinge, die in Deutschland schon längst rationiert sind. »Kaufen« schreibt er, nicht »wegnehmen«. Plötzlich weiß ich, was ich meiner Frau und meiner Schwiegermutter sagen werde. Wie sehr sich Hellmuth nach Hilde und den Kindern Brigitte und Gottfried gesehnt hatte:

Die Fahrt dauert vierundzwanzig Stunden und früh um acht Uhr lande ich bepackt wie ein Lastesel in der Heimat. Die Freude ist groß und das Auspacken macht viel Spaß und die mitgebrachten Sachen ebenfalls. Kaffee, Wäsche, Stoff, Strümpfe. Alles Sachen, die es in der Heimat nur auf Marken gibt.

Dezember 1944: NS Volkswohlfahrt e.V. / Gauwaltung Sachsen / Jugendheimstätte Omsewitz: das Namensschild (Vorder- und Rückseite), das Brigitte um den Hals trug

KAPITEL 6

Eine mystische Hochzeit

27. April 1944 – Adolf Hitler bedankt sich in einer Rundfunkansprache für die Geschenke, die er zu seinem 55. Geburtstag
erhalten hat.

31. August 1944 – Die Semperoper schließt bis auf Weiteres mit
einer Aufführung von *Der Freischütz* von Carl Maria von Weber.

12. September 1944 – Im *London Protocol* teilen die alliierten
Mächte Deutschland in Besatzungszonen auf.

12. November 1944 – Britische Kampfbomber versenken die
Tirpitz, das letzte deutsche Schlachtschiff.

27. Januar 1945 – Die Rote Armee befreit die Gefangenen des
Konzentrationslagers Auschwitz.

Es ist ein impulsiver Entschluss mit weitreichenden Folgen. Lange
denkt Hilde nicht nach, als sie hört, dass Brigitte mit ihrer
BDM-Gruppe beim Empfang des Gauleiters von Dresden, Martin
Mutschmann, anzutreten hat. Die Mädchen sollen auf dem Innen-
hof der Albrechtsburg Spalier stehen, um dem Arbeitsbesuch des
Nazibonzen das nötige Dekor zu verleihen. Der Meißener Kreis-
leiter Hellmut Böhme möchte wieder einmal bei seinem Chef
Punkte machen. Ein richtiger Speichellecker.

Die deutschen Mädel werden in Sommeruniform erwartet. Es
ist Ende September 1944, und der Herbst hat sich dieses Jahr schon
früh gemeldet. Hilde hält wenig davon, ihre Tochter im dünnen

Rock und Kniestrümpfen gehen zu lassen. Das Mädchen kränkelt schon ein paar Wochen. Nein, beschließt sie, ihre Tochter bleibt zu Hause.

Brigittes Fehlen hat größere Folgen, als vorauszusehen war. In Uniform sucht die ranghöchste Vertreterin des BDM Meißen Mutter Hilde auf, um sich nach den Gründen zu erkundigen. Sie ist höchstens fünfundzwanzig Jahre alt und lässt sich von einer Mitarbeiterin des Jugendamts begleiten. Im vorletzten Jahr von Hitlers Tausendjährigem Reich ist diese Einrichtung zu einem effektiven Instrument des Regimes geworden. Mit dem einzigen Ziel – eine ideologisch fundierte Erziehung zu gewährleisten.

Das Datum steht bereits fest

Ihre Gesprächspartnerinnen haben kein Ohr für Hildes Argumente. Die zwei Frauen weisen darauf hin, dass das Treffen für Brigitte verpflichtend gewesen war und es Eltern nicht erlaubt sei, ihre Kinder einfach zu Hause zu lassen. Das Ergebnis des Gesprächs steht von vornherein fest. Das Hilde ausgehändigte Dokument trägt bereits die Stempel aller Instanzen, die an der Causa Brigitte Oehmigen beteiligt sind. Hilde liest, dass sie sich mit ihrer Tochter bei einem namentlich genannten beratenden Arzt einzufinden habe.

Das Datum steht schon fest: ein Freitag, genau zwei Wochen nach dem Besuch der BDM-Führerin und der Mitarbeiterin des Jugendamts. Der Arzt wird nicht nur Brigittes körperlichen Gesundheitszustand beurteilen, sondern auch einen Bericht über ihre geistige Entwicklung verfassen. Das sei notwendig, betont die BDM-Führerin, denn von einem inzwischen elfjährigen Kind dürfe man mehr Verantwortungsbewusstsein erwarten, als Brigitte gezeigt hat. Sie spricht in einem Ton, der keinen Zweifel daran aufkommen lässt, dass sie ihren Worten selbst glaubt. Völlig verdattert bleibt Hilde sitzen, nachdem die beiden Frauen gegangen sind.

Eigentlich will sie nur eines – dass endlich Frieden kommt. Hilde ist nicht gegen die Nationalsozialisten, aber auch nicht für sie. Sie sehnt sich nach ihrem alten Leben mit Hellmuth. Seit anderthalb Jahren kommt er höchstens alle zwei Monate für ein Wochenende nach Hause. Der dienstuntauglich erklärte Wehrmachtssoldat ist auf dem Fliegerhorst Erfurt-Bindersleben nahe der Thüringer Landeshauptstadt als Buchhalter eingesetzt und wohnt dort zur Untermiete.

Ein Extra-Eimer Kohlen

Die BDM-Führerin, die Brigittes Fernbleiben als Zeichen passiven Widerstands deutet, bringt alle erdenklichen bürokratischen Waffen gegen die Mutter in Stellung. Dass diese durchaus bedrohlich sind, zeigt sich, als Hilde ihre Tochter vierzehn Tage später zum Amtsarzt begleitet. Er, den die Dresdener Nationalsozialisten öfter vor ihren Karren spannen, ist ein überzeugter Anhänger der Bewegung. Hilde legt das Dokument mit den Stempeln einer Arzthelferin vor, auf deren Bluse eine Brosche in Form eines Hakenkreuzes prangt. Die schnauzt Brigitte an und dirigiert Mutter und Tochter in ein ungeheiztes Wartezimmer.

Anderthalb Stunden müssen sie auf harten Holzstühlen warten, bis der Arzt das Mädchen aufruft. Er reagiert gereizt, als Hilde ihre Tochter in den Behandlungsraum begleiten will, und schickt sie ohne weitere Erklärungen ins Wartezimmer zurück. Die Untersuchung dauert fast zwei Stunden. Hilde beginnt sich zu fragen, was der Mann wohl mit ihrer Tochter anstellt. Als Brigitte endlich aus dem Sprechzimmer zurückkommt, wirkt sie erschöpft. Hilde hilft ihr in den Mantel. Danach verlassen die beiden umgehend die Praxis und kehren in ihre Wohnung in der Gabelsbergerstraße zurück, wo ein Extra-Eimer Kohlen bereitsteht.

Daheim erzählt Brigitte ihrer Mutter, was im Sprechzimmer vor sich ging. Sie musste sich ausziehen und wurde von Kopf bis Fuß untersucht. Nach dem Ankleiden machte der Arzt Tests, deren Sinn sie nicht begriff. Sie sollte Farben und Formen erkennen, bis hundert zählen, das Alphabet aufsagen und ein paar sehr einfache Sätze vorlesen. Für eine Elfjährige überaus simpel. Aber es war beunruhigend. Warum behandelt ein ausgebildeter Arzt eine Elfjährige wie ein Kleinkind? Die Antwort gibt ein offizielles Schreiben, das Hilde wenige Tage später im Briefkasten findet.

Darin ist schwarz auf weiß nachzulesen, der Arzt habe feststellen müssen, dass Brigitte »eine eindeutige geistige Entwicklungsverzögerung« zeige. Hilde ist außer sich, denn diese Diagnose ist unsinnig. Das ändert jedoch nichts an der Tatsache, dass Brigitte vom 1. Dezember 1944 an außer Haus untergebracht werden soll. An diesem Tag muss sie sich im Kinderheim in Omsewitz melden, einem Dorf mit ein paar Bauernhöfen, das zehn Jahre zuvor von der Stadt Dresden eingemeindet wurde. Widerspruch ist zwecklos. Der Staat, so die BDM-Führerin einige Tage später, wisse schon, was er tut.

Der Kokon wird löchrig

In einem Brief unterrichtet Hilde Hellmuth über das Vorgefallene. Sie weiß nicht, was sie tun kann, um die Heimunterbringung zu verhindern. Von Erfurt aus reagiert ihr Ehemann im selben unterkühlten Ton, der auch sein Kriegstagebuch kennzeichnet. Die Nachricht, schreibt er, sei »nicht gerade erfreulich«. Ja, stimmt, eine wenig erfreuliche Mitteilung – so kann man es auch ausdrücken.

Hilde ist von der laschen Reaktion ihres Mannes enttäuscht. Er schreibt, sie müssten dann eben nach Weihnachten, wenn er ein paar Tage in Meißen verbringen kann, Brigitte besuchen. Und dann, verspricht er, »werde ich mal nach dem Rechten schauen«. Hilde hatte auf ein bisschen mehr Tatkraft gehofft.

Hilfe suchend spricht sie mit ihrem Vater, der sich darauf mit einem sorgfältig formulierten Schreiben an die Behörden wendet.

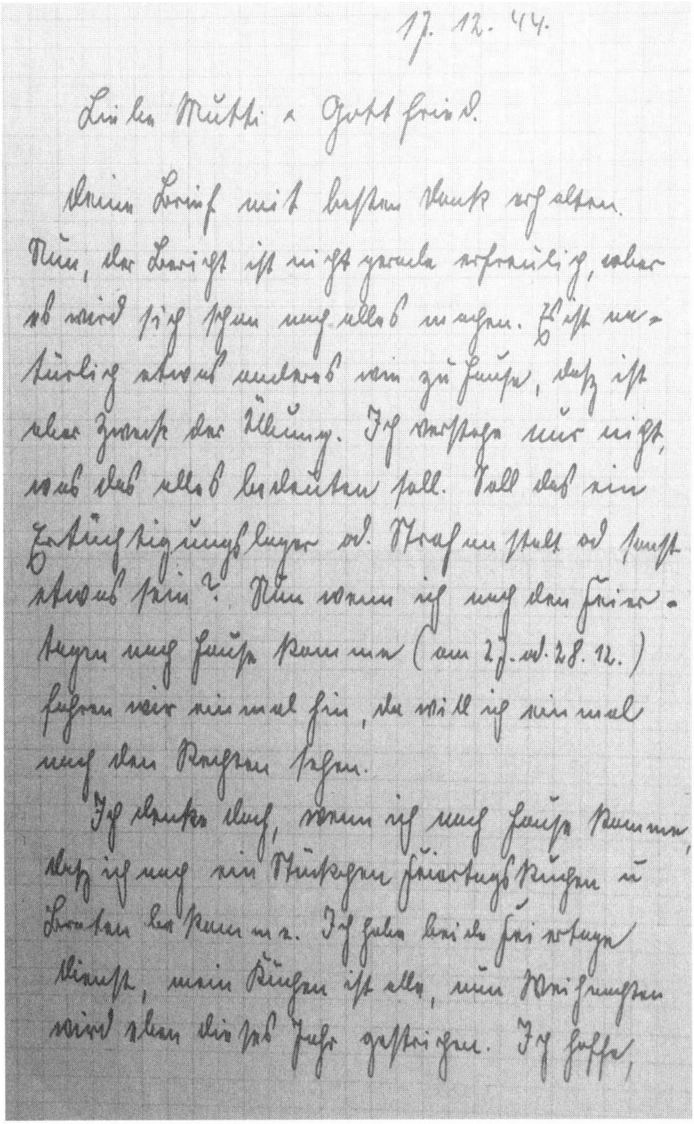
17. 12. 44.

Liebe Mutti u. Gottfried.

Deinen Brief mit bestem Dank erhalten. Nun, der Bericht ist nicht gerade erfreulich, aber es wird sich schon noch alles machen. Es ist natürlich etwas anders nun zu Hause, das ist aber Zweck der Übung. Ich verstehe nur nicht, was das alles bedeuten soll. Soll das ein Ertüchtigungslager od. Strafanstalt od sonst etwas sein? Nun wenn ich nach den Feiertagen nach Hause komme (am 27. od. 28. 12.) fahren wir einmal hin, da will ich einmal nach den Rechten sehen.

Ich denke doch, wenn ich nach Hause komme, daß ich noch ein Stückchen Feiertagskuchen u. Plätzchen bekomme? Ich habe beide Feiertage Dienst, mein Kuchen ist alle, nun Weihnachten wird aber dieses Jahr gestrichen. Ich hoffe,

Hellmuth an Hilde: »Nicht gerade erfreulich!«

Nach etwa drei Wochen sieht auch Hilde ein, dass mit einer Antwort nicht zu rechnen ist. Es ist wie damals bei Hellmuths unternehmerischem Konkurs: Hildes Kokon, der sie von der Außenwelt abschirmt, fängt an, löchrig zu werden.

Über das Kinderheim in Omsewitz ist nicht viel bekannt. Es ist eine kleine Einrichtung mit vierzig Betten, die eine Hälfte für Jungen, die andere für Mädchen. Das Heim ist in einem ehemaligen Rittergut aus dem achtzehnten Jahrhundert untergebracht, einem *Vierseitenhof*. Die einzelnen Gebäude sind miteinander verbunden und um einen quadratischen Innenhof angeordnet. Das Internat war vom *Verein der Kinderfreunde* gegründet worden, einer privaten Organisation, die sich für vernachlässigte Kinder einsetzt. In politischer wie religiöser Hinsicht ist der Kurs bis Mitte der Dreißigerjahre neutral. Dann erhöhen die lokalen Behörden den Druck.

Das Heim wird der Aufsicht der *Nationalsozialistischen Volkswohlfahrt* unterstellt, einem Dachverband der sozialen Einrichtungen im nationalsozialistischen Deutschland. Die Direktion muss sich mit drastischen Kursänderungen einverstanden erklären. Außerdem führt die Doktrin der *Rassenhygiene* zu einer verschärften Aufnahmepolitik. Es werden nur noch erbgesunde, soll heißen erblich nicht vorbelastete, Kinder aufgenommen. Bewohner mit einer körperlichen oder geistigen Behinderung müssen die Einrichtung verlassen. Auf sie wartet die Zwangssterilisation, die Internierung in einer geschlossenen Einrichtung und schlimmstenfalls der Tod.

Ein Hausaltar für den Führer

Als Hilde und Brigitte um die Mittagszeit anklingeln, werden sie von der auffallend großen, blonden Heimleiterin in NSDAP-Uniform eingelassen. An ihrer Seite steht eine jüngere Kollegin, ebenfalls blond und ebenfalls in der Uniform der Hitlerpartei. Die beiden Frauen sind für die Mädchengruppe zuständig. Hilde händigt ihnen Brigittes Kleider aus; sie hat in jedes Kleidungsstück ein Namensschild genäht.

Was sie bereits in der Arztpraxis erlebt hat, wiederholt sich hier: Die beiden Betreuerinnen weigern sich, sie als Gesprächspartnerin zu akzeptieren. Sie hat keine Gelegenheit, nach Besuchs- oder Ferienregelungen zu fragen, und Hilde kennt nicht einmal den Tagesablauf ihrer Tochter. Wie soll es jetzt weitergehen?

Die Heimleiterin drückt ihr ein Papier in die Hand, auf dem angeblich alle erforderlichen Informationen stehen. Mit zur Schau gestelltem Unwillen duldet sie, dass die Mutter Brigitte zu einem der Schlafsäle mit fünf oder sechs Stockbetten begleitet. Etwa in der Mitte der langen Wand hängen zwei Fotos von Adolf Hitler. Ein bekanntes Porträt, das man fast überall sieht, und dazu eine Aufnahme des Diktators auf dem Berghof mit seinem Hund Blondi. Unter den Fotos steht ein kleines Tischchen.

Jemand hat eine Vase mit einem Strauß getrockneter Kornblumen daraufgestellt. Drum herum liegen oder stehen kleine Schäferhunde, einige aus Holz, andere aus Porzellan oder Steingut. Hilde muss an die zwei großen Schäferhunde denken, die Brigitte und sie bei ihrer Ankunft aus einem vergitterten Hundezwinger heraus angebellt haben. Die Hitler-Fotos und das Stillleben auf dem Tischchen flößen ihr Angst ein. Es wirkt, als ob jemand für den Führer einen Hausaltar aufgebaut hätte. Sie nimmt ihre Tochter in den Arm und küsst sie zum Abschied. Auf der Heimfahrt starrt die Mutter, ohne etwas wahrzunehmen, aus dem Fenster der S-Bahn; in ihr ist nichts als Leere.

Morgenappell

Es ist der erste warme Tag des Jahres, als ich mit meiner Schwiegermutter das Auto am Rand der schmalen Straße parke, die ziemlich steil den Berg hinaufführt. Obwohl Omsewitz inzwischen ein Stadtteil von Dresden ist und nur wenige Hundert Meter entfernt die ersten Wohnblocks aufragen, fühle ich mich fast wie auf dem Land. Das holprige Pflaster ist noch nicht unter Asphalt versteckt worden, es gibt keinen Bürgersteig, und ringsherum schmücken sich Obstgärten in erstem Frühlingsgrün. Hier und dort stehen Bauernhöfe, manche verlassen, andere offenbar noch immer in Betrieb.

Wir mussten zweimal den Weg entlangfahren, weil es Brigitte gar nicht so leichtfällt, sich zu orientieren. Mehr als siebzig Jahre sind vergangen, seit sie zum letzten Mal hier war. Sie muss tief in ihrem Gedächtnis graben, um den Vierseitenhof zu erkennen, in dem einst das Kinderheim untergebracht war. Der hier könnte es doch sein, nicht wahr? Sie stellt die Frage so, als ob ich sie beantworten könnte.

Beim ersten Hof, der von Weitem vielversprechend ausgesehen hatte, erwartet uns eine Enttäuschung. Als wir auf das Hauptgebäude und die daran angebauten Ställe zugehen, schüttelt Brigitte mit dem Kopf. Aber jetzt, nachdem ich das Auto zum zweiten Mal, ein Stück weiter, zum Stehen gebracht habe, geht etwas in ihr vor. Während sie, auf ihren Spazierstock gestützt, an meinem Arm langsam auf den Gutshof vor uns zugeht, fangen die Erinnerungen an zu sprudeln. Dort, in dem Haus gegenüber, war früher ein kleiner Krämerladen, und wenn man dem schmalen Pfad durch den Wald folgt, kommt man zu einer Wiese, auf der damals oft ein Esel stand.

Der Hof hat zur Straße hin eine mindestens fünfzig Meter breite, fast fensterlose Fassade. An einigen Stellen ist der graue Putz abgeplatzt, und die großen Natursteine sind zu sehen, Findlinge, die von den ersten Bewohnern vor langer Zeit in der Umgebung gesammelt wurden. Der Hof wirkt wie eine Burg, abweisend und nach innen gerichtet. Genau in der Mitte der langen Wand befindet sich ein drei Meter breites Tor mit zwei schweren, nach links und rechts aufschlagenden Flügeln. Hier müssen früher die großen Pferdewagen durchgefahren sein, beladen mit den Feldfrüchten aus der Umgebung.

Eine der Türen ist angelehnt. Nach vorsichtigem Hineinspähen drücken wir sie weiter auf und treten ein – langsam, fast zögernd. Wir kommen in einen geräumigen Innenhof, mindestens fünfundzwanzig Meter breit und ebenso tief. Dies ist tatsächlich der Vierseitenhof, nach dem wir gesucht haben. Und Brigitte beginnt zu erzählen, Geschichten, die sie längst vergessen glaubte. Sie zeigt mir, wo der Speisesaal war und wo die Küchen. In den ehemaligen Ställen machten die Kinder ihre Hausaufgaben. Und schau, dort, vor dem Ziehbrunnen, war jeden Tag um sieben der Morgenappell.

In frischen Tönen

Kurz darauf spricht uns ein Mann an, der auf dem linken Arm ein Baby trägt und an der rechten Hand ein kleines Kind führt. Er ist freundlich, möchte aber wissen, was wir eigentlich suchen. Seit etwa zehn Monaten wohnen hier im ehemaligen Gutshof zwölf Familien. Sie haben ihr Geld zusammengelegt, die Gebäude erworben und dann mit viel Liebe renoviert.

Der Innenhof muss noch zum gemeinsamen Garten werden, aber alle Wohnungen sind schon fertig. Sie haben Wohnküchen und umlaufende Balkone, und es gibt Wasch- und Fahrradkeller zur allgemeinen Nutzung. Stolz berichtet der junge Vater, dass sie die dritte Baugemeinschaft seien, die den Versuch gewagt hat. Die beiden früheren hatten es nicht geschafft, doch diesmal sei alles gelungen. Sein leichter Akzent lässt vermuten, dass Deutsch nicht seine Muttersprache ist.

Ich sehe an Brigitte, wie schwer es ihr fällt, die Realität des Kinderheims von der Realität der heutigen Bewohner zu trennen. In gewisser Weise sind die Ähnlichkeiten frappant. In beiden Fällen bewohnt eine Gruppe von Menschen eine Anzahl von Gebäuden, die ursprünglich landwirtschaftlich genutzt wurden. Aber die Umstände, unter denen sie das tun, könnten verschiedener nicht sein.

Als Brigitte vom Kinderheim erzählt, ist es wieder Winter 1944, man sieht den Verfall der jahrhundertealten Gebäude und spürt die Einsamkeit des jungen Mädchens. Heute dagegen scheint die Sonne, die Fassaden glänzen in frischen Tönen, und vor uns steht jemand, der vom Gemeinschaftsgeist seiner Mitbewohner berichtet. In seinen Augen sehe ich dieselbe Verwirrung wie bei Brigitte. Als sie ihr damaliges Leben schildert, ist es kurz, als würde sein Wohnidyll überschattet. Doch der Mann lässt diesen Moment wie Wasser an sich abperlen und setzt das Gespräch mit Anekdoten über die gerade abgeschlossene Bauphase fort. Zwei Menschen im selben Hier-und-Jetzt, und doch in denkbar verschiedenen Welten.

Ein halbkriminelles Schattenreich

Als wir kurz darauf zu zweit unsere Runde an den Gebäuden vorbei machen, erwachen noch mehr Erinnerungen. Brigitte beschreibt den Schlafsaal, es ist klamm dort. Schon beim leisesten Lüftchen kann es schrecklich ziehen. In einer Ecke steht ein zwei Meter hoher, gut einen Meter breiter Kachelofen. Selbst wenn er ausreichend mit Kohle befüllt wird, ist er zu klein, um den Raum behaglich wärmen zu können. Eines Abends beobachten die beiden Betreuerinnen, dass sich die Mädchen mit dem Rücken an die Ofenkacheln drücken, um die letzte Wärme einzufangen. Sie jagen sie ins Bett zurück.

Am nächsten Tag wird um den Ofen ein Gitter aufgestellt, damit die Kinder im Schlafsaal mindestens einen Meter Abstand zur einzigen Wärmequelle halten müssen. Manchmal kriecht Brigitte bei einem anderen Mädchen unter die Decke. Sie wärmen sich gegenseitig, aber länger als eine halbe Stunde trauen sie sich nie. Stets müssen sie mit nächtlichen Patrouillen der zwei Frauen rechnen.

Brigitte ist eines der jüngsten Kinder. Viele der Mädchen stammen aus dem Ruhrgebiet und haben bei den Luftangriffen der Alliierten das Dach über dem Kopf und manchmal auch ihre Eltern verloren. Mit diesen jungen Schicksalsgefährtinnen versteht sie sich gut. Sie stammen aus der Mittelschicht und haben dieselben bürgerlichen Werte verinnerlicht wie Brigitte. Die Heimleiterin stammt ebenfalls aus der Stahlregion. Als sich das Ende des Kriegs ankündigt, spricht sie immer öfter davon, in ihre Heimat zurückkehren zu wollen, sie hat Angst vor den russischen Soldaten, die im Anmarsch sind.

Aber in Omsewitz leben auch Mädchen aus sozial schwachen Milieus. Die unerfahrene Brigitte hat keine Chance, als sie von einer kleinen Gruppe angeworben wird und in ein halbkriminelles Schattenreich gerät. Die meisten ihrer neuen »Freundinnen« waren schon einmal mit der Polizei in Berührung gekommen. Wenn sie von der nahe gelegenen Schule, die sie wochentags besuchen, zum Heim zurücklaufen, begehen die Mädchen kleine Diebstähle. In Geschäften und manchmal auch in Wohnhäusern. Brigitte soll Schmiere stehen und darauf achten, dass niemand dazukommt.

Qualitativ hochwertige Schreibwaren

Für die ideologische Umerziehung ihrer jungen Schützlinge sind die beiden Betreuerinnen verantwortlich. Disziplin und Opferbereitschaft sind Tugenden, die den Kindern buchstäblich eingeprügelt werden. Im Kinderheim herrscht ein regelrechter Führerkult: Hitler ist der Messias, der das deutsche Volk – und damit auch die Mädchen in Omsewitz – erlösen wird.

Zu Silvester hören die Mädchen kurz nach Mitternacht eine seiner letzten öffentlichen Ansprachen. Die durchdringende Stimme des Despoten tönt live aus dem Radioapparat: »Ich möchte Sie bitten, nicht zu erlahmen, sondern der Führung der Bewegung zu vertrauen und mit äußerstem Fanatismus diesen schweren Kampf für die Zukunft unseres Volkes durchzufechten. Wem die Vorsehung so schwere Prüfungen auferlegt, den hat sie zu Höchstem berufen.«

Unter Brigittes Freundinnen sind richtige Hitler-Verehrerinnen. Sie tragen sein Foto an ihrem Herzen und streiten über die Frage, wer von ihnen die tiefsten Gefühle für den Führer hegt. Es gibt sogar Mädchen, die vor dem Führeraltar im Schlafsaal knien, als suchten sie eine mystische Hochzeit mit ihrem Nazigott.

Weihnachten 1944 feiert Brigitte zum ersten Mal ohne ihre Eltern. Fast alle Mädchen bekommen ein Paket mit Geschenken. In Brigittes Präsent liegt der silberne Pelikan-Füller ihres Vaters, den er kurz vor dem Krieg gekauft hat. Inzwischen sind keine qualitativ hochwertigen Schreibwaren mehr zu bekommen. Am Weihnachtsabend sitzen alle zwanzig Mädchen um den Küchentisch. Die Betreuerinnen fordern sie auf zu erzählen, welche der Gaben sie am schönsten finden.

Nichts ahnend berichten die Mädchen, froh, dass man sie zu Hause nicht vergessen hat. Anschließend gehen die beiden Frauen herum und nehmen den Kindern ihr Lieblingsgeschenk ab. »Für den Führer«, sagen sie. Der möchte, dass Kinder, denen es zu Weihnachten schlechter geht, auch etwas bekommen, worüber sie sich freuen können. Rückblickend hofft Brigitte, dass wirklich ein anderes Kind Hellmuths Füller bekommen hat. Den Gedanken, eine der Frauen könnte ihn sich angeeignet haben, kann sie noch immer kaum ertragen.

Tausendfach

Bis 2010 flog ein siebzig Jahre altes Flugzeug täglich ein paar Runden über Berlin. Gegen Bezahlung konnte man mitfliegen und einen Eindruck von der Logistik hinter der Berliner Luftbrücke gewinnen. Die Maschine hatte als *Rosinenbomber* Dienst getan. So nannte man damals die Flugzeuge, mit denen die westlichen Alliierten Ende der Vierzigerjahre eine Luftbrücke zwischen Berlin und Westdeutschland bauten. Die Stadt wurde aus der Luft mit

Vorräten versorgt – vielleicht tatsächlich auch mit Rosinen, denn die Russen hatten die sogenannten Transitwege gesperrt.

Wenn man vom Boden die uralte Maschine am Himmel bemerkte, fiel vor allem eines auf: Das Flugzeug machte einen Höllenlärm. Vermutlich ertrugen die Berliner das tägliche Dröhnen und Donnern der mächtigen Propellermotoren allein deshalb, weil damit sentimentale Erinnerungen verbunden waren. Erinnerungen an eine Zeit, in der sie von außen Hilfe bekamen. Hilfe, die ihnen überleben half.

In der Nacht vom 13. auf den 14. Februar 1945 hört Brigitte lautes Dröhnen wie von dieser einen Berliner Maschine, aber tausendfach. Das wird die Nacht der Bombardierung Dresdens. Bis dahin war die wegen ihrer einzigartigen Kunstschätze als Elbflorenz bekannte Stadt noch nie Ziel eines großen Luftangriffs gewesen. Doch kurz vor Kriegsende zerstören Hunderte von Bombenwerfern, die B-17 der Amerikaner und die Lancasters der Engländer, in vier Angriffswellen die Metropole, damals ein wichtiger Verkehrsknotenpunkt und ein Zentrum der Rüstungsindustrie.

Auch in Omsewitz am westlichen Stadtrand heult abends um Viertel vor zehn Uhr zum ersten Mal der Luftalarm. Damit endet ein Tag katastrophal, den Brigitte zuvor zu ihren besten zählt. Es ist Faschingsdienstag, und die Heimleiterin aus dem Ruhrgebiet hat eine Karnevalsfeier organisiert, ganz als ob sie etwas aus der Volkskultur ihrer Heimatregion ins abgelegene Sachsen bringen wolle. Die Mädchen durften sich verkleiden, und für wenige Stunden waren alle fröhlich und ausgelassen.

Das Kinderheim liegt genau in der Einflugschneise der Alliierten. Zuerst kommt eine kleine Formation von zehn hoch fliegenden Maschinen. Mit grün leuchtenden Magnesium-Lichtkaskaden markieren sie das Angriffsgebiet – »Christbäume« nannten die Dresdener diese damals – und stecken es mit grellroten Leuchtbomben ab. Das damit ausgewiesene Areal entspricht mehr oder weniger dem historischen Stadtzentrum.

Zehn Minuten später folgen vierhundert schwere Bombenflugzeuge, die jetzt wissen, wo sie ihre tödliche Ladung abwerfen müssen. Bis in den Schutzkeller des ehemaligen Ritterguts, der unter einem der Nebengebäude liegt, erbebt die Luft. Brigitte und die anderen Mädchen sitzen im Finstern, eng aneinandergeschmiegt. Gleich, denken sie, gleich fällt uns der Himmel auf den Kopf.

In einem anmutigen Bogen

Der schwerste Angriff folgt drei Stunden darauf. Es ist nicht nötig, vorher eine Erkundungseinheit zu schicken, denn wegen der heftigen Brände ist das Stadtzentrum in der Dunkelheit von Weitem zu sehen. Sechshundert Flugzeuge werfen mit Thermit gefüllte Brandbomben ab und lösen einen Feuersturm aus. Das Feuer ist so heftig, dass sich der berüchtigte Kamineffekt einstellt. Über dem Boden wird Sauerstoff angesogen. Menschen am Rand des immens großen Brandherds können sich kaum auf den Beinen halten und ringen nach Atem. Eisen und Glas schmelzen. Dresden geht in den Flammen auf. Löschen ist sinnlos.

In dieser Nacht wird ein Drittel der Stadt ausradiert. 25 000 Tote sind zu beklagen. An den beiden nächsten Tagen zeigen sich die alliierten Flugzeuge noch zweimal über der Stadt. In beiden Fällen am helllichten Tag, denn die Luftabwehr wurde bei den früheren Angriffen ausgeschaltet.

Bis heute wird die Frage diskutiert, ob die Bombardierung der Stadt so kurz vor dem Ende des Zweiten Weltkriegs strategisch sinnvoll war. Vielleicht gab damals etwas anderes den Ausschlag. Drei Wochen vorher hatte die Rote Armee die Häftlinge aus dem Vernichtungslager Auschwitz befreit. Als die tatsächlichen Dimensionen des Nazivölkermords für jeden sichtbar wurden, erhoben sich bei den Alliierten Stimmen, die Vergeltung forderten.

Brigitte überlebt die Bombardierungen, weil das Kinderheim ziemlich weit vom Stadtzentrum entfernt liegt. Etwa sechs Kilometer. Dieses Detail scheint unbedeutend, ist es aber nicht.

Die Flugzeuge müssen ihre eigene Geschwindigkeit mit einkalkulieren und werfen deshalb die Bomben weit vor dem Ziel ab. Bei den Tagesangriffen beobachtet Brigitte, dass die Luken genau über Omsewitz geöffnet werden. Weil es keinen Fliegeralarm mehr gibt, gehen die Kinder erst in den Schutzbunker, als die Flugzeuge bereits über der Stadt sind. Brigitte sieht sie, während sie über den Innenhof zu ihrer Zufluchtsstätte eilt.

Erneut Hunderte Flugzeuge. Dröhnend ziehen sie in kleinen Formationen am Himmel vorüber. Brigitte erkennt die Bomben. Sie sehen aus wie überdimensionierte Regentropfen, die nicht senkrecht fallen. Wenn man es nicht besser wüsste, könnte man sagen, dass sie in einem anmutigen Bogen ihr Ziel suchen.

Warten, einfach warten

Ersteigen die Meißener Mitte Februar 1945 das Felsplateau, auf dem die Albrechtsburg liegt, dann sehen sie dort, wo man Dresden vermutet, nachts eine rote Glut und tagsüber schwarze Wolken. Es steht schlecht um die Landeshauptstadt. Am Tag nach den nächtlichen Luftangriffen erreichen die ersten Ausgebombten Meißen. Sie haben Grauenhaftes gesehen.

Beim Hören ihrer Geschichten macht Hilde sich immer größere Sorgen. Da es keine Möglichkeit gibt, mit ihrer Tochter Kontakt aufzunehmen, beschließt sie, selbst nach Dresden zu fahren. Hellmuth ist nicht in diesen Plan eingeweiht, er könnte sie ja auch nicht begleiten. Sein Einsatz in Erfurt ist zwar zu Ende, aber er wurde wieder zu den Waffen gerufen. Diesmal dient Brigittes Vater beim *Volkssturm*, der Volksmiliz, die im Herbst 1944 von Hitler persönlich ins Leben gerufen wurde, um den deutschen Heimatboden zu verteidigen. Er ist jetzt ein Bürgersoldat.

Am Morgen des 16. Februar, dem ersten Tag, an dem die Flugzeuge ausbleiben, bricht Hilde auf. Bis Radebeul fährt sie mit der S-Bahn; die letzten acht Kilometer muss sie zu Fuß gehen. Um die Mittagszeit ist sie in Omsewitz. Im Kinderheim geht es drunter und drüber, denn die lokalen Angestellten sind nach den Bombardierungen nicht mehr aufgetaucht. Es ist bereits der dritte Tag, an dem die Kinder keine warme Mahlzeit bekommen haben, und das letzte Stückchen Brot ist aufgegessen. Hilde findet ihre Tochter mit einer Handvoll anderer Mädchen in der Wohnküche. Mit emotionslosen Gesichtern sitzen sie in einer Ecke und warten. Worauf, weiß keine von ihnen – sie warten einfach.

In den Waschküchen

Genauso spontan, wie Hilde beschlossen hatte, ihre Tochter nicht zum BDM-Treffen gehen zu lassen, beschließt sie jetzt, Brigitte mit nach Hause zu nehmen. Sie hatte sich auf eine heftige Auseinandersetzung mit der Heimleiterin eingestellt, doch der ist es merkwürdigerweise ziemlich einerlei, dass Hilde ihre Tochter abholt. Denn sie ist dabei, zusammen mit ein paar älteren Mädchen ihre eigene Abfahrt ins Ruhrgebiet vorzubereiten. Hastig legen sie zusammengeschnürte Pakete in einen offenen Lastwagen. Evakuierung kann man das nicht nennen, denn kein Vorgesetzter hatte den Auftrag zur Abreise gegeben. Ob sie Brigitte wohl mitgenommen hätte, wenn Hilde nicht an diesem Tag aufgetaucht wäre? Oder hätte sie das Kind in Omsewitz zurückgelassen?

Aus einem Riesenberg schmutziger Kleider sucht Hilde die Wäsche ihrer Tochter heraus. Die Kleidung der Mädchen wurden seit Wochen nicht mehr gewaschen. Das Dritte Reich steht kurz vor der Implosion, und die Anzeichen kann man sogar in den Waschküchen des Kinderheims sehen. Ein Riesenbovist, der am Saisonende bei der leichtesten Berührung in einer Staubwolke zerfällt.

Ohne Abschiedsgruß verlassen Mutter und Kind das Haus. Hilde trägt in ihrer Linken den Pappkoffer mit Brigittes Habseligkeiten, den rechten Arm hat sie um die Schultern der Tochter gelegt, die teilnahmslos neben ihr hergeht. Die beiden meiden das Herz der Stadt, durchqueren aber die Viertel am Rande des Zentrums.

Vierundzwanzig Stunden nach dem letzten Luftangriff gibt es noch vereinzelte Brandnester, und die Häuser glühen nach. Mitten auf der Straße hat man das Gefühl, als strahlten einen von zwei Seiten gewaltige Öfen an. Brigitte muss an die kalten Nächte im Schlafsaal denken. Wenn sie an einer Hauswand einen verkohlten Leichnam liegen sieht, wendet sie den Blick ab.

In Radebeul müssen Mutter und Tochter nicht lange auf die S-Bahn warten. Zwei Stunden nach Einbruch der Dunkelheit kommen die beiden in Meißen an. Mühsam finden sie ihren Weg durch die verdunkelte Stadt bis zur Gabelsbergerstraße. Als ich meine Schwiegermutter siebzig Jahre später frage, wie es denn gewesen sei, endlich wieder in die vertraute Umgebung zu kommen, hat sie darauf keine Antwort. Ans Nachhausekommen hat Brigitte keine Erinnerungen. Keine einzige.

1942: Schloss Weesenstein, eine Aufnahme aus dem Jubiläumsalbum von Helene Reinhard

KAPITEL 7

Anatomische Gründe

28. Februar 1945 – Joseph Goebbels in einer Rundfunkansprache: »Entweder auf dem Gipfel des Ruhmes oder vernichtet!«
30. März 1945 – Fünfeinhalb Jahre nach dem ersten deutschen Angriff erobert die russische Armee Danzig.
16. Mai 1945 – Die Horst-Wessel-Straße im Zentrum von Meißen heißt von nun an Ernst-Thälmann-Straße.
19. Oktober 1945 – Die deutsche Evangelische Kirche klagt sich mit der Stuttgarter Schulderklärung selbst an.
4. Januar 1946 – Bürgermeister Walter Weidauer stellt seine Pläne für den Wiederaufbau Dresdens vor.

In den beiden letzten Kriegsjahren werden die Naziheere von zwei Seiten zurückgedrängt. Im Westen gewinnen die Engländer, Amerikaner und Franzosen an Boden. Gleichzeitig erringen die Russen im Osten einen Sieg nach dem anderen. Obwohl schnell klar wird, dass die deutsche Wehrmacht der geballten Macht der Alliierten nicht mehr standhalten kann, wollen sich die Nationalsozialisten nicht ergeben.

Kampf bis zum bitteren Ende. Dieses Credo erklärt, warum in der letzten Phase dieses Weltkriegs so viele Soldaten einen sinnlosen Tod sterben. Dass Hitler keinerlei Zugeständnisse machen will, ergibt sich ganz klar aus dem berüchtigten *Nerobefehl*. Er verfügt eine Taktik der verbrannten Erde, selbst dann, wenn seine

Truppen das eigene, deutsche Territorium dem Feind überlassen müssen.

Im Frühjahr 1945 dringen die Marschkolonnen der Allianz gegen Hitler immer tiefer ins Reichsgebiet ein. Aus machtpolitischen Erwägungen will Stalin als Erster Berlin erreichen. Er setzt alles daran, um die deutsche Hauptstadt am 1. Mai, dem Tag der Arbeit, einzunehmen. Die westlichen Alliierten und die Russen stoßen an der Elbe aufeinander. Beim sächsischen Strehla schüttelt der amerikanische First Lieutenant Albert Kotzebue am 25. April dem russischen Kommandanten Aleksander Gordejew die Hand.

Am Ende gewinnt die Rote Armee den Wettlauf nach Berlin, sodass die Menschen östlich von Strehla es nicht mit Engländern, Amerikanern oder Franzosen zu tun bekommen, sondern mit russischen Soldaten. Die Familienmitglieder, die nicht zu den Waffen gerufen wurden, erleben jetzt, dass auch sie Spielsteine auf dem Schachbrett des Kriegs werden. Drei Schauplätze sind von besonderer Bedeutung. Dort kommt nach zwölf langen Jahren auch für Emil Grunewald und die Seinen das Ende der nationalsozialistischen Diktatur. In chronologischer Reihenfolge handelt es sich um Neulangsow, Meißen und Weesenstein.

Verschläge fürs Federvieh

»Ich habe damals Sachen gesehen, das kann ich euch sagen ...!« Diese Worte waren mehr als einmal aus dem Mund meines 1931 geborenen Schwiegervaters Gerd Frentzel zu hören. Und an diesen Worten war etwas Merkwürdiges. Jedes Mal, wenn er sie aussprach, folgte ein Schweigen. Was Gerd gesehen, was er mitgemacht hatte – darüber sprach er nicht. Vielleicht, weil er es einfach nicht erzählen konnte.

Gerd ist dreizehn Jahre alt, als er im Mai 1945 in seinen Heimatort Neulangsow zurückkehrt, ein für die preußische Provinz Brandenburg typisches Straßendorf mit vielleicht hundert Einwohnern. Eine wenig befahrene, gepflasterte Landstraße, zu beiden Seiten hohe Bäume. Die kleinen Häuser sind einfach und bestehen oft nur aus dem Erdgeschoss. Sie werden von Landarbeitern und Tagelöhnern – wie Gerds Vater Wilhelm einer war – bewohnt. Gleich hinter den Gärten, wo meistens ein kleiner Stall für ein paar Ziegen und klapprige Verschläge fürs Federvieh stehen, erstrecken sich die Wiesen.

Neulangsow liegt im Oderbruch, dem Binnendelta der Oder, die nach dem Zweiten Weltkrieg der Grenzfluss zwischen Deutschland und Polen wird. Die flache Landschaft erinnert an niederländische Polder: viel Gras, Entwässerungsgräben und endlose Baumreihen. Das ist kein reiner Zufall, denn im achtzehnten Jahrhundert war Simon Leonard von Haerlem, ein niederländischer Wasserbauingenieur, für die Trockenlegung des Sumpflands verantwortlich.

Ein natürliches Hindernis

Im Oderbruch liegen Dutzende kleiner Dörfer wie Neulangsow. Seit Anfang Frühjahr 1945 werden sie evakuiert, weil die deutsche Armee auf dem morastigen Boden die letzten Verteidigungslinien vor Berlin aufbaut. Die Bevölkerung hat bei dieser Entscheidung natürlich nichts mitzureden und muss das Feld räumen. Bis zur deutschen Hauptstadt sind es nur knapp fünfzig Kilometer, und die Hauptmacht der russischen Armee rückt immer näher.

Am westlichen Oderufer, nahe der kleinen Stadt Küstrin, kontrolliert die russische Armee schon seit einiger Zeit einen Brückenkopf. Mehr als zwei Monate lang kommen Züge aus Russland und bringen Mannschaften, Panzer und die verschiedensten Waffen. Bevor die Bewohner des Oderbruchs fliehen, schreiben sie Parolen auf die Hauswände, um die eigenen Truppen zu ermutigen: »Schützt unsere Frauen und Kinder vor den roten Bestien!«

Die deutsche Wehrmacht dirigiert ihre letzten Reserven an die Oder. Abgekämpfte Soldaten, die jüngsten Jahrgänge wehrpflichtiger Soldaten, oft noch halbe Kinder, und die in Kriegsführung kaum geschulten Kämpfer des Volkssturms. Auch die Panzergrenadier-Division Nederland mit etwa tausend niederländischen SS-Freiwilligen bezieht Stellung und bereitet sich auf die vielleicht entscheidende Schlacht gegen die Rote Armee vor.

Überall im Oderbruch werden Artilleriebatterien in Stellung gebracht, und es entstehen improvisierte Bunkerkomplexe mit Schützengräben. Häuser, die den freien Blick auf das Schussfeld stören, müssen dran glauben. Ebenso werden strategisch gelegene Kirchtürme, in denen sich russische Soldaten verschanzen könnten, abgerissen.

Die letzten Befestigungsanlagen liegen auf dem Hügelrücken, der den Oderbruch im Westen abgrenzt. Seelow, von wo aus man einen weiten Ausblick über die fünfzig Meter tiefer gelegene, schier endlose Polderlandschaft hat, wird zu einer Festung ausgebaut. Die kleine Stadt liegt an der Reichsstraße 1, die direkt nach Berlin führt.

Neulangsow ist keine fünf Kilometer von Seelow entfernt. Wenn man vom Dorfrand aus nach Westen schaut, also Richtung Berlin, sieht man die Hügel sich aus dem Tiefland erheben. Sie bilden ein natürliches Hindernis. Mit anderen Worten, man muss kein großer Stratege sein, um zu begreifen, warum die deutsche Heeresführung den Feind hier aufhalten möchte.

Eine Frage der Zeit

Am 16. April ist es so weit: Die Schlacht um die Seelower Höhen, der eigentliche Beginn des Kampfs um Berlin, bricht los. Mit riesigen Scheinwerfern, die normalerweise von der Luftabwehr eingesetzt werden, leuchten die Russen das Oderbruch aus. Es ist drei Uhr nachts, und das plötzliche Licht aus dem Osten, das mehrere Kilometer breit die Landschaft erhellt, verkündet den deutschen Soldaten Unheil. Ein apokalyptischer Sonnenaufgang. Hoch über ihren Köpfen donnern Bombenflugzeuge, und um sie herum explodieren Artilleriegranaten.

Respekt flößen auch die Projektile ein, die mit ohrenbetäubend schrillem Pfeifen aus der *Katjuscha*, einer neu entwickelten Waffe kommen, die auf das Fahrgestell eines Lastwagens montiert ist und binnen weniger Sekunden Salve um Salve von Raketen abfeuert. »Stalinorgel«, sagen Soldaten der Wehrmacht dazu, weil die neben- und hintereinander montierten Abschussrohre aus der Entfernung wie Orgelpfeifen aussehen.

Die russische Übermacht ist überwältigend. Jedes Mal, wenn der Vormarsch zu stocken droht, lässt General Georgij Schukow aus dem Küstriner Hinterland neue Heeresverbände anrücken. Zahllose Soldaten, Tausende gepanzerte Fahrzeuge und buchstäblich Zehntausende Geschütze: Der Durchbruch nach Berlin ist nur eine Frage der Zeit.

Die Deutschen halten vier Tage stand. Am 19. April gibt die Wehrmacht ihre letzten Stellungen auf. Soldaten, die nicht gefangen genommen werden, ziehen zu den Schlachtfeldern weiter, wo noch gekämpft wird, etwa bei dem kleinen Ort Halbe in den Flussauen des Spreewalds. Von den Seelower Höhen her bewegen sich die Kolonnen der Roten Armee jetzt Richtung Hauptstadt. Wie er das als Dreizehnjähriger erlebte, beschreibt Jahrzehnte später ein Einwohner von Rüdersdorf, von Osten her gesehen die letzte Kleinstadt vor Berlin. Damals ist er im gleichen Alter wie Gerd. Er berichtet von einem höllischen Tumult:

Fahrzeug an Fahrzeug, viele Lkws amerikanischer Herkunft, aber auch sowjetische SIS-Lkws, dazwischen eine Kolonne Panzerwagen mit Pferdegespann und immer wieder Panzer-Bataillone. Der Erdboden zitterte, wie bei einem leichten Erdbeben.

Am 25. April ist Berlin komplett eingekesselt, drei Tage später erreichen die ersten Soldaten das Stadtzentrum, und am 30. April wird auf dem Reichstag die russische Fahne gehisst. Am 2. Mai erteilt der deutsche General Helmuth Weidling den Befehl, die Kampfhandlungen einzustellen. Berlin holt tief Luft und wartet auf das, was kommen wird. Diesen Augenblick wird Adolf Hitler nicht mehr erleben. Achtundvierzig Stunden zuvor hat er sich gemeinsam mit Eva Braun im unterirdischen Führerbunker im Garten der Reichskanzlei das Leben genommen.

Für die Zivilbevölkerung bricht eine kritische Zeit an. Das erlebt auch Gerds Altersgenosse. Er schreibt: »Obwohl es den sowjetischen Soldaten nach den Siegesfeiern streng untersagt war, sich gegenüber der deutschen Bevölkerung Übergriffe zu erlauben, kam es zu zahlreichen unverzeihlichen Taten, vor allem gegenüber Frauen und weiterhin in Bezug auf den Diebstahl persönlichen Eigentums, wie Fahrräder, Uhren und Schmuck.«

Als der Krieg vorbei ist – die Kapitulation wird am 7. Mai im französischen Reims unterzeichnet und am 8. Mai in Berlin-Karlshorst bestätigt –, kehren die aus dem Oderbruch evakuierten Bewohner in ihre Häuser zurück. Oder in das, was davon übrig ist.

Ein verlorenes Kind, das keiner haben will

Seit dem Tod seiner Mutter Martha, die im Mai 1943 nach langer Krankheit starb, lebt Gerd in Berlin. In Neulangsow konnte er nicht bleiben, denn sein Vater Wilhelm diente in der Wehrmacht, und für die beiden älteren Schwestern, die selbst noch Kinder sind, ist die Verantwortung für den kleinen Bruder zu groß. Es erweist sich als nicht leicht, eine Pflegefamilie zu finden. Schließlich wird Gerd von seiner Tante Frieda aufgenommen, die im Berliner Stadtteil Neukölln einen Friseursalon führt.

Bei ihr fühlt er sich nicht heimisch: ein verlorenes Kind, das keiner haben will. Das letzte Kriegsjahr verbringt die Halbwaise in der Britzer Kleingartensiedlung am südlichen Stadtrand der Reichshauptstadt. Aus Angst vor den alliierten Bombenangriffen hat

Frieda das Stadtzentrum verlassen und ist in ein kleines Holzhaus gezogen, das eigentlich nur zum Wohnen in den Sommermonaten gedacht ist.

Vor Jahren hat mich Gerd einmal zu der Anlage mitgenommen. Schnurstracks führte er mich zum ehemaligen Garten seiner Tante. Es war ein entspannter Tag, überall standen Männer an Grills, auf denen Würstchen und Koteletts brieten. Gerd zeigte mir die Stelle, wo er ein unterirdisches Versteck für seine Spielsachen gegraben hatte. Einen kleinen Bunker für den Fußball, für Pfeil und Bogen.

Über die Obst- und Gemüsegärten ragt eine Windmühle aus dem neunzehnten Jahrhundert empor, eine typische Kappenwindmühle nach nordholländischer Bauart. Sie wurde 1943 bei einem Bombenangriff schwer beschädigt, in den Fünfzigerjahren aber wiederaufgebaut. Sogar Jahrzehnte später wird Gerd diese Mühle noch erwähnen, wenn unser Gespräch zufällig auf die Niederlande kommt.

Als die russische Armee Berlin fest im Griff hat und die letzten Pulverdämpfe verweht sind, macht sich Gerd – knapp drei Monate vor seinem vierzehnten Geburtstag – auf den Weg ins Oderbruch, zurück in das Dorf, wo er geboren wurde. Die erste Maiwoche ist gerade vorüber. Weil die öffentlichen Verkehrsmittel nicht mehr nach Fahrplan fahren, legt der Junge weite Strecken zu Fuß zurück. In Neulangsow trifft er auf seine zwei Schwestern und den jüngeren Bruder.

Vom Vater fehlt jede Spur, doch das ist Mitte 1945 eher die Regel als die Ausnahme. Viele Männer sind im Krieg gefallen, und von denen, die überlebt haben, ist ein großer Teil in Kriegsgefangenschaft oder wurde abtransportiert, um irgendwo in den Weiten Russlands Zwangsarbeit zu verrichten. Das vorläufig noch elternlose Quartett kann die ehemalige Wohnung der Familie nicht mehr beziehen, denn nach dem russischen Artilleriefeuer ist von der bescheidenen Behausung nur noch eine Ruine übrig geblieben. Unbewegt betrachtet Gerd die brandgeschwärzten Trümmer. Die Kriegsjahre haben ihn hart gemacht.

Am Dorfrand bekommen die Kinder ein verfallenes Häuschen zugewiesen. Sie unterstützen sich gegenseitig und versuchen, nach vorn zu schauen. Wenn nur der Geruch nicht wäre. Dieser widerlich süße Geruch, der über dem Land liegt.

Nach dem strengen Winter, der es den Russen ermöglichte, sogar schweres Material über das Eis der Oder zu transportieren, ist es nun endlich Frühling geworden. Die milde Wärme der ersten Maiwochen weckt die Lebensgeister, verstärkt aber auch den Verwesungsgeruch. Würgen könnte man davon, und Gerd bekommt ihn nicht mehr aus der Nase.

Schon drei Wochen lang liegen die Leichen der toten Soldaten dort, wo sie umgekommen sind. Schutzlos, nicht einmal mit einer Decke oder einem Fetzen Stoff bedeckt. Körper, die von abscheulichen Verwundungen entstellt sind, Körper von Vätern und Söhnen, deren sterbliche Überreste man nur noch anhand der militärischen Erkennungsmarke identifizieren kann.

Die richtigen Worte suchen

Bei der Schlacht um die Seelower Höhen finden 50 000 Menschen den Tod. Bei drei Viertel der Gefallenen handelt es sich um Russen, denn anfangs sind die deutschen Soldaten im Vorteil. Sie haben sich eingegraben und müssen sich nicht durch die Landschaft bewegen. Es bleibt keine Zeit, die Toten zu beerdigen. Für die Russen gilt: Der Marsch auf Berlin duldet keine Verzögerung. Und den Deutschen bleibt keine Wahl. Sie sind geschlagen und ergreifen die Flucht unter Zurücklassung ihrer toten Kameraden.

Das Schlachtfeld im Oderbruch wird von der Zivilbevölkerung geräumt, überwiegend von Frauen und Kindern, so, wie auch in den zerbombten Städten die sogenannten Trümmerfrauen den Kriegsschutt wegschaffen. Den Befehl, die Toten zu begraben, erteilt der Ortskommandant der russischen Besatzungsarmee. Überall entstehen Soldatenfriedhöfe mit einem Gedenkstein in kyrillischer

Abb. 2 (oben links) Emil als Student in Leipzig (um 1895)

Abb. 3 (oben rechts) Hedwigs Vater, der Textilfabrikant Ernst Paul (um 1895)

Abb. 4 (links) Die fünfzehnjährige Hedwig im Jahr 1888

Abb. 5 Hedwig (stehend) arbeitet mit ihren Freundinnen an der Aussteuer (1894)

Abb. 6 Das Verlobungsfoto von Emil und Hedwig (1899)

Abb. 7 (oben links) Die Schwestern
Hanna und Hilde im Jahr 1904

Abb. 8 (oben rechts) Hedwig (rechts)
mit ihrer jüngeren Schwester Anna
um 1890

Abb. 9 (links) Hedwigs älterer Bruder
Max Paul (um 1900)

Abb. 10 Um 1910: Das Wohnhaus der Familie in Meißen. Im Fenster stehend: Hedwig. Im Vordergrund: Hanna und Hilde (die beiden größten Kinder)

Abb. 11 Ein Damenausflug nach Pillnitz im Jahr 1914. Links am Boden
sitzend: Hedwig. Dahinter in der zweiten Reihe rechts: Hanna

Abb. 12 Emil (2.v.r.) mit seinem Streichquartett um 1912

Abb. 13 Hanna und Hilde an Hildes
erstem Schultag im Jahr 1908

Abb. 14 Hannas Klasse beim
Turnunterricht (1913)

Abb. 15 Hilde bei ihrem Abschlussball im Jahr 1918 (sitzend, genau in der Mitte)

Abb. 16 Das Lehrerkollegium des Franziskaneums um 1920. Auf der rechten Seite direkt am Tisch sitzend: Emil (2. von vorne)

Abb. 17 (links) Hedwig und ihre Töchter mit einigen Pensions-schülern im Jahr 1915

Abb. 18 (unten) Frühjahr 1915: Emil und Hedwig mit ihren Töchtern im Garten hinter der Brauhausstraße

Abb. 19 1920: Familie Grunewald mit der neunzehnjährigen Hanna (links) und der achtzehnjährigen Hilde (hinten)

Abb. 20 Eine Zeichnung aus Hildes Skizzenbuch (um 1920)

Abb. 21 (links) Hildes Scheren-
schnitt von ihrem Vater Emil
(1921)

Abb. 22 (unten) Hilde (vierte
von links) beim Schlittschuh-
laufen im Winter 1926

Abb. 23 (oben) Hilde und Hellmuth
bei einer Spritztour (um 1930)

Abb. 24 (links) Hellmuths Bruder
Herbert Oehmigen im Jahr 1917

Abb. 25 Hannas zukünftiger Ehemann Hanns als kleiner Junge (links) mit seinen Eltern Carl und Helene Reinhard (2. v. l.) um 1910

Abb. 26 Hilde und Hellmuth bei ihrer Hochzeit am 5. Mai 1930. Hinten Hildes Schwiegervater Franz Oehmigen (ganz links) sowie in der zweiten Reihe Hildes Schwiegermutter Sidonie Oehmigen (rechts). Auch Hellmuths Geschäftspartner Walther Jungblut (ganz rechts) nimmt mit Ehefrau Paula (2. Reihe, Mitte) an den Feierlichkeiten teil.

Abb. 27 Hochzeitsfoto von Hanna und Hanns, aufgenommen am 27. Mai 1933: Direkt hinter dem Bräutigam: Hannas Schwiegermutter Helene Reinhard

Abb. 28 (links) Hanna im Juni 1933 im Garten des Hotels Seegarten am Luganer See

Abb. 29 (unten) Hedwig mit ihrer Enkelin Brigitte im Jahr 1938

Abb. 30 1. Mai 1933: Der Festwagen der Firma Gebrüder Otto

Abb. 31 Hanns und Hanna (links) in Düsseldorf (Mai 1938)

Abb. 32 (links) Hanna im Sommerurlaub 1935 am Strand von Rauschen

Abb. 33 (unten) 1938: Ohne eigenen Personalausweis – Hedwig ist im Pass ihres Ehemanns Emil eingetragen

Abb. 34 Hilde um 1932 vor dem ersten kleinen Pkw ihres Mannes, einem Tempo

Abb. 35 Die brennende Holzwarenfabrik der Firma Gebrüder Otto im Jahr 1932

Abb. 36 (oben) Der nackte Hintern
der Wehrmacht (Juni 1941)

Abb. 37 (links) Gerd, Brigittes
Zukünftiger, als Achtzehnjähriger
(1949)

Abb. 38 Klampfenchor der FDJ im Jahr 1949. Fünfte von links: Brigitte

Abb. 39 Ausflug nach Klingenberg während der Ausbildungszeit: Brigitte (rechts) mit anderen zukünftigen Erzieherinnen (1950)

Abb. 40 Brigitte auf einer Landstraße bei Seelow im Jahr 1952

Abb. 41 Brigitte und Gerd mit Tochter Sabine im Hinterhof ihrer Wohnung in der Brauhausstraße (1957)

Abb. 42 (links) 1965: Das Sommerhaus in Weinböhla wird gebaut

Abb. 43 (unten) Weinböhla, 1965: Hellmuth bringt ein Fenster für das Sommerhaus

Abb. 44 Hilde mit ihrer Enkelin Karoline (links) im Wintergarten neben dem Gästehaus (1975)

Abb. 45 Hilde und Hellmuth entspannen im Garten von Weinböhla (1971)

Abb. 46 Gerds fünfzigster Geburtstag am 28. Juli 1981

Abb. 47 Hanna (links) im Frühjahr 1967 auf dem Museumplein hinter dem
Amsterdamer Rijksmuseum

Schrift. Als Ehrenbezeugung für die Toten sind am Eingang mitunter ein paar Haubitzen oder sogar ein ausgemusterter T-34-Panzer aufgestellt.

Längst nicht alle Gefallenen finden auf einem Soldatenfriedhof ihre letzte Ruhestätte. Im Oderbruch liegen so unsagbar viele Tote, dass viele von ihnen gleich dort begraben wurden, wo man sie fand. Deshalb stoßen Arbeiter bis heute bei Bau- und Erdarbeiten auf sterbliche Überreste. Dann werden die Gebeine russischer Soldaten auf den Friedhof von Lebus umgebettet, die von deutschen Soldaten auf den in Lietzen.

Das offizielle russische Kriegerdenkmal steht in Seelow, dem Ort der letzten deutschen Verteidigungslinie. Das Denkmal wird von einer fünf Meter hohen Skulptur des Bildhauers Lew Kerbel dominiert, der für seine Monumentalplastiken kommunistischer Staatslenker bekannt ist. Für Seelow gestaltete er einen Soldaten der Roten Armee mit Maschinenpistole, dessen Hand auf dem Geschützturm eines zerstörten Panzers ruht. Der Kämpfer aus Bronze lässt seinen kühnen Blick über die weite Landschaft des Oderbruchs schweifen.

Neben dem Denkmal befindet sich ein kleines Museum, in dem man sich über die Geschichte der Schlacht informieren kann. Über den genauen Verlauf der Linien, über die strategischen Überlegungen und das eingesetzte Kriegsgerät. Alles höchst interessant, aber am meisten berühren einen doch die kurzen Filme, die in den Zweitausenderjahren von den Abiturienten des Seelower Gymnasiums gemacht wurden. Diese befragten Mitbürger, die wie Gerd 1945 ins Oderbruch zurückkehrten. Alle sind Generationsgenossen, Menschen der Geburtsjahrgänge um 1930. Hier lassen sie Schüler, die im Alter ihrer Enkelkinder sind, an ihren Erfahrungen teilhaben.

Unwillkürlich überkommt einen das Gefühl, dass sie sich zum ersten Mal aussprechen. Sie erzählen langsam, suchen nach den richtigen Worten, und immer wieder kommt es zu Pausen. Diese Zeitzeugen berichten von Erfahrungen, über die Gerd nicht sprechen konnte.

Ein Mann schildert, wie sie zerfallende, tropfende Soldatenleichen zuerst auf eine Decke schoben, um sie danach vorsichtig in zuvor ausgehobene Gruben gleiten zu lassen. Eine Frau berichtet, dass ihre Mutter ihr das Schlimmste ersparen wollte: Sie durfte verendete Tiere, das verhungerte Vieh der Bewohner des Oderbruchs und die umgekommenen Pferde nicht motorisierter Heeresverbände, mit Erde bedecken. Und ein dritter Zeuge beschreibt, wie russische Aufseher ehemalige NSDAP-Mitglieder in die Minenfelder schickten, um dort die Gefallenen zu begraben.

»Das kann ich euch sagen ...!« – es ist, als sprächen diese uralten Leute, die ihr Leben im Oderbruch verbrachten, in Gerds Namen.

Wo ist Hellmuth?

In Meißen kommt für Hilde das Ende des Zweiten Weltkriegs am 7. Mai 1945. Mit ihren Kindern wartet sie bei ihren Eltern in der Brauhausstraße auf das Eintreffen der russischen Armee. An einem der letzten Apriltage hat sie ihre eigene Wohnung in der Gabelsbergerstraße verlassen, weil sie lieber bei Emil und Hedwig sein möchte. Lange werden die Russen nicht auf sich warten lassen, darüber ist man sich in der Stadt einig.

Hilde denkt an die Worte, mit denen ihr Vater Hitlers Selbstmord und die Amtsübernahme durch Admiral Karl Dönitz kommentierte. Der pensionierte Gymnasialprofessor höhnte: »Oh, dann ist es bestimmt nicht mehr ›Heil Hitler‹, sondern ›Heil Dönitz!‹«. Das Stadtzentrum mit der Burg der Wettiner und der mittelalterlichen Kathedrale ist für sie unerreichbar geworden: Eine Pioniereinheit hat zwei Wochen zuvor beide Elbbrücken gesprengt.

Wer vor den schweren Explosionen nicht die Anordnung der Soldaten befolgt und die Fenster geöffnet hatte, muss nun die Konsequenzen tragen: Alle Scheiben sind aus den Rahmen geflogen. Auch ein Großteil der Häuser in der Gerbergasse, die direkt an den westlichen Pfeiler der nördlichen Brücke grenzt, wurde weggefegt.

Darunter das Gebäude, in dem die Otto-Brüder sechzig Jahre zuvor ihr Holzwarengeschäft eröffnet hatten.

Die Eltern von Hildes Mann Hellmuth wohnten ihr Leben lang über den Verkaufsräumen. Die Zerstörung des Hauses zu sehen bleibt ihnen erspart. Sidonie stirbt 1939; ihr Mann Franz drei Jahre später als einer der wenigen zivilen Patienten in der Johannesschule in Meißen-Cölln. Die Volksschule, die Hanna und Hilde einst besuchten, fungiert inzwischen als Dependance des Krankenhauses, um dort Kriegsheimkehrer zu versorgen.

Dass die letzte Kriegsphase angebrochen ist, sieht man in den Wochen, die der Sprengung der Brücken vorangehen. Als Hilde außerhalb von Meißen unterwegs ist, wird sie Zeugin eines der zahlreichen Todesmärsche, die über die Landstraßen Sachsens ziehen. Der Anblick der ausgezehrten, in Lumpen gehüllten Gestalten versetzt ihr einen Schock.

Es sind Gefangene aus einem »evakuierten« Konzentrationslager. Offenbar stehen die vorrückenden Alliierten kurz davor, das Lager zu befreien. Deshalb treiben Soldaten der Waffen-SS sie von dort weg, »anderswohin«. Was Hilde nicht weiß, ist, dass es dieses »anderswohin« oft nicht gibt. Die Menschen, die das Grauen des Konzentrationslagers überlebt haben, gehen nirgendwohin. Sie gehen, bis sie buchstäblich tot umfallen.

Hilde ist voller Angst. Wie schon in den ersten Kriegsjahren ist sie auf sich allein gestellt. Sie weiß nicht, wo sich Hellmuths Volkssturmregiment aufhält, sie weiß nicht einmal, ob es überhaupt noch existiert. Ihr Ehemann gehörte im April zu den Einheiten, die an der Ostfront die Neiße sichern sollten. Da gibt es jetzt, wenige Wochen später, durch die Siege der Roten Armee nichts mehr zu sichern. Auch von Süden her sind Truppen unter der Führung von Marschall Ivan Konew bis nach Berlin vorgedrungen. Wo also ist Hellmuth?

Emil geht es nicht gut. Die Medikamente gegen seine Blutkrankheit sind seit einem Jahr nicht mehr erhältlich. Hildes Mutter

Hedwig kommt ebenfalls ans Ende ihrer Kräfte. Die meisten Sorgen macht ihr allerdings Brigitte. Seitdem das Mädchen nach der Bombardierung Dresdens wieder zu Hause ist, spricht es kaum und ist anlehnungsbedürftig. In einem langen Brief hatte ihr Vater sich bereits sechs Wochen zuvor bemüht, sie aufzumuntern:

> Nun, meine liebe Gitta, du hast das Leben schon von einer anderen Seite kennengelernt, hast schon schwere Stunden hinter dir, und was noch kommt, weiß keiner. Du hast auch den Unterschied zwischen zu Hause und unter fremden Leuten kennengelernt. Sei weiterhin tapfer und folgsam, fasse fleißig mit zu, und du wirst ein brauchbarer und tüchtiger Mensch werden, der immer sein gutes Fortkommen findet!

Vergebens versucht Hilde herauszufinden, wie es Brigitte im Kinderheim ergangen ist. Die Mutter drängt nicht, dies ist sowieso nicht die Zeit, die Probleme der Vergangenheit zu lösen. Die Gegenwart verlangt ihren vollen Einsatz.

In Rauch aufgehen lassen

Meißen bereitet sich gründlich auf die Ankunft der Russen vor – *der Iwan*, sagt die Propaganda. Im Eiltempo werden die letzten Lebensmittelvorräte verkauft, damit sich jeder, der noch Bezugsscheine hat, einen kleinen Vorrat anlegen kann. Jeder Eimer, jede leere Flasche wird mit Trinkwasser gefüllt. Zusammen mit den Jungen der HJ baut die Wehrmacht Panzersperren. Scharfschützen verschanzen sich an Stellen mit freier Sicht, und die noch verbliebene Munition liegt zum Einsatz bereit.

Stramme Nazis, wie Kreisleiter Hellmut Böhme, wollen den Kampf nicht aufgeben. Er schreibt in sein Tagebuch: »Die Wehrmacht ist aufgestanden, dem Feind den Aufenthalt im Reich zur Hölle zu machen. Selbst bei uns wird geschanzt, werden Sperren errichtet, und zur Verteidigung Meißens habe ich Waffen und Minen bauen lassen, die wir einsetzen werden, solange noch Leben in uns ist.«

Aber die Meißener wollen nicht mehr kämpfen. *Sieg oder Sibirien!* Sogar diese Propagandalosung, die überall zu hören ist, reißt sie nicht aus ihrer Lethargie. Und die Geschichten von Hitlers Wunderwaffe, dem Zaubermittel für die letzte Kriegsphase – alles nur Märchen. Es ist vorbei.

Es sind kleine Dinge, an denen man die Veränderungen erkennen kann. Während der sechs Kriegsjahre fallen fast zweitausend Männer aus der Region Meißen. Inzwischen unterschreiben nur noch wenige Soldatenwitwen die Todesanzeigen mit »In stolzer Trauer«. Immer öfter liest man »In tiefer Trauer«. Kein Kummer also, in dem Nationalgefühl und Patriotismus mitschwingen, sondern eine Formulierung, die nur noch die Intensität ihres Schmerzes betont.

Aus den Schornsteinen in Meißen qualmen dicke Schwaden, obwohl man bei den Temperaturen nicht heizen müsste. Viele Einwohner verbrennen Papiere, Bücher, Uniformen – alles, was sie mit dem Regime in Verbindung bringen könnte. Wie viele meinen denn wirklich, dass sie ihre Nazivergangenheit in Rauch aufgehen lassen können? Verschwinden lassen wie den Schmutz, den man sich nach der Gartenarbeit von den Händen wäscht?

Die Rote Armee stößt bei der Einnahme von Meißen letztendlich auf wenig Widerstand. Der Stadt, die in den Kriegsjahren keine Luftangriffe zu verschmerzen hatte, bleibt dadurch auch das Artilleriefeuer erspart, das viele andere deutsche Städte stark in Mitleidenschaft zog. Paradoxerweise impliziert das intakte Meißen, dass die Welt von NSDAP-Bonze Hellmut Böhme in Trümmer fällt. Er folgt dem Vorbild des Mannes, der Europa ins Verderben gestürzt hat, und begeht Selbstmord, noch bevor die Soldaten der Roten Armee ihn festnehmen können.

Nichts für feine Nasen

Am Morgen des 7. Mai beobachtet Hilde beim verstohlenen Blick durch die Gardinen, dass in der Brauhausstraße schwere Armeefahrzeuge und offene Lastwagen mit Rotarmisten vorfahren. Sie gehören zur Fünften Sowjet-Garde-Armee unter dem Befehl von Generaloberst A. S. Schadow. Russische Soldaten gehen von Tür zu Tür und kämmen jede Wohnung durch. Es wird nicht mehr lange dauern, bis sie ebenfalls Auge in Auge mit den Männern steht, vor denen alle gewarnt haben. Sie hört, wie im Stock unter ihr die Tür der Nachbarn eingetreten wird. Am Poltern der Soldatenstiefel auf den Holzdielen kann sie genau verfolgen, in welchem Zimmer sich die Mannschaften gerade befinden.

Plötzlich stehen drei Soldaten – den hohen Wangenknochen nach stammen sie vermutlich aus Zentralasien – in der Wohnung von Hildes Eltern. Ihre Uniformen sind verschmutzt, und sie riechen streng. Krieg ist nichts für feine Nasen. Schnell gehen die Männer durch alle Räume. Heikel wird es, als sie in Hannas Zimmer eine Uniformhose von Hanns finden. Hildes ältere Schwester, die inzwischen nach Weesenstein umgezogen ist, hatte sie vor ihrem Auszug im Ofen versteckt. War sie nicht mehr dazugekommen, sie zu verbrennen?

Als sich die Eindringlinge davon überzeugt haben, dass von dem betagten Ehepaar, deren Tochter und den zwei Kindern keine Gefahr droht, stellt sich heraus, dass sie nicht nur nach versteckten Soldaten und Waffen suchen. Während die drei mit dem rechten Zeigefinger auf das linke Handgelenk deuten, ist in einem wunderlichen Deutsch-Russisch »Uhri! Uhri! Uhri!« zu hören. Kriegsbeute – darum geht es also auch, um Dinge, die man schnell zu Geld machen kann.

Das große Buffet, das früher in Emils und Hedwigs Esszimmer stand, zeigt noch heute die Spuren dieses Besuchs. Die Soldaten haben die geschlossenen Schranktüren mit einem Kuhfuß aufgebrochen. Zwar wurde das Walnussfurnier an der Vorderseite kunstvoll repariert, doch wenn man die linke Tür öffnet, sieht man innen im Holz noch immer den tiefen Abdruck des Brecheisens.

Hilde begreift nicht, warum die Russen so viel Gewalt anwenden. Sie hätten die Türen auch einfach aufschließen können, der Schlüssel steckte schließlich im Schlüsselloch. Für die ängstliche Mutter von Brigitte und Gottfried bestätigt dieses Vorgehen die Gräuelgeschichten, die über die Russen in Umlauf sind: Ungeheuer, Gewalttäter, Vergewaltiger. Als die drei Männer kurz darauf mit einem Etui voller goldener Armbänder und Ketten abziehen, spürt Hilde, dass ihre Wangen ganz feucht sind. Sie weint, weiß aber nicht, wie lange schon, und auch nicht genau, warum.

Unterschwellige Panik

Es dauert eine ganze Weile, bis das Leben wieder seinen normalen Lauf nimmt. Hilde geht zur Gabelsbergerstraße, um nach ihrer Wohnung zu sehen. Die Rote Armee ist auch dort in den Wohnblock eingedrungen und hat alles durchsucht. In der Eingangshalle haben die Soldaten alle Wäsche auf einen großen Haufen geworfen. Warum weiß keiner. Beim Betreten des Hauses sieht sie, wie sich die Nachbarn ihre Tischdecken, Handtücher und Bettlaken wieder zusammensuchen.

Auch sie trägt, was ihr gehört, nach oben und inspiziert den Schaden. In der Wohnung ist alles durcheinander. Der Inhalt der Schränke liegt in allen Zimmern verstreut, Stühle sind umgeworfen, und ein Tisch reckt seine Beine nach oben. In der Küche fehlt ein Teil des Geschirrs.

Eine Nachbarin weiß zu berichten, dass russische Soldaten aus allen Wohnungen Teller und Essbesteck für ein Festmahl im Garten der Villa mitgenommen haben, in der sie ihr Hauptquartier aufgeschlagen haben. Zwei Tage nach der Eroberung von Meißen feiern sie mit lautem Gesang und viel Alkohol ihren Sieg. Die Anwohner sehen ihnen dabei zu und retten anschließend ihr Porzellan. Mithilfe eines Nachbarn verschließt Hilde die Tür ihrer aufgebrochenen Wohnung, so gut es eben geht.

Sie kann das Gefühl nicht loswerden, dass außer den Russen auch Nachbarn aus der Straße ihre Sachen weggenommen haben. Sie ist sich sicher, auf dem Hinweg eine Frau in einem ihrer Kleider gesehen zu haben. Und sie versteht nicht, warum Soldaten Hellmuths Anzüge, die aus dem Schrank verschwunden sind, mitgenommen haben sollen. Vielleicht, überlegt sie, waren es ehemalige Zwangsarbeiter. Hunderttausende von ihnen sind in diesen Tagen in Deutschland unterwegs. Schnell eilt Hilde in die Brauhausstraße zurück, zurück zu den Eltern und zu ihren beiden Kindern.

Für ein paar Wochen liegt die Verwaltung in der Hand der Offiziere der Roten Armee. Doch schon bald wird mit der Entnazifizierung der Kommunalbehörden begonnen. Selbstverständlich waren bis dahin alle Schlüsselpositionen von NSDAP-Mitgliedern besetzt. Deren Zeit ist jetzt vorbei, und bei gewaltsamen Säuberungsaktionen in Meißen und Umgebung kommen Hunderte von Menschen ums Leben. Kommunisten und Sozialdemokraten nutzen ihre Chance. Der Widerstandskämpfer Willy Anker, der sich in den letzten Kriegstagen offen gegen eine weitere Fortsetzung der Kampfhandlungen ausgesprochen hatte, wird zum stellvertretenden Bürgermeister ernannt.

Hilde bekommt das alles nur halb mit. Sie hat finanzielle Sorgen, weil Emils Pension gesperrt wurde und auch Hellmuths Einkommen wegfällt. Die Verantwortung für die Versorgung ihrer Kinder und der betagten Eltern, kein Geld, um Lebensmittel zu kaufen, und dann die unterschwellige Panik, ihr Mann könnte vielleicht nicht zurückkommen – dass sich Hilde wenig für die Veränderungen im Rathaus interessiert, kann einen wirklich nicht wundern. Wichtiger ist für sie, dass schon bald eine der beiden Elbbrücken provisorisch repariert wird. Eine Notkonstruktion aus Holz macht wenigstens das Stadtzentrum wieder erreichbar.

Die Nachmittagshitze

An manche Dinge wird sich Hilde leichter gewöhnen als an andere. Dass abends wieder Licht auf die Straßen fällt, weil die Häuser nicht mehr verdunkelt werden, ist angenehm. Die tiefe Dunkelheit, die sich Nacht für Nacht über Meißen gelegt hatte, schlug einem aufs Gemüt, als würde die Stadt in einer riesigen Gruft verschwinden. Vor nicht allzu langer Zeit hatte ihr Vater Unsummen an Bußgeld zahlen müssen. Oberwachtmeister Köhler von der Schutzpolizei hatte festgestellt, dass in der Brauhausstraße zwei Fenster nicht völlig lichtdicht waren. Emil, der autoritätsgläubige Emil, geriet zum ersten Mal in seinem Leben in Konflikt mit den Behörden und musste blechen.

Mit der Moskauzeit dagegen hat Hilde so ihre Probleme. Die SMAD, die Sowjetische Militäradministration in Deutschland, hat angeordnet, die Uhr zwei Stunden vorzustellen. An heißen Tagen jammert jetzt der kleine Gottfried. Wenn er gegen acht ins Bett geschickt wird, ist in der Nachmittagshitze – denn so empfindet er es – an Schlaf nicht zu denken.

Die Lebensmittelvorräte schwinden. Was Hilde während des Kriegs nicht kannte, droht jetzt – Hunger. In den Sommermonaten von 1945 sind auf den Feldern die Kartoffelstoppler zu sehen. Sobald ein Bauer seine Kartoffelernte eingefahren hat, gibt er den wartenden Städtern die Erlaubnis, die kleinen Kartoffeln aufzulesen, die hinter dem von Pferden gezogenen Roder liegen geblieben sind. Ein Onkel aus Seifhennersdorf schreibt im November 1945: »Was macht ihr sonst? Wir leben ja zeitgemäß bescheiden weiter und hoffen auf bessere Zuteilungen.«

Hilde experimentiert mit den absonderlichsten Rezepten. Für die Herstellung von Schlagsahne bringt sie Molke zum Kochen, in die sie rohe Kartoffelraspeln einrührt, alles ein paar Minuten köcheln lässt und die graue Pampe mit ein bisschen Zucker süßt. Nach einer Stunde Ruhen schlägt sie die abgekühlte Masse mit einem

Schneebesen kräftig auf. Und ta-tam, es entsteht – Schlagsahne! Hilde kauft Eichelkaffee oder Kaffee aus geröstetem Getreide, Brennnesseln erweisen sich als vielseitig verwendbare Zutat, und wenn sie Brot backt, wird ein Teil des Auszugsmehls durch Kartoffelstärke ersetzt.

Auf Handwagen

Seit dem vorletzten Kriegsjahr kommt es in Europa zu einer wahren Völkerwanderung. Das Deutsche Reich ist viel größer als die heutige Bundesrepublik. Als von Osten her die russische Front näher rückt, suchen viele Bewohner ihr Heil in der Flucht. Namentlich aus Schlesien – wo Herbert Grellig in Lähn inzwischen die Apotheke seines Vaters übernommen hat – setzen sich Flüchtlingskolonnen Richtung Sachsen in Bewegung.

In den ersten Monaten des Jahres 1945 sieht Hilde oftmals Menschengruppen durch Meißen schlurfen. Das wenige, was sie noch besitzen, ziehen sie auf Handwagen hinter sich her. Der Krieg hat sie zu Ausgestoßenen gemacht, die auf die Mildtätigkeit von Dritten angewiesen sind. Die meisten Flüchtlinge sind auf dem Durchmarsch, aber nach vorsichtigen Schätzungen bleiben einige Tausend von ihnen in der Stadt und der direkten Umgebung hängen. Manchmal werden sie in Schulen untergebracht. Die stehen sowieso leer, weil der Unterricht gegen Ende 1944 so gut wie überall eingestellt wurde.

In den Jahren unmittelbar nach dem Krieg werden ethnische Deutsche nicht selten auch aktiv vertrieben. Das gilt insbesondere für die deutsche Bevölkerungsgruppe in der befreiten Tschechoslowakei. Seit Jahrhunderten leben in einem etwa dreißig Kilometer breiten Streifen direkt an der Grenze zu Sachsen, Bayern und Österreich die nach der gleichnamigen Bergkette benannten Sudetendeutschen. Vom Mai 1945 an müssen sie eine weiße Stoffbinde mit dem Buchstaben N um den rechten Arm tragen, für *Němec*, was »Deutscher« bedeutet. So sind sie für jeden sofort zu erkennen.

Die Vertreibungen aus dem Sudetenland gehen mit viel Gewalt einher, denn nach den Schrecken des Kriegs ist der Hass auf alles, was deutsch ist, groß. Die SMAD bezeichnet die Sudetendeutschen euphemistisch als Umsiedler, aber es sind keine gewöhnlichen Einwanderer. Es handelt sich um Zwangsvertreibung und ethnische Säuberungen.

Eine zweite Eingangstür

Was das bedeutet, begreifen die Meißener im September 1945; auf mehreren Dutzend Kilometern werden fast hundert Tote an den Elbufern angeschwemmt.

Es sind die Leichen deutschstämmiger Bürger aus Aussig (Ústí nad Labem), denen am letzten Julitag von nationalistischen Tschechen vorgeworfen wurde, ein Munitionsdepot in die Luft gejagt zu haben.

In Wirklichkeit hat der tschechische Geheimdienst die Explosion ausgelöst, um gegen die deutsche Bevölkerung Stimmung zu machen. Mit so großem Erfolg, dass fanatische Bewohner von Aussig Jagd auf Mitbürger mit der weißen Armbinde machen. Die Toten werden von der Brücke in die Elbe, die durch die kleine Stadt fließt, geworfen. Der Fluss trägt sie nach Sachsen.

Zwischen Herbst 1944 und Ende 1948 suchen etwa zwölf Millionen Vertriebene Schutz in Deutschland. In der russischen Besatzungszone, dem Gebiet, aus dem später die Deutsche Demokratische Republik wird, machen sie fünfundzwanzig Prozent der Bevölkerung aus. Werden die Vertriebenen anfangs von der Bevölkerung freiwillig aufgenommen, bringt die neue Obrigkeit ab dem Sommer 1945 ihre volle Macht zur Geltung.

Eine eigens geschaffene Behörde inventarisiert den in Meißen verfügbaren Wohnraum und legt fest, auf wie viele Quadratmeter jeder Einwohner Anspruch hat. Das bedeutet, dass das Eigentums- und Hausrecht de facto ausgehebelt wird.

Für Emil und Hedwig hat das weitreichende Folgen. Ihre große Etagenwohnung wird aufgeteilt und bekommt eine zweite Eingangstür. Die kleinere der beiden Wohnungen ist für das Ehepaar Grunewald gedacht. Sie behalten drei Zimmer, die ursprüngliche Küche und das Badezimmer.

In die neue Wohnung – mit den Zimmern, die übergangsweise von Hanna und Hanns bewohnt wurden – zieht eine sechsköpfige sudetendeutsche Familie aus Reichenberg (Liberec). Die Flüchtlingskinder bringen Leben, vielleicht sogar ein bisschen zu viel Leben in das repräsentative Mehrfamilienhaus, das inzwischen vor allem von älteren Ehepaaren bewohnt wird.

Fünf weiße Gartenrosen

Im Sommer 1945 kehrt Hilde mit den Kindern in ihre eigene Wohnung zurück. Noch kann niemand sagen, wo Hellmuth ist. Im September beginnt das neue Schuljahr, und zum ersten Mal seit zwölf Monaten wird wieder täglich Unterricht erteilt. Gottfried hat noch genügend Jahre vor sich, um die verlorene Zeit nachzuholen, aber Brigitte bekommt ein extra zugeschnittenes Programm, damit sie später die Hauptschule, die von den Nationalsozialisten für Kinder zwischen zehn und sechzehn Jahren eingeführt wurde, ohne Verzögerung abschließen kann.

Emil fühlt sein Ende nahen. Er ist vierundsiebzig Jahre, sieht aber älter aus. Wieder legt er Listen an. Im Familienarchiv befindet sich eine umfangreiche Beschreibung seiner Besitztümer, Stand Ende 1945. Ebenso gibt es dort ein Verzeichnis der verbliebenen Wertpapiere und Sparguthaben. Viel ist es offensichtlich nicht mehr. Auch die Kriegsrente, die ihm am Tag seines siebzigsten Geburtstages für die Jahre seines Militärdienstes im Ersten Weltkrieg zugesprochen wurde, änderte daran nicht viel.

Emil stirbt am 20. März 1946, zu Hause, um sechs Uhr abends. Er hat Hedwig nicht nur den Text für seine Todesanzeige diktiert, sondern auch die Inschrift für seinen Grabstein: »Hier ruhet unser lieber Vater, Oberstudienrat i. R. Professor Emil Grunewald. Wer Liebe säet, wird Liebe ernten.« Die Trauerfeier findet in der Friedhofskapelle St. Urban statt, die von der Johanneskirchgemeinde genutzt wird, bei der Emil seit seiner Ankunft in Meißen als Gemeindemitglied eingetragen ist.

Die mittelalterliche Kapelle steht mitten im Friedhof. Eine verwitterte Backsteinmauer umgibt das Gelände, auf dem hohe Pappeln und Trauerweiden wachsen. Meißens reiche Industrielle, wie der Porzellanfabrikant Teichert, ließen dort prunkvolle Familiengräber errichten, mitunter kleine Tempel, mit viel Marmor und weinenden Engeln. Diesen weniger als zweihundert Meter von der Elbe entfernten Ort suchte sich Emil als letzte Ruhestätte aus.

Am Freitag, dem 29. März, sitzt Hedwig um zwölf Uhr in der vordersten Kirchenbank. Links und rechts von ihr sitzen – ebenfalls in Schwarz – Hanna und Hilde. Hinter den dicken Mauern hängt die Winterkälte wie Morgennebel über einer Wiese. Von der Predigt über Luthers Lied »Ein feste Burg ist unser Gott« bekommt Hedwig wenig mit.

Am Ende des Gottesdienstes wendet sich der Priester dem gotischen Flügelaltar mit Szenen aus dem Leben Jesu zu. Er breitet die Arme aus und erhebt sie gen Himmel. Dann sagt er, mit dem Rücken zur Trauergemeinde, dass der Augenblick des Abschieds gekommen sei.

Hedwig lässt den Blick über Emils Porträt wandern, das vor dem Sarg aufgestellt ist. Auf dem Deckel liegt ein kleines Kondolenzbukett mit fünf weißen Gartenrosen. Sie sehen trügerisch echt aus, sind aber aus Seide. Mit einem Mal reißt der Himmel auf, und durch das Kirchenfenster fallen ein paar verlorene Sonnenstrahlen auf Emils Foto. Mehr als fünfzig Jahre lang sind Hedwig und er gemeinsam durchs Leben gegangen.

Ein Lift, den man nicht stoppen kann

Emils Tod kommt zu einem Zeitpunkt, an dem nur wenig darauf hindeutet, dass die Zukunft besser werden könnte. Stand die erste Hälfte seines Lebens im Zeichen eines unaufhaltsamen gesellschaftlichen Aufstiegs, in der zweiten Hälfte, und vor allem in den letzten fünfzehn Jahren, ging viel davon verloren. Kurz vor seinem Tod ist Emil an einem Tiefpunkt angelangt. Vielleicht wehrt er sich deshalb nicht gegen das Sterben.

Viele seiner Altersgenossen, Angehörige des Jahrgangs 1870, machen ähnliche Erfahrungen. Ihr Leben endet in Moll, als ob sie alle zusammen in einem Lift stünden, der sich stetig nach unten bewegt, ohne dass man ihn je stoppen könnte.

In den Monaten vor seinem Tod denkt Emil ab und zu an den Ausflug zur Industrieausstellung in Görlitz. Als Schuljunge empfand er auf Theodor Lissmanns Aussichtsturm, was es bedeutet, emporgetragen zu werden, plötzlich oben zu stehen. In seiner letzten Lebensphase erlebt er das genaue Gegenteil. Er ist tiefer gefallen, als er es sich je hätte vorstellen können.

Mit der Verbitterung, die ihn mehr und mehr besetzt, kann der ehemalige Gymnasiallehrer nur schlecht umgehen. Sein sozialer Status und der ehrenvolle Posten am Gymnasium, die schöne Wohnung und das Familienglück, das er erleben durfte – ihm kommt es so vor, als habe er bei alldem selbst das Steuer geführt.

Der Abstieg dagegen wurde von politischen und wirtschaftlichen Faktoren ausgelöst, auf die er keinen Einfluss hatte, von Umständen, an denen er selbst bitter wenig ändern konnte: die Krisenjahre um 1930 und seine erzwungene Pensionierung, Hitlers Machtübernahme, die Kriegsjahre mit dem materiellen und moralischen Bankrott Deutschlands und danach die elende Zeit unter den russischen Besatzern. Unendlich fern scheint seine Jugend in Seifhennersdorf, als die Welt für ihn nur aus offenen Türen bestand.

Eine Woche nach der Beerdigung findet Hedwig ein Schreiben der Stadt im Briefkasten. Weil sie dort nun allein wohne, liest sie, sei die Dreizimmerwohnung in der Brauhausstraße für sie zu groß geworden. Sie müsse einem Ehepaar aus Schlesien ein Zimmer abtreten. Der Mann und die Frau, beide Mitte vierzig, beziehen wenige Wochen später ihren Bereich in Hedwigs bereits halbierter Wohnung. Bis zu ihrem Tod wird sie mit den beiden Küche und Badezimmer teilen.

Wie in einem Braille-Text

Anfang 1943 verlässt Hanna Meißen und zieht zu Helene auf Schloss Weesenstein. Der Gesundheitszustand von Hanns' Mutter hat sich verschlechtert, und die Einundsiebzigjährige kann nicht mehr alleine wohnen. Hanna übernimmt die Betreuung und bleibt dadurch auch vor einem Einsatz in der Rüstungsindustrie verschont. Sie lebt von ihrem Mann getrennt. Das Letzte, was er ihr vor der Landung der Alliierten in der Normandie am 6. Juni 1944 von der Front schreibt, ist, dass er zur Sicherung der französischen Küste eingesetzt werden solle.

Hanna pflegt ihre Schwiegermutter anderthalb Jahre, bis eine Infektion im Juli 1944 Helenes Leben ein Ende macht. Drei Jahre vor ihrem Tod wird ihre Tätigkeit für den Landesverein Sächsischer Heimatschutz mit einem Festakt anlässlich ihres vierzigjährigen Dienstjubiläums gekrönt. Die Schlossverwalterin wird dabei von allen Seiten mit Lob überhäuft.

Unter anderem kommt ein Glückwunschtelegramm von Prinz Friedrich Christian, dem zweiten Sohn des letzten sächsischen Königs Friedrich August III., der nach dem Tod des Vaters dem Haus Wettin vorsteht. Ein paar Tage darauf folgt ein persönliches Schreiben auf dem Briefpapier von Jagdschloss Moritzburg. Absender ist Ernst Heinrich, Friedrich Christians jüngerer Bruder.

Auch die Industrie- und Handelskammer in Dresden spricht ihr mit einem sorgfältig kalligrafierten Schriftstück ihren Dank aus. Dieses Dokument lässt noch einmal klar erkennen, dass die Nationalsozialisten an der Macht sind. In das Pergament wurde mit einer Blinddruckpresse eine Reliefabbildung des Reichsadlers eingeprägt, der umkränzt von Eichenlaub das Hakenkreuz trägt. Man sieht das Staatswappen nur bei einem bestimmten Lichteinfall. Aber wenn man mit den Fingerspitzen darüberstreicht, spricht daraus die Vergangenheit wie in einem Braille-Text.

Im Februar 1945 wird Hanna zur Nachfolgerin ihrer Schwiegermutter als Schlossverwalterin ernannt. Das Amt passt zu ihr und gibt ihrem Leben eine neue Richtung, vielleicht sogar einen neuen Sinn. Sie liest jetzt viele der Bücher, die Hanns und seine Eltern über Weesenstein gesammelt haben. Ein Heft mit Notizen zu den verschiedenen Bauphasen und den ausgestellten Kunstwerken bezeugt, welche Faszination die Geschichte des Schlosses auf sie ausübt.

Ein schrecklich beängstigender Anblick

In einer persönlichen Notiz beschreibt Hanna, wie sich die Arbeit des Kastellans im Lauf der Kriegsjahre verändert hat. Die großen Museen in Dresden haben das Schloss angemietet, um dort ihre Kunstschätze in Sicherheit zu bringen. Wegen der alliierten Luftangriffe werden überall in Deutschland Säle und Depots leer geräumt. Gemälde und Büchersammlungen, Skulpturen, Handschriften und Objekte der angewandten Kunst – alles historisch oder kulturell Wertvolle wird außerhalb der Städte in Sicherheit gebracht.

Die umfangreichen Sammlungen der Dresdener Museen kommen nach Weesenstein. Auch der Kunsthistoriker Hermann Voss findet dort einen Arbeitsplatz. Joseph Goebbels hat ihn mit dem Aufbau des Führermuseums im österreichischen Linz betraut. Dort wollen die Nazis die in ganz Europa geraubten Kunstwerke ausstellen.

Der frischgebackenen Schlossverwalterin sind große Teile des Schlosses nicht mehr zugänglich. Einst stand ihre Schwiegermutter an der Spitze von dreißig Mitarbeitern. Im letzten Kriegsjahr gibt es nur noch vier Angestellte: Hanna, eine Reinemachefrau und zwei Männer. »Die beiden Letzten«, schreibt die neue Dienstherrin, »waren hauptsächlich für die Arbeiten im Park zuständig.«

Nach der Bombardierung der Stadt finden Dutzende von Dresdenern im Schloss eine Bleibe. Hanna erinnert sich, dass auf Anordnung des Bürgermeisters von Dorf Weesenstein, das am Fuße des Schlosses liegt, ein Schutzkeller eingerichtet wird. Die Furcht, auch im abgelegenen Erzgebirge könnten Bomben fallen, erregt im Frühjahr 1945 die Gemüter. Ein tiefer, aus dem Fels herausgehauener Raum, der einst Teil der Hofbrauerei war, wird binnen weniger Tage umfunktioniert.

Als am 7. Mai die Kapitulation Fakt ist, reagiert Hanna entschlossen. Darin gleicht sie ihrer Mutter: Sobald sie weiß, was sie will, wird gehandelt. Hanna lässt an allen vier Seiten des Bergfrieds weiße Leintücher aufhängen. Damit ist klar, dass von Schloss Weesenstein keine Kriegshandlungen ausgehen werden. Übrigens, schreibt Hanna, nicht ohne vorherige heftige Debatten: »Kurz vor Kriegsende haben noch Soldaten mit Waffengewalt versuchen wollen, sich zu verteidigen, aber auf energisches Entgegentreten der Bewohner Weesensteins wurden die Fanatiker vertrieben und damit das Schloss vor einer Zerstörung gerettet.«

Als sich am 9. Mai eine russische Vorhut am Tor meldet, sind die Offiziere offenbar über die vorhandenen Kunstsammlungen informiert. Nachdem sie sich vergewissert haben, dass sich auf Weesenstein keine deutschen Einheiten mehr aufhalten, stellen sie Wachen auf. Niemand darf mehr ins Schloss. Dadurch werden Plünderungen, die an vielen anderen Orten vorkommen, verhindert.

Hanna ist erleichtert, hat aber Mitleid mit den Flüchtlingen – überwiegend Sudetendeutsche –, die vor der russischen Armee hergetrieben werden: »In der Nacht vom 8.–9. Mai kamen die ersten russischen Panzer durch den Ort. Tags zuvor waren Tausende von Flüchtlingen mit ihrem Hab und Gut auf Wagen und Karren jeglicher Art am Schloss vorbei Richtung Altenberg gezogen. Es war ein schrecklich beängstigender Anblick, die Massen so ins Ungewisse ziehen zu sehen.«

Erlesene Weine

In den Wochen vor dem Eintreffen der Roten Armee macht Hanna sich große Sorgen wegen der Weinvorräte. Bei Kriegsausbruch hat ein Händler 200 000 Flaschen seiner besten Weine in den Kellern von Weesenstein einlagern lassen. Hanna fürchtet, dass russische Soldaten, deren Trunksucht sprichwörtlich ist, diese gewaltige Menge Alkohol entdecken werden. Deshalb will sie den Wein loswerden. Aber ihn jetzt in die Müglitz zu schütten?

Und so entsteht der Plan, die Flaschen an die Leute in den umliegenden Dörfern zu verkaufen. In Oskar Pusch, einem berühmten Architekten, der unter anderem die Deutsche Bücherei in Leipzig entworfen hat, findet Hanna einen tatkräftigen Mitstreiter. Pusch hat beim Luftangriff auf Dresden seine Wohnung verloren und darf sich über eine vorübergehende Unterbringung auf Weesenstein freuen. Über die Ereignisse im April und Mai 1945 schreibt er einen Bericht, von dem Hanna bis zu ihrem Tod eine Kopie aufbewahrt.

Pusch unterstreicht, dass Hanna (»die Frau Schlossverwalterin«) sich um den Weinvorrat sorgt. Er ist nicht unempfindlich für ihre »Leiden und Schmerzen« und beschließt, der resoluten Frau zu helfen. Gemeinsam bereiten die beiden die notwendigen Schritte vor, um den Verkauf zu organisieren. Dabei steht von Anfang an fest, dass der Ertrag an den Weinhändler geht, der sein Vertrauen in Weesenstein gesetzt hat. Die Neuigkeit, dass für einen geringen Obolus Wein losgeschlagen werde, macht schnell die Runde:

Wie ein Lauffeuer ging diese Nachricht durch den Ort. Wir konnten im Brauhofe einen fliegenden Verkauf einrichten, der glänzend ging. Ganz Weesenstein stand in Schlange bis zum Felsengang hinunter. Nicht schnell genug konnten die Kisten erbrochen und die Flaschenhülsen entfernt werden, wie es der Verkauf erforderte. Eine prachtvolle Kassiererin aus der Gemeinde bekam hin und wieder ein Glas Südwein zur Stärkung. Der ungewohnte Alkohol ließ sie bald erlahmen, es herrschte eine große Lustigkeit, sodass ich mich schon nach Ersatz umsehen wollte.

Eine leicht angetrunkene Verkäuferin, zufriedene Kunden und hinter den Kulissen das Duo Hanna und Pusch als Taktgeber für dieses kleine Glück – nach sechs Kriegsjahren sind das Augenblicke der Entspannung.

Es ist die Stille vor dem Sturm. Das beleuchtet ein Vorfall, der bei genauerer Betrachtung auf einem Missverständnis beruht. »Innerhalb von 5 Minuten war ich«, schreibt Pusch, »ganz allein im Brauhofe und konnte das Schlachtfeld aufräumen. Der Ruf ›Die Russen kommen‹, war ein blinder Alarm gewesen, reinigte aber den Hof von allen Käufern und Mitarbeitern, sogar die Männer waren ausgerissen.«

Obwohl der Verkauf tagelang weitergeht, bleiben Hanna und Pusch auf zwei Dritteln der Vorräte sitzen. Der Markt ist gesättigt. Aber im östlichen Erzgebirge, noch immer eine Region mit einem niedrigen Durchschnittseinkommen, flossen selten so viele erlesene Weine durch die Kehlen wie in diesen Wochen.

Noch einigermaßen erträglich

Auch Pusch beschreibt den Tag, an dem die russische Armee Weesenstein besetzt. Er betont, dass es nicht zu Plünderungen gekommen sei, erwähnt allerdings Vergewaltigungen am ersten Abend.

Eine im Prinzip freundschaftliche Begegnung zwischen Soldaten und den einquartierten Schlossbewohnern gerät außer Kontrolle.

Es wird, so seine Erklärung, von beiden Seiten zu viel von dem Schnaps getrunken, den die Russen mitgebracht haben. Im Großen und Ganzen ist es weniger schlimm als erwartet, sodass, in der Wahrnehmung von Pusch, die nächtlichen Exzesse »noch einigermaßen erträglich« ablaufen. Es ist die Frage, ob Hanna diese Einschätzung teilt. Sie ist eine der Frauen, die der gefürchteten sexuellen Gewalt russischer Soldaten ausgeliefert waren.

Ein betrunkener Offizier, berichtet sie am nächsten Tag ihrem Hausarzt, wurde mit fortschreitendem Abend immer aufdringlicher. In ihrer Funktion als Schlossverwalterin hatte sie ihn zusammen mit einem Dutzend Soldaten zu sich eingeladen. Anfangs glaubte sie, die Situation im Griff zu haben. Der Mann sprach gut Deutsch und erzählte von seinem Leben als Berufssoldat. Aber was mit Witzen und Scherzen begann, wurde immer bedrohlicher. Irgendwann zog er sie an sich.

Es war klar, dass er sie nicht mehr loslassen würde. Hanna folgte dem Mann in ein Zimmer und versuchte, was dann kam, so fügsam wie möglich über sich ergehen zu lassen. Sie war davon überzeugt, dass dieser Abend ihr letzter wäre, wenn sie ihn nicht gewähren ließe.

Zwölf Stunden später wird sie vom Hausarzt unten im Dorf untersucht. Er kann nicht sagen, ob sie sich eine Geschlechtskrankheit eingefangen hat, dafür ist es noch zu früh, aber eine Schwangerschaft schließt er aus. Hanna hört an diesem Morgen zum ersten Mal, dass sie keine Kinder bekommen kann, weil anatomische Gründe es verhindern.

Schwimmende Inseln

Am zweiten Tag entdeckt der Kommandant der fünfhundert Mann zählenden Einheit, die in Weesenstein einquartiert ist, die restlichen Weinvorräte. Es kommt trotzdem nicht zu den gefürchteten

Trinkgelagen, denn der Befehlshaber beschließt, die Flaschen an die Bataillone in der Umgebung zu verteilen. Pusch schreibt: »Wagen auf Wagen rollte nach Dresden und Pirna.« Inzwischen schlagen die Soldaten ihre Zelte im Schlosspark auf. Dort wird am 19. Mai eine gewaltige Siegesfeier organisiert, an der Tausende Rotarmisten aus anderen Feldlagern teilnehmen.

Damit die zahlreichen Feiernden essen können, werden in der weiten Umgebung – wie schon bei der Siegesfeier in Meißen – Silberbestecke und Tischgeschirre beschlagnahmt. Im ganzen Park hängen an diesem Abend Fahnen in der Farbe des Fahnentuchs der Nazis, aber die Hakenkreuze sind durch Hammer und Sichel der Sowjets ersetzt worden.

Die verschiedensten Köstlichkeiten werden aufgetischt: viel Schweinefleisch, unvorstellbare Mengen an Konserven und natürlich fließt der Alkohol in Strömen. Die Mahlzeit endet in einem kollektiven Rausch. In der Nacht verwandelt ein Gewitter das Festgelände in einen riesengroßen Morast. Wie schwimmende Inseln stehen die mit weißem Damast gedeckten Tische mittendrin, von denen noch niemand das Porzellan und die Kristallgläser abgeräumt hat.

Herdentiere

Vom Vorhof und von den Verteidigungswällen Weesensteins hat man einen weiten Blick über das Müglitztal. Es ist erst wenige Wochen her, dass Hanna die Vertriebenen mit ihren Karren und Wagen vorbeikommen sah. Seither scheinen Monate vergangen zu sein.

An einem späten Maitag beobachtet sie, wie sich entwaffnete Wehrmachtssoldaten müde die Straße an dem kleinen Fluss entlang fortbewegen. Dem Auge erscheint der Zug endlos lang. Ein sich windender Heerwurm, schreibt Pusch. Einst haben diese Männer den winzigsten Flecken von ihrer Uniform geputzt, und an ihren Jacken glänzten die Messingknöpfe. Heute wirken sie in ihren zerrissenen, verschmutzten Soldatenuniformen heruntergekommen. Hanna hofft, dass Hanns irgendwo, wo auch immer in Europa, in solch einem abgerissenen Treck mitmarschiert. Dann ist er wenigstens am Leben.

Die Soldaten, die hier vorbeiziehen, dienten im ehemaligen Protektorat Böhmen und Mähren. Sie sind auf dem Weg ins nahe gelegene Heidenau, wo die russische Heeresleitung ein Lager für Kriegsgefangene eingerichtet hat.

Die Männer könnten weglaufen, denn die Kolonne wird nicht von Rotarmisten begleitet. Die stehen uninteressiert, mit Maschinengewehren bewaffnet, in Grüppchen an den Kreuzungen. An Flucht denkt nicht einer. Pusch weiß auch, warum. Die Russen haben versprochen, die deutschen Einheiten zu versorgen. Ihr Verlangen nach Essen und Trinken ist größer als der Wunsch, frei zu sein. Die Augen starr vor sich aufs Pflaster geheftet, trotten sie wie Herdentiere, einer hinter dem anderen.

Alle paar Meter klafft ein Loch

Ohne dass irgendjemand vorab informiert worden wäre, brechen die Russen am 29. Mai ihre Zelte ab und räumen den Schlossgarten. Ein paar Männer bleiben zurück, um Weesenstein zu bewachen und den Transport der Kunstschätze zu organisieren. Der größte Teil davon wird nach Russland gebracht. Die Sowjets treten in die Fußstapfen der Nazis und betreiben unverblümt in großem Maßstab Kunstraub.

Doch so darf das niemand nennen. Die Kunstwerke, meldet noch 1984 die *Sächsische Zeitung*, hatten angeblich unter der unprofessionellen Lagerung in dem historischen Schloss zu leiden: »Eine sofortige Überführung in die Sowjetunion war die einzige Möglichkeit, die Dresdener Sammlungen zu retten.« Oder war es doch anders? Träumte da vielleicht einer von einem russischen Äquivalent zum Führermuseum?

Die Frauen aus den benachbarten Dörfern helfen beim Verladen auf die Lastwagen. Dabei kommt der Weinvorrat ein letztes Mal ins Spiel. Für ihre Arbeit werden die Dorffrauen nämlich in Naturalien bezahlt. Als das letzte Gemälde auf dem Weg in ein russisches Depot ist, sind auch die Weinkeller leer.

Von ihrer Dienstwohnung aus – derselben, in der ihre Schwiegereltern ihr ganzes Leben verbrachten – blickt Hanna über die Gartenanlagen des Schlosses und die Reste des russischen Biwaks. Es gibt keinen Rasen mehr, und die Blumenbeete sind zertrampelt, überall liegt Müll verstreut, und alle paar Meter klafft ein Loch, in das die Soldaten ihre Notdurft verrichteten. Vom barocken Park, einst der ganze Stolz von Carl Reinhard, Hanns' Vater und Hofgärtner des Königs von Sachsen, ist nichts geblieben.

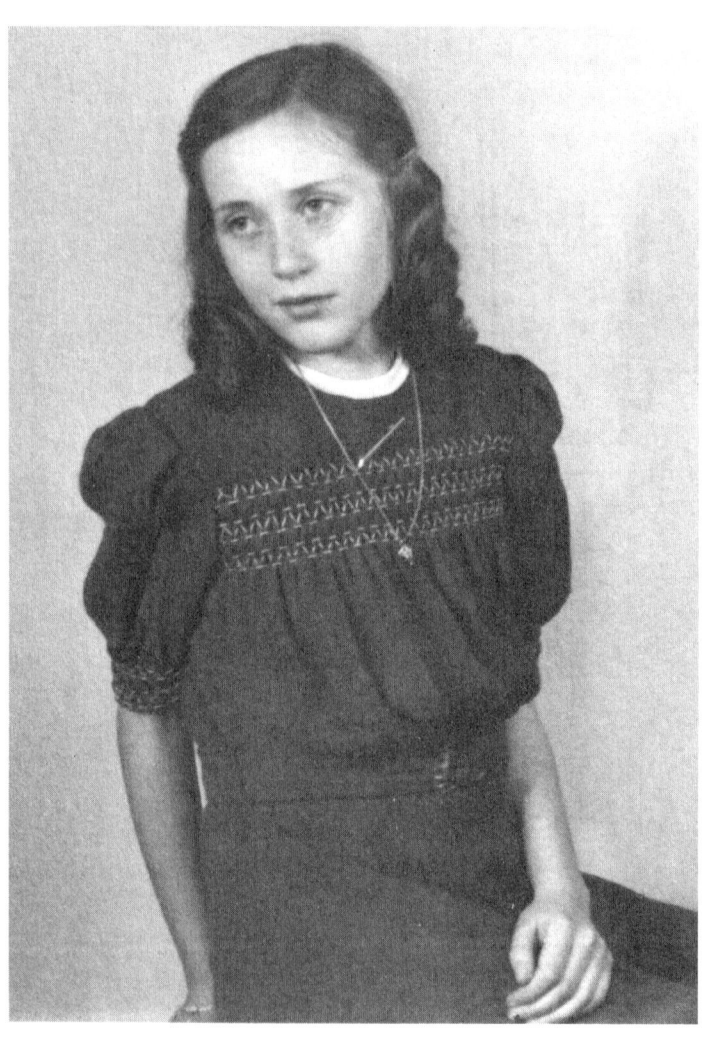

*1948: Brigitte am Tag ihrer Konfirmation,
Porträt des Fotografen Adolf Eugen Heckmann*

KAPITEL 8

Klassenzimmer,
die noch nach frischer
Farbe riechen

22. Juli 1946 – Die ersten deutschen Soldaten kehren aus russischer Kriegsgefangenschaft zurück.

27. Februar 1948 – In der russischen Besatzungszone wird das Ende der Entnazifizierung verkündet.

6. November 1949 – Die Zeitung *Neues Deutschland* druckt den Text der neuen DDR-Nationalhymne ab.

1. Mai 1950 – Das Arbeitsrecht schreibt in der DDR die gleiche Bezahlung von Männern und Frauen vor.

12. Juli 1952 – Die SED beschließt, die Schwerindustrie und die Kollektivierung der Landwirtschaft zu fördern.

Brigitte und Gerd – meine späteren Schwiegereltern – wachsen in zweihundert Kilometern Entfernung voneinander auf. Es dauert fast zwanzig Jahre, bis sich ihre Wege kreuzen, aber lange vor diesem Zeitpunkt des Kennenlernens haben sie schon viel gemeinsam. In jungen Jahren werden sie mit den Gräueln des Kriegs konfrontiert. Mit der Bombardierung Dresdens und der Schlacht um die Seelower Höhen erfuhren beide traumatisierende Erlebnisse. Außerdem gehören Brigitte und Gerd zur ersten Geburtskohorte, an der die Nationalsozialisten ihre Erziehungsvorstellungen in die Tat umsetzen.

Als sie im Vorschulalter sind, ist die Gleichschaltung – die Nazifizierung – vollendet. Sogar der Umgang mit kleinen Kindern spiegelt ideologische Ziele wider. »Wir wollen«, schreibt Richard Benzing, »ein hartes Geschlecht heranziehen, das stark ist, zuverlässig, treu, gehorsam und anständig.« Das eigentliche Ziel steht dem NS-Arzt, der mit diesen Worten einen Satz von Hitler zitiert, dabei klar vor Augen. Kleine Jungen müssen zu deutschen Soldaten heranwachsen, und in einem kleinen Mädchen sieht er zuerst und vor allem eine deutsche Mutter. Schon in den ersten Lebensphasen hält er Sport für wesentlich. »Der junge Körper«, heißt es, »hat so früh wie möglich die Ausdauer und die notwendige Stählung für das spätere Leben zu erwerben.«

In der Volksschule, wo Jungen und Mädchen getrennt voneinander unterrichtet werden, bekommen Brigitte und Gerd Lesebücher in die Hand, die ein menschenverachtendes Gedankengut verkünden. Der unbedingte Glaube an die Überlegenheit des eigenen Volkes gilt als höchste Tugend, der deutsche Übermensch wird als selbstverständlich postuliert, und immer wieder stößt man auf einen virulenten Antisemitismus. In einem farbenfrohen, zum Schreibenlernen gedachten Bilderbuch von Elvira Bauer können die jungen Schüler unverblümt lesen, dass öffentliche Schulen keine jüdischen Kinder mehr aufnehmen:

Nun wird es in den Schulen schön;
Denn alle Juden müssen gehn,
Die Großen und die Kleinen.
Da hilft kein Schrein und Weinen
Und auch nicht Zorn und Wut.
Fort mit der Judenbrut!

Auch bei der Freizeitgestaltung gibt es Übereinstimmungen. Dass Brigitte den Mitgliedsausweis des Bundes Deutscher Mädel in der Tasche hat, wurde bereits angeführt; und natürlich geht Gerd zur Hitlerjugend. Es gibt bedeutsame und prägende Unterschiede zwischen Brigittes Unternehmerfamilienhintergrund und dem Tagelöhnerumfeld, in dem Gerd aufwächst. Und dennoch singen beide als Kinder dieselben Heimatlieder wie das beliebte »Brandenburglied« (»Märkische Heide, märkischer Sand«) oder das Marschlied »Erika« (»Auf der Heide blüht ein kleines Blümelein«).

Die allen gemeinsame Liedkultur schmiedet die Kinder der Dreißigerjahre zusammen. Nicht selten sind es obendrein die spezifisch nationalsozialistischen Textvarianten, die haften bleiben. »Dem Hakenkreuz die Treue, und treu zu schwarz-weiß-rot«, so lauten zwei berüchtigte Zeilen im »Brandenburglied« in einer Fassung, die bei HJ und BDM geläufig ist. Noch Jahrzehnte später marschieren diese Worte beim Hören der Melodie wie von selbst durchs Gedächtnis.

Der Beste, der Schnellste, der Größte

Mit Millionen anderer Kinder werden Brigitte und Gerd in einem sensiblen Lebensalter mit dem Gedankengut des Nationalsozialismus konfrontiert. Sie sind für Lehrer und Jugendleiter eine leichte Beute. Der Umgang mit diesen Autoritätspersonen bleibt für die Mitglieder der, wie es die Soziologen genannt haben, »stillen Generation« (alle, die um 1930 geboren sind), nicht folgenlos. In der Regel wirken sich die politischen Ziele des deutschen Faschismus nicht dauerhaft auf sie aus. Das Ideal des Führerstaats, das Streben nach Vorherrschaft in Europa oder die von staatlicher Seite angeheizte Gewalt gegen die jüdische Bevölkerung – den meisten Generationskameraden von Brigitte und Gerd fiel es nicht schwer, sich davon zu distanzieren.

Doch mit den Tugenden, die sie im Lauf ihrer Kinderjahre verinnerlichen, verhält es sich anders. Es fällt viel schwerer, sich von einer Lebenshaltung zu emanzipieren, die ein Teil der eigenen Persönlichkeit geworden ist. Gerds Altersgenosse aus Rüdersdorf, der im vorigen Kapitel kurz zur Sprache kam, drückt das treffend aus. Er behauptet, dass für ihn und seine Generation Gehorsam und

Disziplin zur zweiten Natur geworden seien: »Wir sind zum widerspruchslosen Gehorsam erzogen worden; das können wir drehen und wenden, soviel wir wollen; es bleibt dabei.«

Man kann sich fragen, ob Gehorsam der primäre Charakterzug ist, den Brigitte und Gerd seit ihrer Kindheit in sich tragen. Bei Gerd ist es vielleicht Willensstärke und Durchsetzungsvermögen. Er gibt nicht auf. Niemals. Selbst als ihm kurz nach seinem achtzigsten Geburtstag der behandelnde Arzt wegen seiner weit fortgeschrittenen Krankheit noch maximal fünf Monate gibt, ist es für ihn undenkbar, sich damit abzufinden.

Was folgt, ist eine Rundreise durch Deutschland, von einem Facharzt zum nächsten. Gerd unterwirft sich jeder nur denkbaren Operation und beteiligt sich an medizinischen Studien. So straft er die Worte des Arztes Lügen und überlebt dessen Diagnose um fast sechs volle Jahre. Dass Leben damit zu Leiden wurde, war für ihn kein Grund, sein Handeln zu ändern. Gerd war hart zu sich selbst. Man kann das mit der bitteren Wirklichkeit der Kriegsjahre erklären, aber ebenso sehr mit der Moral, die ihn von Kind an prägte: Das Leben ist Kampf.

Die Welt seiner Kindheit und Jugend wird von einem radikalen Sozialdarwinismus geprägt. In allen Bereichen des Lebens gilt das Recht des Stärkeren, und Gerd bekommt Mal um Mal eingebläut, dass man der Beste, der Schnellste, der Größte sein müsse. Dies anzustreben bedeutet, den Kampf aufzunehmen, der dem menschlichen Leben eigen sein soll. »Wer leben will«, argumentiert Hitlers zweibändiges Propagandawerk, »der kämpfe also, und wer nicht streiten will in dieser Welt des ewigen Ringens, verdient das Leben nicht.«

Mitunter hat man den Eindruck, als bildeten diese Grundsätze – die sich im Dritten Reich zu geflügelten Worten entwickelt hatten – die Grundlage von Gerds späterem Handeln. Sie machen ihn entschlossen und unerschütterlich, und nicht nur das: Sie bringen ihm auch Erfolg und einen gewissen sozialen Status.

Die Vorstellungen, auf denen Gerds Willensstärke beruht, sind nicht geschlechtsneutral. Sie gelten speziell für Männer, denn gerade diese dürfen keine Zeichen von Schwäche zeigen. Für Frauen gelten während Brigittes erster zwölf Lebensjahre andere Kriterien und Verhaltensregeln, die ihr als Kind mit derselben Bedingungslosigkeit eingepaukt werden wie Gerd das Ideal des Kampfeswillens. Möglicherweise liegt hier eine Erklärung für die strikte Aufgabenverteilung, die Brigitte und Gerd später in Haus und Garten handhaben werden. Während Küche, Waschkeller und der Blumengarten in Brigittes Verantwortungsbereich fallen, übernimmt Gerd die Verwaltung der Finanzen, die Reparaturen in der Wohnung und die Arbeit im Gemüsegarten. Beide akzeptieren die Rollenmuster, die eine patriarchalische Moral vorschreibt, und das tun sie buchstabengetreu bis zu Gerds Tod. Brigitte beklagte sich nie, und sei es nur, weil auch ihr ein sogenannt typisch weibliches Handeln schon von klein auf anerzogen wurde.

Im scharfen Gegenlicht der Haustür

Im Herbst 1945 erleben Brigitte und Gerd das, was für die Generation 1930 eine kollektive Erfahrung werden sollte: Eines Tages kehren urplötzlich die Väter zurück. Der Wehrmachtssoldat aus Neulangsow und der Volkssturmmann aus Meißen kommen während der letzten Kriegstage beide in Kriegsgefangenschaft. Nach einer Internierung von etwa einem halben Jahr kehren sie nach Hause zurück.

Brigitte erschrickt Ende September vor einem Mann, in dem sie zunächst den eigenen Vater nicht erkennt. Sie hört, wie er die Treppe des Wohnblocks hinaufsteigt, und fragt sich, warum er wohl auf den Zwischenpodesten eine Pause einlegt. Als er schließlich im scharfen Gegenlicht der Wohnungstür auftaucht, erinnert sein Gesicht an einen Totenschädel: Hellmuth ist nur noch Haut und Knochen, und die Augen blicken aus tief eingesunkenen Höhlen.

Gleich hinter der Tür sinkt er auf die Knie. Brigitte sieht ihren Vater zum ersten Mal weinen. Dann erzählt er ihrer Mutter Hilde von seiner Zeit in einem tschechischen Gefangenenlager. Er musste Hunger leiden und wurde misshandelt. Das Lager war zu klein für die vielen Gefangenen. Deshalb verbrachte Hellmuth die ersten Wochen unter freiem Himmel, nachts in bitterer Kälte und tagsüber ungeschützt unter der sengenden Sonne.

Er musste mit ansehen, wie viele Männer den harten Bedingungen nicht gewachsen waren und starben. Als er bei seiner Heimkehr seine kleine Familie – Hilde, Brigitte und Gottfried – vollständig und wohlbehalten vorfindet, ist Hellmuth glücklich darüber, dass nicht auch er, wie er es mehr als einmal gehofft hatte, im Lager den Tod gefunden hat.

In den letzten Monaten des Jahres 1945 leckt jeder seine Wunden und versucht sein Leben wieder in den Griff zu bekommen. Unerwartet profitiert Hedwig von der früheren Schülerpension. Unter den Kostgängern waren immer wieder Söhne von Vätern mit einem eigenen Landgut oder einem Gutshof. An die wendet sich jetzt Frau Professor Grunewald. So hat sie Zugriff auf Lebensmittel, die man in Meißen längst nicht mehr bekommen kann.

Zu Heiligabend sorgt sie sogar für eine Mahlzeit im Hause Oehmigen. Auf einem Schlitten zieht sie den Topf mit Graupenbrei von der Brauhausstraße unten an der Elbe bis hoch zur Gabelsbergerstraße durch den Schnee. Hedwig ist dreiundsiebzig Jahre alt. Sieben Jahrzehnte später versichert Brigitte mir, dass sie an Weihnachten hätten hungern müssen, wenn Oma nicht gekommen wäre.

Was er dann sieht

In den ersten zwei Nachkriegsjahren wendet sich das Blatt. Und das nicht nur in Meißen und Neulangsow. Der Prozess gegen die Hauptkriegsverbrecher geht in Nürnberg zu Ende, in der russischen

Besatzungszone wird die Sozialistische Einheitspartei Deutschlands (SED) gegründet, und durch die Truman-Doktrin, mit der sich die Amerikaner gegen die kommunistische Expansion wenden, tut sich eine bleibende Kluft zwischen den Vereinigten Staaten von Amerika und der Sowjetunion auf. Der Kalte Krieg ist ausgebrochen.

Deutschland, und insbesondere der von der SMAD regierte östliche Teil des Landes, leidet unter der alliierten Demontagepolitik. Ganze Fabriken werden abgebaut und per Eisenbahn weggeschafft, nicht nur, um das wirtschaftliche Potenzial Deutschlands zu reduzieren, sondern vor allem als Kompensation des erlittenen Schadens. Russland präsentiert Berechnungen, die zeigen, dass ein Drittel seines nationalen Wohlstands (Städte, Industrie und Landwirtschaft) verloren gegangen ist. Deutschland wird zur Verantwortung gezogen und muss sich von den wenigen Gütern trennen, die nach sechs Kriegsjahren noch brauchbar waren.

Um die Versorgung der Bevölkerung ist es schlecht bestellt. Selbst der Schwarzmarkt scheint erschöpft. Der Wortschatz wird um das Verb *fringsen* erweitert – Nahrung und Kohlen für den Eigenbedarf zu stehlen. Es ist vom Namen des Kölner Kardinals Josef Frings abgeleitet, der diese Form des Diebstahls für Menschen, die gar nicht mehr anders ihren Lebensunterhalt sichern können, billigte und exkulpierte. Der Winter 1946/1947 wird für Deutschland das, was der Winter von 1944/1945 für die Niederlande war: ein Hungerwinter. Viele Zehntausende Deutsche sterben an den Folgen von Unterernährung.

Von Januar bis März liegt die Durchschnittstemperatur in Meißen bei fünf Grad unter null. Die Elbe ist bis auf den Grund gefroren. Als das Tauwetter einsetzt, können die Flüsse das viele Wasser nicht aufnehmen. In der Nacht vom 11. auf den 12. März 1947 strömt es ungehindert in die Stadt hinein.

Auch die Oderdeiche brechen. Bei Küstrin schwappt das Wasser ins Oderbruch, genau dort, von wo aus die Rote Armee zwei Jahre zuvor den Angriff auf Berlin eröffnete. Bis ins hohe Alter suchen Gerd Albträume wegen der Bilder heim, die er damals sehen musste: hinweggeschwemmte halb verweste Soldatenleichen, die oft nicht tief vergraben worden waren.

So folgen der Kapitulation Jahre, in denen sich die Natur gegen das Land wendet. Als würde sie die Deutschen für die Verbrechen des Naziregimes kollektiv bestrafen.

Lumpenproletariat

In Neulangsow ist die Situation kritisch. Als russisches Artilleriefeuer das kleine Haus der Familie Frentzel zerstört, geht die Einrichtung in Flammen auf. Vorher hatte die Familie nicht viel, jetzt hat sie buchstäblich nichts mehr. Gerds Vater Wilhelm hat nie einen Beruf gelernt. Er nimmt sein Leben als Wanderarbeiter wieder auf, wie er es schon während der Dreißigerjahre führte. Damals baute er an den neuen Reichsautobahnen mit, laut Nazipropaganda »die Straßen Adolf Hitlers«.

Wieder ist Wilhelm nur an den Wochenenden zu Hause. Während der Woche arbeitet er jetzt für Baufirmen in Berlin. Er trägt dazu bei, die geschundene Stadt – die alliierten Bomben haben fünfzig Prozent der Häuser zerstört – wieder bewohnbar zu machen. Mark um Mark verdient er das Geld für eine neue Einrichtung, aber vor allem in den Anfangsjahren bleibt die Einelternfamilie von der Unterstützung Dritter abhängig.

Manchmal bekommen Wilhelm und seine vier Kinder von Nachbarn ein Möbelstück geschenkt, das dort überflüssig geworden ist, ein anderes Mal freuen sie sich über einen Mantel oder eine Hose, die unter normalen Umständen nur noch der Trödler angenommen hätte. An Kleidung herrscht in den ersten Nachkriegsjahren sowieso großer Mangel. Wenn man es nicht besser wüsste, könnte man meinen, dass Karl Marx' Lumpenproletariat hier kurz davor steht, die Welt zu erobern.

Dass sein Sohn nach beendeter Hauptschule weiterlernt, ist für Gerds Vater ausgeschlossen. Der Junge soll ein Handwerk erlernen wie sein Bruder Dieter, der Schuster werden möchte. Gerd tritt eine Lehre in einer Baufirma an (Abb. 37). Zimmermann soll er werden, ein Beruf mit Zukunft in einem Land, das am Anfang eines langen Wiederaufbauprozesses steht.

Zwei Jahre lang qualifiziert sich der magere Jugendliche, der zwar einen Meter siebzig groß ist, aber keine sechzig Kilo wiegt, für die Herstellung von Zargen und den Bau von Dachstühlen. Er hat ein Gefühl für Holz. Auf Baustellen macht er auch Erfahrungen mit anderen Gewerken. Gerd lernt verputzen, erweist sich als ziemlich guter Maurer und eignet sich sogar das ein oder andere über Elektrizität an.

Und er wird ein Meister im Wiederverwenden von Baumaterial. Im Oderbruch sind die Ruinen und baufälligen Gebäude, die überall von der Gewalt des russischen Vormarsches zeugen, die wichtigsten Holz- und Steinlieferanten. Gerd klopft Backsteine sauber und zieht die Nägel aus den Balken. Er verinnerlicht etwas, was vierzig Jahre später plötzlich in aller Munde ist: Recycling. Die letzte Prüfung legt er im Oktober 1949 ab. Der Lehrbrief, das Dokument, das ihm Zugang zum Arbeitsmarkt verschafft, honoriert Gerds Fähigkeiten ein bisschen mager mit einem »Genügend«. Hat das Zimmermannsmetier vielleicht doch nicht sein Herz erobert?

Auch Gerds Schwestern müssen möglichst schnell unabhängig werden. Clara lernt Verkäuferin in einem Lebensmittelgeschäft in Seelow, einem frühen Konsum-Markt. Und im einzigen größeren Werk, das es in Neulangsow gibt, schließt Martha ihre Ausbildung zur Näherin ab. Seit Kurzem werden in der Federbettfabrik wieder Daunendecken hergestellt. In den Kriegsjahren nähten die Textilarbeiter dort nur noch Fallschirme.

Dass sich ein kleiner Unternehmer in Gerds Geburtsdorf auf Bettdecken verlegte, hat eine simple Erklärung: Neulangsow ist ein

regionales Zentrum der Gänsezucht. Nachdem die Weihnachts-
gänse – die Bestellungen kommen überwiegend aus Berlin – ge-
rupft sind, werden die Daunen zur Herstellung von dicken Winter-
decken verwendet.

Ein eingelegter Hering

In Meißen findet im März 1948 in der Johanneskirche Brigittes
Konfirmation statt. Am Tag der Zeremonie wird sie von dem Fotografen Adolf Eugen Heckmann porträtiert. Sie ist schmächtig. Aus
ihrem Blick liest man die Geschichte von sechs Kriegsjahren, der
Zeit im Kinderheim und des Hungerjahrs 1947. Zu allem Unglück
hat sie in den letzten Jahren dreimal hintereinander eine Lungenentzündung bekommen, die sie jedes Mal an den Rand des Todes
brachte. Das wertvollste Konfirmationsgeschenk bekommt das
Mädchen von ihrem Vater – einen eingelegten Hering, den er mit
viel Mühe auf dem Schwarzmarkt hat auftreiben können. Sie darf
ihn ganz allein aufessen.

1949 schließt Brigitte die Hauptschule ab. Auf Klassenfotos aus
dem letzten Schuljahr steht sie nie in der Mitte, sondern irgendwo
am Rand der Mädchengruppe. Man sieht Hildes und Hellmuths
Tochter nur selten aus vollem Herzen lachen. Sie wirkt ruhig, fast
introvertiert. Brigitte ist musikalisch, sie spielt gern Gitarre,
Klampfe, wie man in Sachsen sagt. Im letzten Schuljahr schließt sie
sich dem Meißener Klampfenchor der Freien Deutschen Jugend
(FDJ) an (Abb. 38).

Die Jugendorganisation war drei Jahre zuvor gegründet worden. Binnen kurzer Zeit entstehen in der gesamten russischen
Besatzungszone Ortsabteilungen. Der FDJ steht eine große Zukunft bevor, denn in den Siebziger- und Achtzigerjahren des vergangenen Jahrhunderts sind neun von zehn Jugendlichen im Alter zwischen vierzehn und fünfundzwanzig Mitglied. Dass es so
viele sind, dazu tragen in nicht geringem Maße die Nachteile bei,

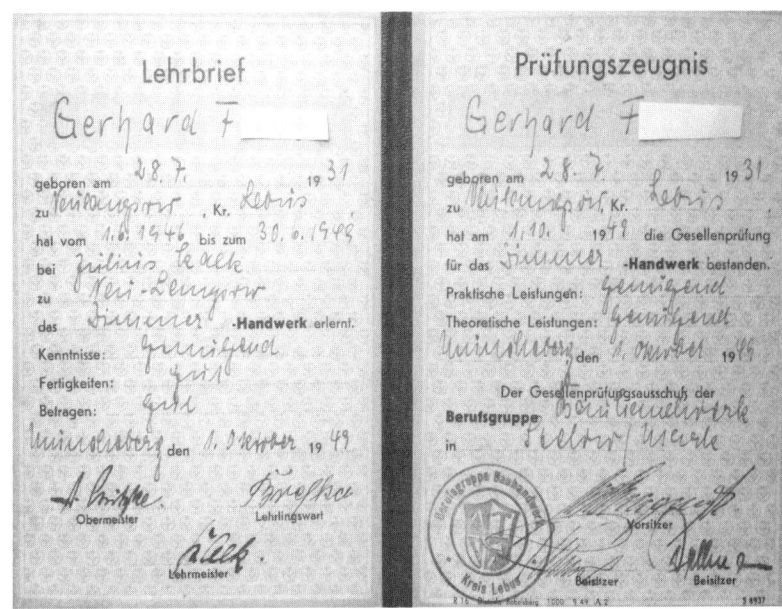

Zimmermannsgeselle: Gerds Lehrbrief und Prüfungszeugnis

die mit einer Verweigerung der Mitgliedschaft verbunden sind und die sich unter anderem bei der Schul- und Studienwahl auswirken.

Die FDJ setzt fort, was mit HJ und BDM begonnen hatte: eine kollektiv strukturierte Form der Freizeitbeschäftigung für Jugendliche. Auch die Tatsache, dass ideologische Ziele im Vordergrund stehen, legt eine Parallele nahe, obwohl dieses Mal kein Tausendjähriges Reich, sondern die sozialistische Heilsgesellschaft propagiert wird.

Eine hohe, überschlagende Stimme

In den Anfangsjahren, als ein Drittel der Teenager und frühen Zwanziger sich für die FDJ entscheidet, ist Meißen eine besondere Rolle vorbehalten. Hier findet in der letzten Maiwoche des Jahres 1947 die zweite nationale Parlamentssitzung statt. Weil es außer dem Hamburger Bahnhof nur ein paar kleinere Familienhotels gibt, werden die achthundert Delegierten privat untergebracht. Auch Hedwig bietet ihre Schlafzimmer an. Sie selbst übernachtet auf der Couch im Wohnzimmer. Die Witwe von Professor Grunewald freut sich auf die kleine Vergütung, die von den Organisatoren in Aussicht gestellt wurde.

Hilde und Hellmuth werden bis zu ihrem Tod dabei bleiben, dass der spätere Staatsführer von Ostdeutschland, Erich Honecker, bei Hedwig übernachtet habe. Kontakt mit dem jungen Mann hatten sie kaum. Tagsüber ist er im Parlament aktiv und abends nimmt er an allen möglichen öffentlichen Treffen teil. Hinterher, als Honecker eine Person des öffentlichen Lebens ist, fällt ihnen die Ähnlichkeit auf, und sie meinen, die hohe, sich überschlagende Stimme des Politikers wiederzuerkennen. Honecker baut in Meißen seine politische Macht aus und führt als Vorsitzender der FDJ – ein Amt, das er von 1946 bis 1955 innehat – das neue Emblem mit einer abstrahierten Darstellung der aufgehenden Sonne ein.

Die FDJ organisiert allerlei Begleitveranstaltungen in der Stadt an der Elbe. Bürgermeister Albert Mücke wittert Morgenluft: »Die neu erstandene, von den Nazis zerstörte Straßenbrücke soll als Symbol des erfolgreichen Aufbauwillens bei unseren Gästen den Glauben an den Neuaufbau unseres schwer geprüften Vaterlandes wecken und stärken!«

Die junge Brigitte beeindrucken diese wohlfeilen Worte nur wenig, aber sie profitiert von den öffentlichen Zusammenkünften und zahlreichen Festivitäten. Abgesehen von der Schule, gibt es für sie wenig Möglichkeiten, mit anderen Jugendlichen in Verbindung zu treten. Damit legt die Parlamentswoche die Basis für ihre spätere Entscheidung, der so eng mit der SED verknüpften Jugendbewegung beizutreten. Begünstigt wird dieser Schritt noch durch die Tatsache, dass die kommunistischen Machthaber alternativen Gruppierungen wie der in der protestantischen Kirche verankerten *Jungen Gemeinde* oder den aus der Arbeiterbewegung hervorgegangenen *Naturfreunden* mächtige Steine in den Weg legen.

Weite Röcke und wehende Sommerkleider

Brigitte entdeckt, dass die FDJ in den kargen Jahren nach dem Krieg einzigartige Möglichkeiten bietet. Mit der Uniform bekommt sie sogar noch eine eigene Gitarre zur Verfügung gestellt. Auch die Teilnahme an Reisen der Musikgruppe ist für sie kostenlos. Einen Höhepunkt bildet der Auftritt des Klampfenchors bei den dritten Weltjugendspielen, einem großen Spektakel für junge Menschen, das mit dem internationalen Kommunismus verwoben ist. Sie finden im Sommer 1951 in Ostberlin statt.

Fünfundzwanzigtausend Teilnehmer aus Dutzenden Ländern und mehr als hunderttausend Zuschauer kommen zu einer Reihe politischer und kultureller Veranstaltungen in die Stadt. Natürlich dient vieles der Verbreitung der sozialistischen Ideen, doch das schreckt Brigitte nicht ab. Nicht alles, was gesagt wird, ist falsch. Und abgesehen davon, genießt sie das Treffen mit Gleichaltrigen, die genau wie sie die Vergangenheit loswerden wollen. Ein ganz neuer Elan liegt in der Luft, ein geradezu ansteckender Enthusiasmus.

Was für Oma Hedwig und Mutter Hilde – die höheren Töchter der Jahrgänge um 1870 und 1900 – ausgeschlossen war, ist für Brigitte bittere Notwendigkeit: einen Beruf zu erlernen. Sie will Kindergärtnerin und Vorschullehrerin werden. Zusammen mit zwanzig anderen jungen Frauen absolviert Brigitte in Dresden eine zweijährige Berufsausbildung. Sie durchläuft verschiedene Praktika, darunter eines im Kindergarten direkt neben dem Gymnasium, an dem Emil dreißig Jahre unterrichtete. Mit ihrer Klasse fährt sie auf Exkursionen ins Erzgebirge. Die künftigen Kindergärtnerinnen besuchen das Bergbaumuseum in Freiberg, den Tharandter Wald unweit davon und bei Klingenberg den breiten Staudamm im Tal der Wilden Weißeritz.

Dort wollen die jungen Frauen vier Tage bleiben. Ein Bauer aus der Umgebung holt sie mit ihrem Gepäck vom Bahnhof ab (Abb. 39). Auf einem Foto von ihrer Ankunft sieht man Brigitte vor dem Panjewagen. Hier ist sie älter als auf dem Konfirmationsporträt von Fotograf Heckmann. Aber was wichtiger ist: Hildes und Hellmuths Tochter wirkt nicht mehr so matt und abgemagert. Mit dem Koffer in der Hand scheint sie irgendwie bereit für die Zukunft.

In Klingenberg erwartet die Freundinnen gleich ein Arbeitseinsatz. Brigitte und ihre Klassenkameradinnen müssen einen Riesenberg Kohlen in die Keller des Kinderheims schaffen. Mit Schippen werden die Eimer gefüllt, die von Hand zu Hand gehen sollen. Die jungen Frauen stehen in einer langen Reihe und transportieren so über eine Außentreppe das Brennmaterial für den kommenden Winter an seinen Bestimmungsort. Überall lachende Gesichter, keine scheint sich Sorgen um Kohleflecken auf den weiten Röcken und wehenden Sommerkleidern zu machen. Endlich sorglose Tage.

Im Frühjahr des Jahres 1951 hat Brigitte ihr Zeugnis in der Tasche und ist mit siebzehn Jahren bereit fürs Berufsleben. Der Unterschied zu ihrer Mutter könnte kaum größer sein. Als Hilde so alt war wie sie, stand das Leben der Professorentochter im Zeichen der Porzellanmalerei und des Aquarellierens.

In diesen jetzt angebrochenen Zeiten ist es undenkbar, dass eine junge Frau einfach auf einen passenden Ehemann wartet und, bis es so weit ist, ihre kreativen Ambitionen auslebt. Außerdem erlaubt es das Einkommen der Familie Oehmigen nicht, dass ihre Tochter den Eltern länger als unbedingt nötig auf der Tasche liegt. Binnen einer einzigen Generation hat sich in der Gesellschaft eine immense Veränderung vollzogen.

Quereinsteiger

Im Gegensatz zu Gerds Vater schlägt der Vater von Brigitte nach seiner Kriegsgefangenschaft einen neuen Berufsweg ein. Hellmuth wird Neulehrer. Es herrscht ein großer Lehrermangel, und zwar nicht nur, weil viele von ihnen im Krieg gefallen sind, sondern vor allem, weil in der russischen Besatzungszone – anders als in den Gebieten der westlichen Alliierten – keine ehemaligen NSDAP-Mitglieder an den Schulen geduldet werden. Und während der zwölfjährigen Hitler-Diktatur ist ein erheblicher Teil der Pädagogen Mitglied der Nazipartei gewesen.

Für Personen ohne didaktische Vorkenntnisse gibt es nun eine verkürzte Lehrerausbildung. In acht Monaten werden sie auf ihren Einsatz vor der Klasse vorbereitet. Quereinsteiger sind ausdrücklich erwünscht, sodass es ziemlich viele Neulehrer gibt, die früher als Arbeiter, Handwerker oder Bauern tätig waren. Über die Berufspraxis können sie zweifellos kompetent berichten, aber ob sie pädagogisch ausreichend beschlagen sind?

Viele Umschüler entpuppen sich als treue Unterstützer des SED-Regimes, das ihnen so großzügig neue Perspektiven und Sozialprestige bietet. Die Hälfte der Neulehrer entscheidet sich am Ende für die Mitgliedschaft in der Sozialistischen Einheitspartei.

Das neue Personal wird misstrauisch beäugt. Aufgrund der verkürzten Ausbildung sind die Lehrer ihren Schülern nicht weit voraus – gewissermaßen gerade mal einen Tag schlauer als ihre Schüler. Hellmuth, dessen Gesundheit unter der Kriegssituation gelitten hat, beginnt im September 1947 als Grundschullehrer. Er wird an der Johannesschule in Meißen-Cölln angestellt, der Schule, die in den Kriegsjahren als Lazarett diente.

Sein erstes Klassenzimmer liegt drei Türen von dem Raum entfernt, in dem sein Vater fünf Jahre zuvor gestorben war. Während seiner ersten Monate als Lehrkraft denkt Hellmuth regelmäßig an die Wochen, in denen er mit Hilde das Schulgebäude aufsuchte. Durch die Gänge hastete immer ein Arzt oder ein Pfleger, aber sein Vater, der sich mit fünf Soldaten ein Krankenzimmer teilte, bekam von der Unruhe schon nichts mehr mit.

Die Johannesschule war 1898 für vierhundert Schüler erbaut worden und ist eines der steinernen Zeugnisse des Aufschwungs in Meißen während der Jahre der industriellen Revolution. Brigittes Vater ist froh über seine Lehrerstelle so kurz nach Kriegsende. Dass das Unternehmersein nichts für ihn war, hatte er nach dem Verlust der Holzkistenfabrik schließlich selbst eingesehen. Und das Risiko, mit Hilde noch einmal von der Großzügigkeit anderer abhängig zu sein, will er nicht mehr eingehen. Man kann es auch anders formulieren: Der Krieg hat Hellmuth bescheiden gemacht. Er zieht das geringe Einkommen eines Lehrers und die Sicherheit einer unteren Mittelschicht dem möglichen Lebensstandard eines Unternehmers vor.

Auch den Verlust seiner BMW 3/15 PS DA-2, die im zweiten Kriegsjahr vom Militär requiriert wurde, trägt der ehemalige Fabrikbesitzer erhobenen Hauptes. Nach 1945 gibt es nach dem Motorrad, dem Dreiradwagen und der schwarzen Limousine kein eigenes motorisiertes Fahrzeug mehr. Hellmuth beklagt sich nicht. Vielleicht auch, weil er bereits vor dem Krieg mit einer Tätigkeit im Bildungswesen geliebäugelt hat.

Wie ernst es ihm damals mit diesen Überlegungen war, geht aus einem Brief seines Freundes Josef hervor, den er von der Wehrmacht kennt. Kurz nach Hellmuths Ernennung schreibt er ihm: »Zu Deinem neuen Beruf wünsche ich Dir alles erdenklich Gute. Das Beste dabei ist, dass Dir der Schulberuf Freude macht und nun eigentlich damit ein Jugendtraum von Dir in Erfüllung ging!«

Sportlehrer und Jugendtrainer

In Neulangsow zweifelt Gerd daran, ob ihn ein Leben als Zimmermann auf lange Sicht befriedigen wird. Deshalb bildet er sich in seiner Freizeit zum Sportübungsleiter weiter. Sein Fleiß zahlt sich aus: 1950 erhält er eine Teilzeitstelle als Jugendtrainer bei einem Verein in Seelow. Am einen Tag schwingt er jetzt Hammer und Handsäge, am Tag darauf Handball und Hanteln. Mit zusätzlichem Abendunterricht arbeitet er sich bis zum Assistenten für Leibeserziehung an Grundschulen hoch.

In Meißen ist Brigitte inzwischen als Erzieherin aktiv. Sie lebt bei ihren Eltern und radelt jeden Tag um halb sieben zu einer Kindertagesstätte in der Nähe der Porzellanmanufaktur. Im Prinzip gefällt ihr die Arbeit, aber sie merkt auch, dass ihr der Umgang mit den älteren Kindern wohl am besten liegt.

Brigitte und Gerd leben noch immer zweihundert Kilometer voneinander entfernt. Sie können nicht ahnen, dass sie beide binnen ziemlich kurzer Zeit einen Ehepartner finden werden, der nicht aus ihrer eigenen Provinz Sachsen beziehungsweise Brandenburg stammt. Was sie ebenfalls verbindet, ist das Gefühl, dass die Grundschule durchaus etwas für sie sein könnte. Aber der Weg dorthin erscheint unendlich lang. Ist es vorstellbar, dass sie je vor einer Klasse stehen? Dürfen die Kindergärtnerin und der Zimmermannsgeselle darauf hoffen?

Im Frühjahr 1951 fasst sich Gerd als Erster ein Herz. Er bewirbt sich an der Zentralschule in Seelow und verspricht, sein pädagogisches Examen binnen absehbarer Zeit zu bestehen. Er ist gut vorbereitet und weiß, dass es inzwischen Möglichkeiten gibt, dieses Vorhaben neben dem Unterrichten zu schaffen. Ein Abendstudium auf akademischem Niveau, das ist es, was ihm vorschwebt.

Der frisch ernannte Direktor, der schon früher Lehrer ohne die erforderlichen Zeugnisse einstellen musste, sieht anscheinend etwas Besonderes in dem selbstbewussten jungen Mann mit dem tadellosen Anzug. Ein Zimmermann, kein Lehrer, und seine didaktische Vorbildung als Sportlehrer und Jugendtrainer reicht für die Schule ebenso wenig, aber irgendwie wirkt seine Leidenschaft ansteckend. Der Schulleiter beschließt, ihm eine Chance zu geben. Ab September desselben Jahres steht Gerd vor der Klasse und erteilt den Abc-Schützen Schreib- und Rechenunterricht.

Glotzende Gleisarbeiter

Brigitte ist ein Jahr später so weit. Zufällig hört sie von einer freien Stelle an der Grundschule im Brandenburger Seelow. Um sich ein bisschen etwas dazuzuverdienen, arbeitet sie im Juni 1952 mit einer Freundin als Betreuerin in einem Ferienlager im Erzgebirge. Die jungen Frauen haben eine Gruppe von zwölf Kindern in ihrer Obhut. Das ist schwieriger als erwartet, denn sie sind nicht in einer Ferienkolonie, sondern in einem ländlich gelegenen Hotel untergebracht, wo auch andere Gäste wohnen. Die suchen Ruhe, und das ist genau das, was die aufgedrehten Kinder nicht wollen. Aber die Unterbringung hat auch Vorteile. Wenn das kleine Ferienvolk in den Betten liegt, kommen Brigitte und ihre Freundin mit anderen Hotelbewohnern in Kontakt.

Eines Tages werden sie von zwei jungen Lehrern aus dem Spreewald südöstlich von Berlin angesprochen. Es ist ihr letzter Ferienabend, und den möchte das Duo mit den beiden Gruppenbetreuerinnen verbringen. Der Alkohol fließt reichlich und die Stimmung steigt. Schon bald bilden sich zwei Pärchen.

Als Brigitte erwähnt, dass sie gern unterrichten würde, erzählt der junge Mann, der ein Auge auf sie geworfen hat, von der Personalsituation an der Zentralschule. Er ermutigt sie, sich auf eine freie Stelle zu bewerben. Brigitte nimmt sich vor, mit dem Direktor einen Termin zu vereinbaren. Der Abend nimmt seinen Lauf, und vermutlich ist es nur der strengen Moral der Fünfzigerjahre zu verdanken, dass jeder der vier nach der letzten Runde sein eigenes Zimmer aufsucht.

Nicht lange danach bringt die Post ein Antwortschreiben aus Seelow. Der Schulleiter lädt Brigitte für die erste Augustwoche zu einem Gespräch ein. Die Bewerberin aus dem fernen Sachsen kauft sich sofort eine Fahrkarte. Sie plant einen Zwischenaufenthalt in Lübbenau, wo der junge Lehrer, der sie auf die Vakanz hingewiesen hatte, noch bei seinen Eltern wohnt. Sie kündigt ihren Besuch per Brief an, aber mit der Kommunikation geht offenbar etwas schief.

Als sie morgens klingelt, ist niemand auf ihren Besuch vorbereitet und ihre Ferienbekanntschaft nicht einmal zu Hause. Brigitte fühlt sich unwohl, und ihr ist an diesem Sommertag fürchterlich heiß. Aber sie nimmt die Einladung der Frau des Hauses an, sich doch mit an den Tisch zu setzen. Zum ersten Mal in ihrem Leben isst sie Schmorgurken, ein typisches Gericht aus dem Spreewald.

Am Nachmittag fährt sie wie geplant nach Berlin weiter. Sie lässt den Lehrer, den sie nie mehr wiedersehen wird, herzlich grüßen. Der Zug von Berlin nach Seelow fährt an diesem Tag nicht – aus welchen Gründen auch immer. Brigitte sitzt die halbe Nacht auf dem Bahnsteig, darf aber noch von Glück reden, denn sie wird erst am nächsten Tag im Lauf des Nachmittags erwartet.

Müde und zerknittert fährt sie mittags um halb zwölf in den Zielbahnhof ein. In einer Toilette zieht sie sich um und versucht, ihre Nerven zu beruhigen. Es ist alles ein bisschen viel auf einmal: der misslungene Besuch in Lübbenau und die schlaflose Nacht unter gestrandeten Reisenden und glotzenden Gleisarbeitern.

Eine Sekretärin bringt Brigitte in einen Raum im ersten Stock. Sie soll an einem schweren Besprechungstisch mit zwölf Stühlen Platz nehmen. Zehn der Stühle bleiben in der darauffolgenden Stunde unbesetzt, aber die Unterhaltung mit dem Direktor verläuft überraschend gut. Erneut zeigt er sich bereit, ausgetretene Wege zu verlassen. Überzeugt ihn die Unbefangenheit, mit der seine junge

Gesprächspartnerin über Kindererziehung und die Unterrichtspraxis spricht? Er bietet ihr eine Klasse für das neue Schuljahr an, für das noch immer Lehrkräfte gesucht werden.

Sie sächselt so charmant

Hilde und Hellmuth sind stolz auf den Erfolg ihrer Tochter, die in die noch frischen Fußstapfen ihres Vaters tritt. Aus der ehemaligen Fabrikantenfamilie ist, und das gleich bei Mitgliedern zweier Generationen, eine Lehrerfamilie geworden. Am 1. September 1952 – keine zehn Wochen nach dem Abend mit den beiden Lehrern im Erzgebirge – fährt Brigitte zum zweiten Mal in den Provinzort, der Aussicht auf das Oderbruch bietet, und wandert zu dem neuen Schulgebäude, das erst vor wenigen Tagen übergeben wurde.

Das Unterrichtspersonal ist eifrig dabei, die Klassenzimmer einzurichten. Keiner hat für sie Zeit, und so steht sie geduldig wartend in der großen Eingangshalle herum. Es ist ein bisschen wie auf dem Foto in Klingenberg. Auch hier steht Brigitte wieder mit dem Koffer in der Hand: Wenn es nach ihr geht, kann's losgehen.

Es ist gut, dass sich nach einiger Zeit ein junger Lehrer ihrer annimmt. Gerd ist mit den neuen Räumen der Schule vertraut wie kein anderer. Im vergangenen Jahr hat der ehemalige Zimmermann den Baufortschritt aufmerksam verfolgt. Die Zentralschule ist ein frühes Beispiel einer Neubauschule in Ostdeutschland. Wegen seiner auffallenden Architektur kommt das Gebäude mit seinen achtzehn Klassenzimmern nach der Wende auf die Denkmalliste.

Dass die Landesbehörden dem kleinen Seelow damals eine nicht unerhebliche Bausumme zur Verfügung gestellt hatten, hängt mit der Kriegsvergangenheit zusammen. Für die geschundene Kleinstadt und seine traumatisierten Bewohner musste etwas getan werden.

Brigitte ist froh, dass Gerd ihr zeigt, wo alles zu finden ist, und ihr beim Aufstellen der Tische und Stühle hilft. Er fühlt sich ein wenig verantwortlich für die schüchterne Sächsin. Sie scheint von der Geschäftigkeit überwältigt, mit der ihre neuen Kollegen die Ankunft der Schüler vorbereiten. Die letzten Verteilungskämpfe werden entschieden: Wer bekommt die große Schultafel und wohin kommt das Pult des ehemaligen Direktors? Brigitte nimmt Gerds Hilfe mit einer Selbstverständlichkeit an, die ihn in seinem Tun bestätigt. Die Rolle des großen Helfers und Unterstützers spielt er mit Verve. Dem Charme ihres sächselnden Tonfalls kann der junge Pädagoge offenbar nicht widerstehen.

Ein Weg nach oben

Im Herbst des Jahres 1952 werden Brigitte und Gerd ein Paar. Der Abstand zwischen Meißen und Neulangsow, die zweihundert Kilometer, die sie bei ihrer Geburt voneinander trennten, ist überwunden. Die junge Lehrerin bekommt ein Untermietzimmer bei einer älteren Frau, die ein Haus am Stadtrand bewohnt. Städtische Verwaltungsbeamte waren der Ansicht, dass es für die Frau allein zu groß sei. Brigitte freut sich, eine Bleibe gefunden zu haben, fühlt sich aber beobachtet und gegängelt. Sie soll vor acht Uhr abends in ihrem Zimmer sein; die Toilette ist zwischen zehn Uhr abends und sechs Uhr morgens tabu, und ganz und gar von Übel ist – natürlich – Herrenbesuch.

Auch Gerd, der bis dahin mit dem Rad von Neulangsow nach Seelow gefahren ist, sucht sich ein Zimmer vor Ort. Er findet eines, unweit von Brigitte, und begleitet sie von da an fast täglich auf dem Weg von und zur Schule. Im Dezember desselben Jahres fährt der Tagelöhnersohn mit ihr zum ersten Mal nach Meißen. In der Wohnung von Brigittes Oma Hedwig wird gemeinsam mit der ganzen Familie Weihnachten gefeiert.

Gerd kommt hier zum ersten Mal mit den ritualisierten Gepflogenheiten eines gutbürgerlichen Milieus in Berührung. Die schweren Möbel imponieren ihm, er isst mit Silberbesteck von

handbemalten Esstellern und träumt davon, eines Tages selbst
Mobiliar zu besitzen, wie es im Herrenzimmer von Gymnasialprofessor Grunewald selig steht. Gerd findet sein Vorbild und misst
sich von nun an häufiger an Emil. Dieser einstige »Schulbub vom
Lande« zeigt ihm, dass es einen Weg nach oben gibt. Er selbst, der
Polderjunge aus dem Oderbruch, will nichts sehnlicher, als das
ärmliche Neulangsow hinter sich lassen, die niedrigen Häuser, die
Ziegenställe im Garten und die unendlich weiten Wiesenland-
schaften.

Die Schwelle zur Zukunft

In Seelow stehen Brigitte und Gerd in Klassenzimmern, die noch
nach frischer Farbe riechen. Sie sind jung, sogar sehr jung. Gerd ist
gerade einundzwanzig, Brigitte erst neunzehn. Auch das Land, in
dem sie leben, ist jung. Erst knapp drei Jahre zuvor hatte die DDR
die politische Weltbühne betreten. Die konstituierende Sitzung des
vorläufigen Parlaments, der Provisorischen Volkskammer, fand am
7. Oktober 1949 in einem historischen Gebäude in Berlin statt. Dieses Gebäude – das »Haus der tausend Räume« – war unter Hitler als
Reichsluftfahrtministerium erbaut worden und verkörperte wie
wenig andere Gebäude die Nazidiktatur.

Nun wird es zur Geburtsstätte eines Deutschlands, das ein neues, anderes Deutschland sein will: eine Nation, in der Arbeiter und
Bauern mehr zählen als das Großkapital und die Aristokratie. Um
an diesen Moment zu erinnern, wird in den Fünfzigerjahren eine
auf Meißener Porzellanfliesen ausgeführte monumentale Wand-
malerei an der Nordfassade angebracht. Der fünfundzwanzig Meter lange Fries mit dem Titel »Aufbau der Republik« ist ein frühes
Beispiel sozialistisch-realistischer Kunst in Deutschland. Berlin
darf sich seit 1949 *Hauptstadt der DDR* nennen. Wilhelm Pieck wird
der erste (und, wie sich herausstellen wird, auch der gleichzeitig
letzte) Präsident des neuen Staates.

Dies alles registrieren Brigitte und Gerd nur aus der Ferne. Sie sind so mit sich selbst beschäftigt, dass die Welt der großen Politik in ihrem Alltagstun nicht viel mehr als eine Art Hintergrundrauschen ist. Für die beiden zählt, dass sich die Wirtschaft normalisiert und es endlich für jeden genug zu essen gibt. Fleisch, Butter und Zucker bekommt man nur auf Marken, aber die meisten anderen Lebensmittel sind wieder frei erhältlich.

Ruinen dominieren auch sieben Jahre nach dem Weltkrieg das Stadtbild. Und dennoch ist es, als ob in diesen Tagen die Last der Vergangenheit weniger schwer wiegt. In Seelow nutzen Brigitte und Gerd die Chancen, die ihnen ein junges Land im Aufbau bietet. Sie springen auf den Zug der DDR auf, ganz wie Emil einst auf die Dampflokomotive der industriellen Revolution. Zum ersten Mal in ihrem Leben haben die Jungverliebten das Gefühl, an der Schwelle zur Zukunft zu stehen.

16. Januar 1952: Hedwigs achtzigster Geburtstag
(stehend: Hellmuth; sitzend v. l. n. r.
Hedwig, Hanna und Hilde; im Vordergrund: Brigitte)

In kleine Blätter zerschnittenes Zeitungspapier

14. März 1954 – Die SED führt die Jugendweihe als rituellen Übergang ins Erwachsenenleben ein.

3. Januar 1956 – Der Deutsche Fernsehfunk, das staatliche Fernsehen der DDR, beginnt mit seinen Ausstrahlungen.

17. Januar 1957 – Mit einem Gesetz über die örtlichen Organe der Staatsmacht wird der Demokratische Zentralismus eingeführt.

1. Oktober 1959 – Der neue Siebenjahresplan kündigt den Bau von 700 000 Wohnungen an.

15. Juni 1961 – Staatsratsvorsitzender Walter Ulbricht: »Niemand hat die Absicht, eine Mauer zu errichten!«

Die Firma Gebrüder Otto übersteht die Kriegsjahre gut. Hellmuths Cousine Paula und ihr Mann Walther produzieren Munitionskisten und bekommen Aufträge von der Wehrmacht. Anders als seine Generationsgefährten Hanns und Hellmuth wird Walther nicht eingezogen. Als Fabrikant und mittelständischer Arbeitgeber ist er für die Wirtschaft seines Wohnorts kriegswichtig.

Die Kredite, die das Ehepaar Jungblut aufgenommen hatte, um Hellmuths unternehmerische Schulden abzuzahlen, sind schneller als erwartet abgelöst. Auch nach der Kapitulation beweisen Paula und Walther den nötigen betriebswirtschaftlichen Durchblick. Sie liefern einen erheblichen Teil des Bauholzes für die Renovierung der Wehrmachtskasernen in Meißen-Zaschendorf und Meißen-

Bohnitzsch, in die jetzt Tausende russische Soldaten – sie werden bis 1992 bleiben – einziehen. Doch der Schein trügt. Über Sägewerk und Kistenfabrik ziehen dunkle Wolken auf.

Das merken die Jungbluts im Herbst 1945. Sie bekommen ein Formular zugeschickt, das auf Russisch und auf Deutsch verfasst ist. Im Hinblick auf die ausstehenden Reparationsleistungen an die Sowjetunion müssen sie detailliert auflisten, über welche technischen Anlagen die Firma verfügt, welchen Umfang die Produktion hat und was an Rohstoffen vorrätig ist. Das ausgefüllte Formular vermittelt einen Eindruck vom wirtschaftlichen Potenzial des Holzverarbeitungsunternehmens. Alles in allem ist das nicht wenig. Außer der Dampfmaschine der Firma Buckau-Wolf stehen dort inzwischen drei schwere Elektromotoren. Paula und Walther haben getan, was Hellmuth unterlassen hatte: Sie haben investiert.

Während der Kriegsjahre sind allein im Sägewerk fünfzehn Arbeiter beschäftigt, und die Jahresproduktion wird auf achttausend Kubikmeter Rundholz geschätzt. Im Herbst 1945 liegen noch sechshundert Kubikmeter unbearbeitetes Holz auf Lager. Einen Großteil der Baumstämme hat derselbe Holzhändler aus Pirna geliefert, mit dem Hellmuth Krach hatte. Offenbar hat der Konflikt mit dem ehemaligen Miteigentümer den Geschäftsbeziehungen zu Paula und Walther nicht geschadet. In einem Verzeichnis der fest eingebauten Geräte listet das Fabrikantenehepaar unter anderem sechs Sägetische, eine Hobelbank und zwei Nagelmaschinen auf. Man kann davon ausgehen, dass eine der Maschinen etwa acht Jahre zuvor von Emil bezahlt wurde.

Auf Grundlage der eingeholten Informationen entscheidet die SMAD, ob das Sägewerk und die Holzwarenfabrik nach Russland gebracht werden müssen oder nicht. Paula und Walther haben noch einmal Glück, denn in der Regel ereilt dieses Schicksal nur größere Betriebe als die ihren. Doch unter dem Damoklesschwert der Demontage haben sie bei den Verhandlungen mit den neuen

Kommandanten der Meißener Kasernen schlechte Karten. De facto diktieren diese ihnen nun den Holzpreis.

Alles ändert sich nach dem 30. Juni 1946, dem Tag, an dem die Militärverwaltung ein Referendum darüber durchführt, wie mit dem Besitz von Nationalsozialisten und Kriegsgewinnlern zu verfahren sei. Zwei Drittel der Bevölkerung stimmen für Enteignung.

Danach gibt es Beschlagnahmungen in großem Maßstab. Sie sind der Auftakt zu einer Verstaatlichung der ostdeutschen Industrie, obwohl die SMAD und die Kommunistische Partei Deutschlands (KPD) – die Vorläuferin der SED – diesen Begriff tunlichst vermeiden. Die Enteignungen werden als Teil einer Politik präsentiert, die sich gegen die ehemaligen Mitläufer der NSDAP richtet.

Wohin fliehen?

Nur wenige Unternehmer können ihren Betrieb behalten. Wer Aufträge der Wehrmacht ausgeführt oder Zwangsarbeiter eingesetzt hatte – in den Kriegsjahren Selbstverständlichkeiten im unternehmerischen Deutschland –, verliert alles.

Die Wirtschaft hatte während des Kriegs mehr oder weniger ausschließlich im Dienst der Waffenproduktion gestanden, und die Industrie war auf die schätzungsweise zehn Millionen ausländischer Arbeitskräfte angewiesen, die unfreiwillig ihr Vaterland verlassen mussten. Sie ersetzten die deutschen Männer, die an der Front kämpften. So war im letzten Kriegsjahr einer von drei Fabrikarbeitern ein Fremdarbeiter, wie das Naziregime die zwangsverpflichteten Mithelfer euphemistisch nannte.

Sie wurden in einzelne Betriebe »detachiert« und waren voll in die laufenden Arbeitsprozesse eingebunden. Jedoch erhielten sie höchstens eine symbolische Bezahlung. Auch von Paula und Walther muss gesagt werden, was für den überwiegenden Teil der Fabrikanten und Industriellen gilt: Sie waren Kriegsprofiteure. Sie nahmen nicht nur Aufträge der Wehrmacht an, sondern stellten auch Zwangsarbeiter ein, am Ende sogar vier oder fünf gleichzeitig.

Nach dem Krieg untersuchen die Meißener Behörden die Firma Gebrüder Otto. Paula und Walther werden mehrmals vernommen. Polizisten sprechen auch mit einem Italiener, der im Sägewerk arbeitete. Er ist in Meißen geblieben, vielleicht weil er sich – obwohl Beziehungen zwischen Deutschen und Zwangsarbeitern verboten waren – in ein Mädchen aus der Stadt verliebt hatte.

Der Mann heißt Luca Boselli und wurde in Tonezza del Cimone bei Vicenza geboren. Er diente in der italienischen Armee und wurde im Herbst 1943 von der deutschen Besatzungsmacht in Norditalien gefangen genommen. Dieses Schicksal traf mit ihm weitere 600 000 italienische Soldaten. Nachdem die neue Regierung in Rom mit den Amerikanern und Engländern im sizilianischen Cassibile einen Waffenstillstand vereinbart hatte, sah Nazi-Deutschland sie alle als potenzielle Feinde. Das Konzentrationslager blieb den meisten erspart, weil sie der Zwangsarbeit in Deutschland zustimmten.

So kommt Luca zu Paula und Walther. Er findet einen Schlafplatz in einer der sechzig Gruppenunterkünfte, die in Meißen für Zwangsarbeiter entstehen, und behält seine Freiheit zu einem gewissen Grad. Zwar darf er das Stadtgebiet seines neuen Wohnorts nicht verlassen, aber wenn er dienstfrei hat, kann er sich nach Belieben in der Stadt bewegen. Allerdings hat er aufgrund der geltenden Gestapo-Richtlinien »eine angemessene Zurückhaltung« an den Tag zu legen. Nicht einmal nachts wird er bewacht. Warum auch, wohin sollte er denn fliehen?

Die Wutanfälle des Chefs

Luca arbeitet fast zwei Jahre für die Firma Gebrüder Otto. Es gibt eine Abschrift der Vernehmung, in der er seine Erfahrungen beschreibt. »Während dieser ganzen Zeit«, gibt Luca zu Protokoll,

»habe ich nie gehört, dass ein ausländischer Arbeiter bei dieser Firma schlecht behandelt wurde. Ich kann das Gegenteil behaupten. Mein Arbeitgeber Jungblut sowie unser Meister Lenz waren sehr gut zu uns Ausländern. Wir bekamen oftmals von Jungblut Rauchwaren. Wenn wir in Ockrilla Holz fällen waren, kaufte uns Jungblut im Gasthof Ockrilla von seinem Gelde Essen. Beim Holzfällen in Niederau nahm er uns alle mit in einen Gasthof und kaufte uns Bier.«

Zwischen den Zeilen merkt man, dass das Alltagsleben für ihn hart war. Doch abermals fällt ein positives Licht auf den Firmendirektor:

Einst sagten wir im Werk, dass wir Hunger hatten, dann nahm Jungblut seine sowie die Brotmarken seiner Frau und ließ von ihr ein Brett voll Kuchen holen. Der Kuchen wurde von Frau Jungblut unter uns Arbeitern verteilt. Ich kann mit ehrlichem Gewissen sagen, dass Jungblut sowie der Meister Lenz mit uns allen sehr kameradschaftlich umgegangen ist.

Die vielfachen Wutanfälle seines Chefs beschönigt Luca: »Ich gebe zu, dass bei uns im Betrieb Streitigkeiten vorgekommen sind, aber das war immer Streit wegen der Arbeit. Es wollten manche nicht immer recht zupacken, so kam es vor beim Langholzfahren. Der Chef wurde immer gleich nervös und brüllte. Das hat er aber nic so gemeint. Er drehte sich um und war gleich wieder gut.« Luca muss inzwischen kein Blatt mehr vor den Mund nehmen. Ist also das Einzige, was man Walther vorwerfen könnte, dass er sich etwas zu oft mit seinen Wutausbrüchen Luft machte?

Auf merkwürdige Weise entpuppt sich Luca als Entlastungszeuge. Die Tatsache, dass er seiner Bürgerrechte beraubt wurde, hinterfragt er nicht. Zwangsarbeit scheint für ihn etwas Selbstverständliches zu sein. Das Beste, was einem passieren kann, ist ein Arbeitgeber wie Walther Jungblut, jemand, der einen »halbwegs gut« behandelt. An manchen Stellen des Protokolls drängt sich der Eindruck auf, dass Luca und Walther eine fast freundschaftliche Beziehung pflegten. Sie sprachen unter anderem über die Beweggründe des Holzunternehmers, der NSDAP beizutreten:

> Mein Chef Jungblut hat immer gegen Deutschland geschimpft, wobei er wörtlich sagte: »Deutschland ist verrückt, will gegen ganz Europa Krieg machen.« Weiter sagte er, »was wollen die Nazis, die sind doch alle verrückt«. Als ich ihm sagte, »Sie sind doch selbst Nazi«, da sagte er, »ich muss dabei sein, sonst nehmen sie mir den Betrieb weg«.

Mit dieser Ausrede zeichnet Walther Luca ein irreführendes Bild der Realität in Nazi-Deutschland. Gewiss, erklärte Regimegegner müssen mit Enteignung rechnen. Und im Rahmen der Arisierung der Wirtschaft verlieren jüdische Unternehmer ihre Firmen. Fabrikanten und Geschäftsleute, die sich neutral verhalten, haben jedoch wenig zu befürchten. Es entbehrt nicht der Ironie, dass Paula und Walther nun unter dem neuen Regime ausgerechnet das widerfährt, was sie unter Adolf Hitler befürchtet hatten: die Beschlagnahmung ihrer Firma Gebrüder Otto.

Siegen lernen

Wegen der Wehrmachtsaufträge und der Ausbeutung von Zwangsarbeitern müssen Paula und Walther ihr Sägewerk und die Kistenfabrik aufgeben. Die Firma wurde von der Generation 1870 gegründet und an die Generation 1900 weitergegeben. Jetzt, knapp siebzig Jahre nachdem Karl und Clemens Otto den Grundstein legten, kann der Betrieb nicht mehr in Familienbesitz bleiben. 1948 wird das Unternehmen zum *Volkseigenen Betrieb* (VEB). Dasselbe widerfährt vielen Tausenden anderen Unternehmen in der russischen Besatzungszone. Eigentümer der Firma Gebrüder Otto ist von nun an

»das Volk«. In der Praxis bedeutet das, dass der Staat (SMAD) und die Partei (SED) das Steuer übernehmen.

Auf makroökonomischem Niveau illustriert der Machtwechsel das Bestreben, die bestehenden kapitalistischen Strukturen abzubauen. Die neue politische Elite will den Privatbesitz von Produktionsmitteln – Gebäuden, Maschinen, Grund und Boden oder Rohstoffen – abschaffen. Nach dem Vorbild der Sowjetunion wird eine zentral gelenkte Wirtschaft propagiert, die verhindern soll, dass der Rhythmus des Wirtschaftslebens weiterhin vom individuellen Gewinnstreben von Fabrikanten und Industriellen bestimmt wird.

Stattdessen steuert ein staatlich verordneter Mehrjahresplan die Produktionsprozesse. *Von der Sowjetunion lernen, heißt siegen lernen!* Diese Losung beherrscht das Denken der ersten Jahrzehnte nach dem Zweiten Weltkrieg.

Der Verlust des Holzunternehmens wird nicht kompensiert. Dennoch haben Paula und Walther unter den gegebenen Umständen wenig zu klagen. Im neuen VEB behalten sie ihre Stellen, Walther als Betriebsleiter und Paula als Buchhalterin. Ihnen wird auch nicht alles genommen. Sie bleiben Eigentümer einer Reihe nahe gelegener Betriebsgelände und behalten ihre Häuser an der Fabrik- und an der Rülingstraße. Wegen der staatlichen Mietpreispolitik bringen diese ihnen allerdings wenig Gewinn. Irgendwann decken die Mieteinnahmen kaum noch die Unterhaltskosten, sodass die Immobilien für Paula und Walther allmählich zur druckenden Last werden.

Auf glühenden Kohlen

Etwa zehn Jahre nach dem Krieg ist von ihrem Reichtum nicht mehr viel übrig. Mit den geringen Löhnen, die der VEB Sägewerk Meißen zahlt, lassen sich keine großen Sprünge mehr machen. Doch einen Luxus erlauben sich Paula und Walther nach wie vor: Noch immer haben sie ganztags eine Haushälterin.

Sie heißt Emma und arbeitet seit Anfang der Dreißigerjahre bei ihnen. Weil sie keinen hohen Lohn zahlen können, stellen sie ihr gratis eine Wohnung in der Fabrikstraße zur Verfügung. Außerdem besorgt Walther Emmas Mann eine Anstellung als Arbeiter in der Kistenfabrik. Das Paar ist kinderlos. Nicht gewollt, sondern weil der Ehemann der Haushälterin die Folgen der nationalsozialistischen Bevölkerungspolitik am eigenen Leib erfahren hat. Er ist Epileptiker und war deshalb zwangssterilisiert worden.

Am Umgang mit Emma, die ungefähr fünf Jahre jünger als Paula ist, merkt man, wie sehr die ehemaligen Fabrikbesitzer an ihrem alten Leben hängen. Vor allem Walther neigt dazu, seine Angestellte herablassend zu behandeln. Bei Einladungen besteht er darauf, dass sie – in weißer Bluse und schwarzem Rock – am Tisch bedient. Beim Aufbruch soll sie den Gästen an der Tür in den Mantel helfen. All das sind Zeichen eines Lebensstils, der einst dem gehobenen Bürgertum vorbehalten war. Aber in einem Land, das sich als Arbeiter-und-Bauern-Staat sieht, wirkt die Emma aufgezwungene Unterwürfigkeit einfach skurril.

Wenn Walther alles zu viel wird und er sich vom Leben ungerecht behandelt fühlt, schleicht er in den kleinen Hof hinter dem Haus. Dort stehen ein paar Kohlenschuppen. Er betritt einen der Lagerräume und legt immer die gleiche kurze Route zurück. Zuerst geht es nach links, zu dem kleinen Fenster. Dann setzt er seinen Weg nach rechts fort, an den Verschlägen mit der aufgehäuften Braunkohle entlang. Darauf wieder zurück zum Wohnblock, die Treppen hoch zu seiner Wohnung.

Im Schuppen hat er einen Moment das Gefühl, ginge er auf glühenden Kohlen, denn er weiß, was sich da unter der festgetretenen Erde befindet. In einem der letzten Monate des Jahres 1944, als kein Mensch mehr an den »Endsieg« glaubte, hat er dort den kleinen Goldschatz vergraben, den er seit Mitte der Zwanzigerjahre mit Paula zusammengetragen hat. In vierzig Zentimeter Tiefe blinken in einer Blechbüchse die Dollarmünzen, ein kleines Kapital, das auf bessere Zeiten wartet.

Walther gräbt das Gold nicht mehr aus. Kurz nach seiner Pensionierung stirbt er 1957 an einem Herzanfall. Er wird in der Grabstätte der Familie Otto der Erde übergeben, auf demselben Friedhof, auf dem auch Emil begraben ist. Das Grab wurde inzwischen geräumt, doch wer weiß, wo er zu suchen hat, sieht den Namen noch immer auf einer hohen Rückwand durchschimmern, die stehen geblieben ist. Ein langsam verblassender Widerschein im abgeschliffenen und zur Wiederverwendung vorbereiteten Sandstein.

Paula hört zwei Jahre nach dem Tod ihres Mannes auf zu arbeiten. Ihr Arbeitsbuch, ein offizielles Dokument, das zur Berechnung der staatlichen Rente verwendet wurde, vermerkt, dass sie vom 1. Januar 1923 bis zum 31. Dezember 1959 bei der Firma Dampfsägerei & Kistenfabrik Gebrüder Otto/VEB Sägewerk Meißen als Buchhalterin tätig war. Sechsunddreißig ununterbrochene Berufsjahre. Das Sägewerk und die Kistenfabrik bleiben bis Mitte der Siebzigerjahre in Betrieb. Dann schließen sie auf immer ihre Tore. Das Betriebsgelände verkommt, und als knapp zehn Jahre nach der Wende die Abrissfirma kommt, stehen dort nur noch Ruinen.

Selbstbeweihräucherung

Das Schuljahr 1952/1953 erleben Brigitte und Gerd wie im Rausch. Die Tage scheinen kürzer zu sein als je zuvor. Die Stunden vor der Klasse, die Fortbildungskurse, die langen Schlangen im Konsum-Markt, die Organisation des eigenen Lebens, ohne die Eltern um Hilfe zu bitten – ständig hinken sie den Notwendigkeiten hinterher. Aber sie fühlen sich frei. Zwei Fotos symbolisieren dieses Lebensgefühl. Aufgenommen wurden die Bilder im Frühherbst 1952. Sie zeigen Brigitte und Gerd, wie sie, jeder für sich, auf einer schmalen Landstraße gehen (Abb. 40). Das Foto von Brigitte klebt Gerd in sein Fotoalbum, seines landet in ihrem.

Auf der Rückseite eines der Bilder steht, dass die Straße am Haus von Brigittes Vermieterin beginnt und von dort aus der Stadt herausführt. Die Aufnahmen spiegeln ein ländliches Ambiente, das vom Stadtkern in den Fünfzigerjahren noch buchstäblich zu Fuß erreichbar ist. Gegenüber Bäume, Wiesen, so weit das Auge reicht, und kein anderer Verkehrsteilnehmer weit und breit, ganz zu schweigen von motorisierten Fahrzeugen. Eine Landschaft wie ein Stillleben. Man sieht energisch ausschreitende junge Menschen, die Lebenslust ausstrahlen, und nicht nur das; man sieht auch Menschen, die selbst bestimmen, wo ihr Weg sie hinführt.

Das verliebte Paar lebt im Takt des Schulkalenders. Am 12. Juni 1953 feiern die beiden ihren ersten gemeinsamen *Tag des Lehrers*. Seit den frühen Fünfzigerjahren initiiert die SED eine Reihe von Ehrentagen für Berufsgruppen, denen beim planmäßigen Aufbau des sozialistischen Staates eine besondere Bedeutung zugedacht wird. So gibt es den *Tag der Postbeamten*, den *Tag der Metallarbeiter* und den *Tag der Bauarbeiter*.

An der Seelower Zentralschule lauschen Brigitte und Gerd am Morgen des Tags des Lehrers einer sich breit ausfächernden Rede, die nicht mit Superlativen geizt. Der Schulleiter betont, dass der Start in dem neuen Schulgebäude gut verlaufen sei, und dankt dem Lehrkräfte-Kollektiv für seinen Einsatz. Darauf folgt eine Aufzählung der Kollegen, die für eine Gehaltserhöhung vorgeschlagen wurden, darunter der Geschichtslehrer und die Kollegin vom Fach Deutsch. Gemeinsam haben sie ein ergänzendes Curriculum erarbeitet, das spielerisch die Grundlagen für eine sozialistische Persönlichkeit legen soll.

Brigitte und Gerd bekommen keine Prämie, aber der Direktor erwähnt auch ihre Namen. Er baut in seine Rede regelmäßig Pausen ein, damit der Lehrkörper und die Schüler der oberen Klassen, die in der Aula sitzen, klatschen können. Immer wieder erdröhnt der Saal. Brigitte wundert sich über den Ernst, mit dem manche Kollegen ihren Beifall bekunden. Sie weiß nicht recht, was sie von der Versammlung denken soll. Offenbar ist das eine Art der Selbstbeweihräucherung. Aber für wen oder wofür wird denn geklatscht, fragt sie sich: für die Schule, für die gelobten Kollegen, jeder für sich, für die DDR, für den Sozialismus? Vielleicht gar für alles und jeden zugleich.

In den falschen Hals

Der Tag des Lehrers fällt dieses Jahr auf einen Freitag. Es findet kein Unterricht statt. Im Namen ihrer Eltern überreichen die Schüler den Lehrern kleine Geschenke: ein Körbchen Erdbeeren aus dem eigenen Garten, einen Blumenstrauß oder Leckereien vom Bäcker. Nach der Rede des Direktors dürfen sie nach Hause gehen. Die Lehrerschaft macht einen Ausflug ins nahe gelegene Buckow, wo in einem Gasthof ein langer Tisch für das Mittagessen reserviert ist. Ab zwei Uhr liegen auf dem Buckowsee Kanus bereit, damit die Gruppe einen Nachmittag lang paddeln kann.

Als Brigitte und Gerd ins Boot klettern, steigt zur selben Zeit, Luftlinie vierzig Kilometer von ihnen entfernt, an der Berliner Stalinallee die Spannung. Den Bauarbeitern von Block C-Süd wird mitgeteilt, dass sie bei gleichem Lohn mehr leisten müssen. Die Maurer, Zimmerleute und Dachdecker dort arbeiten auf der berühmtesten Baustelle des Landes.

Direkt östlich vom Alexanderplatz entsteht nach Entwürfen von Architekt Hermann Henselmann eine drei Kilometer lange Allee mit gigantischen Wohnkomplexen. Diese neoklassizistische, von der stalinistischen Architektur inspirierte Prachtstraße soll die weltbekannten Boulevards von Leningrad und Moskau auch in Berlin Realität werden lassen. Pracht und Prunk für die neue Hauptstadt der DDR.

Anlässlich des sechzigsten Geburtstags von Walter Ulbricht, dem Staatsratsvorsitzenden und De-facto-Staatsoberhaupt, beschloss die SED, die Arbeitsproduktivität um zehn Prozent zu steigern. Das bekommen die Bauarbeiter an der Stalinallee in den falschen Hals. Härter arbeiten – wofür? Das Wohlstandsniveau der DDR-Bürger bleibt nämlich immer mehr hinter dem der Westdeutschen zurück.

Die Nachbarn im anderen deutschen Staat profitieren bereits von der Politik der westlichen Siegermächte. Jene haben schon bald auf die Reparationszahlungen verzichtet und unterstützen mit dem Marshallplan die frischgebackene Bundesrepublik Deutschland (BRD). In der DDR ist die Situation anders. An einen russischen Hilfsplan ist nicht zu denken, und die Reparationen verschlingen noch immer fünfzehn Prozent des Bruttosozialprodukts. In dem Land, das sich als Arbeiterparadies darstellt, fühlen sich die Berliner Bauarbeiter ausgebeutet.

Dieses junge Land

Ein paar Tage darauf legen wilde Streiks die Bauarbeiten an der Stalinallee lahm. Die von der SED kontrollierten ostdeutschen Medien schenken den Spannungen wenig Aufmerksamkeit. Aber die Sendungen des *Rundfunks im amerikanischen Sektor* (RIAS), die man fast überall in der DDR empfangen kann, machen den Berliner Aufstand zur Volksbewegung. Schon bald geht es nicht mehr allein um Arbeitsbedingungen, es werden auch Neuwahlen gefordert. Am 17. Juni 1953 – dem Tag des Volksaufstands – kommt es überall im Land zu Protesten.

Die Antwort des Staates lässt nicht lange auf sich warten. Oder soll man sagen, dass rasch eine russische Reaktion kommt? Soldaten der Roten Armee besetzen Städte, und acht Jahre nach der Kapitulation rollen erneut T-34-Panzer durch die Straßen Berlins. Die Anspannung steigt. Auf dem Potsdamer Platz fallen die ersten Schüsse. Noch gehen die Maschinengewehrsalven über die Köpfe der Demonstranten hinweg.

Aber kurz danach zielen die Soldaten niedriger. Der Aufstand wird niedergeschlagen. Er fordert mehr als fünfzig Menschenleben.

In den darauffolgenden Wochen verurteilen die Gerichte eintausendfünfhundert Personen. Ein Teil von ihnen landet in sibirischen Straflagern. Damit ist spätestens jetzt für jeden, der es bisher nicht sehen wollte, sonnenklar: Die DDR mag sich zwar als souverän bezeichnen, in Wirklichkeit ist das Land inzwischen zum Satellitenstaat der Sowjetunion geworden.

Brigittes und Gerds Wirklichkeit bewegt sich zwischen dem Tag des Lehrers und dem Aufstand des 17. Juni. Wird auf der einen Seite am Ehrentag der Pädagogen die nationale Einheit der DDR beschworen, zeigt die Protestbewegung in der Stalinallee dagegen, wie sehr auch diese von Zentrifugalkräften bedroht wird. Der Staat zelebriert eine von oben verordnete Eintracht gegenüber einem im Volk schlummernden Widerstand.

Brigitte und Gerd bleiben neutral. Im Gegensatz zu einem Kollegen an ihrer Schule, der später verurteilt wird, bleiben sie jeglichen Aktionen fern. Vorläufig hängt die Medaille um ihren Hals noch mit der Seite der Einheit nach vorn.

Man könnte sagen, dass sie sich im Zweifelsfall für die DDR entscheiden. Nicht nur, weil ihnen das Land unbestreitbar Perspektiven bietet, sondern auch, weil sie nicht zum zweiten Mal in ihrem jungen Leben den eigenen Staat aufgeben wollen. Von Nazi-Deutschland, in dem sie als Kinder sozialisiert wurden, haben sie sich distanziert. Sollen sie jetzt wieder das Gleiche mit der DDR tun? Vielleicht wird trotz allem doch noch etwas aus diesem jungen Land, das so leidenschaftlich nach einer neuen Gesellschaftsordnung sucht.

Wer sind sie und warum tun sie das?

Unter Brigittes und Gerds Altersgenossen wird heftig über die Frage diskutiert, ob eine Zukunft in Westdeutschland nicht einem Leben in der DDR vorzuziehen wäre. Bis 1960 verlassen zwei Millionen Einwohner – fast fünfzehn Prozent der Bevölkerung – das Land.

Republikflüchtlinge, wie das ostdeutsche Regime die Emigranten überheblich bezeichnet, berufen sich auf politische und ökonomische Motive. Sie lehnen den Einheitsstaat der SED ab und hoffen in der BRD auf bessere materielle Bedingungen. Die Fluchtbewegungen stellen die DDR vor erhebliche Probleme, hauptsächlich, weil überwiegend gut ausgebildete, junge Menschen das Land verlassen.

In Gerds unmittelbarer Umgebung gehen mehrere Leute weg. Einer von ihnen ist sein Freund Horst-Peter Krause. Er folgt dem Vorbild seiner Eltern, die in Neulangsow eine Federbettfabrik besaßen. Den kleinen Betrieb hatte dasselbe Schicksal ereilt wie die Firma Gebrüder Otto. Aus Frust über die Enteignung reisen die Eltern noch vor ihrem Sohn in den Westen aus.

Auch Gerds Bruder Dieter verlässt Neulangsow. Er wagt diesen Schritt im Frühjahr 1951 und landet in Mainz. Könnte Gerd nach seinem Freund und dessen Bruder der Nächste sein? Das ist eine Frage, die auch die Staatssicherheit beschäftigt. Deshalb nimmt im Lauf seines ersten Jahres an der Zentralschule ein Stasi-Mitarbeiter Kontakt zu dem jungen Pädagogen auf.

Das Ministerium für Staatssicherheit wird 1950 gegründet und entwickelt sich als zentraler Nachrichten- und Sicherheitsdienst allmählich zu einem der wichtigsten Machtinstrumente (»Schild und Schwert der Partei«) des SED-Regimes. Die Stasi ist ein Staat im Staate. Sie hat eigene Gefängnisse, nahezu unbegrenzte Mittel und in Potsdam sogar eine Hochschule. Neben den am Ende 90 000 offiziellen Mitarbeitern sind mindestens zweimal so viele *Inoffizielle Mitarbeiter* (die sogenannten IMs) aktiv.

Es gibt kein anderes Land, das sich, gemessen an der Einwohnerzahl, einen derart großen Geheimdienst erlaubt. Die Bürger werden ausspioniert und wenn nötig mit gezielten Aktionen erpresst – »Jemanden zersetzen«, so wird das von den Agenten genannt. Das Eindämmen und Verhindern der Republikflucht bildet von Anfang an eine der wichtigsten Aufgaben der Staatssicherheit.

Der Stasi-Funktionär will von Gerd wissen, ob er in Kontakt mit seinem Bruder im Westen steht. Der Schock ist groß, als sich herausstellt, dass die Stasi von ihrer Korrespondenz weiß. Gerd bekommt zu hören, dass man besser keine Verbindung zu Leuten aufrechterhalten sollte, die die DDR verraten haben. Eine Fortsetzung der Kommunikation könnte sich sogar negativ auf seine weiteren beruflichen Perspektiven auswirken. Der unverhoffte Besuch bringt Gerd ziemlich durcheinander. Es ist ein beunruhigendes Gefühl, dass es offenbar Menschen gibt, die ihn beobachten. Wer sind sie und warum tun sie das?

Der Plan, ebenfalls in den Westen zu gehen, nimmt nie konkrete Form an. Das liegt zum großen Teil an Brigitte, die kurz darauf in Gerds Leben tritt. Sie fühlt sich der bergigen Landschaft Sachsens und der Ruhe des beschaulichen Meißen verbunden. Ihre Vergangenheit wurde im Krieg – im Gegensatz zu der von Gerd und vielen anderen Millionen – nicht weggebombt. Das Gefühl der Heimatlosigkeit, das ihn beherrscht, bleibt ihr daher fremd. Als Brigitte nach Seelow kommt, weiß sie, dass sie dort nicht ewig bleiben wird. Eines Tages will sie in ihre Heimatstadt zurück. Dass dieser Tag schon kurz nach ihrem ersten Jahr als Grundschullehrerin kommen würde, war nicht vorherzusehen. Und dass sie nicht allein, sondern in Gesellschaft Gerds zurückkommt, ist ebenso unerwartet.

Zwei Zimmerwirtinnen

Freiheit ist ein relativer Begriff. Gefühlt ist die Freiheit für Brigitte und Gerd deshalb größer als die Freiheit, die sie, objektiv gesehen, genießen. Die Ereignisse um den 17. Juni 1953 und die beklemmenden Gespräche mit der Stasi sind Anzeichen dafür, dass sich die DDR früh in Richtung Diktatur entwickelt. Für Brigitte und Gerd zählt freilich etwas anderes. Sie überschreiten gerade die Schwelle zum Erwachsenendasein und geben, so empfinden sie es, ihrem zukünftigen Leben die Richtung vor.

Aber es gibt einen Bereich, von dem auch sie zugeben müssen, dass ihnen dort die Freiheit versagt ist, die sie auf anderen Gebieten zu haben meinen. Das hängt mit den strengen Rollenerwartungen zusammen, die noch immer für ledige Männer und Frauen gelten. Brigitte und Gerd, vor dem Gesetz volljährig, können ihre Tage ohne Probleme zu zweit verbringen. In dieser Hinsicht haben sie mehr Spielraum als die Mitglieder der Generation 1900, die als Heranwachsende – man muss nur an die Erfahrungen von Hanna und Max Liebig denken – nur in einer Gruppe »zusammen« sein konnten.

Doch gemeinsame Nächte vor der Ehe sind auch für Brigitte und Gerd tabu. Wenn sie noch zu Hause wohnten, würden die Eltern ein gemeinsames Übernachten nicht zulassen. In Seelow übernehmen nun die jeweiligen Zimmerwirtinnen diese Aufgabe. Für Brigitte gilt: kein Herrenbesuch. Und Gerds Vermieterin duldet ihrerseits nachts keine Freundinnen unter ihrem Dach.

Deshalb ist die Aufregung groß, als Gerd Ende Juni 1953 ein Ferienplatz auf der Insel Usedom angeboten wird. Von Mitte Juli an, also in nicht einmal vierzehn Tagen, kann er zwei Wochen lang Anspruch auf ein staatlich subventioniertes Hotelzimmer im Badeort Heringsdorf anmelden für – wohlgemerkt! – zwei Personen. Gerd muss das Schreiben gleich zweimal lesen. Aber da gibt es nichts zu zweifeln: Die Zusage betrifft ihn und eine Begleitperson.

Sich abrackernde Söhne und Töchter

Gerds Einladung zeigt, dass der Tourismus in der DDR schon früh zentral geregelt wurde. 1947 entsteht der Feriendienst des Freien Deutschen Gewerkschaftsbunds (FDGB), der Dachorganisation der ostdeutschen Gewerkschaften. Er organisiert Ferien für Arbeitnehmer. Und zwar nur für sie, sodass Menschen ohne Arbeit (Alte, Kranke und Behinderte) außen vor bleiben. Auf dem Höhepunkt seiner Existenz stehen dem Reiseorgan der vereinten Gewerkschaften über eine halbe Million Betten in zentral verwalteten Hotelbetrieben zur Verfügung.

Die Zuweisung von Übernachtungsschecks wird von der Arbeitsleistung abhängig gemacht. Darin steckt ein offenkundiger Paternalismus. Großmütig gesteht Vater Staat sehr wohl einigen seiner sich abrackernden Söhne und Töchter einen Erholungsurlaub zu, anderen dagegen keinen. Aus ideologischen Erwägungen werden dabei Vertreter bestimmter Berufsgruppen bevorzugt.

Das sieht man nicht nur bei Industriearbeitern und Bergleuten, sondern auch in den Landwirtschaftlichen Produktionsgenossenschaften (LPGs) und Produktionsgenossenschaften des Handwerks (PGHs). Deren Arbeitnehmer profitieren mehr als andere vom All-inclusive-Staatsurlaub.

Das staatlich koordinierte Ferienwesen unterscheidet sich von den privaten Organisationsformen, die sich in Westdeutschland einbürgern. Bis zu einem gewissen Grad handelt es sich um eine Fortsetzung der kollektiven Reisekultur, die mit der Kraft-durch-Freude-Bewegung des Dritten Reichs begann. Wie in der Jugendarbeit, wo die FDJ auf ganz ähnlichen Strukturen wie bei der HJ und dem BDM aufbaut, zeichnet sich so eine befremdliche Konstante ab. Das kann man kritisieren, aber eines steht fest: 1953 kann ein Grundschullehrer in der Bundesrepublik Deutschland (oder in den Niederlanden) von einem vierzehntägigen Aufenthalt in einem echten Strandhotel nur träumen.

Nicht ausgelastete Kapazitäten

Für Gerd kommt die Einladung – ein echtes Last-Minute-Angebot – überraschend. Die Erklärung, warum ausgerechnet ihm diese Möglichkeit geboten wird, lässt sich unschwer herleiten. Als Sohn eines armen Landarbeiters passt er perfekt in die primäre Zielgruppe des FDGB-Feriendienstes: Menschen aus den unteren Gesellschaftsschichten.

Außerdem sehen die örtlichen Institutionen in Gerd einen vielversprechenden Kandidaten. Aus demselben Grund hat einst der junge Emil Grunewald die Chance bekommen, an der Universität Leipzig zu studieren. Dieses Mal ist es der Arbeiter-und-Bauern-Staat, der einen ehrgeizigen Pädagogen an sich binden möchte. Dafür werden sehr gezielt soziale Programme eingesetzt. Gerd darf sich auf zwei Wochen Urlaubsvergnügen freuen, und als Gegenleistung erhofft sich der Staat seine bleibende Loyalität.

Und es gibt einen weiteren Grund. 1953 ist das Jahr der *Aktion Rose*. Der Begriff steht für die Beschlagnahmung von Hunderten von Hotels und Pensionen an der Küste. Sehr viele Unternehmer des Hotel- und Gaststättengewerbes werden sogar interniert, angeblich, weil sie gegen die Eigentumsgesetze der DDR verstoßen haben sollen. In Wirklichkeit handelt es sich um eine lang geplante Verstaatlichung des Strandtourismus. Plötzlich gibt es an der Küste im Hotel- und Gaststättengewerbe eine Unmenge VEBs. Und nicht nur das, durch die Enteignungswelle verfügt der FDGB zum ersten und einzigen Mal in seinem Bestehen über etwas Unerhörtes: nicht ausgelastete Kapazitäten.

Das alles weiß Gerd nicht. Der junge Mann profitiert von Entscheidungen irgendwo auf höchster politischer Ebene, auf die er keinen Einfluss hat. Ohne lange nachzudenken, sagt er zu. Wie zu erwarten war, braucht es wenig Überzeugungsarbeit, Brigitte zu bewegen, ihn nach Heringsdorf zu begleiten. Für beide werden es die ersten Ferien überhaupt, denn eine mehrwöchige Reise, allein um sich zu erholen, war in ihrer Jugend undenkbar. Sie sehnen sich nach dem Strand, nach dem ersten Bad in der Ostsee und nach dem gemeinsamen Hotelzimmer.

Ein hochbetagtes Kleidungsstück

Das junge Paar bereitet die Reise gut vor. Gerd greift tief ins Portemonaie und schafft sich einen Fotoapparat an, eine Exakta Varex vom VEB Ihagee Kamerawerk in Dresden. Die einäugige Spiegelreflexkamera für Kleinbildfilme ist inzwischen ein gesuchtes Sammlerobjekt. Dass solch ein Prachtstück aufbewahrt wurde, wundert mich nicht. Mit Staunen jedoch betrachte ich die Anschaffung, zu der sich meine Schwiegermutter hat hinreißen lassen – einen Bademantel im damals zweifellos todschicken Streifenmuster.

Das hochbetagte Kleidungsstück, das inzwischen neben der Sauna hängt, symbolisiert die Mangelwirtschaft in der ehemaligen DDR. Solange Dinge noch gut sind, tut man sie nicht weg. Denn wer weiß, ob sich dafür jemals gleichwertiger Ersatz finden lässt? Diese Haltung, die von einem alles beherrschenden Wirtschaftspessimismus getragen wird, verinnerlichen meine Schwiegereltern genauso wie die meisten anderen Ostdeutschen. Sechs Jahrzehnte später spüre ich, wie dünn der gestreifte Stoff geworden ist, und das einstige Blau ist nur mehr ein undefinierbares Grau. Ich versuche mir die stolze Besitzerin in diesem ersten Sommer vorzustellen. Eine junge Frau, die nicht ahnen kann, dass dieses Strandmodeteil mehr als ein halbes Jahrhundert darauf noch immer Bestandteil ihrer Garderobe sein wird.

Selbst nach der Wende fällt es Brigitte und Gerd schwer, Dinge wegzuwerfen. Zum Glück passt viel in das große Haus in Weinböhla. Emils und Hedwigs Esstisch mit dem blanken Nussbaumfurnier, Hildes und Hellmuths MuFuTi, ein Multifunktionstisch aus DDR-Produktion, und der ovale Couchtisch aus poliertem Marmor, den meine Schwiegereltern nach ihrer Pensionierung bei einer westdeutschen Möbelkette kauften – sie alle finden einen Platz. Nicht nur das Archiv in den tiefen Schränken, auch die Inneneinrichtung spiegelt hundertdreißig Jahre Familiengeschichte wider.

Eltern, Vermieterinnen und Empfangsdamen

Mit dem Zug geht es am Ende der zweiten Juliwoche des Jahres 1953 nach Heringsdorf, im DDR-Jargon das *Bad der Werktätigen*. Vom Bahnhof aus wird die Reise per pedes fortgesetzt, zum Ferienheim Solidarität. Vor nicht allzu langer Zeit hieß es noch Hotel Kaiserhof Atlantic und war eines der luxuriösesten Häuser am Strandboulevard.

An der Rezeption stockt Brigitte und Gerd der Atem. Als die Rezeptionistin ihre Pässe betrachtet, stellt sie fest, dass die neuen Gäste nicht verheiratet sind. Das macht ihren Aufenthalt plötzlich ungewiss. Hinterm Tresen hervor mustert die Frau, die nicht viel älter ist als Brigitte und Gerd, eine ganze Weile die beiden vor ihr Stehenden. Ihre Augen tasten sie langsam vom Scheitel bis zur Sohle ab. Ihnen ist heiß, auf ihrer Stirn stehen Schweißperlen vom Fußmarsch zum Hotel.

Unverheiratete Paare sind nicht willkommen, stellt sich heraus, denn das Hotel wolle sich nicht der Kuppelei – so wird das im Gesetz bezeichnet – schuldig machen. Es scheint eine richtige Verschwörung zu sein: ihre Eltern, die Vermieterinnen und jetzt diese Empfangsdame. Brigitte und Gerd sind wütend, fühlen sich aber gleichzeitig ertappt, als seien sie der Frau Rede und Antwort schuldig.

Zum Glück fällt ihr eine Lösung ein. Kurz vor ihnen musste sie schon ein Paar aus Berlin aus demselben Grund wie Brigitte und Gerd abweisen. Würde es ihnen etwas ausmachen, zu viert einen Ausweg zu suchen? Gerd könne das Zimmer mit dem Berliner teilen. Und es wäre genauso wenig dagegen einzuwenden, wenn Brigitte bei dessen Freundin einzöge.

Eine ungekühlte Reise

Ihr erster Urlaub bekommt infolgedessen einen anderen Charakter als erhofft. Auf Brigitte und Gerd warten keine gemeinsamen Nächte, sondern solche mit einer wildfremden Frau respektive einem wildfremden Mann. Aber die Tage machen vieles wieder gut. Alles ist aufregend: die Zeit, die sie zusammen verbringen, das Leben in einem Hotel, wo man nichts selbst tun muss, der Strand und das salzige Meerwasser, das zu ihrer Verwunderung mitten im Sommer noch eiskalt ist.

Die größte Entdeckung ist der Räucherfisch eines Aalverkäufers vor Ort. Die Delikatesse schmeckt ihnen so gut, dass Gerd auf die glorreiche Idee kommt, eine Kostprobe an Brigittes Eltern im vierhundert Kilometer entfernten Meißen zu schicken.

Der ehemalige Zimmermann bastelt eine kleine Holzkiste, in die der Fisch, in Pergamentpapier gewickelt, vorsichtig gelegt wird. Vor dem Schließen des Deckels füttert Gerd die Hohlräume mit Holzwolle aus. Mit Brigitte bringt er das Päckchen am nächsten Tag zur Post. Es wird gewogen, und sie bezahlen das Porto.

Die Geschichte vom Post-Aal wird in der Familie gern erzählt. Die ungewöhnliche Initiative gilt als eine der frühen Heldentaten im Leben meines Schwiegervaters. Es gibt keinerlei Hinweis auf eventuelle Klagen von Hilde und Hellmuth, dass die fast dreitägige ungekühlte Reise dem Geschmack des Fisches geschadet hätte. Offenbar kann man auch in den Sommermonaten Räucheraal problemlos mit der Post versenden.

In der zweiten Woche wird der Kontakt zu dem Berliner Paar persönlicher. Es entwickelt sich so etwas wie ein Vertrauensverhältnis, und irgendwann besprechen die vier Urlauber die Frage, die allen zu schaffen macht. Wie lassen sich aus einem Männer- und einem Frauengemach unauffällig zwei gemischte Zimmer machen? Ist es nicht an der Zeit, die doppelte Allianz Seelow-Berlin aufzuheben und ein exklusiv klein- und ein ungeteilt hauptstädtisches Nachtquartier anzustreben?

Für die vorletzte Nacht entwickelt das Quartett einen tollkühnen Umzugsplan. Nachts um halb zwölf, wenn alle Gäste in ihren Zimmern sind, sollen Gerd und Brigittes Zimmergenossin Bettchen-wechsel-dich spielen. Um halb sechs morgens, noch bevor die Frühstückskellner kommen, planen sie den Rückzug, um so den Status quo der sittsam getrennten Zimmer wiederherzustellen. Alle vier finden den Plan genial. Neben den vierzehn Tagen haben Brigitte und Gerd doch noch eine gemeinsame Nacht, die, um genau zu sein, sechs Stunden lang ist.

Die Anonymität des großen Berlin

Als ihr zweites Schuljahr in Seelow in die neunte Woche geht, merkt Brigitte, dass sie schwanger ist. Zuerst informiert sie Gerd. Der reagiert bestürzt, weil ein so frühes Kind ihre Lebensumstände verkompliziert. Eben erst hat er einen Karrieresprung gemacht. Der junge Lehrer darf sich mit seinen zweiundzwanzig Jahren *Referent für Körpererziehung* nennen. Im Auftrag der Stadt koordiniert und kontrolliert er den Sportunterricht an fast zwanzig Schulen der Region.

Brigitte und Gerd einigen sich: Jeder informiert seine Eltern über die Schwangerschaft. Gerds Vater bleibt gelassen, aber Hilde und vor allem Hellmuth reagieren ungehalten. Dass ihre Tochter unverheiratet schwanger ist, können sie kaum verwinden. Für sie gibt es nur einen richtigen Weg: Verlobung, Heirat und dann ein Kind.

Wie zu erwarten, verläuft das Gespräch mit dem Schulleiter mühsam. Er besteht darauf, dass Brigitte die Schule verlässt, bevor die Schwangerschaft allzu sichtbar wird. Er gibt ihr Zeit bis zur Vergabe der Winterzeugnisse in der letzten Januarwoche. Danach muss sie gehen. Ein paar Wochen nach der Mitteilung ihrer

Schwangerschaft macht Gerd Brigitte einen Heiratsantrag. Sie willigt ein und bittet ihn, alles Nötige zu organisieren.

Obwohl sie gläubig ist, hält sie nicht viel von einer kirchlichen Trauung. Wegen Hellmuth. Dieser will an keiner Hochzeitsfeierlichkeit teilnehmen, einerlei in welcher Form. Gerd hat kein Problem damit, wenn es bei der standesamtlichen Trauung bleibt. Von ihm kommt dann der Vorschlag, sich in der Anonymität des großen Berlin das Jawort zu geben. Bei der Heirat am 26. Februar 1954 im Standesamt von Berlin-Mitte werden neben dem Brautpaar nur zwei Trauzeugen anwesend sein. Gerd fragt einen Freund, Brigitte wendet sich an eine Grundschullehrerin aus Seelow, mit der sie sich oft trifft.

Frischgebacken

Am Hochzeitstag nimmt Brigitte in aller Frühe den Zug von Meißen nach Berlin. Nach dem erzwungenen Abschied von Seelow war sie in ihre Heimatstadt zurückgekehrt und versucht dort, fürs nächste Schuljahr eine Stelle an einer Grundschule zu bekommen. Gerd kommt aus Seelow nach Berlin. In der S-Bahn liest er zufällig die aktuelle *Berliner Zeitung*. Jemand hat das Blatt auf einer Bank liegen lassen. Es ist der Freitag vor Karneval, und Gerds Blick fällt auf einen Beitrag über eine Grundschule im Stadtteil Weißensee. Dem beliebten Fest vorgreifend, haben die Schüler zusammen mit ihren Lehrern einen großen Maskenball und einen Umzug durch die benachbarten Straßen organisiert.

»Mit Braut und Bräutigam vorweg«, steht über dem Artikel, in dem beschrieben wird, wie ein »wunderbar prächtiges« Kinderbrautpaar die Spitze des ausgelassenen Zugs von Schülern anführt. Mit Zylinder und in weißem Schleier. Wer persifliert eigentlich das Hochzeitsfest, fragt sich Gerd ein wenig verbittert: die herausgeputzten Kinder oder Brigitte und er? Sie kommen wie Diebe in der Nacht nach Berlin und sind gekleidet wie an jedem anderen Tag.

Eine Hochzeit mit zwei Gästen, die zugleich die Trauzeugen sind? Vor nicht allzu langer Zeit hatte sich Gerd seinen Hochzeitstag noch ganz anders vorgestellt.

Die Zeremonie macht wenig her. Der Standesbeamte kann es nicht lassen, ein paarmal auf Brigittes inzwischen deutlich sichtbaren Babybauch anzuspielen. Nach dem wechselseitigen Jawort ist noch Gelegenheit für eine schnelle Mahlzeit in einem Restaurant am Alexanderplatz. Auf dem Bahnsteig – Brigitte muss nach Meißen, Gerd nach Seelow zurück – verabschieden sich die frischgebackenen Eheleute voneinander. Nach weniger als zwei Stunden des Zusammenseins als getrautes Paar.

Das kurze Treffen ist ein Vorgeschmack auf die einsamen Monate, die folgen. Sogar als Brigitte an einem Donnerstag im Juni 1954 im Landeskrankenhaus ihr Kind bekommt, kann Gerd nicht nach Meißen kommen. Er muss in Seelow unterrichten und sieht seine Tochter Sabine erst am Samstag danach. Am Sonntagnachmittag fährt er wieder zurück. Aber die Zukunftspläne sind geschmiedet. Gerd macht sich auf die Suche nach einer Stelle in Sachsen, und das Paar kann hoffentlich bald eine eigene Wohnung beziehen.

Eine gestärkte Uniform und ein Schwesternhäubchen

Brigitte und Gerd finden beide eine Stelle in Meißen. Zwar an verschiedenen Grundschulen, aber wenigstens in derselben Stadt. Brigitte fängt im September 1954 an der Pestalozzi-Schule an; zwei Jahre später bekommt Gerd, der in der Zwischenzeit im nahen Weinböhla als Springer unterrichtet, eine Stelle an der Questenberg-Schule.

Die Suche nach einer Bleibe verläuft weniger glatt, denn noch immer herrscht große Wohnungsnot. Als sie aus Seelow zurückkehrte, fand Brigitte ein möbliertes Zimmer. Weil sie anfangs keine gemeinsame Unterkunft bekommen können, begnügt sich Gerd, kurz bevor das neue Schuljahr beginnt, mit einem Bett in einer Pension. Damit ist Brigitte allein für die Versorgung des Babys zuständig.

Das ist kein Zuckerschlecken. Die Räumlichkeiten bei ihrer Vermieterin, wo sie Küche und Badezimmer mit Fremden teilt, reichen kaum aus. Als ihre Mitbewohner anfangen, über nächtliche Lärmbelästigungen zu klagen, fasst Brigitte einen Entschluss, der verhindern soll, dass sie auf die Straße gesetzt wird. Sie bringt ihre Tochter in eine Wochenkrippe.

Dort können bis zu drei Jahre alte Kinder tagsüber und nachts von Fremden versorgt werden. Für Kinder bis zu sechs Jahren, dem Zeitpunkt der Einschulung, gibt es Kinderwochenheime, die wochentags ebenfalls einen Vierundzwanzig-Stunden-Dienst bieten. Alles ist praktisch geregelt. Man bringt sein Kind montags zwischen sechs und sieben Uhr morgens hin und lässt es in der Obhut einer Mitarbeiterin zurück. Eine gestärkte Uniform und ein Schwesternhäubchen betonen deren Professionalität. Freitagnachmittags kann man die Tochter oder den Sohn gegen sechs Uhr wieder abholen.

Verpflichtungen in Küche und Kinderzimmer

Kurz nach der Gründung der DDR werden in großem Maßstab Wochenkrippen und Kinderwochenheime gegründet, weil das Land wegen der unzähligen Kriegstoten zu wenig Arbeitskräfte hat. Von der eigentlichen Soldatengeneration, Männern, die zwischen 1910 und 1925 geboren wurden, hat schätzungsweise ein Viertel den Tod gefunden. Das verlangt eine intensive Beteiligung der Frauen am Arbeitsprozess und führt zu radikalen Lösungen bei der Kinderbetreuung.

Die primäre Aufgabe einer Frau ist es nicht länger – wie im Kaiserreich und verstärkt unter den Nazis –, Kinder zu gebären und den Haushalt zu organisieren. Von ihr wird nun zusätzlich noch ein vollwertiger Beitrag zum Bruttosozialprodukt erwartet. Das Grundgesetz der DDR verweist auf diese doppelte Pflicht: »Die Frau genießt besonderen Schutz im Arbeitsverhältnis. Durch Gesetz der Republik werden Einrichtungen geschaffen, die es gewährleisten, dass die Frau ihre Aufgabe als Bürgerin und Schaffende mit ihren Pflichten als Frau und Mutter vereinbaren kann.«

Bemerkenswerterweise gibt es keinen entsprechenden Paragrafen mit dem Fokus auf Männer. Da die »Pflichten als Mann und Vater« unberücksichtigt bleiben, scheint es sich um ein typisch weibliches Problem zu handeln. Man braucht nicht lange zu überlegen, was das für das tägliche Leben bedeutet. Sogar in der neuen Nation, die sich mehr als andere Länder für die Gleichstellung von Mann und Frau einsetzt, steht die inzwischen auch berufstätige Mutter im Haushalt und bei der Kindererziehung in der Regel alleine da. Wohl wird ein Haushaltstag eingeführt. Einmal im Monat können Frauen einen zusätzlichen freien Tag in Anspruch nehmen, um ihren Verpflichtungen in Küche und Kinderzimmer besser gerecht zu werden.

Ein eiserner Takt

Die Propagandamaschinerie läuft schon nach kurzer Zeit auf vollen Touren. 1952 singt *Die Frau von heute*, eine Zeitschrift, die unter Federführung des Demokratischen Frauenbunds Deutschlands erscheint, das Loblied auf eine Wochenkrippe im Berliner Stadtteil Köpenick: »Ob es wohl alle Kinder zu Haus so schön, so sauber und ordentlich haben wie hier im Heim? – denken wir unwillkürlich. Ob nicht manche Kinder zu Hause mit weniger Pünktlichkeit und Sorgfalt gepflegt würden? Die Mütter, deren Kinder in diesem Wochenheim leben, sind sehr froh. Ihnen ist die quälende Sorge, wohin mit dem Kind während ich arbeite, abgenommen.«

In den Fünfzigerjahren sind die Kinderwochenheime allgemein akzeptiert. Zwar gibt es kein statistisches Material dazu, doch wenn man bedenkt, dass in den Sechzigerjahren fast jedes dritte Kinde auch die Nächte in einer Kinderkrippe verbringt, muss man wohl annehmen, dass die Vierundzwanzig-Stunden-Versorgung im Jahrzehnt davor ebenso wenig eine Ausnahme war.

Die Kinder – die künftigen Bürger der DDR – lernen eine wichtige Lektion. Spielen und schlafen, essen und trinken, gewaschen werden und aufs Klo gehen: Das alles vollzieht sich nicht nach den persönlichen Bedürfnissen, sondern nach dem eisernen Takt der Gruppe. Es ist die Blaupause für ihr späteres Leben in einem Land, in dem das Individuum und dessen Wünsche den Interessen des Kollektivs untergeordnet werden.

Jedes Mal, wenn Brigitte am Freitagnachmittag Sabine abholt, ist sie froh, ihre Tochter wieder bei sich zu haben. Aber das Mädchen fremdelt; sogar auf die eigene Mutter reagiert es misstrauisch. Die Zeit der Wochenkrippe geht zum Glück vorbei. Weil in Meißen keine Wohnung zu finden ist, weiten Brigitte und Gerd ihr Suchgebiet aus. Anfang 1955 stoßen sie in Weinböhla auf eine kleine Zweiraumwohnung. Nun können sie zum ersten Mal eine gemeinsame Bleibe beziehen. Endlich – immerhin haben sie sich das Jawort schon vor einem Jahr gegeben, und ihre Tochter ist inzwischen acht Monate alt.

Die Wohnung erinnert an Brigittes Unterkunft in Seelow. In einer alten Villa, die für ein betagtes Ehepaar zu groß geworden war, entstanden, auf Anordnung der Stadt, zwei Einliegerwohnungen. Brigitte und Gerd bekommen eine davon. Sie haben ein kleines Wohnzimmer im Erdgeschoss, ein Schlafzimmer im ersten Stock und, was das Wichtigste ist: eine eigene Küche.

Viel Geld für Hausrat ist nicht vorhanden. Deshalb wird die Wohnung mit Möbeln eingerichtet, die sie von überall her zusammensuchen. Im Wohnzimmer steht ein runder Tisch, der zugleich Ess- und Couchtisch ist. Und als Couch dient ein altes Bett mit extra Kissen. Es ist ein einfaches Leben, aber es ist ein Leben zu dritt.

Auf der Mitte der Treppe

Vielen jungen Leuten ergeht es in den Fünfzigerjahren nicht anders als Brigitte und Gerd. Sie sind Anfang zwanzig und kämpfen alle mit Problemen, die typisch für ihre Generation sind. Ein paar Dinge springen ins Auge. Es sieht so aus, als sei es leichter, eine Stelle zu finden als eine Wohnung. Dass sich Frauen in der DDR auf den Arbeitsmarkt begeben, ist offenbar selbstverständlich. Und Familienplanung ist vor der Antibabypille eine abenteuerliche Sache.

Bei genauerer Betrachtung sieht man mehr. Brigitte, die aus dem Unternehmermilieu stammt, ist nicht in der Lage, ihre soziale Stellung zu halten. In ihrem individuellen Fall ist das natürlich auch auf Hellmuths Misswirtschaft zurückzuführen. Doch selbst wenn er die Kistenfabrik nicht verspielt hätte, selbst dann wäre die Firma der Enteignungspolitik des Staates zum Opfer gefallen und für seine Tochter verloren gewesen.

Bemerkenswert sind dagegen Gerds berufliche Aussichten. Als Referent für Körpererziehung macht der Landarbeitersohn nun einen ersten Schritt Richtung neue Elite, zum Partei- und Führungskader. Die Nomenklatura ist direkt der Partei unterstellt. Das bedeutet: Die SED entscheidet in allen gesellschaftlichen Bereichen und Schichten über die Ernennung von Zehntausenden leitenden Funktionären.

Diese Funktionäre bilden einen Verwaltungskörper, der eine Alternative zu den Machtstrukturen des Kapitalismus sein möchte. Um bis in die neue Oberschicht vorzudringen, muss man Mitglied in der SED sein. So gesehen, stehen Gerd alle Wege offen, und er müsste nur Ja sagen, um sich in den neuen Hierarchien hochzuarbeiten.

An Brigittes und Gerds Leben kann man exemplarisch sehen, wozu die Nivellierungspolitik des SED-Regimes führen musste. Der Klassenkampf wird zugunsten derjenigen entschieden, die bisher – um mit Karl Marx zu sprechen – keinen Zugang zu den

Produktionsmitteln hatten. Der Sohn eines Tagelöhners aus Neulangsow bringt es in einer sächsischen Provinzstadt zum Pädagogen. Sein Aufstieg ist offensichtlich.

Die Fabrikantentochter aus Meißen bewegt sich dagegen genau in die andere Richtung. Auch sie wird Grundschullehrerin, aber in ihrem Fall bedeutet das einen gesellschaftlichen Abstieg. Sie gehört nun zur unteren Mittelschicht und landet in einem sozialen Umfeld, das ihr – genau wie Gerd – im Grunde fremd ist. Man könnte sagen, die beiden treffen sich auf der Mitte einer Treppe, auf der Brigitte nach unten und Gerd Stufe für Stufe nach oben steigt.

Eine Bresche durch das Gestrüpp

Für die Betrachtung der Generationenabfolge ist nicht weniger aufschlussreich, wie es den Verwandten ergeht, die früher geboren wurden. Hedwigs Erfahrungen sind typisch für die Generation 1870. Deren Angehörige sind zu alt, um in der DDR einen Zugang in die neue Welt des Kollektivismus und der Arbeiterselbstverwaltung zu finden. Hedwig lebt von einer kleinen Witwenpension. Sie kann ihren Lebensstandard, der zu Emils Lebzeiten durchaus gehoben war, nicht aufrechterhalten. Ihr Abstieg illustriert, dass das Bildungsbürgertum seine privilegierte Stellung verloren hat.

Hedwigs Töchter Hanna und Hilde und ihre Ehemänner stehen für die Generation 1900. In den Fünfzigerjahren treten die vier in die letzte Phase ihres Berufslebens ein. Trotz ihres fortgeschrittenen Alters bekommen sie in dem jungen Staat, in dem viele Stellen neu besetzt werden müssen, recht leicht einen Broterwerb. Hildes Mann Hellmuth findet als Neulehrer wieder Halt, und auch in Weesenstein ändert sich einiges.

Als Verwalterin gibt es für Hanna keine Arbeit mehr, aber für eine Fremdenführerin bleibt auf dem Schloss genug zu tun. Sie wird von der sächsischen Verwaltung eingestellt und darf mit Hanns in der Wohnung seiner Eltern bleiben. Hanna kümmert sich jetzt um die Führungen. Ein paar Dankschreiben sind ein Hinweis, dass sie ihre Arbeit gut macht. In gebrochenem Deutsch schreibt ihr eine Touristin aus Ohio: »Ich bin Frau Liza Carol von America. Sich erinnern sie? Es wurde sehr lang das meine Tochter und ich wurde mit Sie ins Schloss Weesenstein. Ich hoffe das alle is gut mit Sie. Wir mussen sagen viele Danke für die Gute Zeit das wir hetten mit Sie ins der Schloss Weesenstein und seine Gastfreundschaft. Es wurde sehr erfreulich. Viel Danke nach ein mal für alles.«

Im Zuge der Invasion in der Normandie 1944 wird Hanns von den Alliierten an den nordfranzösischen Stränden gefangen genommen. Er verbringt drei Jahre in britischen Internierungslagern und hört dort vom Tod seiner Mutter. In den Briefen nach Hause scheint ihm bisweilen jede Hoffnung abhandengekommen zu sein: »Wie glücklich sie sich preisen kann, diesem Leben entrückt zu sein. Für uns Lebende bleibt nur noch der Kampf ums nackte Dasein mit seinen hässlichen Begleiterscheinungen.«

Hanns' letzter Brief als Prisoner of War Nummer B-216533 wird im April 1947 vom Lager Quorn in der Grafschaft Leicestershire abgeschickt. Offenbar rechnet er mit seiner baldigen Entlassung, als er Hanna schreibt: »Wie sich unsere Zukunft hiernach gestalten wird, liegt ja noch ziemlich im Dunkel, aber ich denke doch, dass unser beider Energie noch so stark sein wird, dass wir uns eine Bresche durch das Gestrüpp schlagen können. Sentimentalität und Bescheidenheit wird allerdings dabei ohne Berücksichtigung bleiben.«

Schließlich kehrt Hanns im Sommer 1947 nach Weesenstein zurück. Bei seiner Heimkehr stellt sich heraus, dass das Leben auch ohne ihn weitergegangen ist. Er soll sich anpassen, für ihn nicht gerade leicht. Acht Jahre lang hat Hanna alle Entscheidungen allein getroffen. Das hat sie unabhängig gemacht, und es zeigt sich, dass sie nicht länger bereit ist, klaglos in ihrer Ehe die zweite Geige zu spielen. Hanns wird Buchhalter beim VEB Fluorwerke in Dohna. Verglichen mit seiner Stelle bei der Sächsischen Landwirtschaftbank muss er starke Einkommenseinbußen hinnehmen. Die fünf Kilometer bis zu dem Fabrikkomplex legt er bis zu seiner Pensionierung 1968 täglich mit dem Rad zurück.

Hanna und Hanns können sich als Doppelverdiener mehr erlauben als Hilde und Hellmuth. Deren bescheidenes Leben könnte ein wenig mehr Farbe haben, wenn sich auch Hilde eine Arbeit suchen würde, doch das lehnt sie ab. Man könnte fast meinen, dass sie die Welt draußen vor der Tür lassen will. Dass sie lieber an einem Ort bleibt, wo weder von Geschäftsführern, Jugendleiterinnen noch von russischen Soldaten eine Gefahr ausgeht.

Das Lied vom Staatssozialismus und der Planwirtschaft

Dass das Wirtschaftsbürgertum der Weimarer Republik in der Enteignungswelle untergeht, bekommen Hilde und Hellmuth zu spüren. Und Hanna und Hanns erleben, dass die Sonne des Adels nicht länger über ihnen scheint: Weesenstein ist ein Überbleibsel aus einer Zeit, die unwiderruflich vorbei ist. Bei allen vieren offenbart sich eine existenzielle Unsicherheit, die zwei unterschiedliche, aber jeweils gut erkennbare Reaktionsmuster auslöst.

Hilde und Hellmuth entwickeln eine Sparsamkeit, die das genaue Gegenteil der Leichtigkeit ist, mit der sie in den Dreißigerjahren Geld für ein Auto oder eine Alpenreise ausgaben. Brigittes Eltern drehen jeden Groschen zweimal um. Sie sammeln Aludeckel von Milchflaschen, um sie beim Metallhändler zu verkaufen. Eierschalen werden gestampft und als Dünger im Gemüsegarten verstreut. In der Toilette hängt keine Papierrolle, sondern in kleine Blätter zerschnittenes Zeitungspapier. Und aus den letzten Stückchen Käserinde wird am Monatsende »Parmesan« gerieben. Es ist fast tragisch, dass Hellmuth bei seinem Tod 1982 einen unbegreiflich hohen Betrag auf seinem Bankkonto liegen hatte. »Man soll sich nicht ausziehen, ehe man schlafen geht« – Hilde und ihr Mann hatten offensichtlich die Lust und die Fähigkeit verloren, Geld für sich selbst auszugeben.

Hanna und Hanns werfen ihr Geld ebenso wenig zum Fenster hinaus. Doch bei Hanns sieht man noch etwas anderes. Er glaubt – besser vielleicht, er möchte an die Schlagkraft der Politik glauben. Wie damals setzt er ohne Wenn und Aber auf die neue Nation. Wie er einst in die NSDAP eintrat, so wird er jetzt Mitglied in der SED. Hilde und Hellmuth verhalten sich in politischer Hinsicht neutral, aber Hanns verpflichtet sich zum zweiten Mal einer Partei, die kurz davor die Macht an sich gerissen hat. Das Lied vom Staatssozialismus und der Planwirtschaft singt er mit derselben Überzeugung wie zwanzig Jahre zuvor die Lobeshymne auf Adolf Hitlers Arbeitsdienst.

Muss man diesen Schritt von Hanns, der sogar noch aktiv in die Gemeindepolitik von Dohna einsteigt, ideologisch deuten? Wurde aus dem ehemaligen Nazi ein überzeugter Kommunist? Seine radikale Wende veranschaulicht vielleicht, dass Hanns vor allem ein Mitläufer ist. Hellmuth versucht mit seiner Pfennigfuchserei, seine Schwierigkeiten ohne fremde Hilfe zu bewältigen. Hanns dagegen erhebt Anspruch auf Unterstützung von außen und hofft, dass die neue Regierung seine Probleme richten wird. Damit verkörpern die beiden Schwager entgegengesetzte Überlebensstrategien: Einer frönt einem unverkennbaren Opportunismus, der andere hingegen strebt nach bescheidener Selbstwirksamkeit.

Am Ausgussbecken neben der Speisekammer

Am 16. Januar 1952 feiert die Familie Hedwigs achtzigsten Geburtstag. Hanna und Hilde, die sich nicht oft sehen, besprechen am festlich gedeckten Kaffeetisch zum ersten Mal die Frage, wie es mit ihrer Mutter weitergehen soll. Sie lebt jetzt schon sechs Jahre allein.

Seit einem leichten Schlaganfall ist sie schlecht zu Fuß, und alles weist darauf hin, dass sie in absehbarer Zeit auf Hilfe angewiesen sein wird.

Anderthalb Jahre später ist es so weit. Man versucht, in der Familie eine Lösung zu finden. In den Anfangsjahren der DDR sind Altersheime nicht nur rar, dort herrschen vor allem menschenunwürdige Zustände. Nach reiflicher Überlegung beschließen Hilde und Hellmuth, ihre Wohnung an der Gabelsbergerstraße aufzugeben. Hilde kehrt mit ihrer Familie ins Haus ihrer Kinderjahre zurück und zieht bei Hedwig ein. Der Luxus einer Wasserspülung, ein modernes Badezimmer und ein großer Balkon – auf all das verzichtet sie.

In Hedwigs Dreizimmerwohnung – genau gesagt in dem, was von der großen Wohnung, in der sie mit Emil lebte, noch übrig ist – muss improvisiert werden. Einer der Räume wird noch immer von dem Flüchtlingsehepaar bewohnt, das 1946 eingezogen ist. Hilde und Hellmuth übernehmen Hedwigs Schlafzimmer. Deren Bett wird im Wohnzimmer aufgestellt. Auf diese Weise hat jede der drei Parteien wenigstens ein eigenes Zimmer. Weil auch der fünfzehnjährige Gottfried ein Plätzchen braucht, wird das Badezimmer umfunktioniert. Die Emaillewanne und der Badeofen landen auf dem Dachboden. Wenn der Junge jetzt im Bett liegt, sieht er direkt über seinem Kopf einen Wasserhahn aus der Wand ragen.

In der einfachen Küche wird nun für sieben Personen gekocht. Sie waschen sich auch alle am Ausgussbecken neben der Speisekammer. Mit kaltem Wasser, denn auch ein halbes Jahrhundert nach dem Bau des Hauses an der Brauhausstraße gibt es kein fließend Warmwasser. Hilde hat ein Gefühl, als ob die Uhr zurückgestellt wäre. Aber es ist gut, dass jemand da ist, um auf Hedwig aufzupassen. Unbeabsichtigt wird Brigitte zum Opfer der Umzugsaktion. Als sie im Januar 1954 schwanger nach Meißen zurückkehrt, haben ihre Eltern keinen Platz mehr für sie.

Aufrücken in der Hierarchie

Hedwigs Ende kommt drei Jahre darauf; ein viel schwererer Schlaganfall fesselt sie ans Bett. Drei Wochen danach stirbt sie, am 9. Juni 1956. Ihre letzten Tage sind schrecklich, weil der Hausarzt keine Medikamente zur Verfügung hat, um ihren Todeskampf lindern zu können.

Hilde muss zusehen, wie ihre Mutter tagelang nach Atem ringt. Es ist, als hätte Hedwig ihren eigenen Tod vorausgeahnt, denn in den Monaten vor ihrer Hirnblutung weiht sie ihre jüngste Tochter in ihr tiefstes Geheimnis ein.

Vor sechzig Jahren, gesteht sie, hat ein junger Mann aus Seifhennersdorf ihr noch vor ihrer Verlobung mit Emil den Hof gemacht. In seinem Hochzeitsgedicht vom Mai 1900 spielte der Freund des Brautpaars kurz darauf an. Erst als die Emil-Figur im Gedicht merkt, dass er einen Konkurrenten zu fürchten hat, beschließt er, Hedwig um ihre Hand zu bitten:

Als nun aber selbst Kollegen
Warben um der Hedwig Hand,
Bei ihr ernstlich anzufragen
Emil für geraten fand.

Die verschwiegene Hedwig enthüllt jetzt, dass diese Jugendliebe ihr mehr bedeutet hat, als irgendjemand damals vermutete. Emil war zuverlässig und bot ihr ein gutes Leben, aber vielleicht war ihre erste Liebe doch die große Liebe gewesen? Mit dem verschmähten Anbeter, der ihr Heimatdorf niemals verließ, blieb Hedwig ein Leben lang in Verbindung. Nach Emils Tod wurde der Kontakt sogar noch enger, und sie besuchte den Freund zwei- oder dreimal. Mit den Verwandten aus der Oberlausitz kommt zu ihrem Begräbnis ein alter Mann mit, der länger am offenen Grab verweilt als andere Trauergäste. Hilde meint zu wissen, wer es ist.

Als sie kurze Zeit darauf Hedwigs Kleider aussortiert, wird ihr bewusst, dass mit dem Tod der Mutter das deutsche Kaiserreich, die Professorenfamilie und die Schülerpension definitiv der Vergangenheit angehören. Mit einem Mal scheint ihr eigenes »Jetzt« schwerer zu wiegen. Hanna und sie, die beiden Nachkommen des Gärtnersohns Emil und der Fabrikantentochter Hedwig, rücken in der Hierarchie der Generationen um einen Platz nach oben. Plötzlich stehen sie an der Spitze. Wenn Hilde nach unten schaut, sieht sie nur noch die Gegenwart.

1964: Hellmuth im Jahr seiner Pensionierung

KAPITEL 10

Ein gescheitertes Erdbeerfeld

13. August 1961 – Eine Fernsehsendung feiert den Verkauf des millionsten Fernsehapparats in der DDR.

22. Oktober 1965 – Die *Sächsische Zeitung* gibt bekannt, dass es endlich wieder Blumenkohl zu kaufen gibt.

9. Mai 1966 – In Rheinsberg bei Berlin geht das erste Kernkraftwerk der DDR in Betrieb.

7. Dezember 1970 – Bundeskanzler Willy Brandt erkennt mit seinem Kniefall vor dem Mahnmal des Warschauer Gettos die Schuld Deutschlands an den deutschen Kriegsverbrechen an.

27. April 1973 – Bei einem Fluchtversuch stirbt Manfred Gertzki durch Schüsse ostdeutscher Grenzsoldaten an der Mauer.

An einem Freitagnachmittag im August 1961 sitzen Brigitte und die siebenjährige Sabine unter hohen Nadelbäumen vor einem verrosteten Benzinkocher auf dem Boden. Der Eintopf in dem verbeulten Töpfchen ist so gut wie fertig. Um den Kocher herum hatte Brigitte die Tannennadeln vom vorigen Sommer weggefegt, um die Brandgefahr zu mindern. Sabine sucht in dem kleinen Zelt schon die neumodischen Plastikteller und das Reisebesteck zusammen. Vor ungefähr fünf Tagen sind Mutter und Tochter angekommen. Sie haben für drei Wochen ein Fleckchen auf dem Zeltplatz in Schmöckwitz, einem ehemaligen Fischerdorf bei Berlin, wo die Zeit stehen geblieben zu sein scheint.

Leicht war es nicht, einen Stellplatz zu ergattern, denn sie sind spät dran mit ihren Ferienplänen. Eine Anfrage wegen eines Aufenthalts in einem FDGB-Heim ist aussichtslos. Ihnen bleibt nicht viel anderes übrig, als bei Privatleuten oder auf einem Campingplatz unterzukommen. Es läuft also auf Zelten hinaus. An der Ostsee war schon alles ausgebucht, aber hier, vor den Toren der Hauptstadt, sind Brigitte und ihre Tochter noch willkommen.

So schlecht ist es dort gar nicht. In den Seen rund um Schmöckwitz kann man gut schwimmen. Und Sabine ist in einem Alter, in dem Berlin interessant wird: Unter den Linden, der Alexanderplatz, und vielleicht schauen sie sich sogar die neuen Arbeiterpaläste an der Stalinallee an. Nur Mutter und Tochter – ein Sommerurlaub ohne Gerd. Der ist zu Hause geblieben, weil es seit einiger Zeit in der Ehe kriselt.

Wolgas, und ab und zu ein Tschaika oder ein Tatra

Am nächsten Morgen stehen Brigitte und Sabine früh auf. Es ist der 12. August 1961, und sie sind mit Tante Frieda verabredet, der Schwester von Gerds verstorbener Mutter. Als dieser ungefähr zwölf Jahre alt war, hat sie den Jungen zu sich genommen. Brigitte will um ein Uhr bei Frieda in Neukölln sein. Von dort wollen sie in den Britzer Schrebergarten fahren, um da den Sommerabend zu genießen. Brigitte und Sabine haben vor, über Nacht zu bleiben und erst am Sonntag nach Schmöckwitz zurückzukommen, wo ihr Zelt auf sie wartet.

Neukölln und Britz liegen im westlichen Teil der Stadt, aber für DDR-Bürger ist es mit der S-Bahn noch immer möglich, in den Berliner Westteil zu fahren. Ungefähr 40 000 Ostberliner arbeiten in Westberlin. Außerdem haben viele Berliner Verwandte auf der anderen Seite der Grenze. Wer in den westlichen Teil der Stadt fährt, wird kontrolliert, aber solange die Grenzpolizei darauf vertraut, dass man wieder zurückkommt, gibt es selten Probleme.

Ungewöhnlich große Koffer, so als ob man eine längere Reise geplant hätte, sind verdächtig. Und man sollte auch besser nicht – es ist ausdrücklich verboten – mit viel Geld oder Gold unterwegs sein, denn das könnte ebenfalls ein Hinweis auf eine Reise ohne Rückfahrschein sein. Brigitte und Sabine haben wenig zu befürchten. Allein schon die Tatsache, dass Gerd daheimgeblieben ist, signalisiert, dass sie wieder in die DDR zurückkommen wollen.

Das Wiedersehen mit Frieda, die Brigitte zuvor ein- oder zweimal getroffen hatte, ist herzlich. Gerds Tante – ihr langes Haar ist inzwischen silbergrau geworden – empfängt Sabine freundlich. Mit großen Kuchenstücken fürs Kaffeetrinken in der Laube kommen die drei in der Gartenkolonie am Südrand von Westberlin an.

Zur selben Zeit wundern sich die Bewohner von Prenzlauer Berg über die Staatskarossen, die auf der F-109 in nördlicher Richtung die Stadt verlassen. Wolgas fahren vorbei und sogar ab und zu ein Tschaika oder ein Tatra. Es sind die Wagen der Parteibonzen: der Minister, Staatssekretäre und Mitglieder des Politbüros, des höchsten politischen Gremiums der SED.

Hab und Gut bei einer Scheidung

Was los ist, weiß niemand auf den Straßen Berlins. Vielleicht ist es auch besser so. Der Staatsratsvorsitzende Walter Ulbricht hat an diesem Samstag die mächtigsten Männer des Landes nach Groß Dölln eingeladen, ein idyllisch gelegenes Dorf in der ausgedehnten und nahezu unbewohnten Schorfheide. Dort befindet sich das offizielle Gästehaus der ostdeutschen Regierung. Das Haus hat eine bewegte Geschichte.

Ursprünglich ließ Hermann Göring, der zweite Mann in Nazi-Deutschland, es als Gästehaus neben seinem Landgut Carinhall erbauen. Der exzentrische Reichsmarschall mit seinen Fantasieuniformen lebte dort ungeniert seine Knabenträume aus: Jagden, bei denen er als Reichsjägermeister den größten Hirsch schießen durfte, eine gigantisch große Modelleisenbahn im Keller eines der Nebengebäude und junge – vom Berliner Zoo ausgeliehene – Löwen, die wie Hauskatzen durch die Salons schlichen. Unter dem Dach von Görings Gästehaus tat sich einiges, das Schlagzeilen machte, aber was an diesem Tag bevorsteht, wird in die Geschichtsbücher eingehen.

Punkt vier Uhr schenkt Frieda in Britz den Kaffee ein und verteilt den Kuchen. Zum selben Zeitpunkt bittet Ulbricht seine Besucher an die große Kaffeetafel. Keiner von ihnen scheint zu wissen, weshalb sie alle hier zusammengekommen sind. So gut wie jeder, der in der SED-Spitze Rang und Namen hat, ist anwesend. Der Einzige, der fehlt, ist Erich Honecker, inzwischen Sicherheitssekretär des Zentralkomitees, des ausführenden Organs der Partei. Auch beim Abendessen, das ein paar Stunden später serviert wird, hat sich die Verwirrung noch nicht gelegt. Hat Ulbricht sie wirklich alle nur zu einem informellen Treffen zusammengerufen, zu einem »geselligen Beisammensein«, wie auf der Einladung stand? Ohne Ehefrauen? Und das an einem arbeitsfreien Samstagabend?

Um zehn Uhr wird die Katze aus dem Sack gelassen. Ulbricht bittet seine Gäste, wieder am Tisch Platz zu nehmen, und ergreift das Wort. »Heute Nacht«, sagt er, »werden aufgrund der Volkskammerbeschlüsse zuverlässige Sicherungen an der Grenze vorgenommen.« Das entscheidende Wort ist gefallen. Die Anwesenden verstehen sofort, worum es geht: Nun soll auch in Berlin die Grenze zwischen Ost und West geschlossen werden. Am schnellen Bau einer Mauer besteht kein Zweifel mehr. Die Stadt wird geteilt, wie Hab und Gut bei einer Scheidung oder der Familienbesitz nach dem Tod der Eltern.

Mit einem Mal ist es logisch, warum ausgerechnet Honecker an diesem Abend fehlt. Er muss die Arbeiten an den Berliner Grenzen koordinieren, wo in dieser Nacht Armee und Polizei mit fast 20 000 Mann im Einsatz sind. Ulbrichts Tischgenossen könnten, selbst wenn sie es wollten, nur wenig tun. Es ist später Abend, sie befinden sich achtzig Kilometer von der Stadt entfernt, und keiner von ihnen verfügt über private Kommunikationsmittel. Ein genialer Schachzug ihres Staatsoberhaupts, zweifellos im Einvernehmen mit den Russen.

Ende der Reise

Als Sabine schon im Bett liegt, sitzen Brigitte und Frieda bei einem Glas Sekt noch lange zusammen. Von den hektischen Vorgängen in der Stadt bekommen sie nichts mit. Auf der Ostberliner Seite erlöschen kurz nach Mitternacht die Straßenlaternen. Grenzübergänge werden zusätzlich überwacht, und überall hört man schwere Militärlastwagen.

Sie bringen Mannschaften, Baumaterial, und in dieser Phase vor allem Stacheldraht. Der Straßenbelag der Ebertstraße am Potsdamer Platz wird aufgebrochen, um Autoverkehr unmöglich zu machen; auf dem Pariser Platz stehen plötzlich mannshohe Barrikaden, und die Bernauer Straße, die direkt an der Grenze zwischen Ost und West liegt, ist inzwischen gesperrt.

Auch die S-Bahn steht still. Die Züge in den Westen stoppen, die Fahrgäste müssen aussteigen und bekommen ein Formular, mit dem sie ihr Fahrgeld zurückverlangen können. Ende der Reise.

Als die Berliner am nächsten Morgen aufwachen, ist von Norden nach Süden eine Barriere aus Stacheldraht verlegt. Wie eine Ziehharmonika sind die Rollen auseinandergezogen worden. Überall stehen schwer bewaffnete Soldaten sowie Vopos, Angehörige der Volkspolizei. Von nun an gibt es Berlin tatsächlich zweimal. Wer im anderen Teil der Stadt eine Arbeitsstelle hatte, muss sich eine neue suchen.

Groß ist der Schock für Brigitte und Frieda. Wieder werden im Mahlstrom der Geschichte individuelle Leben auf den Kopf gestellt. Ein aufgeregter Nachbar weckt Frieda und ihre Gäste kurz vor sieben Uhr. Er berichtet, dass der RIAS nachts um halb vier als Erster über die Grenzschließung berichtet habe. Bald sind beunruhigende Berichte zu hören. Auf der DDR-Seite der Grenze sollen Panzer und schwere Militärfahrzeuge bereitstehen. Wollen die Russen in Westberlin einmarschieren?

Um Mittag herum gibt es überall Menschenaufläufe. Über die Grenzsperren hinweg winken sich Bewohner ein und derselben Stadt verzweifelt zu. Freunde, Liebespaare, Verwandte, Eltern und Kinder.

Aber für immer und ewig

Inzwischen müssen die Bewohner des östlichen Teils feststellen, dass die SED-Diktatur die spontanen Menschenansammlungen mit Tränengas und Schlagstöcken auflöst. Die internationale Gemeinschaft dagegen reagiert relativ gelassen. Der amerikanische Präsident John F. Kennedy beispielsweise, an den sich die Berliner gern wegen seiner berühmten Worte von 1963 erinnern (»Ich bin ein Berliner!«), kommentiert die Situation lakonisch: »Die Mauer ist keine sehr schöne Lösung, aber sie ist immerhin besser als Krieg.«

Die deutlichsten Worte findet Westberlins Regierender Bürgermeister Willy Brandt. Er spricht im Radio von einem »empörenden Unrecht« und vergleicht die vorläufig provisorischen Grenzanlagen mit den Stacheldrahtzäunen der Konzentrationslager.

An diesem Sonntagmorgen weiß Brigitte nicht mehr weiter. Sie ist aus ihrem eigenen Land ausgesperrt. Es ist, als hätte man seinen Wohnungsschlüssel verloren, aber für immer und ewig. Frieda schlägt ihr vor zu bleiben. Sie will die Frau ihres Neffens ins Notaufnahmelager Marienfelde begleiten, die erste Anlaufstelle für Neuankömmlinge aus der DDR. Von hier aus fanden im Lauf der Jahre viele Hunderttausende Ostdeutsche einen neuen Wohnort in der BRD.

Für Brigitte ist es schwer vorstellbar, nicht wieder zurückzugehen. Gerade jetzt, wo ihr Mann und sie einen Neuanfang in ihrem jungen Land geschafft haben. Westdeutschland – das bedeutet ein anderes Leben, nicht nur von ihren Eltern getrennt, sondern auch von Gerd. Es ist eine bizarre Fügung des Schicksals. Ausgerechnet in der Zeit, in der die beiden Eheleute über eine Trennung nachdenken, erlebt Brigitte, was es heißt, nicht zusammen zu sein. Gerd ist auf der anderen Seite der Grenze. Sie ist hier, im Westen. Will sie das wirklich? Und was soll sie Sabine sagen?

So kommt es zu der Entscheidung, zurückzufahren. Ob das gelingen wird, weiß Brigitte nicht, aber sie wird es versuchen – genau an dem Tag, an dem viele ihrer Landsleute alles dafür tun, noch dorthin zu kommen, wo sie sich gerade aufhält, in den Westen. Im Radio hört Brigitte, dass der öffentliche Nahverkehr zwischen den beiden Teilen der Stadt zum Erliegen gekommen ist. Vielleicht erwischt sie einen Zug der Berliner Stadtbahn, der Ost-West-Verbindung im Herzen der Stadt. Wenigstens berichtet ein Radioreporter, dass auf dieser Linie der Schienenverkehr noch nicht unterbrochen sei, wie es auf vielen anderen Strecken bereits der Fall ist. Eilig packt sie ihre Sachen zusammen und fährt mit Sabine zum Bahnhof Zoologischer Garten. Auf dem Bahnsteig herrscht ein großes Durcheinander.

Es ist ein kleines Wunder, dass nach einer guten Stunde eine S-Bahn einfährt. Es muss eine der letzten, womöglich sogar die allerletzte dieses Tages gewesen sein. Brigitte fährt bis Bahnhof Friedrichstraße. Dort muss sie mit den anderen Fahrgästen den Zug verlassen. Jeder wird kontrolliert. Personen mit westdeutschen Papieren bekommen zu hören, dass sie nicht weiterreisen dürfen. Aber Brigitte und ihrer Tochter erlauben die Grenzsoldaten, die Fahrt fortzusetzen. Ihr ostdeutscher Pass hat sie gerettet. Vierundzwanzig Stunden später ist alles anders, und die Ausgeschlossenen müssen definitiv draußen bleiben.

Die Nacht vom 12. auf den 13. August 1961 erinnert Brigitte an die Dienstagnacht in Dresden, als die Bomben der Alliierten die Stadt auslöschten. Danach war alles anders, und so ist es auch diesmal.

Als ob jemand einen Schalter umlegt, einen dicken Schlussstrich zieht oder die Tür zuschlägt. Vor sechs Stunden hat sich Brigitte von Tante Frieda verabschiedet, hat sie an sich gedrückt, war aber mit ihren Gedanken schon woanders. Es wird ihr letzter Abschied gewesen sein; die beiden Frauen sehen sich danach nie wieder.

In Geiselhaft

Als Brigitte und Sabine am frühen Abend in Schmöckwitz eintreffen, reagieren ihre Zeltnachbarn mit ungläubigem Staunen. Sie wussten, dass die Lehrerin zu Verwandten in den Westen gefahren war. Nach dem, was in der Nacht vorgefallen ist, waren alle davon überzeugt, dass sie nicht zurückkommen würde. Doch dann steht Brigitte plötzlich wieder vor ihnen. Auf dem Benzinbrenner kocht sie eine schnelle Mahlzeit. War das ihr letzter Besuch im Westen der Stadt?

Vor dem Zelt sitzend, kommt Brigitte langsam zu sich. Sie denkt an ihr Leben in Meißen, an die Schule, an ihre Verwandten. Vielleicht hat sie doch die richtige Entscheidung getroffen. Am Ende finden Gerd und sie wieder zusammen. Womöglich wäre es ohne die Geschehnisse dieser Nacht nicht dazu gekommen. Paradoxerweise macht die Mauer, die einen Keil zwischen zahllose Deutsche treibt, Brigitte und Gerd wieder zum Paar.

Der Beschluss, die Grenzen zu schließen, wurde gefasst, weil noch immer Jahr für Jahr Zehntausende DDR-Bürger ihrem Staat den Rücken zukehren. Das SED-Regime macht aus dem Land ein Gefängnis unter freiem Himmel und nimmt seine eigenen Bürger in Geiselhaft. Natürlich stellt die Staatspropaganda das anders dar. Angeblich richtet sich die Mauer nicht nach innen, sondern soll das Böse aufhalten, das von außen einzudringen sucht: die westliche Aggression, den Kapitalismus und die Auswüchse eines nie wirklich überwundenen Faschismus. Im offiziellen Jargon bürgert sich die Umschreibung *antifaschistischer Schutzwall* schnell ein.

Diese Bezeichnung – ein Verteidigungswall gegen den Faschismus – verrät viel über das Selbstbild der DDR. Radikal rechte Ideologien und einen antidemokratischen Nationalismus verortet der Staat ausschließlich außerhalb der eigenen Landesgrenzen. Ostdeutschland steht für ein neues Deutschland, ein Deutschland, das grundlegend mit dem Nationalsozialismus gebrochen hat. Die Verantwortlichen für den Zweiten Weltkrieg müssen also in der Bundesrepublik gesucht werden. Und dasselbe gilt für Beteiligte an Verbrechen gegen die Menschlichkeit.

Geballte Fäuste und Siegerposen

Brigitte und ihre ganze Generation sind seit ihren Jugendjahren auf eine Propagandadiät aus antifaschistischen Zutaten gesetzt. Sie konsumieren eine Staatsdoktrin, die sich vor allem gegen die politische Moral des Dritten Reichs richtet. Es ist bemerkenswert, dass Brigitte, die Tochter von Hilde und Hellmuth, bereits 1959 das Konzentrationslager Buchenwald bei Weimar besucht. Sie nimmt, zusammen mit dem Lehrerkollegium der Pestalozzi-Schule, an einer offiziellen Exkursion teil, für die sie von der Schulleitung freigestellt wurde.

Buchenwald hat für die SED eine besondere Bedeutung: Ernst Thälmann wurde hier 1944 auf persönlichen Befehl Hitlers hingerichtet. Der Kommunistenführer war 1933 kurz nach dem Reichstagsbrand verhaftet worden. Nach einem elfjährigen Leidensweg durch die Gefängnisse und Strafanstalten der Nazidiktatur landete er kurz vor Kriegsende in dem Konzentrationslager, das so unbegreiflich nah bei der Stadt Goethes und Schillers liegt.

Seit 1958 ist Buchenwald ein Ort des Erinnerns und Gedenkens. Das ist früh, wenn man bedenkt, dass Dachau bei München erst sieben Jahre später denselben Status bekommt. Bei der Eröffnung der Gedenkstätte Buchenwald wird eine Skulpturengruppe des Künstlers Fritz Cremer enthüllt. Sie stellt im Stil des Sozialistischen

Realismus eine Gruppe von Gefangenen dar. Brigitte sieht geballte Fäuste, Siegerposen und eine wehende Fahne. Die bronzenen KZ-Häftlinge strahlen heroischen Kampfeswillen aus.

Das unterstreicht, dass die DDR vor allem der Widerstands-kämpfer gedenken will, der *Kämpfer gegen den Faschismus*, und erst in zweiter Linie der *Opfer des Faschismus*. Das bedeutet nicht nur, dass große Opfergruppen mehr oder weniger ausgegrenzt werden, son-dern auch, dass die Frage nach der eigenen, kollektiven Verantwor-tung für die Verbrechen unter Adolf Hitlers Herrschaft kaum ge-stellt wird. In der SED-Argumentation hat die nationale Identität ihre Wurzeln im tapferen Kampf gegen den Faschismus. Demzufol-ge ist es ausgeschlossen, dass bei DDR-Bürgern die Frage einer Schuld oder Täterschaft aufgeworfen werden kann. Schuld sind im-mer die anderen.

Ein rätselhaftes Motto

Kurz vor 1960 ziehen Brigitte und Gerd von Weinböhla nach Meißen (Abb. 41). Damit nimmt das zeitraubende Pendeln mit dem Bus ein Ende. Ihre neue Wohnung finden sie rein zufällig. Auf einem Zettel in einem Schaufenster liest Brigitte, dass ein Ehepaar eine Dreizimmerwohnung gegen eine Bleibe in Weinböhla tauschen möchte. Obwohl sie befürchtet, mit ihren eigenen zwei Zimmern nur wenige Chancen zu haben, meldet sich die junge Mutter. Und erstaunlicherweise finden die Parteien schnell zu-sammen. Zweifellos liegt das an dem Flüchtlingspaar, das in der Meißener Wohnung eingewiesen ist. Weil die beiden nicht aus-ziehen wollen, bedeutet ein Wohnungstausch für Brigitte und Gerd, dass sie sich auf Mitbewohner einstellen müssen. Trotzdem schlagen sie ein. Sie gehen davon aus – vier Jahre später stellt sich heraus, dass sie sich nicht getäuscht hatten –, dass das ältere Ehepaar nicht für immer bei ihnen wohnen wird. Und was vielleicht noch wichtiger ist: Die Wohnung liegt an der Brauhausstraße, wie durch eine wundersame Schicksalsfügung direkt neben dem Haus, in dem früher Emil und Hedwig wohnten und inzwischen Brigittes Eltern. Nun kann ihre Mutter nach der Schule auf Sabine aufpassen. Brigittes und Gerds Bett zieht in den kleineren der zwei noch verfügbaren Räume; für ihre Tochter wird im Wohnzimmer hinter einem Bücherschrank ein Klappbett aufgestellt.

Materiell gesehen, geht es Schritt für Schritt voran. Man könnte fast denken, dass die Wirtschaftspolitik der späten Fünfziger- und frühen Sechzigerjahre, deren Ziel es ist, den Wohlstand auf BRD-Niveau zu heben, nun Früchte trägt. »Überholen ohne einzuholen«: So lautet das rätselhafte Motto, mit dem Ulbricht renommiert.

Er will Westdeutschland offenbar mit einem Schwung hinter sich lassen, den Konkurrenten übertreffen, ohne dass dafür ein mühsames Einholmanöver nötig wäre. Wie man sich das genau vorzustellen hat, lässt der Staatsratsvorsitzende offen, aber er denkt zweifellos an innovative Technologien und neue Arbeitsprozesse. Das hört sich gut an, steht aber im offensichtlichen Gegensatz dazu, dass Butter und Fleisch wieder rationiert werden.

Kleine Landbesitzer

1962 schaffen sich Brigitte und Gerd ihren ersten Fernseher an. Im Jahr darauf ist Geld für ein Motorrad da, eine MZ 125 aus dem VEB Motorradwerk Zschopau. Gerd ist das erste Familienmitglied, das – zwanzig Jahre, nachdem Hellmuth sein Auto verlor – wieder ein motorisiertes Transportmittel zur Verfügung hat.

Das lässt sich sogar noch prägnanter formulieren. Mit seinem Motorrad ist er dort angekommen, wo sein Schwiegervater mit dem BMW-R-62-Kraftrad Mitte der Zwanzigerjahre bereits war. Die Nazidiktatur, der Zweite Weltkrieg und die beiden Jahrzehnte danach bedeuten für die Familie des Stammvaters Emil Grunewald eine fünfunddreißig Jahre während Stagnation des Vermögensaufbaus.

Ihre große Schlacht schlagen Brigitte und Gerd im Herbst 1963. Sie erwerben am Rand von Weinböhla, eigentlich schon fast in den Wäldern, die nach Moritzburg führen, ein ziemlich großes Stück Land. Fünfzehn Jahre nach den Bodenreformen in der früheren Sowjetischen Besatzungszone profitieren auch sie von der Umverteilung von Acker- und Weideland. Und zwar folgendermaßen: Nachdem sie nach Meißen umgezogen sind, fährt Gerd jede Woche einmal nach Weinböhla, um dort mittwochabends in einem Ausflugslokal am Dorfrand mit Freunden Skat zu spielen. Einer von ihnen ist Neubauer. Vor dem Zweiten Weltkrieg arbeitete er als Knecht bei einem Gutsbesitzer. Um 1948 wies ihm die SMAD ein eigenes Gelände von fast sieben Hektar Ackerland zu. Er war nicht der Einzige. Aus ideologischen Gründen bekamen 200 000 Menschen – darunter viele geflüchtete heimatvertriebene Deutsche – die Chance, sich als Kleinbauern eine neue Zukunft aufzubauen.

Sie erhielten Land, das kurz nach der Kapitulation unter dem Motto »Junkerland in Bauernhand« enteignet worden war. Großgrundbesitzer – die *Junker* – waren eine bevorzugte Zielscheibe der neuen Machthaber. Denn – genau wie Fabrikdirektoren – kontrollierten sie die Produktionsmittel. Um das zu ändern, wurde ihnen ihr Land weggenommen. Wenn sie die Mitwirkung verweigerten, landeten sie ohne Pardon in russischen Arbeitslagern.

Diese Grundbesitzer erfahren am eigenen Leib, was die Mitglieder des Wirtschafts- und des Bildungsbürgertums ebenfalls erleben: Mit den früheren Privilegien ist es vorbei. Im jungen Staat schlägt den Vertretern der inzwischen verketzerten Eliten ein eisiger Wind entgegen.

Gerd weiß, dass der befreundete Neubauer ein Stück Land von ein paar Tausend Quadratmetern nicht bebaut. Er hat dort vor zehn Jahren ein Erdbeerfeld angelegt, aber der sandige Boden erwies sich als zu trocken und nährstoffarm. Seitdem liegt das Land brach. Es ist völlig verkrautet, und überall haben sich Birken ausgesät. Man könnte fast meinen, durch die Moritzburger Forste zu gehen.

Als Gerd seinen Freund beim Kartenspielen auf den gescheiterten Versuch mit dem Erdbeerfeld anspricht, muss dieser nicht lange nachdenken. Er gibt den Acker gern an Gerd ab, obwohl er sich nicht vorstellen kann, was sein Freund damit anfangen kann. Für eine landwirtschaftliche Nutzung ist der Boden ungeeignet, und wohnen darf man dort auch nicht, denn die ganze Parzelle ist als Ackerland ausgewiesen. So ergattern Brigitte und ihr Mann ein verwildertes Stück Land, das sich zu ihrem Lebensprojekt entwickeln wird. Auf die kleinen Landbesitzer wartet viel Arbeit.

Die Pestalozzi-Medaille in Bronze

An der Meißener Questenberg-Schule wird Gerd zu einer wichtigen Stütze. Wie an DDR-Schulen üblich, werden dort Kinder von sechs bis sechzehn Jahren unterrichtet. Als Lehrerin steht Brigitte an der – wie sie inzwischen heißt – Vierten Allgemeinbildenden Polytechnischen Oberschule noch immer vor den ersten vier Jahrgängen.

Ihr Mann lässt sich zum Fachlehrer für Sport und Mathematik fortbilden. Danach unterrichtet er nur noch Schüler der höchsten Jahrgänge. Von seinen Kollegen wird er respektiert. Gerd übernimmt Verantwortung, ist loyal, und oft finden seine Vorschläge im Lehrerzimmer Gehör.

In der zweiten Hälfte der Sechzigerjahre wird dem Landarbeitersohn aus Neulangsow die Pestalozzi-Medaille in Bronze verliehen. Ebenso erwartet ihn am jährlichen Tag des Lehrers regelmäßig eine ehrenvolle Erwähnung, die von einem Schreiben des Kreisschulrats begleitet wird. Darin dankt dieser Gerd für seinen Beitrag zum Aufbau des Sozialismus und lobt die Art und Weise, wie er seine Schüler auf ein Leben als DDR-Bürger vorbereitet. Die Briefe sind stets und ständig »mit sozialistischem Gruß« unterzeichnet und erwähnen immer den Betrag, der ihm als Prämie zuerkannt wird.

Im Grunde ist es logisch, dass man mit Gerd nach einer gewissen Zeit über Karriereperspektiven spricht. Der Schulleiter ermuntert ihn, in schulpolitischen Gremien mitzuarbeiten. Das ist ein Vertrauensbeweis, und der fleißige Lehrer bekommt sogar zu hören, dass für ihn mittelfristig eine Schulleiterstelle denkbar wäre. Allerdings unter einer Voraussetzung. Entsprechende Leitungsfunktionen sind der Nomenklatura vorbehalten und unterstehen den lokalen Behörden. Damit ist eine Nominierung davon abhängig, ob die betreffende Person Parteimitglied ist oder nicht. Wenn Gerd weiterkommen möchte, wird er in die SED eintreten müssen.

Dilettanten

Genau wie Brigitte weigert sich Gerd sein Leben lang, diesen Schritt zu tun. Er sieht sich nicht als Genosse. Man kann ihn nicht als Regimegegner bezeichnen, und er lehnt auch die DDR nicht grundsätzlich ab. Aber zum Parteikader will er nicht gehören. Wie sein Schwiegervater, der es ablehnte, Mitglied in der NSDAP und dann der SED zu werden, entscheidet sich auch Gerd für seine Unabhängigkeit. Er ist sogar zu Opfern bereit, die Hellmuth niemals erbringen musste.

Die politische Neutralität des Unternehmers und späteren Neulehrers schadete seiner sozialen Stellung und dem beruflichen Aufstieg nicht. Aber Gerd erfährt durchaus Nachteile aus seiner Weigerung, sich der SED unterzuordnen. Eine höhere Schullaufbahn und das damit einhergehende Prestige bleiben ihm versagt. Außerdem erweist es sich auf Dauer als belastend, die Autorität von Vorgesetzten akzeptieren zu müssen, die in seinen Augen nicht über die notwendigen Fähigkeiten verfügen.

Das ist ein Problem, das sich überall in Ostdeutschland zeigt. Weil nicht Können und Wissen einer Person den Ausschlag geben, sondern ihre parteipolitische Haltung und bedingungslose Loyalität, landen verhältnismäßig oft wenig qualifizierte Dilettanten in

Schlüsselpositionen. An der Questenberg-Schule tritt Gerd bewusst einen Schritt zurück. Er entscheidet sich anders als seine ältere Schwester, die sich von der SED fördern lässt. Damit bringt sie es weit in der sächsischen Provinzstadt Hoyerswerda, die im Lauf der Jahre zu einer prototypischen sozialistischen Industriestadt ausgebaut wird.

Gerds Lage ist ambivalent. Die Umstände zwingen ihn zum Verzicht auf eine Karriere, die er liebend gern angestrebt hätte. In dieser Hinsicht ist er unfrei, abhängig. Aber die Entscheidung, sich den Wünschen der Partei zu versagen, betont zweifellos seine Autonomie.

Diese Gleichzeitigkeit von Abhängigkeit und Selbstbestimmung ist faszinierend und illustriert Gerds Platz im gesellschaftlichen Kräftefeld. Er bekämpft die DDR zwar nicht, möchte sie aber ebenso wenig aktiv unterstützen. Damit positioniert er sich irgendwo zwischen den erklärten Systemgegnern und den überzeugten SED-Anhängern mit ihren Millionen von Mitläufern.

Das entstellte Gesicht

Man kann sich fragen, warum sich Gerd der SED verweigert. Was sind seine Beweggründe? Wie kommt es, dass er sich selbst versagt, was seine Schwester und so viele andere sehr wohl akzeptieren? Er hätte alles haben können: ein höheres Einkommen, eine bessere Wohnsituation und eine privilegierte gesellschaftliche Stellung. Es gibt verschiedene Erklärungen, aber zwei davon scheinen von besonderem Gewicht zu sein.

An erster Stelle geht es um Bevormundung. Während der zwölf Jahre dauernden Nazidiktatur hat Gerd erlebt, was es bedeutet, wenn andere – der Staat, die NSDAP, die HJ oder eventuell sogar Adolf Hitler selbst – vorschreiben, wie man zu denken und zu handeln hat. Als zwölfjähriger Junge schenkte er diesen Stimmen Glauben. Kurz danach musste er feststellen, dass deren sogenannte

Heilsbotschaft eine Lüge war. Sein Geburtsort war kaputt geschossen, die Höhen von Seelow lagen voller toter Soldaten, und Millionen von Bürgern waren ums Leben gekommen – erschossen, verhungert oder vergast.

Die Vertreter des Dritten Reichs hatten sich als kriminell erwiesen. Wer garantiert ihm, dass die neuen Machthaber es nicht ebenfalls sind? Auch die SED trickst mit Heilserwartungen und verspricht das Blaue vom Himmel. Kann man sich denn auf diese Partei verlassen? Gerd entwickelt ein Misstrauen gegen Institutionen, das er bis zu seinem Tod nicht verlieren sollte. Erhellend ist in diesem Zusammenhang sein Kirchenaustritt im Jahr 1957. Die Aussicht auf Erlösung, die ihm von Klerikern eingeimpft wurde, erfüllt ihn mit genauso großem Misstrauen wie die sozialistische Utopie des DDR-Regimes.

An zweiter Stelle ist es das inhumane, entstellte Gesicht des Landes, in dem er lebt. Beim Tod seines Vaters 1967 erfährt Gerd am eigenen Leib, dass Staat und Kollektiv sogar dann Vorrang haben, wenn seiner Meinung nach individuelle Interessen überwiegen sollten. Sein Bruder Dieter, der sich im westdeutschen Mainz eine neue Existenz aufgebaut hat, wartet vergeblich auf die Genehmigung, zum Begräbnis des Vaters Wilhelm fahren zu dürfen. Genauer gesagt: Er darf zwar in die DDR reisen, doch niemand will ihm garantieren, dass er das Land auch wieder verlassen kann. So kommt es, dass einer der Söhne den Vater nicht zu Grabe trägt. Dies ist der Moment, in dem Gerd sich endgültig von der SED abwendet.

Klimatherapeutische Überlegungen

Um in der ostdeutschen Mangelwirtschaft den Kopf über Wasser zu halten, muss man nicht nur Parteifunktionäre um den Finger wickeln können, sondern auch ein großes soziales Netzwerk pflegen. Gerd beherrscht beides überdurchschnittlich gut. Sobald die erforderlichen bürokratischen Schritte im Grundbuchamt getätigt sind, besucht er regelmäßig das Rathaus von Weinböhla. Es dauert eine Weile, bis er den zuständigen Bearbeiter ausfindig macht. In einer Reihe von Gesprächen erklärt er, was er mit der Parzelle am Dorfrand vorhat.

Er stelle sich, sagt Gerd dem Mann am Schreibtisch, eine rekreative Nutzung vor. Er beabsichtige, ein Wochenendhaus zu bauen, wo er sich mit seiner Familie von den Anstrengungen der aufreibenden Arbeitswoche erholen könne. Nicht umsonst gelte das Dorf als klimatherapeutischer Luftkurort. Auch die Ferien würde er gern in Weinböhla verbringen.

Gerd hat noch mehr solcher Argumente parat und überzeugt mit der Zeit seinen Ansprechpartner. Nach Rücksprache mit dem Bürgermeister stimmt der Sachbearbeiter einer Ferienbebauung auf *Bodenreformland* zu. Was den Ausschlag gegeben hat, lässt sich nicht mehr herausfinden, aber vielleicht sah der Gemeindemitarbeiter keine andere Möglichkeit, den beharrlichen Bittsteller loszuwerden.

Mit der Baugenehmigung in der Tasche ist jetzt das eigene Netzwerk gefragt. Baumaterialien sind knapp und Bauunternehmer teuer, sodass man ohne die richtigen Beziehungen, das berühmte Vitamin B, nur wenig ausrichten kann. In der DDR hatte sich eine blühende, auf Tauschhandel beruhende Schattenwirtschaft entwickelt, die sozialistische Variante dessen, was heute in Tauschbörsen und Nachbarschaftsvereinen praktiziert wird. Wer etwas kann oder besitzt, tauscht es gegen Dienste oder Produkte ein, die Dritte zu bieten haben.

Auf Spargel gebaut

Gerds Lage ist nicht einfach. Durch die Schule verfügt er über ein umfangreiches Netzwerk von (ehemaligen) Schülern und deren Eltern. Er findet einen informellen Zugang zum Einzelhandel und zu den Handwerkern des Meißener Mittelstands und baut Kontakte zu Leuten in den verschiedensten Produktionsbetrieben auf. Gleichzeitig hat Gerd ein Problem, denn als Lehrer hat er ja keine eigenen Waren oder Dienste als Gegenleistung anzubieten.

Seine Partner können alle etwas liefern. Maurer beherrschen ein stark nachgefragtes Handwerk, Verkaufsstellenleiter geben ihre Waren als *Bückware* vorrangig an Verwandte und Bekannte ab, und Fabrikarbeiter verkaufen »vom Lastwagen gefallene« Industrieprodukte auf eigene Rechnung. Die Behörden ignorieren diese im Ansatz korrupten und mitunter schlicht kriminellen Praktiken, denn dadurch wird verschleiert, dass die ideologisch verordnete Planwirtschaft in vielen Bereichen nicht funktioniert.

Gerd steht also mit leeren Händen auf einem Markt, den er wie wenige andere überblickt. Aber er findet eine Lösung. Gegen entsprechende Bezahlung schiebt ihm der befreundete Neubauer mit seinem Traktor eine Schicht Ackerkrume über einen Teil des Brachlands am Gemeinderand. Auch ein provisorisches Gewächshaus wird hochgezogen. Nach hundert Jahren tritt Gerd als Hobbybauer in die Fußstapfen von Emils Vater, dem kleinen Gemüsebauern, und verlegt sich auf Gartenbau. Seine Spezialität wird neben Tomaten und Erdbeeren vor allem Spargel.

Mit diesem Luxusgemüse – in guten Jahren sticht er an die fünfzig Kilo – ist er weit und breit der einzige Anbieter. Nirgendwo kann man beim Gemüsehändler Spargel kaufen, weil die kleine Ernte in Sachsen so gut wie vollständig dem staatlichen Gaststättengewerbe zugewiesen wird. Für zwei Pfund Spargel bekommt der Sportlehrer einen Sack Zement, und für ein Kilo Tomaten verkauft ihm der Holzhändler Bretter, die vielleicht für jemand anders reserviert waren. Wenn Amsterdam auf Pfählen steht, kann man behaupten, dass das Sommerhaus der Frentzels auf Spargel gebaut wurde.

Ein rundes Bleiglasfenster

Gerd profitiert von seiner Ausbildung zum Zimmermann. Er hat auf genug Baustellen gearbeitet, um Bauzeichnungen und statische Berechnungen im Ansatz zu verstehen. Und er kann nicht nur mit Holz umgehen, sondern auch relativ gut verputzen und malern. In den Abendstunden und am Wochenende baut er das Freizeithäuschen zum großen Teil mit eigenen Händen auf (Abb. 42).

Es ist ein Projekt, das mehrere Jahre in Anspruch nimmt. Dabei erweist sich vor allem das Heranschaffen von Baumaterial als knifflig (Abb. 43). Im Frühjahr 1964 beginnt Gerd, das Fundament zu legen, 1965 stehen die Wände und ein behelfsmäßiges Dach, im Mai 1966 deckt er es mit Ziegeln ein, und 1967 entsteht eine breite Steinveranda. Das Haus bekommt einen eigenen Brunnen, Stromleitungen werden gelegt, und hinten auf dem Grundstück gräbt Gerd eine Sickergrube, die einmal im Jahr geleert werden muss.

Er ist nicht der einzige Ostdeutsche mit einem Wochenendhaus. Ganz im Gegenteil, unter DDR-Bürgern gilt das eigene Häuschen in der freien Natur als Statussymbol schlechthin. Gerd baut keinen simplen Ferienbungalow aus Holz, sondern ein solides Steinhaus mit einem Spitzdach. Im Lauf der Zeit wird er es mit Bauelementen ausstatten, von denen viele Hauseigentümer nur träumen: einem Wintergarten mit bodentiefen Fenstern, einem Kaminofen und einem runden Bleiglasfenster. Als Glanzstück kommt 1968 ein gemauerter und gefliester Swimmingpool dazu, der das Grundstück endgültig zu einem kleinen Paradies werden lässt.

Zugvögel

Im Juni 1967, drei Wochen nach dem Tod von Gerds Vater, vergrößert sich mit der Geburt von Tochter Karoline die Familie Frentzel. Die Fertigstellung des Sommerdomizils führt dazu, dass der Ort des Alltagslebens von der Jahreszeit bestimmt wird.

Von Mitte Oktober bis Ende März leben Brigitte und Gerd mit ihren zwei Töchtern in der Stadtwohnung an der Brauhausstraße. Dann steht der sich alljährlich wiederholende Umzug auf dem Programm, damit Weinböhla in den warmen Frühjahrs- und Sommermonaten der Lebensmittelpunkt sein kann. Nicht nur an den Wochenenden, wie Gerd es dem Sachbearbeiter erzählt hat, sondern auch während der Woche an Werktagen. Die vier leben wie die Zugvögel, und Meißen ist nur noch der Ort zum Überwintern. Die damit verbundenen Mühen (von April an wird wieder zwischen Wohn- und Arbeitsstätte gependelt) nehmen sie in Kauf.

Die Anschaffung einer grauweißen Trabant-601-Limousine im Jahr von Karolines Geburt macht die tägliche Fahrt erträglich. Morgens um sechs Uhr brechen Gerd und Brigitte mit ihren Töchtern nach Meißen auf. Als Erstes wird die Jüngere zu Oma Hilde gebracht. Dann geht die Fahrt zu drei verschiedenen Schulen weiter, damit jeder Punkt sieben Uhr vor der Klasse steht beziehungsweise in der Schulbank sitzt.

Mittags um eins ist es Zeit für die Rückfahrt. Ein Mittagsschläfchen von knapp einer Stunde – ein festes Ritual, dem sich kein Familienmitglied entziehen kann – sorgt dafür, dass danach alle wieder frisch sind. In Weinböhla macht Sabine, und später auch Karoline, dann Hausaufgaben. Und Brigitte und Gerd widmen sich den Verpflichtungen in Haus und Garten.

Bis in die Mitte der Siebzigerjahre entsteht eine Reihe von Nebengelassen. Dazu gehören nicht nur zwei große Gewächshäuser, sondern auch ein frei stehendes Garagengebäude, in dem sich ein Gästezimmer mit Waschgelegenheit befindet. Mit dem Geld aus einer kleinen Erbschaft sind Hilde und Hellmuth die heimlichen Mitfinanzierer des Sommerhauses. Seit den frühen Siebzigerjahren verbringen sie den Sommer ebenfalls in Weinböhla. In der winzigen Bleibe hinter der Garage fühlen sie sich auf Anhieb wohl. Sie wird ihr eigenes Refugium (Abb. 44).

Hellmuth ist 1964 schon in Pension, deshalb muss er nicht mehr pendeln. In der Regel kommt das Ehepaar mit Katze Schnurri eine gute Woche später, nachdem sich Brigitte und Gerd dort eingerichtet haben. Hilde und Hellmuth lassen sich nie von ihrem Schwiegersohn abholen, sondern gönnen sich den Luxus einer Taxifahrt. Zwei Fahrten pro Jahr, einmal hin und einmal zurück. Vom Taxifahrer erwarten sie, dass er das umfangreiche Gepäck die Treppen in der Brauhausstraße hinunter- und ein knappes halbes Jahr später wieder hinaufträgt.

Ein wachsendes Dokument der Wehmut

Die Familienalben dokumentieren die Freuden des Landlebens. Aus naheliegenden Gründen scheint fast immer die Sonne und die Fotografierten sitzen entspannt in Gartenstühlen, auf der Terrasse oder auf dem Rasen (Abb. 45). Hier, in dem Sommerhaus, das er mit eigenen Händen gebaut hat, ist Gerd angekommen. Es gelingt ihm endlich, das Gefühl tiefer Heimatlosigkeit zu überwinden, das ihn begleitete, seit er im Mai 1945 zu seinem zerstörten Geburtshaus im Oderbruch zurückkehrte. Wie Phönix aus der Asche ist nun, zweihundert Kilometer weiter, an dessen Stelle sein neues Zuhause entstanden.

In den Fotoalben wiederholen sich die Feste alle zehn Jahre, wenn Gerds runde Geburtstage gefeiert werden, als erster der vierzigste 1971, und so weiter bis zum achtzigsten 2011. Meist wird in dem verglasten Wintergarten ein Tisch aufgestellt, an dem alle etwa fünfundzwanzig Geladenen Platz finden. Stets und ständig wird dort ein und dasselbe Foto gemacht.

Obwohl man annehmen darf, dass jedes Mal ein anderer Teilnehmer den Auslöser drückte, ist die Komposition wie von Zauberhand immer gleich, und Gerd thront als Vorsitzender der Gesellschaft am Tischende. Bei der Feier seines fünfzigsten Geburtstags sieht man ihn genauso zwischen zwei langen Reihen von Gästen. Natürlich dort, wo das runde Fenster und der offene Kamin sind. Der Herr des Hauses, der stolze Hausbesitzer: Das ist die Rolle, in der er sich gefiel (Abb. 46).

Die vierzig Jahre umspannende Aufnahmeserie symbolisiert eine bleibende familiäre Verbundenheit und eine ungebrochene Loyalität. Gleichzeitig ist es ein wachsendes Dokument der Wehmut. Die Festteilnehmer werden nicht nur von Jahr zu Jahr älter, häufig fehlt auch jemand, der bei der letzten Feier noch dabei sein konnte. Obwohl nie als Serie geplant, sind diese Geburtstagsfotos unversehens zu stillen Zeugnissen einer unaufhaltsamen Vergänglichkeit geworden.

Fernweh

Für die sechs, die von den acht Hauptpersonen übrig sind, bleibt das Ausland bis weit in die Sechzigerjahre hinein unerreichbar. Hilde und Hellmuth konnten vor dem Zweiten Weltkrieg die Schweiz und das von Italien annektierte Südtirol entdecken. Hanna und Hanns kamen sogar bis nach Rom und Neapel. Wenn man einmal von Hellmuths und Hanns' Soldatenzeit absieht, deckt diese kurze Aufzählung alle internationalen Erfahrungen der Generation 1900 ab. In der Zeit gleich nach dem Zweiten Weltkrieg, in den Fünfziger- und frühen Sechzigerjahren, überschreiten die Ehepaare aus Meißen und Weesenstein die Landesgrenzen nicht mehr.

Brigitte und Gerd, die für die Generation 1930 stehen, brauchen ihr Geld dringend für die eigene Familie mit den beiden Töchtern und für die Bauaktivitäten in Weinböhla. Auch sie kommen während der ersten fünfzehn Jahre ihrer Ehe nicht ins Ausland. Ferien machen sie – wie es die älteren Verwandten seit Mitte der Fünfzigerjahre tun – an der Ostsee oder im Erzgebirge. Dorthin führen auch die ersten Skireisen des Ehepaars. Eigentlich sind es Wochenendausflüge, gelegentlich in einem subventionierten FDGB-Heim, meist aber in Pensionen mit einem Komfort, den man im besten Fall als spartanisch bezeichnen kann.

Seit Mitte der Sechzigerjahre ändert sich etwas. Die materiellen Lebensbedingungen bessern sich allmählich, und es entwickelt sich ein neues Lebensgefühl. Der Optimismus in dem beliebten DEFA-Film *Heißer Sommer*, der von den Ferienerlebnissen einer Gruppe junger Menschen handelt, drückt genau dieses Gefühl aus. Im Schatten der Mauer entstehen alternative Reiseziele, natürlich nicht in den Westen, sondern in befreundete Nachbarstaaten. Urlaube funktionieren ähnlich wie die bereits erwähnte Tauschwirtschaft: Ohne sich an ein offizielles Reisebüro der DDR zu wenden, finden die Bürger von allein Möglichkeiten, ihr Fernweh zu stillen.

Postverkehr

In der Familie trauen sich Hilde und Hellmuth als Erstes. In den Sommerferien von 1963 sind sie zum ersten Mal ohne ihren Sohn Gottfried unterwegs, im Zittauer Gebirge, das etwa zwanzig Kilometer östlich von Seifhennersdorf liegt. Währenddessen erlebt der, wie auch sein Leben von Entwicklungen beeinflusst wird, die sich fern von seiner eigenen Lebenswirklichkeit abspielen.

Mitte der Fünfzigerjahre, auf dem Höhepunkt des Kalten Kriegs, gründen die bis dahin demilitarisierte DDR und die BRD eigene Heere. Während die westdeutsche Bundeswehr von Anfang an einen Wehrdienst kennt, funktioniert die Nationale Volksarmee (NVA) anfangs als Freiwilligenarmee.

1962, ein halbes Jahr nach dem Mauerbau, führt Ostdeutschland ebenfalls die Wehrpflicht ein, und zwar für Männer im Alter zwischen achtzehn und sechsundzwanzig Jahren. Gottfried trifft es, und er gehört zu einem der ersten Rekrutenjahrgänge. Er lernt schießen und muss viel marschieren. Letzteres vor allem als Vorbereitung auf eine Militärschau in Dresden, die am 14. September 1963 an die 300 000 Zuschauer sehen wollen.

Während Gottfried den *schnellen Marsch* übt, entspannen sich seine Eltern an der tschechoslowakischen Grenze. Bei der Besichtigung der Burgruine auf dem Oybin lernen sie ein Ehepaar mittleren Alters aus Budapest kennen. Es ist gut, dass Géza, der bei der ungarischen Post arbeitet, und Elisabeth, Kassiererin in einem Thermalbad, ausgezeichnet Deutsch sprechen. Was für Emil und Hedwig galt, trifft nämlich auch auf Hilde und Hellmuth zu: Sie haben niemals eine Fremdsprache gelernt. Es entwickelt sich ein angeregtes Gespräch, das abends im Gasthof fortgesetzt wird.

In den Tagen darauf treffen sich die vier Urlauber noch mehrere Male. Am Ende der Woche werden Adressen ausgetauscht. Von da an gehen mit einer gewissen Regelmäßigkeit Briefe zwischen der sächsischen Kleinstadt und der ungarischen Kapitale hin und her. Schon bald nimmt der Plan Gestalt an, sich gegenseitig zu besuchen.

Verkappte Bettwäschevertreter

Géza und Elisabeth kommen im Sommer 1965 nach Meißen; Hilde und Hellmuth reisen im Jahr darauf nach Budapest. Es ist eine Art Tauschhandel, der Géza und Elisabeth die Gelegenheit bietet, Ostdeutschland gründlich kennenzulernen. Für Hilde und Hellmuth ist es mehr. Die Unterbringung bei den ungarischen Freunden ist eine unabdingbare Voraussetzung, weil ins Ausland reisende DDR-Bürger mit Problemen konfrontiert werden, die sie nicht allein lösen können.

Der Grund dafür ist die Währungspolitik. Um den inländischen Konsum nicht zu schwächen, darf Geld nur in beschränkter Menge in fremde Valuta gewechselt werden. Dadurch haben DDR-Bürger im Ausland immer zu wenig Geld dabei. In Ungarn beispielsweise darf ein Ehepaar pro Tag dreißig DDR-Mark in Forint ausgeben. Das reicht nicht zur Finanzierung der Übernachtungen und der sonstigen Aufwendungen. Hilde und Hellmuth sind also auf Privatkontakte angewiesen.

Sie »bezahlen« mit Gastgeschenken. Dafür stopfen sie ihre Koffer mit Handtüchern, Bettbezügen und Tischwäsche voll. Eine ausgezeichnete Entscheidung, denn Haushaltstextilien aus Deutschland sind wegen ihrer guten Qualität überall begehrt. Weil der Staat die Ausfuhr von Konsumgütern ebenso wenig erlaubt, nehmen Hilde und Hellmuth die Geschenke aus der Verpackung.

An der Grenze behaupten sie, sie hätten alles zur eigenen Verwendung mitgenommen. »Sie werden bestimmt verstehen«, sagt Hilde im Brustton der Überzeugung, »drei Wochen ist schon lange!« Natürlich schenken die Zöllner ihren Worten keinen besonders großen Glauben, aber das Gegenteil lässt sich schwer beweisen. Die beiden dürfen die Grenze passieren, fühlen sich aber dabei wie verkappte Bettwäschevertreter.

Im Zentrum von Budapest wohnen Géza und Elisabeth in einem repräsentativen Altbau aus der Spätzeit des österreichisch-ungarischen Habsburgerreichs. Am Haupteingang des Wohnblocks thront ein Hausmeister, und das Gebäude hat einen historischen Aufzug. Die Wohnung im dritten Stock betritt man zur Verblüffung von Hilde und Hellmuth über eine landestypische Galerie, den Laubengang. Er führt um den großen Innenhof herum und hat ein elegantes Jugendstilgitter aus Schmiedeeisen. Die Gäste aus Meißen besichtigen die wichtigsten Sehenswürdigkeiten: die Burg von Buda, das Gellért-Bad und die Kettenbrücke über die Donau.

Und sie tun noch etwas: einkaufen. Ein Großteil des vorhandenen Geldes wird für Dinge angelegt, die zu Hause nicht zu bekommen sind. Ungarn pflegt weiterhin intensive Kontakte zum Westen. Sie stammen noch aus der Zeit der Doppelmonarchie, als der österreichische Kaiser und der ungarische König gemeinsam über ein riesiges Reich im Herzen Europas herrschten. Das Warensortiment in Budapest ist so groß, dass die mit nach Meißen zurückgehenden Koffer nicht weniger gut gefüllt sind als auf der Hinreise.

Der weiße Zwergspitz

Mit den entsprechenden Visa kann man als DDR-Bürger in die sogenannten sozialistischen Bruderländer reisen. Anders verhält es sich mit dem nichtsozialistischen Ausland. Reisen in den Westen sind ausschließlich Mitgliedern des Reisekaders erlaubt. Dazu gehören Politiker, Künstler und Sportler.

Nur in absoluten Ausnahmefällen bekommt ein normaler Bürger aus familiären Gründen – meist ein Begräbnis – die Erlaubnis für einen Kurzaufenthalt in einem westlichen Land. Die Stasi achtet darauf, dass diese Person auch wieder zurückkommt. Das bedeutet, dass der Reisende in der Regel allein unterwegs ist und sowohl Ehepartner als auch Kinder zu Hause bleiben müssen.

1964 werden die Regeln gelockert, und Rentnern eröffnen sich neue Möglichkeiten. Sechzig Tage im Jahr haben sie Reisefreiheit und dürfen ins Ausland reisen, auch ins nichtsozialistische Ausland. Alles unter der Voraussetzung, dass sie den Behörden an ihrem Wohnort eine Einladung vorlegen können.

Die neue Politik zeigt, wie sehr das Regime seine Bürger als Humankapital sieht. Solange jemand zum Bruttosozialprodukt beiträgt, muss er im Land bleiben, hat aber seine Anwesenheit keinen direkten wirtschaftlichen Nutzen mehr, kann er ruhig gehen. Es ist eine auf Gewinnmaximierung basierende Sichtweise, die man vom CEO eines internationalen Unternehmens erwartet, aber nicht von der politischen Führung eines Staates, der dem kleinen Mann dienen möchte.

In Weesenstein ergreift Hanna ihre Chance. Weil sie inzwischen pensioniert ist, während Hanns noch arbeiten muss, reist sie im Frühjahr 1967 allein nach Westdeutschland. Auch der kleine Flori, ein weißer Zwergspitz, der Hanna seit Jahr und Tag auf Schritt und Tritt begleitet, muss zu Hause bleiben.

Die Einladung kommt von ihrem Cousin Herbert Grellig, dem Apotheker, der in Lähn aufgewachsen ist. Die beiden kennen sich, seit sich ihre Mütter, die Schwestern Hedwig und Anna, gegenseitig besuchten. Auf dem Foto des Gartenfests im Jahr 1904 sitzt Baby Herbert neben Hilde in der Zierschubkarre. Kurz vor dem Ende des Zweiten Weltkriegs wird der Kontakt zwischen Hanna und ihrem Cousin wieder aufgenommen, als dieser zwei Monate lang in Weesenstein unterschlüpfen kann. Mit Frau und Kindern ist er aus Niederschlesien geflohen. Schließlich landet die fünfköpfige Familie in einem Küstenort in der Nähe von Lübeck.

Eine unterirdische Drive-in-Garage

Hanna ist von der modernen Wohnstätte ihres Cousins beeindruckt, der sich in seinem alten Beruf eine neue Existenz aufgebaut hat. »Größter Bungalowtyp«, notiert sie in ihrem Notizbuch. Weil auch betagten Reisenden nur ein kleines Tagesgeld zur Verfügung steht, lebt Hanna in den drei Ferienwochen auf Kosten von Herbert. Das nagt an ihrem Selbstbewusstsein, das sie sich als arbeitende Frau zu eigen gemacht hat.

Das Haus mit den breiten Fenstern und der unterirdischen Drive-in-Garage führt sie in Gedanken in ihre eigene Wohnung. Geräumig, das ist sie wohl, und in einem echten Schloss, das auch, aber nicht »mit jedem Komfort versehen« wie hier. Und beim Anblick von Herberts Wagen – einem fürstlichen Citroën DS, der »La Déesse«, die Göttin, genannt wird – fragt sie sich, warum Pkws in der DDR so viel unansehnlicher sein müssen. Die großen Worte Ulbrichts über die Aufholjagd der ostdeutschen Wirtschaft kann man hier, am Schauplatz des westdeutschen Wirtschaftswunders, nur als leere Rhetorik abtun.

Hanna fühlt sich klein, als Bürgerin zweiter Klasse eines Landes, das in ungleiche Teile zerfallen ist. Was ist geschehen? Herbert und sie gehören zu den Geburtsjahrgängen kurz nach 1900. Als Apothekersohn und Tochter eines Gymnasialprofessors war ihr

Ausgangspunkt für den Gang durchs Leben vergleichbar. Wie kann es sein, dass sie so verschieden bedacht wurden?

Herbert nimmt seine Cousine auf eine mehrtägige Autotour mit. Er zeigt ihr Niedersachsen und Nordrhein-Westfalen. Bei Hannoversch Münden parken sie auf der Autobahnbrücke über dem Werratal. Hanna läuft zum Geländer des Viadukts und beugt sich nach vorn. Sechzig Meter unter sich sieht sie die Dörfer am Ufer des kleinen Flusses. In der BRD, sinniert sie, führen die Autobahnen durch den Himmel.

Die Reise geht weiter nach Belgien und in die Niederlande. Herbert geht damit ein ziemliches Risiko ein, denn Hannas Visum erlaubt lediglich einen Aufenthalt in der BRD. Zum Glück bekommt sie an der Grenze einen Passierschein für die Beneluxländer.

In Brüssel besuchen sie den Großen Markt. Herbert schleppt Hanna mit zum »Pis Männeken«, wie sie die berühmte Brunnenfigur, das Wahrzeichen der Stadt, in ihrem Notizbuch nennt. Über den Badeort Zandvoort geht es weiter nach Amsterdam. Am sonnenüberfluteten Museumplein blühen überall Krokusse (Abb. 47).

Dieser Tag ist für die niederländische Malerei des siebzehnten Jahrhunderts reserviert. Hanna geht mit der Frau ihres Cousins zum Rijksmuseum. Diese trägt ein elegant geschnittenes, cremefarbenes Kostüm mit Bleistiftrock. Schmal, modern. Hanna dagegen ein etwas unförmiges Kleid mit einem weit fallenden, dunklen Mantel. Um ihren Hals liegt die schwere Kette mit großen Bernsteinperlen, die sie lange vor dem Zweiten Weltkrieg gekauft hat. Zwei Frauen, zwei Welten.

Sich tapfer behaupten

Brigitte und Gerd sind um die fünfunddreißig, als auch sie zum ersten Mal ins Ausland aufbrechen. Es ist Ende Juli 1968. Gerd startet den Trabant in dem sicheren Bewusstsein, dass er nichts dem Zufall überlassen hat. Eine gute Vorbereitung ist die halbe Miete. Es ist vier Uhr morgens, und das Ehepaar – die Töchter sind bei Hilde untergebracht – erwartet eine Fahrt von tausend Kilometern. Auf dem Armaturenbrett sind von links nach rechts Zettel mit Städtenamen befestigt. Brigitte wird umständlich instruiert und soll sie zum richtigen Zeitpunkt vorlesen.

Der Trabant aus dem Modelljahr 1964 – Technik und Design werden fünfundzwanzig Jahre lang nicht modernisiert – ist nicht schnell. Mit einer gewissen Anstrengung schafft das kleine Auto hundert Stundenkilometer, zumindest, wenn die Straße es zulässt. In der betäubenden Sommerhitze poltert der Trabant über die Betonplatten, die nur schlecht aneinander anschließen. Alle anderthalb Sekunden ein Schlag in den Rücken – Fahrer und Mitfahrerin geht das erheblich auf die Nerven.

Die Beschwernisse nehmen sie in Kauf, denn Gézas und Elisabeths Einladung ist herzlich: Die Freunde von Brigittes Eltern sind beim Gegenbesuch in Meißen auch ihre Freunde geworden. Bis in die Achtzigerjahre wird das Lehrerehepaar in Ungarn Ferien machen. Von den häufigen Aufenthalten zeugt die ungarische Volkskeramik, die sich im Serviceschrank tapfer neben dem Meißener Porzellan behauptet.

Bei diesem ersten Mal veranschlagt Gerd drei Tage für die Reise nach Budapest. Unterwegs wollen Brigitte und er Brno und Bratislava besichtigen, auf dem Rückweg steht Prag auf dem Programm. Um ausländische Valuta zu sparen, haben sie nicht nur ganz ähnliche Gastgeschenke mitgenommen wie Hilde und Hellmuth vor ein paar Jahren, auch die Verpflegung für die lange Reise stammt von zu Hause. Ob das bei den herrschenden Temperaturen eine gute Idee war, ist zu bezweifeln. Das verspätete Frühstück ist am ersten Reisetag ausgezeichnet, aber vom Mittagsimbiss an kommt die Butter geschmolzen aufs Brot, und die Wurst wird von Mahlzeit zu Mahlzeit klebriger.

Brigittes und Gerds Pläne unterscheiden sich nicht wesentlich von Hildes und Hellmuths Programm. Sie besichtigen die bekannten touristischen Attraktionen und verbringen viel Zeit in den breiten Geschäftsstraßen der Doppelstadt an der Donau. Neu ist, dass Géza und Elisabeth eine knappe Woche Strandurlaub am Plattensee organisiert haben. Brigitte und Gerd können dort bei Bekannten wohnen, die ihnen sogar gegen ein geringes Entgelt ihr eigenes Schlafzimmer zur Verfügung stellen.

In den Siebzigerjahren entwickelt sich der Balaton für Ostdeutsche zu dem, was Mallorca für die Westdeutschen wurde: zum Sehnsuchtsort in einer Gegend, wo die Sonne wärmer strahlt als zu Hause. In der DDR schmecken *lángos*, *lecsó* und *Palatschinken* genau wie Paella, Oliven und Chorizo in der BRD nach Urlaub.

Während auf Mallorca überall große Hotels aufragen, führt die im Ostblock weitverbreitete Schattenwirtschaft am Balaton zu einer mit heutigen Wohnungstauschbörsen vergleichbaren Lösung. Mit Schlafsack und Campingkocher ziehen sich die eigentlichen Bewohner während der Sommermonate in ihre Garagen und Keller zurück. Wohn- und Schlafräume vermieten sie an Strandbesucher.

Ob jetzt Krieg ist oder nicht

Die erste Auslandsreise bleibt Brigitte und Gerd vor allem wegen ihrer Erlebnisse auf dem Rückweg im Gedächtnis. Am Montagmorgen des 19. August fahren sie los und treffen am nächsten Tag gegen Mittag in Prag ein. Sie wollen die Stadt besichtigen und haben ausnahmsweise ein Zimmer in einem Touristenhotel reserviert. Am Abend des 20. August geschieht etwas, das sich keiner vorstellen kann. Soldaten des Warschauer Pakts (Russen, aber auch Polen, Ungarn und Bulgaren) besetzen die Tschechoslowakei.

Es ist Sowjet-Staatschef Leonid Breschnews militärische Antwort auf den politischen Reformer Alexander Dubček. Dessen *Prager Frühling* und sein Plädoyer für einen demokratischen Sozialismus, einen »Sozialismus mit menschlichem Antlitz«, haben nämlich in ganz Europa Furore gemacht. Aber die kommunistische Partei der Sowjetunion fürchtet eine Untergrabung ihrer Macht.

Nach zähen und am Ende festgefahrenen Verhandlungen marschieren 150 000 Soldaten in das kleine Land ein. Weil eine militärische Reaktion von tschechoslowakischer Seite ausbleibt, gibt es dabei »nur« ein paar Dutzend Tote. Dubček verliert sein Amt und muss im Jahr darauf zugunsten einer prorussischen Regierung die Macht abtreten.

Als Brigitte und Gerd am Mittwoch, dem 21. August, in Prag aufwachen, befinden sie sich in einem Land, dessen Einwohner sich fragen, ob jetzt Krieg ist oder nicht. Es wird nicht geschossen, doch das ist auch alles. Die Urlauber aus Meißen wollen nur eines – nach Hause zurück. Der Hotelbesitzer weist sie darauf hin, dass die Grenzen nach Österreich möglicherweise offen sind, aber der Westen ist ihnen im Moment ziemlich egal. Hätten sie nicht nach Ungarn reisen sollen?

Ohne sich die Zeit zum Frühstücken zu nehmen, fahren sie los. Es fühlt sich an wie eine Flucht. Vielleicht ist das auch das richtige Gefühl. Ulbricht unterstützt durch Hilfe bei der Logistik die russische Initiative, und dafür sind ihm die Prager Bürger nicht dankbar. Brigitte und Gerd bekommen es wiederholt mit aufgebrachten Passanten zu tun, die mit der flachen Hand auf die Karosserie des Trabis mit dem ostdeutschen Nummernschild schlagen.

Sie brauchen Stunden, um aus Prag wegzukommen, auch, weil überall Blockaden errichtet wurden und die Soldaten sie – Gefangene einer wütenden Stadt – nicht passieren lassen wollen. Sogar mit ihren Routenzetteln auf dem Armaturenbrett, die Gerd in umgekehrter Reihenfolge aufgehängt hat, ist es schier unmöglich, den Weg zur Grenze zu finden, denn empörte Tschechen haben überall Verkehrs- und Ortsschilder abgebaut, um das Invasionsheer aufzuhalten.

Es ist schon dunkel, als die beiden endlich vor den Schlagbäumen stehen. Zum Glück winken die Zollbeamten sie schnell durch.

Offensichtlich haben sie heute Besseres zu tun, als sich um Schmuggelware von Touristen zu kümmern. Als Brigitte und Gerd weiter Richtung Pirna fahren, sehen sie lange Militärkolonnen stehen: Panzerwagen auf hohen Rädern, Tieflader mit Tanks und geschlossene Lkws in Tarnfarben.

Brüche und Sprünge

Die Mitglieder der Generation 1930 erleben ständig aufs Neue, dass ihr Leben komplett auf den Kopf gestellt wird. Auch Brigitte ist eine solche Biografie mit Brüchen und Sprüngen vorbestimmt. Ihre Geburt im Jahr der Machtergreifung, die Hitler-Diktatur und die politisch motivierte Unterbringung in einem Internat, ein relativer Reichtum vor dem Zweiten Weltkrieg und die bittere Armut danach, die Einführung einer kommunistischen Gesellschaftsordnung und dann noch die Wende, die von der inzwischen Sechzigjährigen wieder einen Neuanfang fordert.

In diesem Leben kann von Sicherheit und Stabilität keine Rede sein, und Veränderungen stellen sich mit einer Schlagkraft ein, die einen schwindlig machen kann. Und es gibt noch etwas. Brigitte wird höchstpersönlich Augenzeugin von historisch bedeutsamen Ereignissen, die allesamt ins kollektive europäische Gedächtnis eingehen. Kaum drei Monate vor der deutschen Kapitulation 1945 sieht sie in der berühmt-berüchtigten Nacht vom 13. auf den 14. Februar, wie Dresden untergeht. Als sie an einem Augustwochenende bei Gerds Tante im Westen der Stadt zu Besuch ist, wird Ostberlin eingemauert. Und bei ihrem ersten Besuch in Prag beziehen russische Panzer Stellung.

Dresden 1945 – Berlin 1961 – Prag 1968: Dreimal ist Brigitte im entscheidenden Augenblick vor Ort. Als das einmal zur Sprache kam, zeigte sie sich überrascht. Ihr war bisher noch nicht aufgefallen, dass sie mit dieser Anwesenheit bei Schlüsselereignissen in drei Städten als Zeitzeugin eine ungewöhnlich hohe Trefferquote erzielt.

Wie kann das nur sein, ist man geneigt zu denken. Warum wundert sich jemand nicht über so viele Zufälle? Die Erklärung liegt nahe. In einem Leben, das von klein auf im Zeichen abrupter Wendungen und einschneidender Erfahrungen steht, bekommt sogar die Bombardierung von Elbflorenz, der Bau der Mauer und die Niederschlagung des Prager Frühlings eine fast alltägliche Selbstverständlichkeit. Unglück und Unheil in einer langen Abfolge von Unheil und Unglück, nichts mehr und nichts weniger.

*1987: Gerd mit der neuen Wartburg-353-Limousine
vor dem Sommerhaus in Weinböhla*

KAPITEL 11

Das Tal der Ahnungslosen

4. April 1974 – Günter Guillaume, der persönliche Sekretär von Bundeskanzler Willy Brandt, wird als Stasi-Spion enttarnt.

23. April 1976 – Auf dem Gelände des zerstörten Stadtschlosses der Hohenzollern in Berlin eröffnet der Palast der Republik seine Tore.

9. Oktober 1980 – Zwangsumtausch: Touristen sind verpflichtet, pro Tag 25 D-Mark in DDR-Mark umzutauschen.

14. Juni 1981 – Volkskammer: Die Nationale Front der SED wird mit 99,8 Prozent der Stimmen gewählt.

26. Juli 1983 – Der bayerische Ministerpräsident Franz Josef Strauß besucht die Meißener Porzellanmanufaktur.

Im Sommer 1976 feiert Hanna ihren fünfundsiebzigsten Geburtstag. Wie so oft ist das Wetter am Tag des Fests schön. In einem separaten Teil des Gartens von Weesenstein hat sie einen großen Tisch aufgestellt, direkt unter den Fenstern ihrer Wohnung im ersten Stock. Auf weißem Damast steht alles für den Empfang bereit. Kaffeetassen, Kuchenteller und flache, runde Gebäckschalen. Natürlich aus Meißener Porzellan. Hanna hat dafür das Streublümchen-Service – Feldblumen auf weißem Grund – ausgesucht, das ihre Eltern kurz nach dem Ersten Weltkrieg kauften.

Hanna und Hanns erwarten nicht nur Hilde und Hellmuth, sondern auch ihre Tochter Brigitte und deren Mann Gerd. Die beiden wollen ihre jüngste Tochter mitbringen, sodass die Feierrunde aus sieben Personen besteht. Alle sind bester Laune, obwohl sich Hanna ein wenig um Hanns sorgt. Er sieht ganz matt aus. Sie fühlt sich alt. Nicht, dass an diesem Sonntag plötzlich alles anders wäre als am Samstag davor. Aber die Ziffern aus Pappmaschee, eine goldene Sieben und eine goldene Fünf, die auf zwei kleinen Metallspießen aus der Schokoladentorte ragen, rufen ihr zu, dass die letzte Phase ihres Lebens angebrochen ist.

Für die Enkeltochter ihrer Schwester, die um dieselbe Zeit Geburtstag hat wie sie, hat Hanna ein kleines Geschenk eingepackt. Einen Seidenfächer, den sie selbst einst von ihrer Mutter bekam. Diesen Brauch behält sie von nun an bei: An Geburtstagen oder bei Weihnachtsfeiern gibt sie jüngeren Familienmitgliedern etwas von sich weiter. Angenommen, Karoline wird wie sie fünfundsiebzig Jahre alt, dann bringt sie diesen Fächer ganz nah bis zur Mitte des einundzwanzigsten Jahrhunderts. Hanna verschenkt Dinge mit Geschichte, Dinge, die etwas von ihrem Leben offenbaren.

In gewissem Sinne erwachsen

Als Walter Ulbricht Ende der Sechzigerjahre eine unabhängigere Haltung gegenüber der Sowjetunion einnimmt, gräbt er sein eigenes Grab. 1971 wird der fast achtzigjährige Politiker zum Rücktritt gezwungen, angeblich »aus gesundheitlichen Gründen«. Sein Nachfolger im Amt des Staatsoberhaupts der DDR heißt Erich Honecker. Während der Siebzigerjahre gelingt es ihm, das Land politisch wie wirtschaftlich weiter zu stabilisieren. Davon profitieren auch die Nachkommen von Emil und Hedwig. Das Leben wird berechenbar, und man kann mit etwas Zuversicht für die Zukunft planen.

Doch sobald etwas Aufsehenerregendes passiert, etwas, worüber das ganze Land spricht, ist Brigitte dabei. In wundersamer, fast beklemmender Weise ist sie auch nach den Ereignissen in Dresden,

Berlin und Prag immer wieder Zeugin historischer Momente, die größer als ihr persönliches Leben sind. Am Montag, dem 12. August 1972, ist es wieder so weit.

Zusammen mit Gerd ist sie mit dem Auto unterwegs zu dessen Schwester in Frankfurt an der Oder. Bei Königs Wusterhausen, einem kleinen Ort südöstlich von Berlin, stürzt eine Iljuschin Il-62 der ostdeutschen Fluggesellschaft Interflug auf die Wiese neben ihnen. Die in Berlin-Schönefeld gestartete Maschine russischer Bauart war auf dem Weg nach Bulgarien.

Brigitte und Gerd sehen die Maschine in der Luft explodieren und sind als Erste am Unfallort. Viel können sie nicht tun, denn es gibt keine Überlebenden unter den hundertfünfzig Fluggästen. Brigitte sieht Tote in den Bäumen hängen, abgerissene Gliedmaßen, und Menschen, die in Kratern liegen, die von ihren eigenen Körpern geschlagen wurden. Vor Gerds geistigem Auge steigen die Gräuelbilder von den Seelower Höhen auf.

Es dauert nicht lange, bis Feuerwehrleute und Soldaten aus einer nahen Kaserne vorfahren. Sie sperren das Gelände ab und fordern Brigitte und Gerd zum Gehen auf. Die beiden besteigen ihren Trabant und setzen die Fahrt fort. Der Bericht der ostdeutschen Ingenieure zur Katastrophenursache – unstreitig ein Konstruktionsfehler – wird unter den Teppich gekehrt, weil Honecker das Verhältnis zur Sowjetunion nicht belasten möchte.

Das Unglück, der erste Interflug-Crash mit Todesopfern, bleibt ein tragischer Zwischenfall, gefährdet jedoch nicht das Gefühl von Stabilität. Während des ersten Jahrzehnts von Honeckers Regierung wird die DDR in gewissem Sinne erwachsen, und das Land kommt zur Ruhe. »Glück ist keine Illusion«, singt die Schlagersängerin Brigitte Ahrens, und aus dem Radio tönt Jürgen Walters aufmunterndes »Schallala schallali«.

Auf Weesenstein genießen Hanna und Hanns ihre alten Tage. Hildes und Hellmuths Leben in Meißen ist ein Auf und Ab, je nachdem, wie es ihren Kindern und Enkelkindern ergeht. Und Brigitte und Gerd erleben, wie ihre berufliche Verantwortung wächst, die Erziehung der Töchter viel Energie kostet und auch ältere Verwandte allmählich mehr Unterstützung brauchen. Sabines und Karolines Realität sieht wieder anders aus. Sie gehen den vorgesehenen Weg von Station zu Station einer Kindheit im real existierenden Sozialismus, einem Sozialismus, der alle Bereiche des Lebens durchdringt.

Jugendliche Saboteure

Nach der Einschulung werden alle Kinder im sechsten oder siebten Lebensjahr in die Gemeinschaft der Jungpioniere aufgenommen. Bis zum Alter von zehn bleiben sie dort Mitglied. Zu besonderen Anlässen tragen alle einheitliche Kleidung mit dem wichtigsten Attribut, einem dreieckigen blauen Halstuch, das mit einem speziellen Knoten gebunden wird. Zu Beginn eines jeden Schultags begrüßt der Lehrer die Jungen Pioniere mit den Worten »Für Frieden und Sozialismus«. Auf dessen »Seid bereit!« antworten die Kinder wie aus einem Mund: »Immer bereit!«

Mit zehn Jahren werden sie Mitglied bei den Thälmann-Pionieren, benannt nach dem früheren Vorsitzenden der kommunistischen Partei Ernst Thälmann. Jeder bekommt jetzt ein rotes Halstuch, das anfangs aus Baumwolle, später aus dem schweißtreibenden Dederon, einer ostdeutschen Kunstfaser, hergestellt ist.

Die Jungen und Mädchen müssen die Pioniergesetze auswendig lernen, in denen betont wird, dass es der Jugendorganisation nicht nur um das Gemeinschaftsgefühl geht, sondern auch um politische Bildung. »Wir lieben«, rufen die Teenager im Chor, »unser sozialistisches Vaterland, die Deutsche Demokratische Republik.« Oder: »Wir Thälmann-Pioniere sind Freunde der Sowjetunion und aller sozialistischen Brudervölker.«

Das vierzehnte Lebensjahr hat eine besondere Bedeutung. Oberschüler können nicht nur – neunzig Prozent tun es – der FDJ beitreten, es ist auch das Jahr der Jugendweihe. Mit diesem Ritual werden die Jugendlichen formal in die Welt der Erwachsenen aufgenommen, in die Gemeinschaft des werktätigen Volkes.

Die Initiation basiert auf der Konfirmation und ersetzt sie gleichzeitig. Da die DDR ein atheistischer Staat sein möchte, bekennen sich die beiden jüngsten Familienmitglieder Sabine und Karoline, anders als ihre Verwandten früher, nicht mehr zur evangelisch-lutherischen Kirche. Sie müssen sich dem Fortbestand der sozialistischen Nation verpflichten.

Während des öffentlichen Festakts wird den Mädchen zusammen mit Dutzenden anderer Jugendlicher die Frage gestellt, ob sie bereit sind, »der großen und edlen Sache des Sozialismus« zu dienen. Ihre Antwort hat zu lauten: »Ja, das geloben wir!« Aber wenn man genau die Ohren spitzt, hört man eine kleine Minderheit etwas anderes sagen: »Ja, das globen wir!« Diese jugendlichen Saboteure umgehen das Verb geloben und verballhornen es zu glauben. Ja, ja, ihr mit euren schönen Sonntagsreden, wir glauben das schon …

Federn aus weißem Krepppapier

Am alljährlichen Tag der Arbeit feiert der Arbeiter-und-Bauern-Staat seine Erfolge. Es ist ein Feiertag – ein Erbe des Nationalsozialismus. Jede Stadt organisiert Umzüge und Paraden. Alle zusammen ziehen durch die Straßen: Soldaten mit diversem Kriegsgerät, Arbeitergruppen mit den Fahnen ihrer Betriebe, die Kollektive der ansässigen LPGs und Schüler in Pionier- oder FDJ-Uniform.

Wer nicht im Zug mitläuft, hat, das erwartet die SED-Führung, als Zuschauer an der Strecke zu stehen. Die Zuschauer schwenken Fähnchen, die im offiziellen Jargon *Winkelemente* genannt werden. Der Erste Mai – ein Tag, an dem die eine Hälfte der Einwohner die andere Hälfte an sich vorbeimarschieren sieht.

1979 begleitet Gerd, wie jedes Jahr, seine Schüler. Für die Jahreszeit ist es ungewöhnlich kalt. Der aufmarscherfahrene Lehrer gibt einen forschen Schritt vor. Seine Schülergruppe folgt ihm in einer disziplinierten Formation. Den langen Reihen gehen drei Jungen und zwei Mädchen voran, die Klassenbesten. Als Gerd an einer Straßenecke warten muss, sieht er eine etwa dreizehnjährige Schülerin. Sie marschiert im Aufzug einer anderen Schule mit und trägt vor ihrem Bauch einen mit jungen Birkenzweigen geschmückten Besenstiel. Er wird gekrönt von Picassos Friedenstaube. Sie hat den Vogel, das Symbol des Weltfriedensrats, aus Pappmaschee modelliert. Die Federn sind aus weißem Krepppapier. Glaubt sie etwa an die Rhetorik der SED – *Friedensstaat DDR?*

Gerd denkt an die Pflichtstunden der Militärischen Grundausbildung. Vor einigen Jahren wurden sie im Rahmen des Faches Wehrkunde eingeführt. Die Jungen der höchsten Klassen lernen schießen, sie werfen entschärfte Handgranaten und rennen über die Hindernisstrecke der NVA-Kaserne im nahen Großenhain.

Auch dieses Mal ist Gerd froh, dass die Erste-Mai-Kundgebung schon am frühen Morgen beginnt. So bleibt der Nachmittag wenigstens für Weinböhla reserviert.

Von Tür zu Tür

Eine ostdeutsche Identität ist ohne den Gegenpart BRD nicht denkbar. Wer man in der DDR ist, wie man diesen Staat deuten möchte und wo man politisch steht – das sind Fragen, auf die keine Antwort möglich ist, ohne sich ex- oder implizit auf das andere, das kapitalistische Deutschland zu beziehen.

Der Parteiführung ist das ein Dorn im Auge. Lieber sähe sie es, wenn sich die DDR-Bürger an sowjetrussischen Errungenschaften orientierten und in der sogenannten Diktatur des Proletariats eine Richtschnur für das eigene Leben suchten. Aber Russland ist weit weg, und die BRD liegt nebenan.

Die ungebrochene Faszination des Nachbarlands lässt sich an der Beliebtheit der Programme von ARD und ZDF ablesen. Man kann sie fast überall mit derselben Antenne empfangen, die man für das ostdeutsche Staatsfernsehen braucht. Nicht jeder darf und kann Westfernsehen sehen. Soldaten, Polizisten und Lehrern beispielsweise ist das strengstens untersagt. Als Stützen des Systems erwartet man von ihnen, dass sie sich mit der Parteiideologie identifizieren.

Wie ernst es den Machthabern damit ist, merkt Brigitte, als sie etwa 1970 zur Agitationsarbeit eingesetzt ist. Sie soll unter Aufsicht von Kollegen, die im Gegensatz zu ihr sehr wohl SED-Mitglieder sind, Kleinbauern von den Vorteilen der LPGs überzeugen.

Das ist eine Korrektur früherer Politik. Zweihunderttausend Eigentümer von Bodenreformland müssen dazu gebracht werden, ihre Eigentumsrechte aufzugeben und doch noch den als Kollektiv angelegten agrarischen Konglomeraten beizutreten. Brigitte geht von Tür zu Tür und wirbt mit den Argumenten, die ihr von der Partei vorgegeben wurden.

Ein stählerner Fühler

Sachsen hat Pech. Der Bezirk liegt zu weit von den westdeutschen Sendemasten entfernt, um allerorten BRD-Fernsehen zu empfangen. Ein großes Gebiet, von der Elbe in zwei etwa gleiche Teile getrennt, wird deshalb das »Tal der Ahnungslosen« genannt. Die Schar der Halbwissenden in dieser Region – Weinböhla liegt mittendrin – ist schlecht, weil einseitig informiert. 1972 startet Gerd ein neues Projekt. Um seinen Wissensdurst zu stillen, möchte er das Sommerdomizil in Weinböhla technisch aufrüsten.

Im Garten ersteht eine zwölf Meter hohe Antenne, ein stählerner Fühler, der dem Äther seine verbotenen Geheimnisse entlocken soll. Das Ungetüm ist mit Metallseilen in der Erde verankert und kann während der Wintermonate abgebaut werden.

Das erhoffte Resultat auf dem Fernsehschirm ist nicht einmal schlecht. Samstagabends schauen Brigitte und Gerd jetzt westdeutsche Showprogramme und synchronisierte amerikanische Spielfilme. Sie merken, wie verschieden die *Aktuelle Kamera*, die Nachrichtensendung der DDR, und ihre westdeutschen Gegenstücke, *ARD-Tagesschau* und *ZDF-Heute*, die täglichen Nachrichten interpretieren.

Das Vergnügen eines umfassenderen Fernsehangebots ist von kurzer Dauer. Etwa sechs Wochen nachdem Gerd die Anlage in Gebrauch genommen hat, bekommt er Besuch von einem Stasi-Mitarbeiter. Der zwingt den Lehrer, die Antenne wieder abzubauen. Der Hausherr von Weinböhla ist frustriert, weil er annehmen muss, dass ihn einer seiner Nachbarn angeschwärzt hat und der Staat ihn sogar in seinem ländlichen Unterschlupf überwacht. Das Gefühl, unter dem unerbittlichen Vergrößerungsglas der SED-Diktatur zu leben, wird Gerd vor der Wende noch zweimal überkommen.

Schöner, größer, moderner

Die Beziehungen zur BRD als eine Art Wettbewerb zu sehen, hat Tradition. Man muss nur an Ulbrichts enigmatisches »Überholen ohne einzuholen« denken. Ein bisschen wie die Geschichte vom kleinen Bruder, der es mit dem größeren Bruder aufnimmt. Wenn einmal ein Sieg zu feiern ist, sind die Auswirkungen gewaltig. Das zeigt sich bei der Fußballweltmeisterschaft 1974. Niederländer denken bei diesem Turnier nur an eines: an das von Johan Cruijff und seiner Mannschaft verlorene Finale gegen Westdeutschland.

In Ostdeutschland geht dieses Sportereignis ebenfalls ins nationale Gedächtnis ein, wenn auch aus erfreulicheren Gründen. Ein einziges Mal im Lauf des vierzigjährigen Bestehens der DDR spielt deren Nationalmannschaft gegen die BRD. Und zwar in Hamburg während des Turniers, das Oranje hätte gewinnen sollen. Dank eines Tors von Jürgen Sparwasser – sein Name ist seither auch für

Menschen mit wenig Affinität zum Fußball ein Begriff – schlägt das ostdeutsche Team die Mannschaft Franz Beckenbauers. Elf Sportler schreiben nicht nur Geschichte, durch ihre Leistungen sieht sich auch ein ganzes Land in seiner Exzellenz bestätigt.

Die innerdeutsche Konkurrenz drückt sich für Gerd speziell in seinem Verhältnis zu seinem Jugendfreund Horst-Peter Krause aus. Der Sohn des ehemaligen Federbettfabrikanten aus Neulangsow kommt in den frühen Fünfzigerjahren mit leeren Händen nach Paderborn, einer Provinzstadt in Nordrhein-Westfalen. Als angestellter Versicherungsvertreter arbeitet er sich dort bis zu einer Stellung hinauf, die mit der von Gerd vergleichbar ist.

Alle fünf Jahre besucht Horst-Peter mit Ehefrau Gerda seinen alten Kumpel in Meißen. Nach der fünfhundert Kilometer langen Autofahrt parkt er den stets und ständig neuen Ford Escort (später Ford Taunus, dann Ford Mondeo) neben der Trabant-601-Limousine. Der Vergleich fällt natürlich zugunsten des Westautos aus.

So ist das mit vielen Dingen aus Paderborn, die schöner, größer oder moderner sind. Gerd ertappt sich dabei, dass er das Land zu verteidigen beginnt, über das seine Gäste so herablassend sprechen. Ein seltsames Gefühl, denn meist betrachtet auch er das Tun und Treiben in der DDR mit der nötigen Distanz. Gerd kommt es so vor, als greife die einseitige Kritik zugleich sein eigenes Leben an, als nähme ihn das befreundete Ehepaar ebenfalls nicht ernst.

Knapp zehn Jahre nach der Wende hofft der ehemalige Pädagoge aus Meißen nun auf seine Revanche, auf einen Triumph über den befreundeten West-Konkurrenten, ganz so, wie ihn der legendäre Fußballspieler einst zugunsten seines Landes verbuchen konnte. Zu seinem fünfundsechzigsten Geburtstag erlaubt sich Gerd ein neues Auto: einen herrlichen silbernen BMW aus der 3er-Serie. Er platzt fast vor Stolz. Etwa drei Monate vor dem großen Fest, zu dem auch Horst-Peter eingeladen ist, berichtet er ihm von seiner Anschaffung. Vermutlich hat er es dem Freund nie verziehen, dass jener am großen Tag nicht wie immer mit dem Ford in Weinböhla vorfährt. Diesmal sitzt Horst-Peter am Steuer eines ebenfalls neuen, und nicht weniger glänzenden silbernen BMWs – aber aus der teureren 5er-Serie.

Eine der Länge nach halbierte Banane

Man hat den Eindruck, die DDR wolle in den beiden Jahrzehnten vor ihrem Untergang ihre Daseinsberechtigung in Stahl und Beton verankern. Es wird gebaut, gebaut und noch mal gebaut. Vor allem in Berlin werden – wie es in den Fünfzigerjahren mit der Stalinallee bereits der Fall war – ehrgeizige Projekte auf die Beine gestellt.

Seit 1969 dominiert der Fernsehturm den Alexanderplatz. Nicht lange danach entsteht dort, wo das frühere Stadtschloss der Hohenzollern stand, der gigantische Palast der Republik. Nicht nur das DDR-Parlament – die Volkskammer – hat dort seinen Sitz, mit verschiedenen Bühnen ist der Palast auch Ort zahlreicher Kulturveranstaltungen.

Mehrmals besuchen Brigitte und Gerd den Komplex mit der kupferfarbenen Glasfassade. Man tritt direkt ins Herz der Republik: »Ein Stück gebautes Glück«, nannte es Bauminister Wolfgang Junker bei der Eröffnung. Das Ehepaar aus Meißen speist gern in einem der Restaurants, die in diesem Staats- und Volkstempel untergebracht sind. Allerdings muss man lange Wartezeiten einplanen.

»Sie werden platziert«, steht auf einem Schild am Eingang. Man schlägt es sich also besser aus dem Kopf, selbst nach einem freien Tisch zu suchen. Das Warten wird mit Bananen-Split belohnt: eine der Länge nach halbierte Banane mit Schokoladensoße, Vanilleeis und Schlagsahne. Dieses Dessert gibt es nirgendwo sonst in der DDR.

WBS-70, P-2 und WHH GT-18/21

Im sozialistischen Deutschland werden nicht nur Prestigeobjekte errichtet. Erich Honecker kündigt im Juni 1971 auf dem achten SED-Parteikongress an, dass er der Wohnungsnot ein Ende machen wolle. Zwanzig Jahre veranschlagt er zur Lösung eines der drängendsten Probleme des Landes. Das ist der Auftakt zu einem wahren Bauboom. Am Rand der Städte wachsen neue Viertel empor, wie Grünau in Leipzig, Neustadt in Halle und Marzahn in Berlin.

Im Juli 1978 sind bereits eine Million Wohnungen fertiggestellt, und noch einmal zehn Jahre später, im Oktober 1988, überreicht Honecker im Berliner Stadtteil Hohenschönhausen den Mietern die Schlüssel für die dreimillionste Wohnung. Selbst wenn es in Wirklichkeit vermutlich weniger waren, ist das Wohnungsbauprogramm einer der unleugbaren Erfolge der SED-Politik. In Meißen verfolgt auch Gerd diese Bauaktivitäten aufmerksam. Er wirft ein Auge auf die neuen Stadtteile rechts und links der Niederauer Straße, einer der großen Ausfallstraßen der Stadt.

Dass sich so viele Menschen auf ein neues Heim freuen dürfen, ist vor allem der Bauweise zu verdanken. Es werden ausschließlich Wohnblocks mit einer einheitlichen Architektur hochgezogen. Sie tragen tönende Namen wie WBS-70 (»Wohnbauserie 70«), P-2 (»Parallel 2«) oder WHH GT-18/21 (»Wohnhochhaus Großtafelweise«, mit achtzehn oder einundzwanzig Stockwerken). Von Magdeburg bis Frankfurt/Oder und von Rostock bis Chemnitz, überall sehen Neubauviertel exakt gleich aus.

Beim Bauen werden vorfabrizierte Elemente verwendet, schwere Stahlbetonplatten, in denen bereits die Fenster- und Türrahmen vorhanden sind. Es ist wie beim Zusammensetzen eines Modellhäuschens mit dem nicht unerheblichen Unterschied, dass man schwere Kräne braucht, um die fix und fertigen Wände, die Fußböden und Dachkomponenten an die richtige Stelle zu hieven.

Diese Bauteile prägen den Begriff *Plattenbauten*. Hochhäuser, die aus zusammengesetzten Platten bestehen.

Solange es noch steht

Die Geschichte der Plattenbauviertel in der DDR unterscheidet sich in gewisser Weise von ähnlichen Großwohnsiedlungen in den Niederlanden, wie Bijlmermeer in Amsterdam oder Overvecht in Utrecht. Die sozialen Probleme, die sich dort wegen der Menschendichte und der Anonymität schon bald abzeichnen, gibt es in ostdeutschen Städten nicht. Jeder wohnt gern in diesen Betonkolossen, weil sie eine moderne Wohnkultur garantieren: warmes und kaltes Wasser aus der Wand, eine Einbauküche, ein Badezimmer mit Toilette, Zentralheizung und einen Balkon.

Gerd setzt alles daran, eine Wohnung in einem der Wohnblocks am Rande von Meißen zu bekommen, aber er hat schlechte Karten. Die Nachfrage ist größer als das Angebot, und bei der Zuweisung haben andere Vorrang. Etwa Industriearbeiter und Mitbürger, die sich wohl für eine Mitgliedschaft in der SED entschieden haben.

Auch Hilde und Hellmuth würden gern aus ihrer Behausung mit Plumpsklo und Badeofen ausziehen, in die Emil und Hedwig vor achtzig Jahren eingezogen waren. Hanna und Hanns, die in der elterlichen Wohnung des Ehemanns hängen geblieben sind, träumen ebenfalls von einem Umzug. Aber auch die betagten Verwandten haben geringe Chancen. Neubauwohnungen sind für den wirtschaftlich aktiven Teil der Bevölkerung gedacht.

Der Nachteil des Baubooms offenbart sich in der Wohnsituation der Hauptakteure. Der Staat investiert nicht mehr in alte Häuser. Und private Eigentümer – wie Paula mit ihren Mehrfamilienhäusern in der Fabrik- und der Rülingstraße – tun das ebenso wenig. Angesichts der gesetzlich vorgeschriebenen Mieten ist es ihnen auch nicht möglich. So entstehen überall neue Vorstadtviertel, während die Innenstädte verfallen.

1988 stellt sich bei einer Bestandsaufnahme in Meißen heraus, dass nur drei von vierhundert Häusern im historischen Stadtzentrum instand gesetzt sind. Daraufhin entwirft ein Mitarbeiter des Stadtplanungsamts ein kritisches Plakat, das für dieses Problem Aufmerksamkeit wecken soll: »Besuchen Sie bitte Meißen ... solange es noch steht!« Bei seinen Vorgesetzten stößt diese Art Ironie auf wenig Zustimmung: Der Sachbearbeiter erhält einen Verweis.

Warum kümmern sich die Behörden denn nicht mehr um den Baubestand aus vergangenen Zeiten? Das liegt nicht allein an den Finanzen, es hat auch mit Ideologie zu tun. Die alten Viertel sind die steinerne Verkörperung einer Klassengesellschaft, die als überholt gilt. Repräsentative Stadtpaläste für die oberen Zehntausend, chice Wohnungen im Vorderhaus hinter prachtvollen Stuckfassaden für das wohlhabende Bürgertum und dunkle Hinterhauswohnungen für die Arbeiter: Die Lage der Wohnung gab Auskunft über den Platz in der Gesellschaft.

Dem macht das SED-Regime mit seinen eintönigen Wohnblocks radikal ein Ende. In den Neubauvierteln entstehen standardisierte Wohnungen, keiner wird bevorzugt. Die immensen, in die Breite gezogenen Gebäude mit ihren kleinen Wohnungen werden von Systemkritikern, die sich in der zweiten Hälfte der Achtzigerjahre freier äußern, als »Arbeiterschließfächer« bezeichnet, in denen die arbeitende Bevölkerung kollektiv weggeschlossen werde.

Ein Ideal, gegen das sich wenig einwenden lässt

Gegen Ende der Siebzigerjahre wird es immer schwieriger, den Staatsetat ausgeglichen zu halten. Das hat verschiedene Gründe. Ein wesentlicher Faktor ist die »zweite Lohntüte«, die für eine Subventionierung von Waren des Grundbedarfs in der DDR steht.

Der Staat hält nicht nur die Mieten künstlich niedrig, auch Wasser und Energie werden stark subventioniert. Gesundheitsvorsorge und Kinderkrippe sind kostenlos. Dauerhaft bezahlbar bleiben auch die Grundnahrungsmittel, selbst Kleidung und Schuhwerk werden mit staatlicher Förderung produziert. »Von der Wiege bis zur Bahre versorgt«, so lautet die Parole. Ein Ideal, gegen das sich wenig einwenden lässt. Aber die Umsetzung hat eine wirtschaftliche Kehrseite, die jeder DDR-Bürger zu spüren bekommt. Weil ein Großteil der Steuern für die Versorgung mit Lebensmitteln und Wohnraum gebunden ist, bleiben für alles andere, was über diese Grundbedürfnisse hinausgeht, nicht genügend Mittel. Das führt zu großen Defiziten in den verschiedensten Bereichen.

DDR-Bürger entdecken Zeit und Geduld als wertvolle Schlüsselvaluta. Sie lernen zu warten. Man hofft zehn Jahre auf einen Trabant. Manchmal auch länger. Gerd drängt bei seinen Töchtern darauf, dass sie sich gleich am Tag ihres achtzehnten Geburtstags auf die Warteliste setzen lassen. Für ein Auto haben sie kein Geld, aber wer weiß, wenn es irgendwann so weit ist, vielleicht schon.

Man wartet auf einen Kühlschrank oder einen Fernseher. Kurz vor der Wende haben weniger als fünfzehn Prozent der Haushalte ein Telefon. Und man steht an. Im Winter für Gemüse, im Sommer für Bier, für Zitrusfrüchte, Schokolade und alle anderen Produkte, die importiert werden müssen. »Sozialistische Wartegemeinschaften«, so nennt der Volksmund spöttisch die Schlangen, die sich überall bilden.

Erbsenmehl und Getreidespreu

Luxuskonsumgüter, oder was als solche klassifiziert wird, sind teuer. Kaffee beispielsweise muss auf dem Weltmarkt gekauft werden. Um 1980 bietet der Konsum 125-Gramm-Päckchen an. Wie alle Waren haben diese einen Festpreis – den Einzelhandelsverkaufspreis (EVP) – und kosten 8,75 DDR-Mark. Zwei Pfund gemahlener Kaffee kommen so auf 70 DDR-Mark, etwa zehn Prozent eines durchschnittlichen Monatseinkommens. Oder anders ausgedrückt: Der

Preis für ein Kilo Kaffee entspricht mehr oder weniger der Monatsmiete für eine Neubauwohnung.

Deshalb geht man mit dieser wohlriechenden Filtermischung sparsam um. Das gilt besonders für die Sparfüchse Hilde und Hellmuth. An ihrer Kaffeetafel wird der perfekte – wie es die Sachsen ausdrücken – »Blümchenkaffee« serviert. Dieser Kaffee ist so dünn, dass man, selbst wenn die Tasse bis zum Rand gefüllt ist, auf dem Boden noch immer die Feldblume des Streublümchen-Musters sieht.

In der Familie wird eine Geschichte über die Ferienfreunde Géza und Elisabeth erzählt. Als Hilde den beiden, die als echte Ungarn einen starken Mokka gewöhnt waren, ihren eigenen Kaffee vorsetzte, fragten sie nach, ob ihre Gastgeberin etwa eine neue Teesorte entdeckt habe.

Dass Kaffee noch weniger nach Kaffee schmecken kann, müssen Erich Honeckers Landsleute dann 1977 feststellen. Nach der Missernte in Brasilien steigt der Preis weltweit in ungeahnte Höhen. In der SED mehren sich die Stimmen, den Kaffeeverkauf im inländischen Einzelhandel zu stoppen. Honecker fürchtet, dass sich die Partei mit dieser Maßnahme vom Volk entfremdet. Daher stimmt er einem Kompromissvorschlag zu.

Der Weg ist nun frei für ein Fantasieprodukt, das nicht viel später unter dem Namen *Kaffee Mix* in die Läden kommt. Es handelt sich um einen Mischkaffee, dem mindestens zur Hälfte alternative Zutaten beigemischt sind, etwa Erbsenmehl und Getreidespreu, oder – und damit ist man wieder bei Emils Soldatenmenü von 1914 – ein fein gemahlenes Pulver aus der gebrannten Wurzel der Zichorie.

Gepflastert mit grünen Kaffeepackungen

Das neue Gebräu findet bei Brigitte und Gerd nur mäßigen Anklang. Wie viele sprechen sie scherzend von »Erichs Krönung«, in einer Anspielung auf den bekanntesten Kaffee in der BRD. Auch

DDR-Bürger schätzen und trinken häufig diese Marke – zumindest, wenn sie Westverwandtschaft haben, die ihnen den Qualitätskaffee schickt. Der Weg zur Wiedervereinigung wird so mit grünen Kaffeepackungen gepflastert.

Brigitte und Gerd haben keine spendierfreudigen Verwandten im Westen. Ihr Weg zur deutschen Einheit ist ein Weg des Verlangens: Ach, hätten wir nur ... Nach der Wende greifen auch sie dann zur lange vermissten *Krönung*. Am meisten schätzen sie die Geschmacksvariante »mild« und trinken dieses Getränk so, als ob Hildes und Hellmuths Blümchenkaffee noch immer das Maß aller Dinge wäre.

Die Tatsache, dass Westkaffee für Brigitte und Gerd erst nach dem politischen Umbruch von 1989/1990 alltäglich werden sollte, zeigt, dass auch die sozialistische DDR in Wahrheit eine Zweiklassengesellschaft ist. Es gibt Leute, die dank ihrer Westkontakte über hochwertige Konsumgüter verfügen, gleichzeitig muss sich ein großer Teil der Bevölkerung mit den oft minderwertigen DDR-Produkten begnügen. Das Symbol dieser Zweiteilung ist das *Westpaket*, das geschätzt 25 Millionen Mal im Jahr die Grenze zwischen West und Ost passiert.

Für die Bewohner der DDR bedeutet das eine willkommene Ergänzung des WTB-Angebots (Waren des täglichen Bedarfs) der schlecht sortierten Kaufhallen. Alljährlich werden allein tausend Tonnen Kaffee aus dem Westen »nach drüben« geschickt. Damit leisten Westpakete gleichzeitig einen nicht unwichtigen Beitrag zur Wirtschaft der DDR.

Selbst Jahre nach der Wende ist dieses ersehnte Paket noch ein unvermeidliches Thema in Gesprächen über das Alltagsleben. Bei Ostdeutschen, die auf westdeutsche Unterstützung verzichten mussten, fühlt man noch immer einen latenten Neid gegenüber Landsleuten, die es besser hatten. Meine Schwiegermutter und der inzwischen verstorbene Schwiegervater bilden dabei keine Ausnahme.

Schatzkammern

Die DDR entfaltet die verschiedensten Initiativen, um an westliche Valuta zu kommen. Mit Alexander Schalck-Golodkowski verfügt das Land sogar über einen eigenen, allgewaltigen Devisenfunktionär. Als Leiter des Bereichs Kommerzielle Koordinierung (KoKo), einer wichtigen Abteilung des Ministeriums für Außen- und Innerdeutschen Handel, hat er nur eine Aufgabe: die Förderung des grenzüberschreitenden Handels. Nur auf diesem Weg sind internationale Zahlungsmittel zu gewinnen.

Schalck-Golodkowski, den seine Mitarbeiter »der große Alex« nennen, operiert nicht vor den Augen der Öffentlichkeit. Keinesfalls darf der Eindruck entstehen, dass die DDR vom Klassenfeind abhängig sein könnte. Dass das Land durchaus auf die Gegner des Arbeiter-und-Bauern-Staats angewiesen ist, zeigt sich 1983. Nach geheimen Verhandlungen gelingt es dem KoKo-Chef, den bayerischen Ministerpräsidenten Franz Josef Strauß zur Zusage des ersten von zwei westdeutschen Milliardenkrediten zu bewegen. Als Gegenleistung verspricht die DDR unter anderem, die automatischen Selbstschussanlagen an den Grenzen zu Westdeutschland zu entfernen.

Eine wichtige Devisenquelle bilden die Intershops. Gegen D-Mark werden dort westliche Waren an den Mann gebracht. Anfangs sind ausländische Touristen die Zielgruppe dieser Geschäfte. Deshalb findet man während der Sechzigerjahre Intershops vor allem an den Grenzen, entlang der Transitautobahnen zwischen der BRD und Westberlin, auf Flughäfen und in Bahnhöfen. Seit 1974 dürfen auch Ostdeutsche dort kaufen, jedoch ausschließlich mit Westgeld, also D-Mark.

Bis zu diesem Jahr war der Besitz internationaler Devisen strafbar. Unter dem Einfluss der Ölkrise korrigiert die Regierung ihre Politik. Sie möchte den Bürgern das Geld aus der Tasche ziehen, das ihnen von westdeutschen Verwandten zugesteckt wird. Das Netz der Intershops wird so stark erweitert, dass sogar in kleinen Provinzstädten Filialen eröffnet werden. Alles, was in der DDR knapp ist, erweist sich dort als reichlich vorhanden – Schatzkammern in einer Welt, in der sonst wenig glitzert.

Dosenananas im eigenen Saft

Meißen hat sogar drei Intershops. Den in der Dresdner Straße können Brigitte und Gerd von ihrem Wohnzimmerfenster aus sehen. Täglich beobachten sie, wie Mitbürger mit allerlei Waren bepackt wieder herauskommen. Es ist kein Zufall, dass das Geschäft direkt gegenüber einem Postamt liegt. Mit dem gut gefüllten Umschlag der Westverwandtschaft oft noch in der Hand, stürzen sich kauflustige Meißener in einen Streifzug durch das auch hier übervolle Schaufenster des Westens.

Für Brigitte und Gerd sind Besuche in der nahen Niederlassung eine Ausnahme. Von Geldsendungen können sie nur träumen, und lediglich in Ausnahmefällen gelingt es ihnen, ein paar D-Mark zu ergattern. Die werden dann in Strumpfhosen und Seife für Brigitte angelegt, in Gillette-Rasierer und Rasiercreme für Gerd und in Kaugummi und einen Tintenkiller für die jüngste Tochter Karoline.

Zu den begehrtesten Artikeln gehören Dosenananas im eigenen Saft. Ab und zu, etwa zu Weihnachten, wird eine Dose geöffnet. In kleinen Portionen kommt der Inhalt auf den Tisch und bietet an zwei aufeinanderfolgenden Tagen einen wesentlichen Beitrag zur Festtagsfreude. Nach der Wende sind Brigitte und Gerd enttäuscht, als sie entdecken, dass diese Delikatesse längst nicht so exklusiv ist, wie sie dachten. Es stellt sich heraus, dass die Konservendosen, die ihnen ihre Übernachtungsgäste Horst-Peter und Gerda Krause als Gastgeschenk mitbrachten, als niedrigpreisiges Grundprodukt in den West-Regalen stehen.

1979 kommt es zu einem erneuten Verbot des Besitzes von Devisen. Das bedeutet aber nicht, dass die SED auf das ausländische

Geld verzichten würde, das immer wieder in Umlauf kommt. Im Gegenteil, die DDR-Einwohner sind von diesem Zeitpunkt an verpflichtet, ihre internationalen Währungen in Forumschecks einzutauschen. Dabei handelt es sich um eine Art Monopoly-Geld, das in den Intershops – und nur dort – als Zahlungsmittel akzeptiert wird.

Für Brigitte und Gerd, denen keine Westmark zur Verfügung stehen, ändert sich nur wenig. Von ihrem Wohnzimmerfenster aus behalten sie die Intershop-Filiale im Auge. Und träumen von dem Duft, der in dem Laden hängt. Der ist kaum mehr als eine Mischung aus Waschpulver, Kosmetika, Süßigkeiten und Kaffee. Aber es ist ein vielversprechender, unverwechselbarer Duft: der Duft des Westens.

Eine Art Lifestyle-Produkt

Bei ihrer Jagd nach Devisen schrecken Schalck-Golodkowski und seine Mitarbeiter bei der KoKo vor wenig zurück. Sie brechen weder Gesetze noch verletzen sie die Moral, wenn sie auf internationalen Märkten ostdeutsche Produkte absetzen. In den Niederlanden kann man – ohne Wartezeit! – einen Trabant kaufen. Für die Anschaffung des veralteten Autos sprechen oft nicht nur finanzielle, sondern auch politisch-ideologische Gründe. Ein Fahrzeug mit Signalwirkung, eine Art Lifestyle-Produkt als Bekenntnis gegen die kapitalistische Konsumgesellschaft.

Bei anderen Maßnahmen nimmt es Schalck-Golodkowski mit den gesetzlichen und moralischen Randbedingungen weniger genau. Ziemlich harmlos ist noch, dass Schüler durch das Fach »Einführung in die sozialistische Produktion« ungewollt Teil der KoKo-Strategien werden. Die Schüler der höheren Klassen von Gerds Schule müssen bei Unternehmen in Meißen und Umgebung ein Praktikum absolvieren. Einige landen bei VEB Elektrowärme Sörnewitz und stehen jeden zweiten Freitag am Fließband.

Wie die festangestellten Arbeiter montieren sie Bügeleisen. Dabei fällt auf, dass die Apparate ein Markenzeichen bekommen, auf dem der Name eines westdeutschen Herstellers von Haushaltsgeräten steht. Schüler, die unter dem Vorwand einer Hospitanz Produktionsarbeit für den Export verrichten – das ist grenzwertig.

Völlig inakzeptabel sind jene Vorgehensweisen der KoKo, für die sich nach der Wende nicht nur die Medien interessieren. Westliche Auto- und Möbelfabriken haben von der Zwangsarbeit in ostdeutschen Gefängnissen profitiert. Pharmabetriebe aus der BRD gaben in der DDR klinische Studien in Auftrag, ohne vorher die im Westen geltenden Qualitätsstandards sicherzustellen. Und die KoKo verkaufte eine Zeit lang das Blut von Gefangenen ins Ausland, wobei unklar blieb, ob diese Spenden freiwillig erbracht wurden. Das sind kleine Kapitel aus der Wirtschaftsgeschichte von Honeckers Deutschland, über die das letzte Urteil noch gefällt werden muss.

An der richtigen Adresse

Als Karoline kurz nach ihrem achtzehnten Geburtstag das Antiquitätengeschäft in der steil nach oben führenden Burgstraße betritt, wird sie ein kleines – ein klitzekleines – Rädchen in Schalck-Golodkowskis Geldmaschinerie. Der Laden hat neben der Eingangstür nur ein Schaufenster. Der winzige Verkaufsraum ist mit alten Möbeln, Porzellan und Kunstgegenständen vollgestopft. An den Wänden hängen Ölbilder und Druckgrafiken. Man sollte meinen, dass der Ankauf von noch mehr Waren hier wenig Sinn hat.

Dennoch weiß jeder in Meißen, dass man hier – auf der Schaufensterscheibe steht in schwarzen Buchstaben »Ständiger Ankauf« – mit Antiquitäten und Kunst an der richtigen Adresse ist. Nicht bekannt ist, warum der Laden es sich erlauben kann, mehr anzukaufen als umzusetzen. Das Geschäft ist Teil des geheimen Netzwerks der Kunst und Antiquitäten GmbH (KUA). Im Auftrag der KoKo, und ohne dass darüber viel verlautbart würde, exportiert diese Firma Kunst und Antiquitäten in die BRD.

Die nördlich von Berlin mit großen Lagerräumen ausgestattete KUA arbeitet eng mit der Stasi zusammen. Diese setzt große Sammler mit fingierten Steuerschulden oder durch rabiate Erpressung unter Druck und zwingt sie dadurch, sich von ihrem Eigentum zu trennen. Nicht einmal die öffentlichen Sammlungen sind vor der KUA sicher.

Kurz vor der Wende droht der gesamte Gemäldebestand der Meißener Albrechtsburg und des Stadtmuseums in den Westen verkauft zu werden. Letztendlich kann ein großer Teil der Objekte gerettet werden, aber zweihundert Kunstwerke landen im Tausch gegen westliche Valuta bei internationalen Liebhabern. Der kleine Antiquitätenhandel in der Burgstraße ist vor allem dazu gedacht, Kunstobjekte aus Privatbesitz zu beschaffen.

Ein Kleinod, das sieht man auf den ersten Blick

Von alldem weiß Karoline nichts, als sie mit dem Fächer, den ihr Hanna geschenkt hat, ihre Aufwartung macht. Ein Kleinod, das sieht man auf den ersten Blick. Das filigrane Gestell ist aus lackiertem Ebenholz, und auf dem seidenen Fächerblatt ist mit einem feinen Pinsel in fast durchscheinenden Farben eine Sommerlandschaft hingetupft. Der Fächer ist hundert Jahre alt. Nach seinem Einsatz im Ostasiatischen Infanterieregiment hat Max Paul, der Bruder von Hannas Mutter Hedwig, ihn in der Kiste mit chinesischen Souvenirs mitgebracht.

Eigentlich sollte man so etwas Schönes nicht verkaufen und schon gar nicht, wenn man es als persönliches Geschenk bekommen hat. In der Abschlussklasse des Gymnasiums zählen allerdings andere Dinge als ein historischer Fächer. Karoline will unbedingt eine Niethose. Sie will keine Wisent- oder Boxer-Jeans aus der DDR, sondern eine Levi's, Lee oder Wrangler. Weil ihre finanziellen Möglichkeiten beschränkt sind, kommt es zum Verkauf von Hannas Fächer. Nach einigem Hin und Her erlöst sie die Hälfte des Betrags, der für eine amerikanische Denim-Jeans benötigt wird.

Nicht viel später besucht Karoline den Exquisit in der Straße der Befreiung, derselben Straße, in der einst Sidonie Ottos Holzwarenhandlung lag und die vor dem Zweiten Weltkrieg Gerbergasse hieß. Exquisit-Geschäfte gibt es überall in der DDR. Sie verkaufen – zu gepfefferten Preisen – modische Kleidung, mitunter auch Waren aus dem Westen.

Am nächsten Tag ist die Gymnasiastin mit ihrer stonewashed Jeans aus den Vereinigten Staaten auf dem Schulhof die Sensation. Die Hose hat den typischen Schnitt der frühen Achtzigerjahre: eine hohe Taille und weite Hosenbeine, die vom Knie an immer schmaler zulaufen. Eine Karottenhose. Dass ihre Großnichte den Fächer dazu verwendet hat, um mit ihrer Garderobe auf der Höhe der Zeit zu sein, hat Hanna nie erfahren.

Eine vernichtende Diagnose

Als Karoline sich über die neue Anschaffung freut, wohnt Hanna bereits drei Jahre nicht mehr auf Weesenstein. Seit dem Sommer 1982 hat sie im selben Mehrfamilienhaus in der Brauhausstraße, in dem auch Brigitte und Gerd wohnen, eine Einraumwohnung. Es war nicht einfach, die kleine Bleibe zu beschaffen, denn noch immer entscheiden städtische Behörden über die Zuweisung von Wohnraum. Gerd ist es jedoch gelungen, das Amt von der Notwendigkeit von Hannas Umzug zu überzeugen. Für sie ist die Rückkehr nach Meißen eine Art Nach-Hause-Kommen.

Vor dem Auszug aus Weesenstein ereignet sich einiges. Es beginnt mit Hanns' Erkrankung, die nicht lange nach der Feier von Hannas fünfundsiebzigstem Geburtstag ausbricht. Der Arzt stellt eine vernichtende Diagnose: Magenkrebs. Vom Gentleman mit den eleganten Manieren bleibt wenig übrig. Hanns magert schrecklich ab, und seine dreiteiligen Anzüge schlottern wie Lumpen an ihm herum.

Im Sommer wird er ins Krankenhaus von Pirna aufgenommen, in dem einst auch Max Paul lag. Der ehemalige Buchhalter stirbt in der ersten Novemberwoche des Jahres 1977 unter beklagenswerten Umständen. Seinen fünfundsiebzigsten Geburtstag, nur wenige Wochen vorher, hat er nicht mehr gefeiert.

Hanna macht den Arbeitgeber ihres Mannes für dessen Tod verantwortlich. Nicht umsonst hatte die Firma VEB Fluorwerke in Dohna – ein Großproduzent des giftigen Fluorwasserstoffs – Hanns und jedem seiner Kollegen Tag für Tag einen halben Liter Milch zur Verfügung gestellt. Hanna ist überzeugt, dass sie die Milch wegen der chemischen Substanzen bekamen, denen sie ausgesetzt waren. Milch, so nahm man damals an, könne Giftstoffe binden. Außerdem weiß sie sicher, dass in Dohna und Umgebung mehr Menschen an Krebs sterben als anderswo. Es muss also einen Zusammenhang zwischen Hanns' Krankheit und seiner beruflichen Vergangenheit geben.

War es doch kein Magenkrebs?

Hanna verdächtigt die Behörden, ihr die Wahrheit vorzuenthalten. In einem langen Brief schreibt sie Hilde, dass ihr das Krankenhaus sogar sechs Wochen nach dem Tod ihres Ehemanns keine Informationen über die Ergebnisse der Obduktion zur Verfügung stelle. Man lasse sie zappeln:

Ich habe nochmals das Krankenhaus angerufen, aber sogar der Chefarzt konnte mir angeblich, da er die Unterlagen nicht sofort zur Hand hätte, keine Auskunft über den Obduktionsbefund geben. Ich musste ihm dann sagen, wie peinlich es für mich sei, wenn ich am Beisetzungstag den Verwandten und Bekannten die Todesursache meines Mannes nicht mitteilen könnte, da man es mir nach vielen Anfragen im Krankenhaus anscheinend verweigere, auszusagen. Was sind das für eigenartige Zustände, von wegen Pietät!

Es macht Hanna auch misstrauisch, dass das Krankenhaus ihren Mann gleich nach seinem Tod hat cinäschern lassen. Sie hat die Urne angefordert, um auf dem kleinen Friedhof von Weesenstein eine Beerdigung zu organisieren. Aber es dauert lange, bis die Urne eintrifft. Kann es sein, dass der Bürgermeister bei dem Komplott die Hand mit im Spiel hat? Hanna schreibt an Hilde:

> Die Frau des Bürgermeisters musste mir gestern gestehen, dass die Urne schon mehrere Tage hier eingetroffen ist, aber sie hatten gar keine Zeit, um es mir zu sagen! Ihr Westbesuch, mit dem sie jeden Tag irgendwo ein fröhliches Gelage macht, ließ sie all ihre Pflichten vergessen.

Tiefe Frustration spricht aus diesen Worten. Vielleicht weniger wegen ihrer Entrüstung über den Lebensstil der Bürgermeisterfamilie als wegen der Unsicherheit über die Todesursache ihres Ehemanns. War es doch kein Magenkrebs, sondern eine chronische Fluorose?

In petto

Hanna gleicht ihrer Mutter. Nach Emils Tod nahm Hedwig die abgerissene Verbindung zu ihrem Jugendfreund aus Seifhennersdorf wieder auf. In Hannas Fall kommt es zum erneuten Kontakt mit Max Liebig, dem Fabrikantensohn, der in den frühen Zwanzigerjahren nach Königsberg verbannt wurde. Seit dem Zweiten Weltkrieg ist er Witwer. Seine Frau, die, als er als Wehrmachtssoldat durch Europa marschierte, eine Affäre mit einem hohen SS-Offizier hatte, beging nach der Kapitulation zusammen mit ihrem Liebhaber Selbstmord. Sie gehört zu den fast hundert Menschen in der Region Meißen, die, wie auch Kreisleiter Hellmut Böhme, beim Zusammenbruch des Nazireichs Hand an sich legten.

Seit den späten Siebzigerjahren kann man Hanna und Max regelmäßig an einem Tischchen im Café Schreiber treffen, der besten Konditorei Meißens. Weil sie die Stille in der großen Wohnung auf Weesenstein nicht erträgt, besucht Hanna häufiger als früher ihre Schwester. Dann verabredet sie sich immer mit Max, der ihr bei jedem Treffen einen kleinen Strauß in die Hand drückt. Wenn man die beiden bei einem Stück Eierschecke sitzen sieht, hat ihr Umgang etwas Vertrautes, wie bei einem alten Ehepaar.

Das Leben von Max – abermals ein Mitglied der Generation 1900 – zeigte nach dem Zweiten Weltkrieg eine Abwärtsbewegung. Die Mehlfabrik seines Vater wurde verstaatlicht, die meisten Grundstücke sind verloren gegangen, und die große Villa durfte die Familie nicht mehr allein bewohnen. Das Haus wurde in fünf Wohneinheiten aufgeteilt, von denen eine Max überlassen wurde. Er hat aber noch immer ein Auto, eine Wartburg-353-Limousine aus dem VEB Automobilwerk Eisenach. Der Wagen wurde in derselben Fabrik hergestellt, in der vor langen Jahren auch Hellmuths BMW 3/15 PS DA-2 vom Band rollte. Max' Wartburg, der erheblich teurer ist als ein Trabant, gilt in der DDR als Luxuswagen.

Mehrmals im Jahr holt er Hanna zu einem gemeinsamen Ausflug ab. Sie besichtigen Dresden oder Pillnitz und fahren sogar einmal bis nach Leipzig. Hanna genießt die Freiheit und bedauert, dass Hanns nie den Führerschein gemacht hat. Über die Isolation auf Weesenstein, wo sie für jeden Gang zum Rathaus oder zum Arzt erst eine Transportmöglichkeit organisieren muss, schreibt sie an Hilde: »Schrecklich ist es, wenn man immer auf fremde Hilfe angewiesen ist.«

Der Weg zur Toilette im Hauptgebäude wird der achtzigjährigen Hanna im Februar 1982 zum Verhängnis. Es hat schon fast eine Woche lang gefroren, als das Wetter umschlägt. Am späten

Nachmittag fällt der angekündigte Niederschlag. Er kommt als Eisregen und verwandelt den Schlosshof in eine Schlitterbahn. Vielleicht hätte sie einen Stuhl vor sich herschieben sollen, wie sie das bei Glätte mitunter getan hat, schießt es ihr noch durch den Kopf – bevor sie auf den harten Steinen aufschlägt. Hanna bricht sich die Hüfte, und ein Krankenwagen bringt die Witwe in ein nahe gelegenes Krankenhaus. Ist es das, was das Leben für sie noch in petto hat? Nicht mehr laufen zu können, zum Rollstuhl verurteilt, ans Haus gefesselt zu sein?

Wegtragen

Zwei Tage darauf bekommt Hanna eine künstliche Hüfte. Die Ärzte stellen sie wieder mehr oder weniger auf die Beine, aber es ist ausgeschlossen, dass sie weiter allein wohnen kann. Ein glücklicher Zufall will es, dass in dem Haus von Brigitte und Gerd eine Wohnung frei wird, weil ein junges Ehepaar mit seinem Neugeborenen in einen der funkelnagelneuen Wohnblocks an der Niederauer Straße übersiedelt. Gleich im Anschluss an die dreimonatige Reha zieht Hanna im Stockwerk über der Familie ihrer Nichte ein.

Die Wohnung ist mit ihren eigenen Möbeln eingerichtet. Wochenlang fuhr Gerd mit dem Trabant und einem Anhänger, den er für Weinböhla angeschafft hat, zwischen Weesenstein und Meißen hin und her. Langsam, aber sicher brachte er so Hannas gesamtes Hab und Gut in die Stadt. Es ist zu viel für die neue Einraumwohnung. Ein Teil der Einrichtungsgegenstände wird auf dem Dachboden eingelagert, ein anderer Teil findet in Hildes größerem Appartement ein Zuhause.

Hanna und Hanns kauften nach dem Zweiten Weltkrieg kaum noch neuen Hausrat. Sie mögen die in der DDR gefragten, von Tür zu Fenster reichenden Schrankwände aus Spanplatte nicht. Ein hochglänzender Kunststoff mit Holzmuster imitiert das Furnier mit Schellackpolitur, das ihre eigenen Möbelstücke schmückt.

Hanna und Hanns sind der Meinung, dass diese industriell gefertigten Fabrikmöbel nur etwas für die neue Generation sind. Wenn man bedenkt, wie stolz Brigitte und Gerd nach vier Jahren Wartezeit auf ihre Schrankwand CARAT sind, haben sie damit wahrscheinlich recht.

Im Lauf der Jahre wird die Wohnung in Weesenstein mit der schweren, von Hanns' Eltern übernommenen Einrichtung immer musealer, während sich anderswo die Interieurs verändern und nach und nach mehr Leichtigkeit ausstrahlen. Gerd lädt sich mit den massiven Stücken so einiges auf. Wird sein Anhänger den Umzug überstehen? Es ist, als würde er die historische Einrichtung des Schlosses wegtragen. Und genau dieser Eindruck, der offenbar nicht nur bei ihm aufkommt, ruft zum zweiten Mal binnen zehn Jahren die Stasi auf den Plan.

Gurkensalat

An einem Samstagnachmittag verstaut Gerd gerade eine Emaillebettschüssel im Kofferraum seines Autos. Die Initialen des sächsischen Königs zieren den Boden des Accessoires längst vergangener Tage. Ein zierlich ineinander verlaufendes A und R, Albertus Rex, kalligrafierte Buchstaben, die durch den spezifischen Ort ihrer Anbringung und die eigentliche Funktion des majestätischen Gebrauchsgegenstands Befremdung wecken. Ob der Nachttopf Gerds persönliches Eigentum sei, wollen plötzlich zwei Männer wissen, die wie aus dem Nichts neben ihm auftauchen. Es entwickelt sich ein unangenehmes Gespräch, das darin resultiert, dass die Umzugsaktivitäten mit sofortiger Wirkung eingestellt werden müssen.

Die Stasi-Männer verdächtigen Gerd, musealen Besitz zu entwenden. Völlig unerwartet kommt dieser Vorwurf nicht, denn sechs, sieben Jahre vorher ist es schon einmal zu einer Diskussion über den Hausrat von Hanna und ihrem Gatten gekommen. Damals musste Hanns sogar eine Erklärung an Eides statt ablegen. Er beruft sich darauf, dass sein Vater einen Teil der Inneneinrichtung als Schenkung bekommen hat:

Ich, Hanns Reinhard, erkläre, dass die in meiner Wohnung stehenden Möbel aus dem Nachlass meiner Eltern stammen. Mein Vater, der 1928 verstarb, erhielt diese Möbel für treue Dienste und als Auszeichnung von dem damaligen Kanzleirat des Dresdener Ministeriums als Geschenk. Die elterliche Wohnung, de facto die Dienstwohnung des Schlossverwalters von Weesenstein, umfasste insgesamt neun Räume, die mit diesen hier angesprochenen Möbeln ausgestattet waren.

Weil Gerd diese eidesstattliche Erklärung von Hanns ein paar Tage später im Stasi-Büro in Pirna vorlegen kann, darf er auch die letzten Stücke aus der Wohnung im Schloss abholen. Keine drei Wochen später steht in der neuen Bleibe alles für die Tante seiner Frau bereit.

Hanna lebt noch drei Jahre in der Brauhausstraße und verabredet sich regelmäßig mit Max. Jeden Tag kocht Brigitte eine Mahlzeit für sie, wie es Hedwig vor langer Zeit für ihre Mutter aus Seifhennersdorf getan hat. Während der Sommermonate kommt Karoline mit dem Moped aus Weinböhla. Sie bringt Hanna Gurkensalat – zubereitet mit Gurken aus dem eigenen Gewächshaus –, das Einzige, was die alte Frau von einem bestimmten Zeitpunkt an noch essen will.

Sie stirbt im November 1985 im Schlaf. Auf ihrem Gesicht liegt ein friedlicher, irgendwie glücklicher Ausdruck, der einen kurz an das Bild von 1926 erinnert, als sie sich mit ihren Freundinnen am Ostseestrand fotografieren ließ. Einige Jahre nach dem Umzug aus Weesenstein müssen Brigitte und Gerd jetzt zum zweiten Mal Hannas Wohnung ausräumen. In der kleinen Speisekammer neben der Küche finden sie sechs Dosen Ananas. Zweifellos stammten sie aus Herbert Grelligs Weihnachtspaketen, die ihr der Cousin geschickt hatte.

Ein Wettlauf auf Leben und Tod

Außer Hanna und Hanns sterben zwei weitere Schlüsselfiguren: Brigittes Vater Hellmuth und dessen Cousine Paula. Nach deren Tod bleibt von der Generation 1900 nur noch Hilde übrig; sie wird eine Brücke ins einundzwanzigste Jahrhundert schlagen. Vor dem Zweiten Weltkrieg waren Hellmuth und Paula gemeinsam für die Firma Gebrüder Otto verantwortlich. Die Misswirtschaft ihres Cousins und sein erzwungener Austritt aus der Firma waren der Grund, weshalb Paula jahrelang jeden Kontakt mit ihm vermieden hatte.

Seit Anfang der Sechzigerjahre sprechen sie wieder miteinander, aber am Ende ihres Lebens will Paula vor allem eines verhindern: Hellmuth darf den Besitz, die verbliebenen Fabrikgelände und die Mehrfamilienhäuser, über die sie jetzt seit vier Jahrzehnten allein entscheidet, nicht wieder in die Hand bekommen. Weil Paula kinderlos blieb, wäre ihr Cousin nach dem geltenden Erbrecht bei ihrem Tod der einzige Begünstigte.

Deshalb möchte die resolute Ex-Unternehmerin erst nach Hellmuth das Zeitliche segnen. Im wahrsten Sinn des Wortes nimmt sie mit ihrem drei Jahre jüngeren Cousin den Wettlauf auf Leben und Tod auf. Diesen dagegen lassen ihre Überlegungen kalt. Hellmuths Herz hängt nicht mehr an Reichtum und Vermögen.

Er stirbt im Oktober 1982. Die Ärzte können keine konkrete Todesursache ausmachen. Es scheint, als ob er des Lebens müde ist und nicht länger Widerstand leistet. In der Sterbeurkunde steht als Todesursache »Altersschwäche«. Ein typisches Ende für einen Mann wie Hellmuth, zumindest für den Mann, der er nach dem Zweiten Weltkrieg geworden war. Einst hatte er sich mit großem Tamtam (»Ich will nicht in einer dauernden hündischen Unterwürfigkeit leben!«) gegen seine Gläubiger zur Wehr gesetzt. Aber von seinem früheren Kampfgeist war nach den Kriegsjahren und seiner Kriegsgefangenschaft nur noch wenig übrig.

Hellmuth hatte sich seinem Schicksal gefügt, sich in einem einfachen Leben als Neulehrer eingerichtet. Er war zufrieden, vielleicht sogar glücklich. Glücklich über sein Leben mit Hilde und dem Sohn Gottfried, der nie von zu Hause wegging, glücklich mit den Sommern in Weinböhla und glücklich mit dem Zukunftsversprechen, das er in seinen Enkeltöchtern erfüllt sah. Die Misserfolge, die sein Leben mit sich brachte, lehrten ihn eines: Demut. Und so richtet er sich in der fortschreitenden Zerbrechlichkeit ein, die sich auf späteren Fotos immer schärfer abzeichnet.

Brachliegende Fabrikgrundstücke und brüchige Bauten

Zehn Wochen nach Hellmuth stirbt Paula an einer Hirnblutung. Sie wird von ihrer Haushälterin Emma gefunden, die fünfzig Jahre bei ihr in Dienst stand. Im Lauf ihres Lebens gelingt es Paula in den entscheidenden Momenten, sich die Welt gefügig zu machen. So triumphiert sie auch über ihren letzten Wettbewerb. Es gelingt ihr, den Cousin beim Nachlass der Brüder Otto zu übergehen.

Ein nicht geringes Kapital erben nun die Verwandten, die hinter Hellmuth auf der Erbenliste stehen: dessen Kinder Brigitte und Gottfried. Letzterer ist seit fünfzehn Jahre arbeitsunfähig. Die Verantwortung für die Immobilien will er nicht übernehmen; seine Rechte gehen auf Brigitte über. Gemeinsam mit Gerd erhält sie Besitz, der bis ins späte neunzehnte Jahrhundert zurückreicht und auf der industriellen Revolution gründet.

Paulas Nachlass wird sich als größter, aber nicht letzter erweisen. Brigitte ist Erbin von drei Ehepaaren der Generation 1900: Hanna und Hanns, Hilde und Hellmuth und Paula und Walther. Für sie und ihren Mann bedeutet das, um ihr fünfzigstes Lebensjahr herum plötzlich die Verfügungsgewalt über ein ansehnliches Vermögen zu bekommen. Vorläufig ist es ein schlafendes Vermögen, mit dem man nicht viel anfangen kann. Denn was macht man in einem Land, das auf einen Staatsbankrott zusteuert, mit brachliegenden Fabrikgrundstücken und brüchigen Bauten?

Eine Frau mit wehenden Haaren

Brigitte und Gerd wundern sich, als sie beim Notar außer Paulas Testament auch einen verschlossenen Umschlag mit Bauplänen ausgehändigt bekommen. Was sollen sie denn jetzt damit? Auf dem Grundriss einer Kohlenscheune in der Fabrikstraße ist eine Stelle mit einem roten Kreuz markiert. Einige Tage darauf hebt Gerd genau dort die schweren Bodenplatten weg und sticht seinen Spaten in die Erde. Es dauert nicht lange, bis er auf eine grün angelaufene Metallkiste stößt. Sie ist so groß wie eine Schuhschachtel und ungewöhnlich schwer.

Als Gerd den Deckel hebt und in die Kiste schaut, traut er seinen Augen nicht. Er sieht ein silbernes Besteck, Messer, Gabel und Löffel, und dazwischen glänzen Münzen. So schnell kann er sie nicht zählen, aber es sind eine ganze Menge. »Twenty Dollars«, liest er, und »In God we trust«. Er nimmt eine Münze zwischen Daumen und Zeigefinger und betrachtet den amerikanischen Adler. Auf der Rückseite ist eine Frau mit wehenden Haaren abgebildet. »Liberty«, entziffert der Schatzgräber. Die Darstellung erinnert an das FDJ-Emblem, denn die Figur steht vor den abstrahierten Strahlen einer aufgehenden Sonne. Gerd hat den Goldschatz gefunden, den Walther und Paula in der Spätphase des Zweiten Weltkriegs versteckt haben.

Gold – das ist etwas ganz anderes als ein schlafendes Vermögen. Dieses Edelmetall kann man nirgendwo für DDR-Mark kaufen. Nur Intershops bieten Goldschmuck an. Man bezahlt ihn mit Forumschecks, die man davor mit D-Mark erworben hat. Für eine neue Kette oder ein Armband verlangt ein gewöhnlicher Juwelier von seinen Kunden Altgold. Genauso ist es beim Zahnarzt. Auch er erwartet, dass man den Rohstoff für eine Krone selbst mitbringt. Mit einem eigenen Goldvorrat, wie er jetzt Brigitte und Gerd in den Schoß fällt, verfügen sie über ein rares Gut. Ein Gut, das man theoretisch zu Geld machen könnte. Die Praxis erweist sich allerdings als heikel.

Den Goldmarkt durcheinanderbringen

Gerd wartet ein Jahr. Dann bringt er zwei Münzen zu einem Goldhändler, der einmal im Monat Zahngold, alten Schmuck und Münzsammlungen ankauft. Was Gerd nicht weiß – nicht wissen kann –, ist, dass der Mann Teil des KoKo-Imperiums ist. Für die Münzen erhält der Lehrer einen exorbitant hohen Betrag. Die SED-Führung investiert die eigenen DDR-Mark nur allzu gern, um sich des wertfesten Metalls zu bemächtigen. In den folgenden Monaten verkauft Gerd nochmals drei Münzen, ohne sich viel dabei zu denken, als der Goldhändler jedes Mal seine Personalien aufschreibt.

Man kann das naiv nennen. Aber das hätte vermutlich auf einen Großteil der DDR-Bürger ebenfalls zugetroffen. Natürlich fällt es auf, wenn einer den kleinen Meißener Goldmarkt plötzlich mit historischen Dollarmünzen durcheinanderbringt. Kurz vor den Sommerferien von 1985 meldet der Händler die Identität seines Lieferanten an die Stasi. Gerd bekommt es zum dritten Mal innerhalb von zehn Jahren mit den Geheimagenten zu tun.

Dieses Mal wird es kritisch. Sie suchen ihn auf, als er mit Brigitte und der jüngsten Tochter gerade aus Ungarn zurückkommt. Zum ersten Mal in ihrem Leben sind sie geflogen. Mit drei sündhaft teuren Interflugtickets nach Budapest. Die Stasi-Mitarbeiter wollen wissen, wo die Münzen herkommen, und vor allem, ob er noch mehr davon hat.

Gerd muss vier Mal in die Kreisdienststelle an der Dresdner Straße kommen, ein paar Häuser vom Intershop entfernt, der vom Wohnzimmer aus zu sehen ist. Erfahrene Agenten unterziehen ihn einem knallharten Kreuzverhör.

Unter der Erde zur Ruhe gebettet

Gerd gelingt es schließlich, die Vernehmer von seiner Loyalität zur DDR zu überzeugen. Ja, er besaß fünf Münzen: alter Familienbesitz. Und nein, mehr Münzen gibt es nicht, denn was da war, hat er diesem Goldhändler gebracht. Warum? Weil er mit seiner Familie Urlaub machen wollte – Gerd zeigt ihnen die Flugtickets. Weil der Schwarz-Weiß-Apparat von 1962 durch einen Farbfernseher ersetzt werden sollte – Gerd lädt die Stasi-Funktionäre ein, sich den Chromat bei ihm anzusehen. Und weil der Trabant seine besten Jahre hinter sich hat und ein neues Auto unbedingt erforderlich ist – Gerd präsentiert das Bestellformular für die Wartburg-353-Limousine.

Fünf Goldmünzen, drei große Wünsche und, tatsächlich: Alles Geld ist ausgegeben. Es kam allerdings der DDR-Wirtschaft zugute und wurde nicht im Ausland verjubelt! Gerds Verteidigung ist hieb- und stichfest.

Alles läuft glimpflich ab, und der Goldschatz bleibt den Stasi-Augen verborgen. An einen weiteren Verkauf ist natürlich nicht mehr zu denken. Die Metallkiste bleibt verschlossen und wird erneut unter der Erde zur Ruhe gebettet. Die Kiste teilt das Los der Fabrikgrundstücke und der Häuser – alles ist schlafendes Vermögen.

Eine Flugreise, ein Farbfernseher und ein richtiger Wartburg – ein ockergelber, wie auch Max Liebig einen besitzt. Allein für den Fernsehapparat muss man das Äquivalent von sechs Monatslöhnen hinblättern. Wenn Gerd später an die harten Stasi-Verhöre zurückdenkt, wird ihm klar, dass es auch anders hätte ausgehen können. Dann scheinen die Farben des neuen Geräts nicht mehr ganz so hell zu leuchten, wie er vor dem Ankauf gehofft hatte.

1995: Weinböhla, das neue Haus

KAPITEL 12

Wie der Schaumwein auf ihrer Zunge prickelt

19. Januar 1989 – Erich Honecker: »Die Mauer wird auch noch in 50 oder 100 Jahren stehen!«

5. Dezember 1989 – Demonstranten besetzen das Stasi-Büro in Meißen, um die Archive zu sichern.

1. Juli 1990 – Bundeskanzler Helmut Kohl prophezeit »blühende Landschaften« in der ehemaligen DDR.

31. Dezember 1994 – Die Treuhandanstalt, die die DDR-Wirtschaft privatisiert hat, beendet ihre Tätigkeit.

6. Februar 2006 – Bauarbeiter beginnen in Berlin mit dem Abriss des Palasts der Republik.

Man traut seinen Augen nicht. Die Elbe spuckt giftige Dämpfe, und das Flusswasser nimmt fast täglich eine andere Farbe an. Manchmal wirkt es gelb oder blau, dann wieder möchte man schwören, dass es rot ist. Der Untergang der DDR, der mit wirtschaftlichen Problemen eingesetzt hatte, bekommt in den Achtzigerjahren eine weitere Dimension. Die Natur schlägt zurück. Jetzt rächt sich nicht nur die laxe Umweltgesetzgebung, sondern auch die veraltete Verkehrs- und Industrietechnologie. An manchen Nachmittagen sehen Brigitte und Gerd im Dunst nicht einmal mehr das Ende der Brauhausstraße.

In der Schule lernt ihre jüngste Tochter, dass Umweltverschmutzung ein Problem des Westens sei, vielleicht sogar in Westberlin vorkomme, aber garantiert nicht im Arbeiter-und-Bauern-Staat. Kritische Fragen – »Hält die Mauer denn auch die Luftverschmutzung ab?« – sind unerwünscht und könnten, droht einer der Lehrer, die Zeugnisnoten negativ beeinflussen.

Hilde berührt das alles nicht mehr. Ihr fehlt Hellmuth, aber sie ist glücklich, dass Gottfried weiterhin zu Hause wohnen bleibt. Ihr Sohn hat die Möbel aus Emils Herrenzimmer bekommen, die bis dahin von ihrem Mann genutzt worden waren. Es ist, als zöge sich die Witwe nach und nach aus dem Alltagsleben zurück.

Für lange Sommer in Weinböhla fühlt sie sich zu alt und lässt sich nur noch in Ausnahmefällen zu einem Besuch und einer Tasse Kaffee bei Brigitte und Gerd überreden. Gottfried bringt sie mit einem geliehenen Trabant in das Sommerdomizil, wo seine Mutter es sich nicht nehmen lässt, kurz nach den Blumenbeeten zu schauen, die sie zusammen mit Hellmuth angelegt hat.

Einen Höhepunkt bilden die Treffen mit den drei Frauen, die von Hildes Damenkränzchen übrig geblieben sind. Einst waren sie zu siebt, aber auch hier hat die Zeit ihren Tribut gefordert. Ihre Freundschaft währt schon sechzig Jahre. In einem Leben, das von Diskontinuitäten beherrscht wird, steht das Kränzchen für Beständigkeit. Die Treffen versetzen Hilde in ihre Jugendjahre zurück, als die Zukunft noch endlose Möglichkeiten zu bieten schien. Mit der Zeit wurden es immer weniger.

Nach fast vier Jahrzehnten DDR zeugen nur noch die Möbel und das Service von besseren Zeiten. Vergangener Glanz. Viel haben die alten Frauen einander nicht mehr zu erzählen. Vielleicht spielen sie deshalb Doppelkopf, ein Kartenspiel, das in Frauenkreisen nicht weniger beliebt ist als Skat in Männerrunden. »Doppelkopp«, wie Hilde inzwischen das Spiel bezeichnet, als ob sie die Errungenschaften des Bildungsbürgertums unendlich weit hinter sich gelassen hätte.

Eine Havarie

Die Umweltprobleme der DDR sind exemplarisch für die Länder in der Einflusszone der Sowjetunion. Die Städte stinken, die Flüsse sind tot, und überall in der freien Natur sieht man die Folgen leichtfertigen menschlichen Handelns. Der Zeitpunkt, ab dem die starke Umweltverschmutzung im ehemaligen Ostblock auch zum Problem der westlichen Welt wird, lässt sich auf die Minute genau benennen.

In der Nacht zum Samstag, 26. April 1986, explodiert sechs Minuten vor halb zwei einer der Reaktorblöcke des Kernkraftwerks in Tschernobyl. Das kuppelförmige Betondach wird weggesprengt, und eine radioaktive Wolke zieht über Westeuropa. Schwedische Forscher registrieren als Erste die Katastrophe; erst anderthalb Tage später schlagen auch in Deutschland und den Niederlanden die Geigerzähler aus.

Die sowjetrussische Regierung geizt mit Informationen, sogar gegenüber der eigenen Bevölkerung. Die westdeutschen und niederländischen Behörden dagegen reagieren energisch: Blattgemüse aus Freilandanbau darf nicht mehr verzehrt werden, die Kühe müssen in den Stall, und Spielplätze bleiben geschlossen, um Kinder nicht dem radioaktivem Niederschlag auszusetzen. Mehrere Wochen lang herrscht große Verunsicherung.

Die SED-Regierung erlässt ganz andere Richtlinien. Tagelang schweigt sich die *Aktuelle Kamera* aus. Erst als es offenbar nicht mehr anders geht, gibt es ganz am Ende einer Sendung eine kurze Mitteilung. Der Nachrichtenmoderator spricht von einer Havarie und vermeidet den Begriff, den *Tagesschau* und *ZDF-Heute* inzwischen freiheraus verwenden: Super-GAU.

Ein entschiedenes »Alles in Ordnung!«

Das Fernsehen der DDR informiert nicht über die Gefahren, die im eigenen Land drohen. Man entscheidet sich für eine verschleiernde Taktik: »Außerhalb der UdSSR sind besondere Vorsichtsmaßnahmen nicht erforderlich.« Eine Woche nach der Katastrophe ist die Realitätsverweigerung komplett. Mit ausdrucksloser Miene berichtet ein Nachrichtensprecher über die alarmierende Zunahme von Zwischenfällen in Nuklearanlagen der Vereinigten Staaten von Amerika.

Auf Einwohner, die auch Westfernsehen schauen, wirkt das alles schizophren. Beunruhigende Nachrichten aus dem Land jenseits der Mauer und auf der eigenen Seite ein entschiedenes »Alles in Ordnung!«.

Im »Tal der Ahnungslosen« bleiben Brigitte und Gerd diese Widersprüche erspart. Sie essen weiterhin unbesorgt Gemüse aus den eigenen Frühbeeten. Im Herbst landen sogar Wildpilze aus dem Garten (Butterpilze, Pfifferlinge und gelegentlich ein Steinpilz) auf ihren Tellern. Apropos Pilze: Es gibt, warnen westdeutsche Zeitungen, nur wenig andere Organismen, die so viel Radioaktivität speichern wie die aromatischen Schwämme.

Ungetrübt ist auch die Freude des Paars in den Sommermonaten von 1986 über das Angebot an frischem Obst und Gemüse in den Supermärkten. Es ist größer als sonst. Wie das? In den Läden liegen der Salat und Spinat, die Erdbeeren und Himbeeren, die für den Export gedacht waren, aber im Westen derzeit keine Abnehmer finden.

Entkalken

Die verheerenden Folgen der Katastrophe von Tschernobyl bescheren der Politik von *Glasnost* (Offenheit) und von *Perestrojka* (Umstrukturierung), die dem neuen russischen Staatsoberhaupt Michail Gorbatschow vorschwebt, neue Sympathisanten. Er strebt eine Modernisierung der Sowjetunion an, zum einen durch eine mehr marktwirtschaftlich orientierte Struktur der Ökonomie, zum anderen durch den Ausbau der individuellen Bürgerrechte.

Erich Honecker, inzwischen in den Mittsiebzigern, geht das zu weit. Es entwickelt sich eine Situation, die an die späten Sechzigerjahre erinnert, als sich der hochbetagte Walter Ulbricht von der sowjetrussischen Führung distanziert hatte. Er lehnte die starre, im Grunde konservative Politik Leonid Breschnews ab.

Auch Honecker erlaubt sich mehr Abstand zur Sowjetunion, jedoch mit einer gegenläufigen Gewichtung. Er versteht sich als ein Verfechter der reinen Lehre. Die Planwirtschaft, das Machtmonopol der kommunistischen Partei und das unbedingte Primat des Kollektivs – an alldem darf seiner Meinung nach nicht gerüttelt werden.

In der zweiten Hälfte der Achtzigerjahre stellt sich heraus, dass er ein Rückzugsgefecht führt. Auch in der DDR ertönt der Lockruf der Freiheit, und die Bürger haben den rigiden Staatspaternalismus satt. Die Alte-Männer-Republik von Honecker & Co. erfährt immer unverhohlenere Ablehnung.

Witze machen die Runde, die zehn Jahre zuvor undenkbar gewesen wären. »Was ist der Unterschied zwischen einer Waschmaschine und dem Politbüro?« Antwort: »Die Waschmaschine kann man entkalken!« Und eine härtere Nuss: »Honecker fährt mit dem Traktor über den Alex und sucht seine Anhänger.«

Als Kosmonauten verkleidete Kinder

1987 kann der Staatsmann die DDR noch einmal so ins Rampenlicht stellen, wie es ihm gefällt. Es ist das Jahr, in dem der amerikanische Präsident Ronald Reagan am Brandenburger Tor an seinen russischen Amtskollegen appelliert: »Mr. Gorbachev, tear down this wall!« Honeckers Tag ist der 4. Juli, als das 750-jährige Stadtjubiläum von Berlin – oder besser: das der Hauptstadt der DDR – gefeiert wird.

Wie schon bei der Meißener Tausendjahrfeier sollen Statisten in historischen Kostümen die Vergangenheit der Stadt in Szene setzen. In einer langen Parade ziehen sie durch die Straßen. Hier, im Herzen des SED-Staats, erscheint das Defilee als Siegeszug des Staatssozialismus.

Vor einem aus Holz nachgebauten Brandenburger Tor, das auf einem großen Wagen steht, erinnern uniformierte Soldaten an den Mauerbau. Im Umzug laufen als Kosmonauten verkleidete Kinder mit. Und die Delegation aus dem Thüringer Sömmerda – einem wichtigen Standort der Elektroindustrie – zieht Bollerwagen mit Robotron-Computern hinter sich her.

Brigitte und Gerd sehen Teile der Feierlichkeiten im nationalen Fernsehprogramm, das mit einer Live-Übertragung einen halben Tag lang seinen Beitrag zum Jubiläum liefert. Sie hören einen Kommentator sprechen, dessen euphorische Worte völlig losgelöst erscheinen von der kargen Wirklichkeit, in der sie leben. Inzwischen weiß das Lehrerehepaar, dass in Russland ein neuer Wind weht. Sie ersehnen Informationen, die ihnen jedoch vorenthalten bleiben, weil Honecker die Zensur verschärft.

Sogar der *Sputnik* verschwindet aus den Kiosken. Das auch mit einer deutschen Ausgabe erscheinende russische Monatsmagazin richtet sich, vergleichbar dem *Reader's Digest*, mit gekürzten und in der Regel bereits anderswo erschienenen Artikeln an eine breite Leserschaft. Dem altväterlichen Staatsoberhaupt von Ostdeutschland ist der Ton der Zeitschrift zu kritisch, deshalb unterbindet er die Auslieferung durch den Postzeitungsvertrieb. Honecker geriert sich wie ein Sektenmitglied, ein Jünger, der nicht hinnehmen kann, dass der neue geistige Vordenker Regeln außer Kraft setzt und mit vertrauten Gewohnheiten bricht.

Sonne, Strand und See

Nach Paulas Tod erbt Brigitte nicht nur die Immobilien, sondern auch die damit verbundenen Verpflichtungen. Mit einem Mal ist sie Vermieterin. Allein schon in den beiden Wohnhäusern in der Fabrikstraße hat sie mit elf Parteien zu tun. In den maroden Wohnungen leben Ehepaare und ein paar kleine Familien. Sie müssen sich mit wenig Komfort zufriedengeben. Außer in Paulas ehemaliger Wohnung gibt es nirgendwo Badezimmer. Dafür steht in jeder Küche die *Duschkabine Ahlbeck*, eine der heimlichen Ikonen der DDR.

Der kleine Badeort Ahlbeck steht für positive Assoziationen: Sonne, Strand und See. Zweifellos möchte der Hersteller der mobilen Nasszelle, der VEB Gebäudeausrüstung in Magdeburg, diese Gedankenverbindung aktivieren. Doch der Name Ahlbeck ist grotesk, wenn man bedenkt, dass sich in dem Monstrum Essensdünste fangen und dass es ziemlich umständlich ist, die Gummischläuche an die Wasserhähne anzuschließen. Mit einem erfrischenden Sprung in die Ostsee hat das Duschbad in der Küche nichts gemein.

Brigitte hat es in ihrer neuen Funktion nicht leicht. Sie soll monatlich die Miete einziehen, Reparaturen in Auftrag geben und die Verträge mit den Energieversorgern, den Wasserwerken und der Müllabfuhr im Auge behalten. Im Dezember macht sie die Jahresabrechnung und stellt den Mietern die Kosten für den Hausmeister und die Leerung der Sickergrube in Rechnung.

Mitunter fragt sich Brigitte, warum sie sich das antut. Weil keiner der Mieter mehr als zwanzig DDR-Mark monatlich zahlt, betragen die Mieteinnahmen am Monatsende insgesamt nicht einmal ein Drittel des Monatseinkommens, das sie als Lehrerin verdient. Zieht man davon die Kosten ab, die auf ihre Rechnung gehen, wie Steuern, Versicherungen und Instandhaltung, dann zeigt sich schnell, dass ihr von den beiden Häusern kein Pfennig übrig bleibt.

Als sich kurz darauf ein Käufer meldet, überlegt Brigitte nicht lange. Der VEB Plattenwerk Max Dietel – die frühere Ernst Teichert

GmbH trägt jetzt den Namen eines Widerstandskämpfers – möchte erweitern. Brigittes Grundstücke würden sich perfekt eignen. Schnell werden sich die Vertreter der Fliesenfabrik und Paulas Erbin einig.

Brigitte freut sich, dass wenigstens ein Teil ihres Vermögens zu Geld gemacht werden kann. Weniger froh ist sie über die Höhe der Kaufsumme. Für jedes der beiden Wohnhäuser erhält sie einen Betrag, der nicht viel höher ist als der Preis, den Gerd für seinen ockergelben Wartburg bezahlt hat. Brigitte teilt sich das Geld mit Gottfried, der zwar auf das Erbe verzichtet hat, eine Finanzspritze aber gut gebrauchen kann.

Pawlowsche Reflexe

Während der Achtzigerjahre nimmt die Zahl der Ausreiseanträge stetig zu. DDR-Bürger können mit einem offiziellen Formular den Wunsch äußern, das Land dauerhaft verlassen zu wollen. Wer das tut, entscheidet sich für einen Weg blinder Willkür und unkalkulierbarer Wartezeiten. Solange die Genehmigung zur Ausreise ausbleibt, wird man regelrecht gemobbt: Man bekommt keinen Studienplatz, die Möglichkeiten zur Berufswahl werden eingeschränkt, und mitunter droht sogar Gefängnis. Es sind die pawlowschen Reflexe eines verzweifelten Regimes. Mit den verschiedensten Sanktionen will es abtrünnige Staatsbürger nachträglich dazu bewegen, den Antrag wieder zurückzuziehen.

Eine Ausreise ist unwiderruflich. Man nimmt für immer Abschied von seiner Familie und muss alles, was man besitzt, zurücklassen. Dennoch geben Hunderttausende offiziell ihrem Wunsch Ausdruck, der DDR den Rücken zuzukehren. Der SED-Staat entspricht einem beträchtlichen Teil der Anträge, auch weil dafür regelmäßig Geld aus dem Westen fließt. Menschen werden von der Bundesrepublik buchstäblich freigekauft.

Im Sommer vor der Wende wird es leichter wegzugehen, weil einige der sozialistischen »Bruderländer« ihre Grenzen öffnen. Von

Ungarn aus, beispielsweise, können DDR-Bürger direkt in den Westen weiterreisen. Um kein Misstrauen bei den Soldaten an der eigenen Grenze zu wecken, geben sie sich beim Verlassen der DDR als Ferienreisende aus. Damit legt der Kofferinhalt, der für zwei Wochen Sommerferien gedacht ist, das Fundament für ein Leben in der freien Welt.

Am Ende seiner Kräfte

Die Mehrzahl der Bürger ist nicht bereit, diese radikalen Folgen zu akzeptieren, mit denen sich Übersiedler konfrontiert sehen. Sie setzen sich für Erneuerung der DDR von innen heraus ein. Der Ruf nach mehr Demokratie, nach der Abschaffung der Stasi und nach Freizügigkeit und Niederlassungsfreiheit findet in immer weiteren Kreisen Gehör. Auch die Friedensbewegung gewinnt an Einfluss. Gerd sieht sogar manchmal auf den Ärmeln seiner Abiturienten den Aufnäher mit dem Aufruf »Schwerter zu Pflugscharen!«.

Deutlichster Ausdruck der allgemeinen Unzufriedenheit sind die Montagsdemonstrationen. »Wir sind das Volk« – während der Herbstmonate 1989 schallt diese Losung durch die Straßen der Städte. Alle fürchten die Reaktion des Staates. Kurz vorher wurden vergleichbare Bürgerproteste auf dem Platz des Himmlischen Friedens in Peking niedergeschlagen. Droht jetzt in der DDR eine Wiederholung der Ereignisse vom 17. Juni 1953, als dem Volksaufstand, der sich an der Berliner Stalinallee entzündet hatte, mit Waffengewalt ein Ende bereitet wurde?

Schließlich muss Honecker klein beigeben. Mit Wissen Gorbatschows wird er Anfang Oktober 1989 zum Rücktritt gezwungen. Angeblich aus gesundheitlichen Gründen, wie es schon einmal bei Ulbricht der Fall gewesen war. Darauf folgen unübersichtliche Wochen, in denen sich die Entwicklungen überschlagen. Genau drei Wochen nachdem Egon Krenz als Honeckers Nachfolger angetreten ist, fällt am 9. November die Berliner Mauer.

Am frühen Abend dieses Tages tritt der SED-Politiker Günter Schabowski vor Journalisten aus dem In- und Ausland. Er verkündet, dass die Reisemöglichkeiten erweitert werden sollen. Die Pressekonferenz ist schlecht vorbereitet, und Schabowski wirkt nach tagelangen Verhandlungen unkonzentriert.

Als einer der Berichterstatter fragt, ab wann die neuen Regelungen in Kraft seien, weiß er nicht recht, was er sagen soll. Dann stottert er: »Sofort, unverzüglich.« Das ist der Moment, in dem das Ende der DDR mehr oder weniger zufällig eingeläutet wird, das Ende eines Landes, das – wie der übermüdete Schabowski – buchstäblich am Ende seiner Kräfte ist.

Ein Wassertropfen auf einer glühenden Herdplatte

Gewohnheitshalber schauen Brigitte und Gerd abends um halb acht in dem großen Chromat-Fernseher die Nachrichten. Ihr Leben lang haben sie sich von der Politik ferngehalten, und so war es auch in den vergangenen Monaten: An den Protestaktionen beteiligten sie sich nicht. Die *Aktuelle Kamera* bringt einen kurzen Beitrag über Schabowskis Pressekonferenz. Wie die Regelungen genau aussehen, sei noch unbekannt, aber es stehe fest, dass man nun leichter Visa bekommen werde. Eine schöne Aussicht. Wie das DDR-Fernsehen gehen auch Brigitte und Gerd zur Tagesordnung über.

Wieder einmal bleiben sie ahnungslos, weil die weiteren Entwicklungen dieses Abends auch in den späteren Nachrichtensendungen nicht erwähnt werden. Viele Berliner fassen das »Sofort, unverzüglich« als Ansporn auf, sich auf der Stelle zu den Grenzübergängen zu begeben. Schon bald warten Tausende in der Invalidenstraße, am Checkpoint Charlie und in der Heinrich-Heine-Straße. Die westlichen Medien berichten fast unablässig über die Ereignisse in der (noch) geteilten Stadt. Es steht außer Zweifel: Die Ostberliner wollen über die Grenze. Sofort, unverzüglich.

In der Halb-elf-Sendung versucht ein Nachrichtensprecher des DDR-Fernsehens das drohende Chaos zu verhindern. Ohne den Ansturm auf die Grenzübergänge zu erwähnen, betont er erneut, dass man das Land erst nach Beantragung eines Visums verlassen könne. Doch diese Mitteilung verdampft wie ein Wassertropfen auf einer glühenden Herdplatte. Die Berliner wollen es nicht mehr hören. Die Grenzsoldaten sehen sich mit aus allen Richtungen strömenden Menschenmengen konfrontiert und tun nach nervenaufreibenden Stunden das einzig Richtige: Sie lassen die Wartenden durch und verhindern damit ein Blutbad.

Um halb zwölf hebt sich als erster der Schlagbaum an der Bornholmer Straße, dem Grenzposten zwischen den Bezirken Prenzlauer Berg in Ostberlin und Wedding im westlichen Teil der Stadt. Nicht viel später sind auch andere Grenzübergänge frei passierbar. Es ist mitten in der Nacht, aber kein Mensch schläft. Zehntausende strömen in den Teil der Stadt, den sie noch gar nicht oder nur aus der Zeit von vor ungefähr dreißig Jahren kennen.

Bügeleisen und Fleckenspray

Das erste Familienmitglied, das in den Westen fährt, ist Karoline. Die Zweiundzwanzigjährige arbeitet seit einiger Zeit in Senftenberg, einer Provinzstadt gut hundert Kilometer südlich von Berlin, mitten in der Brandenburger Braunkohlenregion. Der Direktor ihres Gymnasiums hat ihr kurz vor den Abiturprüfungen mitgeteilt, dass er sie nicht für das Studium vorschlagen wird, das sie eigentlich anstrebt. Er sieht in ihr eine künftige Russisch- und Deutschlehrerin.

An der Pädagogischen Hochschule Magdeburg wird Karoline für ein Studium immatrikuliert, das sie auf ein Leben als Sprachlehrerin vorbereiten soll. Russisch ist, wie das Englische in der westlichen Welt, die Lingua franca des kommunistischen Europa. Deshalb lernt jedes Schulkind Russisch. Brigittes und Gerds jüngste

Tochter hält es nicht lange in den Seminarräumen, und sie landet nach einigen Umwegen am Magdeburger Stadttheater. Dort arbeitet sie als Ankleiderin. Sie ist für die Theaterkostüme verantwortlich und setzt mit täglich größerem Können Bügeleisen und Fleckenspray ein.

Im Sommer 1989 findet Karoline am Theater der Bergarbeiter in Senftenberg eine Stelle als Dramaturgie-Assistentin. Sie gerät in eine Künstlerwelt, die sich während der Monate nach ihrem Kommen gewaltig dezimiert. Regelmäßig verschwindet einer. Schauspieler und Musiker, Verwaltungskräfte, technisches Personal: Immer mehr Kollegen wagen über einen der benachbarten Ostblockstaaten den Sprung in den Westen. Anfang November ist Karoline in der Abteilung Dramaturgie als Einzige übrig geblieben. Es wird immer schwieriger, die geplante Antigone-Produktion auf die Beine zu stellen.

Am Morgen des 10. November sitzt sie mit einigen Mitarbeitern in der Kantine. Im Souterrain des Gebäudes hat man einen offenen Raum mit angeschlagenen *Sprelacart*-Tischen und Holzstühlen eingerichtet. In der Küche dahinter bereitet ein kugelrunder Koch das Mittagessen vor. Mit ihren Kollegen bespricht sie die Ereignisse der vergangenen Nacht. Die Berichte in den westlichen Medien – in Senftenberg kann man die Westprogramme empfangen – nehmen die Anwesenden mit einer gewissen Ungläubigkeit auf. Ostberliner auf dem Kurfürstendamm? Trabis in den Straßen von Westberlin? Das kann nicht sein.

Dass alles wahr ist, zeigt sich, als ein Tontechniker und ein Bühnenbildner zu ihnen stoßen. Beim Anblick der Fernsehbilder hatten die beiden am Abend vorher beschlossen, auf der Stelle nach Berlin zu fahren. Sie waren die ganze Nacht auf und erzählen jetzt, dass sie vor ein paar Stunden noch drüben waren, auf der anderen Seite der Mauer. Die Männer zeigen die *Bildzeitung* von diesem Freitag. Das Boulevardblatt eröffnet mit Schlagzeilen wie: »Geschafft! Die Mauer ist offen«, und: »Tausende rannten an Grepos vorbei«. Mit zahllosen anderen DDR-Bürgern unter den Augen entgeisterter Grenzpolizisten einfach so nach »drüben« zu spazieren – genauso war es, bestätigt der Bühnenbildner, dessen Stimme im selben Moment bricht.

Ein Netz voller Mandarinen

An Arbeiten ist nicht mehr zu denken. Jeder fragt sich, wie es jetzt weitergeht. Wird das Rad wieder zurückgedreht? Ein Regieassistent, der zwischen Senftenberg und Berlin pendelt, beschließt, noch am selben Tag die Grenze zu überschreiten. Karoline hat das ebenfalls vor und kann mitfahren. Unterwegs stellt sich heraus, dass ihr vielleicht dreißig Jahre alter Kollege noch nie in der Nähe eines Grenzübergangs gewesen ist. Warum auch? Seine Wirklichkeit endete vor der Mauer. Die Welt dahinter ist so unerreichbar wie das mythische Inselreich Atlantis.

Am Abend sitzen sie gegen neun Uhr mit einem Glas Bier im Duncker Club, einer Diskothek in Prenzlauer Berg. Dort ist es wie ausgestorben. Auf der Bar liegt etwas Ungewöhnliches: ein Netz voller Mandarinen. Der Barkeeper erzählt, dass er es am Nachmittag auf der anderen Seite der Grenze gekauft hat. Er erklärt seinen Gästen, wo der Übergang in den Wedding ist. Von der Diskothek aus sind es höchstens fünf Kilometer. Karoline und der Regieassistent stellen sich an eine Hauptstraße und halten den Daumen hoch.

Lange müssen sie nicht warten. Ein VW-Bus mit zwei türkischen Westberlinern nimmt sie mit. Die Männer waren nach Ostberlin gefahren, weil auch sie den ihnen unbekannten Teil der Stadt erkunden wollten. Jetzt nehmen sie Karoline und ihren Begleiter mit zurück. Am Grenzübergang an der Bornholmer Straße stehen zwar Soldaten, aber sie können – einfach so! – durchfahren.

Der Wedding ist ein Arbeiterviertel mit einem großen türkischen Bevölkerungsanteil. An diesem ungewöhnlichen Tag, Tag eins nach dem Fall der Mauer, lassen die Geschäftsinhaber ihre

Gemüse- und Lebensmittelläden bis in die späten Abendstunden offen. Karoline und ihr Kollege wollen zum Brandenburger Tor. Sie machen sich auf die Suche nach der nächsten Mitfahrgelegenheit. Auch dieses Mal dauert es nicht lange, bis jemand stoppt. Der Unterschied zwischen Fremden und Freunden verwischt sich in einer Stadt, die nur noch Zusammengehörigkeit kennt.

Der junge Mann ist mit einem alten Golf ebenfalls auf dem Weg ins Stadtzentrum. Er ist Student und war eine knappe Woche bei seinen Eltern. Und ausgerechnet dann wird in Berlin Geschichte geschrieben. Um das mitzuerleben, ist er zurückgekommen. Auf den Straßen ist mehr los, nicht nur auf den Gehwegen, sondern auch auf der Fahrbahn. Im Tiergarten ist an ein Durchkommen nicht zu denken. Der Golf wird an der Straße des 17. Juni abgestellt. In Karolines Hinterkopf meldet sich leise etwas Angst.

Anderthalb Meter breit

Zu Fuß setzen die drei die Erkundung fort. Es ist gegen Mitternacht, als sie aus der Ferne Jubel hören, Musik und fröhliche Stimmen aus Megafonen. Kurz darauf sind sie Teil einer begeisterten Menge und das Hier-und-Jetzt entpuppt sich als eine Freistatt von Glück. Jemand greift von oben nach Karolines Hand. Schneller, als sie denken kann, steht sie auf der Mauer. Vor dem Brandenburger Tor misst sie anderthalb Meter in der Breite. Für Westberliner, die von hohen Plattformen aus in den anderen Teil der Stadt schauen können, ist das vermutlich keine Überraschung, aber Karoline ist verblüfft.

Richtung Westen blickt sie auf den Festtrubel unter sich. Auf eine von Tausenden geteilte Freude. Auf der Ostseite sieht sie Grüppchen von Grenzsoldaten stehen. Sie machen keine Anstalten einzugreifen und sind zu Zuschauern degradiert, zu unfreiwilligen Augenzeugen. Haben sie an ihren Auftrag geglaubt? Jetzt erleben sie den Untergang des Bollwerks, der ihrem militärischen Handeln Sinn gab.

Direkt unter Karoline schlagen Leute mit Hammer und Meißel auf die Mauer ein. Sie brechen Betonstücke heraus, um sie als Souvenir mit nach Hause zu nehmen. Mauerspechte werden sie später genannt. Einfaches Werkzeug gegen Stahlbeton: An diesem Tag erweist sich selbst scheinbar aussichtsloses Bemühen als erfolgreich.

Journalisten und Amateurfotografen machen während des Volksfests vor dem Brandenburger Tor zahllose Fotos. Auf irgendeinem wird Karoline zu sehen sein. Vielleicht, wie sie gerade die Champagnerflasche an ihre Lippen setzt, die ihr ein Mann in die Hand gedrückt hat. Sie schmeckt den Alkohol und fühlt, wie der Schaumwein auf ihrer Zunge prickelt. Sie denkt an den Direktor des Gymnasiums. Mit einem Mal wird ihr bewusst, wo sie sich befindet. Das ist der Augenblick ihres Triumphes über den Schulleiter und über alles, wofür er steht. »Wofür er stand« – denkt sie schon fast.

Ein Betrag in Milliardenhöhe

Nach der ersten Nacht bleibt Karoline noch drei Tage. Weil sie den Regieassistenten aus dem Auge verloren hat, bietet ihr der Student mit dem Golf einen Schlafplatz an. Sie reden über das Leben in zwei verschiedenen Deutschländern, und er zeigt ihr Westberlin. Keine Museen und Sehenswürdigkeiten, sondern die Stadt, wie er sie erlebt. Sie laufen durch sein Viertel, sitzen in Kneipen und schauen bei Freunden vorbei. Am Montagabend fahren sie zu einem Einkaufszentrum. Dort macht sie Bekanntschaft mit der westlichen Konsumgesellschaft, für die Karolines seltene Besuche der Intershops eine mehr als dürftige Vorbereitung waren.

Mittags steht Karoline in der langen Schlange vor einer der Filialen einer großen Berliner Bank. Sie will das Begrüßungsgeld abholen, das die BRD seit Jahr und Tag DDR-Bürgern auszahlt, die über die Grenze kommen. Jeder bekommt bei Vorlage seines DDR-Personalausweises hundert D-Mark. Der Empfang des Geldes wird mit einem Stempel auf einer der Visumseiten bestätigt. Die Schätzungen differieren, aber in den Wochen nach dem Mauerfall erfordert die Auszahlung des Begrüßungsgeldes zweifellos einen Betrag in Milliardenhöhe.

Am Dienstag fährt Karoline in die DDR zurück. Sie ist erleichtert, als sie problemlos wieder einreisen kann. In den vergangenen Tagen spukte ihr mehr als einmal eine Frage durch den Kopf, dieselbe wie bei Brigitte im August 1961: Was tun, wenn es keinen Weg zurück gibt? Sie hat nichts als ein Abiturzeugnis, keine Verwandten im Westen und kann sich nur schwer vorstellen, aus dem Nichts ein neues Leben aufzubauen.

Karoline fährt zu ihren Eltern weiter, um ihnen Bericht zu erstatten. Sie hatten schon einige Wochen lang keinen Kontakt mehr, denn Brigitte und Gerd haben kein Telefon. Ihre Tochter hat ein kleines Geschenk mitgebracht. Ein Bündel Bananen. Reife Früchte waren in Westberlin nirgendwo mehr zu bekommen, aber der Verkäufer hat ihr versichert, dass die grüne Schale von selbst gelb würde. Sie solle die Bananen nur fest in Zeitungspapier einwickeln. Brigitte und Gerd warten ungefähr fünf Tage. Dann beschließen sie, die harten Früchte zu essen, weil sie am Stiel zu schimmeln beginnen.

Karolines Eltern fahren am zweiten Samstag nach der Maueröffnung nach Westdeutschland. Der nächste Grenzübergang für sie ist in der Nähe der oberfränkischen Stadt Hof. Gerd startet das Auto um sieben Uhr morgens. Brigitte und er erleben einen Tag ganz im Zeichen der Schlange, als ob mit ihrer Ankunft auch in der BRD die sozialistische Wartegemeinschaft ihren Einzug gehalten habe.

Es beginnt mit einer unüberschaubar langen Reihe von Trabants und Wartburgs vor der Grenze. Danach erweist es sich als schier unmöglich, ins Stadtzentrum zu gelangen, und schließlich stehen sie sich, jeder mit seinem Pass in der Hand, vor einer Bankfiliale stundenlang die Beine in den Bauch.

Brigitte und Gerd sind offenbar nicht die Einzigen, die für ihren Streifzug durch die Geschäftsstraßen ihr Begrüßungsgeld abholen wollen. Als sie es endlich in Händen haben, müssen sie feststellen, dass die Warenhäuser und Supermärkte inzwischen so gut wie leer gekauft sind. Auch in dieser Hinsicht gleicht die bayerische Provinz mehr ihrem eigenen Wohnort, als sie erwartet hatten.

Eine neue Garde

Am 3. Oktober 1990, ein knappes Jahr nach dem Fall der Mauer, hört die DDR auf zu existieren. Der östliche Teil Deutschlands tritt der BRD bei. Die fünf neuen Bundesländer, darunter Sachsen, erwarte, so meint Bundeskanzler Helmut Kohl, eine schnelle wirtschaftliche Regeneration. Er spricht von »blühenden Landschaften«. Seine Beliebtheit als Kanzler der Einheit ist enorm. Die Bundestagswahlen im Dezember gewinnt seine Partei, die Christlich Demokratische Union, mit gut vierzig Prozent der Stimmen. Aber nicht für jede der Hauptpersonen werden Kohls blühende Landschaften wahr.

Als eine späte Vertreterin der Geburtsjahrgänge um 1960 steht Karoline für eine Generation, die mehr als andere von der politischen Wende profitiert. Ihre Altersgefährten und sie sind 1989 zwischen zwanzig und dreißig und haben ihren Platz im Leben oft noch nicht gefunden. Ein Partner, Kinder, eine feste Stelle – für viele liegt das alles noch in weiter Ferne. Sie fügen sich relativ leicht in die neue politische und wirtschaftliche Realität ein. Karoline geht wieder an die Universitat, studiert jetzt aber ein Fach, das sie sich selbst aussucht. Genau hundert Jahre nach Emil ist sie das zweite Familienmitglied, das eine akademische Ausbildung absolviert.

Anders sieht es für Brigitte und Gerd aus. Sie sind in dem kritischen Umbruchsjahr fast sechzig Jahre alt. Ihre Generation, die von 1930, nähert sich dem Ende ihres Berufslebens und hat Schwierigkeiten, die erworbenen Positionen zu behalten. An den Schulen wird das Ruder schnell herumgeworfen. Das Ideal der sozialistischen Persönlichkeit hat abgedankt, und von heute auf morgen soll der Unterricht nun mündige Bürger hervorbringen.

Nicht dass Brigitte und Gerd gegen diese Änderungen wären, aber im Lehrerzimmer fühlen sie sich nicht mehr ganz zu Hause. Schon bald hat eine neue Garde das Sagen, und die kommt sehr gut ohne sie aus. Zwei Jahre nach der deutschen Einheit nutzen die beiden die kurz zuvor eingeführte Möglichkeit einer Vorruhestandsregelung.

Wenn Karolines Eltern nicht hundert Jahre nach der industriellen Revolution noch deren Früchte hätten ernten können – doch darüber bald mehr –, wäre ihnen auf der Grundlage der kleinen Ostrente ein ärmlicher Ruhestand beschieden gewesen. Nach der Wende sind die Ruhestandsregelungen in Ostdeutschland erheblich ungünstiger als im Westen der Republik. Zwar ist ein einheitliches Land entstanden, und es wuchs – wie Willy Brandt es ausdrückte –, auch zusammen, was zusammengehört, doch das heißt noch lange nicht, dass die materiellen Bedingungen auf einen Schlag überall dieselben wären.

Am Arm des Holzunternehmers Oehmigen

Für die Generation 1900 ändert sich wenig. Menschen wie Hilde, die neunzig Jahre zuvor auf die Welt kamen, sind zu alt, um noch von der neuen Situation zu profitieren. Brigittes Mutter stirbt 2001 mit fast hundert Jahren. Bis wenige Monate vor ihrem Tod lebt sie in der Brauhausstraße. Im Prinzip ist ihre Wohnung im selben Zustand wie zu der Zeit, als Emil und Hedwig dort einzogen. Die meisten ihrer Möbel stehen da, das Plumpsklo wurde nie modernisiert, und auch der Badeofen tut noch Dienst, als ob die Zeit ein Jahrhundert ausgelassen hätte.

Nach der Wende kommt Hilde nicht mehr in den Westen. Der Wunsch danach ist ihr einfach abhanden gekommen. Für den Lauf der Geschichte ist es bezeichnend, dass sie sich sechzig Jahre zuvor zum letzten Mal im westlichen Deutschland aufgehalten hat.

Zusammen mit Hellmuth fuhr Hilde ein paarmal mit dem Tempo-Dreirad nach Berlin. Bei einem der Besuche spazierte sie über den Kurfürstendamm, wie es auch ihre jüngste Enkeltochter in den Tagen nach dem Mauerfall tun sollte. Karoline wird noch oft dorthin kommen, aber für Hilde bleibt es bei dem einen Mal. Am Arm des Holzunternehmers Oehmigen, der im KaDeWe – dem berühmten Kaufhaus des Westens – Ohrringe für sie kaufte, war die Welt noch in Ordnung.

Nicht lange nach der friedlichen Revolution von 1989/1990 stellen die Ostdeutschen fest, dass es mit der Wirtschaftsentwicklung in ihrem Teil des Landes abwärtsgeht. Viele ehemalige DDR-Betriebe haben eine niedrige Rentabilität und im Konkurrenzkampf mit westlichen Firmen keine Chance. Zahlreiche Arbeitsplätze gehen verloren. Am härtesten trifft es eine Altersgruppe, der keine der Familienmitglieder angehört: die Generation der Lebensmitte, die Vierzig- bis Mitte Fünfzigjährigen.

Die Arbeitslosenzahl steigt auf über zwanzig Prozent. Und dabei sind die Personen noch nicht mit eingerechnet, die in Nach- oder Umschulungsprojekten hängen oder an Arbeitsbeschaffungsmaßnahmen teilnehmen. Kohls Prophezeiung geht nur zum Teil auf. In der persönlichen Wahrnehmung vieler Ostdeutscher erblühen die Landschaften nicht, sondern es herrschen Abriss und Kahlschlag.

Einkaufswagen unter einem gläsernen Schutzdach

Brigitte und Gerd spüren die Folgen dieser Malaise eigentlich nicht. Paradoxerweise profitieren sie vom Turbo-Kapitalismus, der zu Beginn der Neunzigerjahre die neuen Bundesländer erfasst. Plötzlich sind überall Leute unterwegs, die etwas verdienen wollen. Mitunter Big Player, aber auch viele kleine Fische.

1990 und 1991 touren in den Sommermonaten niederländische Antiquitätenhändler mit Kleintransportern durch Sachsen. Sie kaufen Möbel auf. Gegen D-Mark – gegen die begehrte Währung, die am 1. Juli 1990 auch im Osten Deutschlands offizielles Zahlungsmittel geworden ist – geben ältere Meißener Möbelstücke weg, die ihnen eher altmodisch, keineswegs aber Antiquitäten zu sein scheinen. Damit sind alle zufrieden, nur, wer sich bei diesem Handel am meisten gesundstößt, das sind natürlich die gewieften Aufkäufer in den Kleinbussen mit den gelben Nummernschildern.

Ende 1992 bekommen Brigitte und Gerd es mit einem zweifellos großen Player aus Westdeutschland zu tun. Sein Blick fällt auf das, was von der Firma Gebrüder Otto noch übrig ist: die Fabrikgelände mit ein paar verfallenen Schuppen und einer leer stehenden Garage. Alles in allem handelt es sich um ein ziemlich großes Areal in attraktiver Lage. Der Projektentwickler legt ehrgeizige Pläne vor. Er will ein repräsentatives Bürogebäude und ein Einkaufszentrum mit Wohnungen darüber hinstellen. Ein Architekt wurde bereits mit den Bauzeichnungen beauftragt.

Ähnliche Projekte werden allerorts in der ehemaligen DDR aus dem Nichts erschaffen. Jedenfalls auf dem Papier. Investoren spekulieren auf eine schnelle wirtschaftliche Entwicklung, und das treibt die Boden- und Immobilienpreise in die Höhe. Selbst in einer Provinzstadt wie Meißen werden hohe Beträge geboten. Wie hoch, das merken Brigitte und Gerd, als für ihre Grundstücke eine Offerte abgegeben wird. Der Betrag übertrifft bei Weitem die Summe, die sie vor etwa acht Jahren für die Häuser an der Fabrikstraße erhielten.

Die Unterschriften unter den Kaufvertrag sind schnell gesetzt. Das schlafende Vermögen ist plötzlich hellwaches Kapital. Brigitte und Gerd fühlen sich – und sind es auch – als die eigentlichen Gewinner der Wende. Im Gegensatz zu dem Projektentwickler. Er hat die Situation falsch eingeschätzt und muss feststellen, dass der erhoffte Aufschwung ausbleibt. Sein Architekt hat Luftschlösser entworfen. Erst fünf Jahre nach dem Erwerb des Grundstücks wird dort tatsächlich gebaut. Ein großer Discounter und ein Bettenparadies. Also nix mit schöner Architektur, keine Wohnungen für eine neue Mittelschicht, sondern rein funktionale Gebäude mit Einkaufswagen unter einem gläsernen Schutzdach.

Auf Strümpfen über Tatamis

Mit einem Mal ist für Brigitte und Gerd jetzt finanziell vieles möglich. Im Sommer 1993 machen sie eine organisierte Gruppenreise um die Welt. Von Deutschland aus fliegen sie zum nordamerikanischen Festland (New York – Washington – San Francisco). Von dort geht es nach Hawaii (Honolulu), nach Japan (Tokio) und Hongkong. Ein Strandurlaub in den Vereinigten Arabischen Emiraten (Dubai) bildet den Abschluss der Reise. Merkwürdigerweise sind die beiden nicht einmal drei Wochen von zu Hause weg. Es kann gar nicht anders sein, als dass Laufbänder und Flugzeugtrolleys anfangs ihr Bild vom nichtsozialistischen Ausland bestimmen.

Auch Gottfried, der an dem Erlös beteiligt wird, macht sich auf den Weg. Er bucht eine Reise nach Tokio. Dort hat er einen Brieffreund. Mitte der Achtzigerjahre hat er ihn in Dresden bei einem klassischen Konzert kennengelernt. Der Mann, der Grundkenntnisse der deutschen Sprache hat, ist wie er ein großer Musikliebhaber. Nach dem Fall der Mauer fällt eine Einladung ins ferne Japan durch den Briefschlitz. Gottfrieds interkontinentales Abenteuer beginnt an einem Sommertag im Jahr 1995. Schon auf dem Flughafen in Frankfurt am Main, wo er umsteigen soll, droht alles völlig schiefzugehen.

Brigittes Bruder ist zum ersten Mal in einem Transitgebäude und hat keine Ahnung, wie er zu seinem Gate kommen soll. Mit unbeschreiblicher Bauernschläue schließt er sich einer Gruppe ahnungsloser japanischer Touristen an. Deren Reiseleiterin kontrolliert sein Ticket. Er hat offenbar – ein ebenso unwahrscheinlicher wie glücklicher Zufall – denselben Flug gebucht wie seine neuen Reisegefährten. Die Frau nimmt ihn in ihre Obhut. Zum Glück spricht auch sie ein paar Worte Deutsch.

In Tokio begleitet die Reiseleiterin ihren zugelaufenen Gast zum Ausgang des Terminals, wo ihn bereits sein Brieffreund erwartet. Dieser nimmt ihn mit in seine Wohnung. Gottfried betrachtet die japanische Wohnkultur mit Verblüffung. Die Hightech-Toilette mit eingebautem Bidet und Massagefunktion, das Sich-auf-Strümpfen-über-Tatamis-Fortbewegen, auf Futons hinter Reispapierparavents schlafen, im Schneidersitz an niedrigen Tischen essen – wenn man seinen Geschichten über die Miniwohnung zuhörte, fiel es schwer, ihn nicht als den sprichwörtlichen Elefanten im Porzellanladen zu sehen.

Um- und ausbauen

Dank der Finanzspritze des westdeutschen Investors können auch andere Wünsche erfüllt werden. Gerd und Gottfried kaufen beide ihr erstes Westauto: einen blauen Opel Kadett und einen roten VW Golf. In den darauffolgenden Jahren fahren Brigitte und Gerd mehrmals zu Horst-Peter und Gerda Krause nach Paderborn. Es ist ein gutes Gefühl, »anonym« unterwegs zu sein. Mit dem neuen Auto sehen die Westdeutschen nicht mehr sofort, dass sie aus dem Osten kommen.

Auch die Baupläne für Weinböhla können jetzt realisiert werden. Gerd trägt sich seit Jahren mit diesem Gedanken. Aus dem Wochenend- und Sommersitz will er ein vollwertiges Wohnhaus machen. Für einen Neubau in unmittelbarer Nähe der Moritzburger Wälder bekommt er keine Genehmigung, aber das Sommerhaus darf durchaus um- und ausgebaut werden. Gleich beim ersten Gespräch macht Gerd dem Architekten klar, wie er sich das vorstellt.

Der Ansatz ist simpel. Das vorhandene Wohnzimmer soll einer von sechs ungefähr gleich großen Kellerräumen werden. Gerd will unter dem neuen Haus eine Waschküche haben, mehrere Vorratskammern und Arbeits- und Besucherzimmer mit Tageslicht. Durch die Einbeziehung des Wohnzimmers ist es nicht möglich, ein neues

Kellergeschoss zu graben. Deshalb muss an den Außenwänden Erde aufgeschüttet werden.

Damit liegt die neu zu bauende Wohnetage, die auf dem Keller ruht, auf einer Anhöhe. Neben einer großen Küche entstehen verschiedene Wohnräume, die mit Doppeltüren verbunden werden. Abgeschlossen wird das Ganze durch ein Dachgeschoss mit Schlaf- und Badezimmern.

Aus dem kleinen Wochenenddomizil wächst so ein frei stehendes Haus empor, in dem zwei Familien gut leben können. Gerd bedauert es, dass keine seiner Töchter bereit ist, mit Ehemann und Kindern bei ihm und Brigitte einzuziehen. Denn eigentlich hat er genau das gewollt: ein Mehrgenerationenhaus.

Nicht zu spät

Die Bauarbeiten werden im Lauf des Jahres 1995 abgeschlossen. Aber auch danach ist noch viel zu tun. Eine neue Garage wird errichtet, eines der Gewächshäuser abgerissen, das Garagenhaus mit dem bescheidenen Gästezimmer wird renoviert, und das kleine Schwimmbad bekommt eine Überdachung.

Es wird auch ein Weg angelegt, der sich am Rasen entlang und durch ein Birkenwäldchen zum Tor mit dem Gusseisenzaun schlängelt. Am Weg entlang werden Laternen aufgestellt. Hohe Koniferen – aus einer gewissen Entfernung sehen sie wie junge Zypressen aus – säumen die letzten siebzig Meter. Mit dem gescheiterten Erdbeerfeld, das Brigitte und Gerd vor langer Zeit erworben haben, hat das alles nur noch wenig zu tun. Hier haben zwei Menschen ihren Lebenstraum verwirklicht.

Als sie ihr Vorhaben in die Tat umsetzen können, sind sie gerade sechzig geworden. Für einen Lebenstraum vielleicht ein bisschen spät, aber nicht zu spät. Im Grunde kommt die Wende zum genau richtigen Zeitpunkt. Wie anders war die Situation für Brigittes Großeltern und Eltern. Kurz nach Emils und Hedwigs sechzigstem

Geburtstag kam Adolf Hitler an die Macht. Die Nazidiktatur erschütterte schließlich auch ihr scheinbar sicheres Leben. Und als Hilde und Hellmuth ins selbe Alter kamen, baute das SED-Regime seinen antifaschistischen Schutzwall. Von einem Tag auf den anderen waren sie Gefangene eines Landes, dessen Einwohnern grundlegende Freiheiten verwehrt waren.

So feiern die Vertreter der aufeinanderfolgenden Generationen 1870, 1900 und 1930 ihren sechzigsten Geburtstag unter jeweils völlig anderen Umständen. Gleichzeitig bestätigen die Machtübernahme durch die Nationalsozialisten 1933, der Bau der Mauer 1961 und die deutsche Wiedervereinigung 1990, dass man als unbedeutender Bürger nur wenig Einfluss auf den Lauf der großen Geschichte ausüben kann.

Vielleicht ist es schon so, wie Hanns aus der englischen Kriegsgefangenschaft schrieb: »Wir müssen versuchen, eine Bresche durchs Gestrüpp des Lebens zu schlagen.« Dabei kann man Pech haben, aber mitunter findet man unterwegs auch sein Glück. Und genau das erleben Brigitte und Gerd am Anfang der Neunzigerjahre.

Nachwort

Als ich im Dezember 1997 mit meiner späteren Frau zum ersten Mal deren Eltern in Weinböhla besuche, ist das weiß verputzte Haus mit dem Wintergarten gerade fertiggestellt. Ich sehe, was jeder andere sieht – ein Wohnhaus, das sich von all den anderen DDR-Bauten rundherum abhebt. Heute, zwanzig Jahre später, nehme ich viel mehr wahr.

Ich sehe die industrielle Revolution und die Holzwarenfabrik der Gebrüder Otto. Die letzten dreißig Bretter aus der Produktion des Dampfsägewerks liegen noch in einem der Schuppen. Massive Eiche, vier Zentimeter dick und fast fünf Meter lang. Im selben Schuppen hängt das Emailleschild, das einst am Fabrikeingang zu sehen war: DAMPFSÄGEWERK & KISTENFABRIK GEBRÜDER OTTO.

Das Haus erinnert mich an Emil, an den »Schulbub vom Lande«, der es in Meißen bis zum Gymnasialprofessor brachte. Wenn man wissen möchte, wie spät es ist, schaut man auf die Standuhr, die einst auch ihm die Zeit anzeigte. Und am Tisch steht ein Stuhl mit Armlehnen, auf dem er häufig saß.

Die Kinder, die er mit Hedwig bekam, leben in diesem Haus ebenfalls weiter. Entlang der Treppe zum ersten Stock hinauf hängen gerahmte Aquarelle von Hilde. Und neben Hannas Pelzschrank steht ein Bücherschrank mit einem Selbstlernkurs Französisch – die ältere Tochter wäre nur zu gern als Kindermädchen in die französische Schweiz gegangen.

Inzwischen lebt meine Schwiegermutter allein in dem großen Haus. Denn alles, was in diesen Zimmern und Kellern an die Vergangenheit erinnert, macht vor allem eines klar – dass nichts so bleibt, wie es ist. Emil und Hedwig, die Töchter Hanna und Hilde, deren Männer Hanns und Hellmuth – für jeden von ihnen gilt: Sie kamen und sie gingen.

Ebenso verhält es sich jetzt auch mit Gerd, dem Jungen aus dem Oderbruch, der nach Sachsen kam. Etwa acht Wochen nachdem ich mit dem Schreiben dieses Buches begonnen hatte, stehen Brigitte und ihre Töchter am großen Esszimmerfenster. Es ist später Abend, und von dem künstlichen Hügel aus, auf dem das Haus steht, beobachten sie, wie auch Gerd geht.

Ihre Augen folgen den roten Rücklichtern des im Dunkel der Nacht unsichtbaren Bestattungswagens. Am großen Rasen entlang, durch das Birkenwäldchen und dann auf dem langen, geraden Stück zum Eingangstor. Vor kaum zwei Jahren hat Gerd den feinen roten Kies erneuern lassen, als habe der Tagelöhnersohn auf einem Königsweg aus dem Leben gehen wollen.

Nachweise & Dank

Die Personen aus dem Stammbaum mit den vier Familienzweigen treten unter ihrem eigenen Namen auf. Es gibt drei Ausnahmen. Zur Wahrung der Privatsphäre trägt Gerd einen anderen Familiennamen und die beiden Vertreterinnen der Generation 1960 bekamen neue Vornamen. Alle nicht zur Familie gehörenden Privatpersonen werden unter einem Pseudonym aufgeführt.

Wenn Texte wörtlich zitiert werden, stammen sie aus dem Familienarchiv. Andernfalls geht die Herkunft einer Passage aus dem laufenden Text hervor. Mitunter wurden Zitate stillschweigend gekürzt. Die Illustrationen stammen aus Familienbesitz.

Ich habe zahlreiche Studien, Nachschlagewerke und Internetquellen herangezogen. Hier alle aufzuzählen würde zu weit führen, doch ich mache zwei Ausnahmen. Mein Wissen über die Geschichte der Stadt Meißen beruht vor allem auf Gerhard Steineckes *Unser Meißen 1929–2004* (Meißen, 2004). Und der Rüdersdorfer Zeitzeuge ist Dietrich Noack, dessen *Ich war 12. Erinnerungen und Gedanken eines Hitlerjungen* (Im Eigenverlag, 2014) ich benutzt habe.

Für die Entstehung des Buches war nicht allein die schriftliche Überlieferung von großer Bedeutung, sondern auch – um es mit einem schönen lateinischen Begriff auszudrücken – das orale Archiv. Erzählungen von Verwandten und anderen Zeitzeugen waren eine große Hilfe. Dank schulde ich auch Anne Habermann, die mir bei Recherchen und Schreibarbeiten mit Rat und Tat zur Seite stand. Monique Ruhe und Henk Voskamp waren bereit, in einem frühen Stadium das Manuskript zu lesen. Ihre kritischen Bemerkungen sind dem endgültigen Text sehr zugutegekommen.

Obwohl auf dem Umschlag mein Name steht, ist es nicht allein mein Buch. Ich habe Brigitte, meiner gesprächigen und reisefreudigen Schwiegermutter, viel zu verdanken. Und ohne Katrin wäre diese Geschichte von vier Generationen schlicht undenkbar. Oft nahmen meine Ideen erst in unseren Gesprächen feste Gestalt an. Wir ließen alles Revue passieren: die Vergangenheit, die Familie und die Frage, warum es manchmal so geht, wie es geht. Dabei kamen auch regelmäßig unsere Töchter zur Sprache, Anna-Hildegard und Lena-Johanna, die wie Hanna und Hilde, deren Namen sie tragen, am Anfang eines neuen Jahrhunderts geboren wurden. Es ist schade, dass unser gemeinsames Projekt nach dem Punkt hinter diesem Satz zu Ende ist.

Verwendete Abkürzungen

BDM	Bund Deutscher Mädel
BRD	Bundesrepublik Deutschland
DDR	Deutsche Demokratische Republik
EVP	Einzelhandelsverkaufspreis
FDGB	Freier Deutscher Gewerkschaftsbund
FDJ	Freie Deutsche Jugend
Gestapo	Geheime Staatspolizei
GmbH	Gesellschaft mit beschränkter Haftung
HJ	Hitlerjugend
IM	Inoffizieller Mitarbeiter
KdF	Kraft durch Freude
KoKo	Bereich Kommerzielle Koordinierung
KPD	Kommunistische Partei Deutschlands
KuA	Kunst und Antiquitäten GmbH
LPG	Landwirtschaftliche Produktionsgenossenschaft
NSDAP	Nationalsozialistische Deutsche Arbeiterpartei
NVA	Nationale Volksarmee
PGH	Produktionsgenossenschaft des Handwerks
RIAS	Rundfunk im amerikanischen Sektor
SA	Sturmabteilung
SED	Sozialistische Einheitspartei Deutschlands
SMAD	Sowjetische Militäradministration in Deutschland
SPD	Sozialdemokratische Partei Deutschlands
SS	Schutzstaffel
Stasi	Staatssicherheitsdienst
VEB	Volkseigener Betrieb

Handelnde Personen

FRENTZEL, BRIGITTE
Hildegard Brigitte
Mädchenname: Oehmigen
* 19. Oktober 1933 (Meißen)
Grundschullehrerin
Verheiratet mit: Gerd Frentzel

FRENTZEL, GERD
Gerhard Wilhelm
* 28. Juli 1931 (Neulangsow)
† 1. März 2017 (Weinböhla)
Sport- und Mathematiklehrer
Verheiratet mit: Brigitte
Frentzel

GRUNEWALD, EMIL
Emil Hermann
* 3. Juni 1871 (Seifhennersdorf)
† 20. März 1946 (Meißen)
Gymnasialprofessor
Verheiratet mit: Hedwig
Grunewald

GRUNEWALD, HEDWIG
Liddy Hedwig
Mädchenname: Paul
* 16. Januar 1872 (Seifhenners-
dorf)
† 9. Juni 1956 (Meißen)
Verheiratet mit: Emil
Grunewald

JUNGBLUT, PAULA
Camilla Paula
Mädchenname: Otto
* 12. Mai 1896 (Meißen)
† 8. Januar 1983 (Meißen)
Buchhalterin – Firma
Gebrüder Otto
Verheiratet mit: Walther Jungblut

JUNGBLUT, WALTHER
Johannes Walther
* 31. Oktober 1888 (Halle)
† 3. Dezember 1957 (Meißen)
Unternehmer – Firma
Gebrüder Otto
Verheiratet mit: Paula Jungblut

OEHMIGEN, FRANZ

Franz Otto
* 21. November 1854 (Meißen)
† 13. September 1942 (Meißen)
Küfer
Verheiratet mit: Sidonie
Oehmigen

OEHMIGEN, GOTTFRIED

Christian Gottfried
* 4. Dezember 1938 (Meißen)
† 2. Mai 2017 (Teplice,
Tschechien)
Grundschullehrer und Musiklehrer

OEHMIGEN, HELLMUTH

Johannes Hellmuth
* 29. Januar 1899 (Meißen)
† 30. Oktober 1982 (Meißen)
Unternehmer – Firma
Gebrüder Otto
Verheiratet mit: Hilde
Oehmigen

OEHMIGEN, HERBERT

Otto Herbert
* 2. Juli 1895 (Meißen)
† 7. Oktober 1917 (Meißen)
Schüler an der Höheren
Handelsschule

OEHMIGEN, HILDE

Elsa Hildegard
Mädchenname: Grunewald
* 22. November 1902 (Meißen)
† 8. Juni 2001 (Meißen)
Verheiratet mit: Hellmuth
Oehmigen

OEHMIGEN, SIDONIE

Auguste Sidonie
Mädchenname: Otto
* 10. Juni 1855 (Grünhainichen)
† 7. März 1939 (Meißen)
Eigentümerin eines Holz-
warengeschäfts
Verheiratet mit: Franz
Oehmigen

OTTO, CAMILLA

Camilla Ida
Mädchenname: Starke
* 22. August 1857 (Meißen)
† 29. August 1939 (Meißen)
Verheiratet mit: Clemens Otto

OTTO, CLEMENS

Karl Clemens
* 15. Juni 1856 (Grünhainichen)
† 10. Juni 1907 (Meißen)
Unternehmer – Firma
Gebrüder Otto
Verheiratet mit: Camilla Otto

REINHARD, CARL
* 26. September 1866 (Roßla)
† 16. Januar 1928 (Weesenstein)
Schlossverwalter Weesenstein
Verheiratet mit: Helene
Reinhard

REINHARD, HANNA
Johanna Hedwig
Mädchenname: Grunewald
* 27. Juni 1901 (Meißen)
† 13. November 1985 (Meißen)
Mitarbeiterin auf Weesenstein
Verheiratet mit: Hanns
Reinhard

REINHARD, HANNS
Carl Johannes
* 22. Oktober 1902 (Weesens-
tein)
† 11. November 1977 (Dohna)
Bankangestellter
Verheiratet mit: Hanna
Reinhard

REINHARD, HELENE
Marie Helene
Mädchenname: John
*11. April 1873 (Pillnitz)
† 11. Juli 1944 (Weesenstein)
Schlossverwalterin
Weesenstein
Verheiratet mit: Carl Reinhard

Bundesrepublik Deutschland